21世纪市场营销立体化系列教材

编委会

21世纪市场营销立体化系列教材

Advertising Management

广告管理

◉ 主　编　余序洲
副主编　张雪荣　徐珊珊　吴岳慧

华中科技大学出版社
http://www.hustp.com
中国·武汉

内容提要

ABSTRACT

本书立足于工商企业角度，讨论了企业广告业务的基本程序，以及广告业务管理的原则，内容上涵盖了广告的基本理论、广告调研、广告主题、广告策略、广告媒体选择、广告实施、广告效果监测与跟踪、广告的发展趋势等企业广告业务管理的主要内容。书中每章末都提供了国内外企业有关广告业务的案例，并附有思考题。

本书力争反映我国企业界广告业务发展的现实。在介绍相关理论时，紧密地联系我国当前企业界的实际，希望能通过身边正在发生的案例，帮助学生正确认识和分析企业广告业务，提升企业广告管理水平，进而提升广告的投入效率。

本书在编写过程中，形成了自身的特色。

第一，坚持立足于工商企业。在编写角度上，本书明显地区别于现有的广告管理类书籍立足于传播或是立足于专业广告公司的角度，更加适合于市场营销专业及企业管理类学生学习。

第二，强调可操作性。本书在介绍有关理论的同时，通过大量的广告视点的讨论，结合企业最新的案例和练习，帮助提高读者运用理论知识分析和解决企业广告管理问题的能力。

第三，时效性。广告是传递生活时尚的重要推力，广告的思维具有前瞻性和引导性，本书对有关企业广告业务案例加以遴选，大量采用近年的最新案例，尽可能让理论更加贴近生活，贴近时代。

本书可供高等院校工商类专业学生学习、参考，也可为其他专业人士认识广告、了解广告提供参考。

图书在版编目(CIP)数据

广告管理/余序洲主编.—武汉:华中科技大学出版社,2011.1
ISBN 978-7-5609-6471-3

Ⅰ.①广…　Ⅱ.①余…　Ⅲ.①广告-经济管理-高等学校-教材　Ⅳ.①F713.82

中国版本图书馆 CIP 数据核字(2010)第 153222 号

广告管理　　　　余序洲　主编

策划编辑:陈培斌　余　强
责任编辑:刘　烨
封面设计:刘　卉
责任校对:祝　菲
责任监印:徐　露
出版发行:华中科技大学出版社(中国·武汉)　　电话:(027)81321913
　　　　　武汉市东湖新技术开发区华工科技园　　邮编:430223
录　　排:华中科技大学惠友文印中心
印　　刷:虎彩印艺股份有限公司
开　　本:787mm×1092mm　1/16
印　　张:20　插页:2
字　　数:456 千字
版　　次:2018 年 1 月第 1 版第 5 次印刷
定　　价:45.00 元

本书若有印装质量问题,请向出版社营销中心调换
全国免费服务热线:400-6679-118　竭诚为您服务

总　　序

在经济全球化背景下，随着市场经济的发展，一切面向市场的组织都必须投身于市场经济大潮之中，按照市场经济的规律，搞好自身的经营和管理。社会经济的这一发展趋势，使得会经营、懂管理、善策划的市场营销专业人才成为了市场的宠儿，社会对市场营销专业人才的需求逐年递增。

市场营销专业是随着市场经济的发展而建立和不断发展起来的新兴专业，迄今为止，还不到100年的历史。随着营销实践的发展，市场营销的内涵及其对与之相关联的营销人才知识体系的要求也在不断发展和变更：市场营销已由单纯的销售产品实施过程发展到营销的战略和策划过程，由单纯的产品营销发展到品牌营销，由单纯的实物产品营销发展到服务产品的营销，由单纯的交易性营销发展到交易与关系相结合的全面营销，由单纯的微观营销发展到宏观与微观相结合的全方位营销。

从我国的情况来看，1978年开始引进市场营销课程，1992年才正式将市场营销专业列入本科招生目录。十几年来，随着社会对市场营销专业人才需求的增长，开设市场营销专业的院校已从最初的一部分综合大学、财经院校，发展到理、工、医、农、艺、体等各类院校，以及各类职业技术院校；人才培养的层次也由原来的本科、专科，发展到硕士、博士（重点院校自主招生或作为专业方向招生）层次。由此，我们根据学科的发展及社会对市场营销专业人才的需要来重新规划营销人才培养体系，设计市场营销专业系列教材，为新型的市场营销专业人才的培养提供工具，进而编著出版“21世纪市场营销立体化系列教材”。

本系列教材的编著力求凸现如下特点。

第一，按照社会对营销人才知识体系新的要求设计系列教材。既包括交易营销方面的理论和知识，又包括关系营销、服务营销、品牌营销、营销策划等方面的理论和知识。

第二，引进营销方面的最新的理论和成果。系列教材的作者在编著过程中，都力求吸收国内外的最新成果，体现营销发展的最新动向，力求教材内容上的创新。

第三，加强案例分析。教材的每章都以小案例导入，并配备了大量的本土案例加以说明，力求理论联系实际，学以致用。

第四，创新教材形式。本套教材拟以现代教育技术为支撑，为读者提供

一套“纸质教材与电子课件、课程网络”相结合的新型的立体化教材。

本套教材由从事多年本学科教学、在本学科领域内具有比较丰富的教学经验的教师担任各本教材的主编，并由他们组成本套教材的编委会，为读者提供以《市场营销学》、《国际营销学》、《市场研究理论与方法》、《消费者行为学》、《销售管理》、《广告管理》、《新产品管理》、《渠道管理》、《营销策划》、《品牌管理》、《服务营销》、《网络营销》、《商务沟通》为主体的系列教材。

在系列教材的写作过程中参考了大量的国内外最新研究和实践成果，各位编著者已尽可能在参考文献中列出，在此对这些研究者和实践者表示真诚的感谢。因为多方面的原因如果有疏漏之处，作者表示万分歉意，并愿意在得知具体情况后予以纠正，在此先表示衷心的谢意。

编撰一套教材是一项艰巨的工作，由于作者的水平有限，本套书难免会有疏漏和谬误之处，真诚希望广大读者批评指正，不吝赐教。

2008 年 9 月 10 日

目　录

CONTENTS

第 1 章　基本理论概述

本章提要　本章主要阐述广告的基本概念、特征、要素和基本功能，以及我国目前对广告市场管理的一般性规定。作为市场经济中的一种最常见的，也是有效的工具，广告对现代社会生活产生了不可估量的影响。广告改变了人们原来对生活方式的理解，改变了人们日常生活中的诸多习惯，对社会经济的发展发挥着重要的作用。

本章内容框架

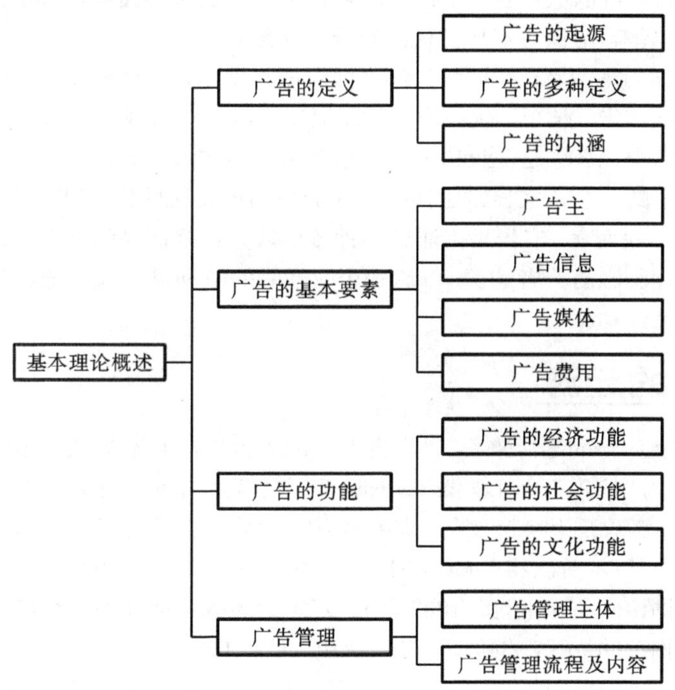

引 例

为妈妈的爱喝彩

“为妈妈的爱喝彩”，是由Lowe/睿狮广告传播公司创作的“强生婴儿”奥运广告，在安徽合肥举办的第十五届中国国际广告节上荣获“艾菲奖”金奖和“长城奖”金奖。

该广告以乒乓球奥运冠军邓亚萍为主角，为每一个获得金牌的运动员背后、无条件奉献爱的妈妈喝彩。运动员背后的无名英雄妈妈们扮演了重要角色，妈妈们默默培育他们、鼓励他们、支持他们，并在他们成长的每一步倾注了母爱。

强生的奥运主题是“因爱而生”。“强生婴儿”彰显着这一主题——联系着母亲和婴儿，联系着品牌和母亲。

另外，Lowe/睿狮广告传播公司曾在2006年推出无名英雄广告，广告主角是羽毛球金牌获得者葛菲，这一广告片也获得“艾菲奖”实效银奖和其他多个创意金奖。

1.1 广告的定义

在现代社会，广告几乎已经和空气一样存在于人们的生活中，无处不在。空气中似乎都掺杂着广告的味道。人们日常生活中几乎处处都能看到广告的影子：我们可以从电视中接触到广告；可以从报纸、杂志上看到广告；可以从广播中听到广告；可以从互联网上碰到广告；可以从街头的路牌、传单、直邮信件、公共汽车车体、地铁等形形色色的媒介上接触到广告。

作为消费者，我们每天都会面对成百上千，甚至成千上万的商业信息。它们以报纸广告、传单、优惠券、赞助活动、电视广告或电话营销等形式出现在我们的生活中。这些是企业和机构用来吸引顾客和潜在顾客，并与之保持联系的众多手段中的一个。在日常生活中，人们习惯地将这些信息都称为广告。

一般而言，广告是指通过各种传播媒介传播商品的概念、功能、服务等内容，告知并刺激消费者购买，以达到企业最终的赢利目标或进一步开拓市场的有计划的促销活动。

1.1.1 广告的起源

从广告的起源来看，“广告”一词的含义，并不是从开始就一成不变的。在英文中，“广告”一词是“advertising”。这个英文单词又来源于拉丁文的“advertere”一词，意思是“唤起大众对某种事物的注意，并诱导于一定的方向所使用的一种手段”。日本首次将“advertising”一词译为“广告”，大约在明治五年(公元1872年)到明治二十年(公元1887年)才开始较为统一地使用这个名词。我国古文献中也有相关的描述，例如，“鼓刀扬声、吹曲破卖”。

1890年以前，西方社会对广告较为公认的定义为“广告是有关商品或服务的新闻”。英文的原文为“news about product or service”。广告在这一时期，被看成是一种起告知作用、与新闻报道相类似的传播手段。

到了 19 世纪末 20 世纪初，被称为"美国现代广告之父"的拉斯克尔关于广告的定义开始流行。拉斯克尔认为，广告是印刷形态的推销手段(salesmanship in print)。拉斯克尔用"salesmanship"一词却揭示了广告最为核心的含义，即广告是为销售服务的手段。这个定义在那个年代被视为广告界的金科玉律。当然，这一定义是早期广告观念的体现，这是和早期的市场营销以生产为中心的观念相一致的。那时的广告人大多站在一种推销的立场，认为只要产品好，加上有技巧的推销，就能把产品卖给消费者。而现在的生产者大多从消费者的需求出发和开发销售产品，广告人也学会了从消费者的需要和欲求出发去考虑如何做广告。

1.1.2　广告的多种定义

那么，广告到底是什么呢？目前广告界还没有一个完全统一、得到一致公认的定义。

从"advertising"一词出现以来，对于它的定义就出现了好几种。每个时期都有一些较有代表性的定义。

1924 年，日本学者中山静提出：广告宣传的目的是劝诱人们对某一特定的事情产生或增强信心，使他们赞成或坚决执行，要达到这个目的与广告宣传的次数有关系，如果使用的方式、方法和时机选择得适当，即使广告的次数少一些，也会得到满意的效果，广告是通过宣传商标达到销售目的的。中山静的广告定义中强调了广告的目的是劝诱，同时对如何进行有效的广告宣传提出了策略性的看法，指出了使广告有效的几个因素，即广告宣传的次数，以及广告使用的方式、方法和时机。中山静指出了广告宣传的次数多少和使用的方式、方法和时机是否合适的辩证关系，对广告活动非常有启示。中山静的定义其实强调了"广告向谁说"、"广告说什么"、"广告怎么说"和"广告何时说"之间应该有效配合。

1926 年，我国著名报学史专家戈公振先生在研究中国报学史的过程中，提出了对于广告的看法：广告为商业发展之史乘，亦即文化进步之记录，人类生活，因科学之发明日趋于繁密美满，而广告即有促进人生与指导人生之功能，故广告不仅为工商界推销出产品之一手段，实负有宣传文化与教育群众之使命也。戈公振先生对于广告的定义强调了广告在人类社会生活中的重要地位及其重要功能。

1932 年，美国专业广告杂志《广告时代》(《Advertising Age》)公开向社会征求广告的定义，得票最多的入选定义是：由广告主支付费用，透过印刷、书写、口述或图画等，公开表现有关个人、商品、劳务或运动等信息，用以达到影响并促进销售、使用、投票或赞同的目的。这个定义强调了广告传递信息的功能及广告的目的。这个定义中的广告含义也包括了广告的非纯商业性目的。

1948 年，美国营销协会的定义委员会(The Committee on Definitions of the American Marketing Association)对广告进行了定义，此后又做了几次修改，形成了迄今为止影响较大的广告定义：广告是由可确认的广告主，以任何方式付款，对其观念、商品或服务所做的非人员性的陈述和推广。这个定义最重要的一点是指出了在广告中要有可以确认的广告主。另外，这个定义也强调了广告是付费的和"非人员性的"。这些都是现代广告的重要特征。

美国广告协会(American Association of Advertising Agencies)对广告的定义

是：广告是付费的大众传播方式，其最终目的是为了传递信息，改变人们对于所广告的商品的态度，诱发其行动而使广告主获得利益。这个定义强调了广告是付费的大众传播方式，以及广告最终的目的。这个定义还涉及广告是如何发生作用的，即广告通过改变人们对商品的态度而产生广告效果。

日本广告业协会关于广告的定义是：广告是被明确表示的信息发送方针，是对呼吁(诉求)对象进行的有偿信息交流活动。这个定义显示了日本广告界对于广告涵义的更为宽泛的理解。他们把广告视为是信息交流活动，这样实际上是扩大了广告活动的业务范围。

英国人把广告当做一种更具综合意义的事业。《简明不列颠百科全书》中关于广告的定义是：广告是信息的一种方式，其目的在于推销商品、劳务，影响舆论，博得政治支持，推进一种事业，或引起刊登广告所希望的其他反映。

我国《辞海》对于广告的定义是：广告是向公众介绍商品、报道服务内容和文娱节目等的一种宣传方式。这个定义淡化了广告的商业性，但指出了广告的社会文化功能。这个定义仍然将广告视为一种宣传方式。

而《辞源》给出了比较简单扼要的定义：以其事布告于众也。

《韦伯斯特大辞典》(1977 年版)中广告的定义是：广告是指在通过直接或间接的方式促进商品销售、传播某种主义或信念、招集参加各种聚会和集会等意图下所有告知性活动的形式。

经发展后，《韦伯斯特大辞典》(1988 年版)中广告的定义是：在现代，广告被认为是运用媒介而非口头形式传递具有目的性信息的一种形式，旨在唤起人们对商品的需求，并对生产或销售这些商品的企业产生好感，告知受众广告主提供某种非营利性目的的服务，以及阐述某种意见和见解等。《韦伯斯特大辞典》中广告定义的变迁说明了广告是具有时代特征的，不同时代的社会环境和人文环境不同，人们对广告的理解也可能不同。

《中华人民共和国广告法》对广告的定义是：广告是指商品经营者或者服务提供者承担费用，通过一定媒介和形式直接或者间接地介绍自己所推销的商品或者所提供的服务的商业广告。

1.1.3 广告的内涵

1. 狭义的广告和广义的广告

广告的众多不同定义，反应了人们对广告的各种不同认知。一般来看，这些定义可以笼统地归为两种：一种是狭义的广告，另一种是广义的广告。

广告的最初产生和繁荣是和商业的发展密切相关的，最先它被人们看做是市场营销的一种方式。在现实生活中，绝大多数人所理解的广告实为经济广告。哈佛《企业管理百科全书》认为：广告是一项销售信息，指向一群视听大众，为了付费广告主的利益去寻求经由说服来销售商品服务或观念。这一说法揭示了广告作为一种营销手段的本质，目的是扩大销售。但这显然不能科学完整地概括广告的所有内容。随着社会经济的发展，尤其是广告所依赖的传播媒介的丰富发展及其对社会生活的渗透力和影响力的强化，人们对广告的认知和利用已经从纯粹的商业领域迅速扩张到整个经济、文化乃至增值领域。这时，“销售手段”已经不能说明广告在非经济领域所发挥的作用了。

因此，我们在理解这一概念时，必须分清楚狭义的广告和广义的广告的概念。

狭义的广告主要是指营利性广告，亦称为经济广告或商业广告。这类广告传播的是有关促进商品和劳务销售等相关方面的经济信息，如报刊、电台和电视台的广告节目，以及招贴、幻灯、橱窗布置和商品陈列等。

狭义广告的定义为：“广告是广告主以付费的方式，通过公共媒介对其商品或劳务进行宣传，借以向消费者有计划地传递信息，影响人们对所广告的商品或劳务的态度，进而诱发其行动而使广告主得到利益的活动。”狭义的广告具有以下特征。

(1) 广告是一种有计划、有目的的活动。

(2) 广告活动的主体是广告主，而广告活动的对象是广大消费者。

(3) 广告活动是通过大众传播媒介来进行的，而不是面对面的传播，如推销员的推销。

(4) 广告活动的内容是经过有计划地选择的商品或劳务信息。

(5) 广告活动的目的，是为了促进商品或劳务的销售，并使广告主从中获取利益。

广义的广告，包括营利性广告和非营利性广告。所谓非营利性广告，是为了达到某种宣传目的而进行的非营利性广告。非营利性广告的例子很多，如：西方国家的竞选广告属于政治宣传广告；中央电视台的“广而告之”节目属于道德教育广告；而我国古代设置烽火台，当国家受到外来入侵时，在烽火台上燃起狼烟，以召唤各方诸侯前来支援，属于军事广告。美国广告学家克劳德•霍普金斯将广告定义为：广告是将各种高度精练的信息，采用艺术手法，通过各种媒介传播给大众，以加强或改变人们的观念，最终引导人们的行动的事物和活动。

可见，广义广告与狭义广告的定义和解释表述虽不完全相同，但其基本内涵是一致的，即指一切面向大众的广告告知活动。

根据以上对广告的认识，本书主要从经济管理的角度展开对广告的相关研究，因此，我们主要从狭义的角度来定义广告，即广告是广告主以付费的方式，通过一定的媒介有计划地向公众传递有关商品、劳务和其他方面的信息，借以影响受众对所宣传商品或劳务的态度，进而诱发或说服其采取购买行动而使广告主得到利益的一种传播活动。

2. 广告和宣传、公共关系、市场营销的关系

广告和宣传、公共关系、市场营销都属于信息传播活动的范畴，这些概念往往容易让人产生混淆。为了更好地理解广告的内涵，有必要讨论这些概念之间的关系。

1) 广告与宣传

人们说起相关广告行为的时候常常会说“广告宣传”，将“广告”与“宣传”连用，有的人还认定广告是一种宣传手段，可见广告与宣传之间的关系十分密切，也容易混淆误用。从总体上讲，广告活动和其他宣传活动在现代社会都是通过大

众传播媒介传输某种信息的活动，它们对受众都产生着一定的影响。

两者的共同之处如下。

第一，广告与宣传都是一种信息传播活动，都必须借助一定的传播媒介，遵循相同的传播规律。

第二，广告与宣传都具有说服目的，希望借助传播行为对传播对象的意见或观点等方面造成某些影响。

两者也存在如下差异。

第一，广告是有计划、有目的、全面地宣传某一产品的性能、质量、用途、价格、销售地点和时间等，目的是为了推销产品，起到促销作用，侧重于商业目的；宣传虽然也是有计划、有目的进行的，但是它侧重于某一事物的一个侧面，侧重于启发、教育、鼓励，以便激发受众的积极性，不主张受众照抄、照搬宣传的具体内容，而是提倡某种思想或观点，多属于意识形态范畴。

第二，广告都是有偿的，即广告主必须向广告经营者支付广告费用，并把广告费用当做广告行为的前提条件；宣传并不一定要求所有的宣传人都支付宣传费，也不要求所有的宣传稿件都要作者付费，只是对有些宣传人或作者提出付费的要求。

第三，广告的发布时间、版面等是由广告主提出，并按照约定的价格付费，宣传的发布时间、版面一般由媒介决定。

第四，广告一般是由广告主发出的意向行为，以商品或劳务的基本属性为前提，在一定法规的限制下进行传播；宣传往往是由非特定营利性的机构进行的，以激发人们的思想或信念为主，宣传的信息内容可以有针对性地对信息进行取舍，在信息的选择上，具有更大的自由度。

2) 广告与公关关系

美国公共关系协会(Public Relations Society of America，简称 PRSA)在 1998 年对公共关系作出这样的定义：公共关系帮助一个组织和它的所有公众相互适应对方。美国公关专业方面的权威书籍——《有效公共关系》(《Effective Public Relations》)在 2000 年的第八版中，对公共关系是这样定义的：公共关系是一项管理职能，它的目的是在一个组织和决定该组织成败的所有公众之间建立和维持相互受益的关系。

公共关系是一种管理活动，是社会组织有目的、有计划地运用传播手段协调相关组织与公众关系，影响公众舆论，塑造组织形象的管理活动。

广告和公共关系都需要通过媒介传播信息，两者既有密切联系，又有区别。

两者的联系如下。

第一，广告是开展公共关系活动的重要手段。企业可以利用公关广告来发布企业信息，形成企业和社会公众之间的沟通渠道，塑造良好的企业形象。在企业的公关活动中，广告是一种经济有效的方式。

第二，广告或多或少会带有公共关系的色彩。广告的直接目的是为了更好地达成商品或劳务的销售。广告中传递的信息首先要包括产品的相关情况，然而产品不可能是完全独立存在的，因此，广告信息中，或多或少地也会传递出企业的相关信息，例如，企业的发展状况、企业的形象和企业的文化等信息。这些在某种程度上已经形成公共关系的效果。

第三，广告可以借助公共关系活动提高宣传的效果。企业在发布广告之前，如果能够有意识地针对目标消费者开展公共关系活动，在消费者心中树立良好的形象，那么，消费者对广告的内容会有更倾向于积极状态的回应，广告信息的传播和扩散效果会更好。

第四，广告和公共关系都会造成某种程度和范围的社会影响。随着现代社会的发展，任何一种经济行为都不可能只在独立的范围内存在。广告和公共关系都存在一定的受众，这些信息都通过媒介进行传播，已经具有社会性，是一种社会经济行为，因此，广告和公共关系活动所传播的信息都会对特定范围的受众造成影响。

广告和公共关系密不可分。公共关系需要广告作为自己的传播工具；有效的、成功的广告也需要公共关系思想作指导。两者也存在如下明显区别。

第一，广告和公共关系的直接目标不同。广告的直接目的是推广商品或劳务，为此，需要吸引消费者的注意，引发其兴趣，激发其购买欲望，最终使其产生购买行为。而公共关系工作的直接目标是树立整个企业或组织的形象，协调组织内部关系，促进外部公众对组织的了解，从而为组织的整体事业成功打下基础。

第二，广告与公共关系的范围不同。广告的涉及对象是消费者，而公共关系工作的对象范围往往超出消费者。公共关系对任何组织来说都是必不可少的，而广告业务只局限于相对特定的领域。相比之下，公共关系工作的范围更广，综合性更强。

第三，广告与公共关系的信息传播方式存在差异。就传播方向而言，大多数广告是一种由广告主向信息受众进行的单向传播活动，而公共关系强调企业和组织与公众的双向沟通，以期获得积极有利的公共关系环境。

从企业经营来说，广告属于企业经营管理过程中的销售环节，在经营管理全局中，处于局部性的地位。公共关系工作则不同，它在经营管理中处于全局性的地位，又贯穿于经营管理的全过程。公共关系工作的成败，某种程度上关系到一个社会组织的兴衰存亡。

3) 广告与市场营销

美国市场营销学会(American Marketing Association，简称 AMA)1985 年对市场营销的定义为：市场营销是对观念、产品及服务进行设计、定价、促销及分销的计划和实施过程，从而产生满足个人和组织目标的交换。简单地说，市场营销就是企业在市场上的经营活动的总称。它包括市场调查、新产品开发、制订价格、选择销售渠道、选择促销手段及开展售后服务等一系列的活动。

从营销的角度来说，广告是促销策略的一种方式和手段。促销策略包括了支持产品销售的战略和战术，以及与此相关的人员推销、广告、促销活动和公共关系等内容。对于以广告等为主要促销手段的消费品而言，促销策略在整个营销行为中享有非常重要地位。促销各要素根据企业的营销目标，进行有机整合，达成传播销售信息的目的。因此，实施一个广告活动之前，必须先了解企业的市场营销目标和计划，并与之配合。

广告行为要符合促销推广计划的目标，即符合企业的整体营销目标。在企业

的市场营销活动中，广告有其自身特定的内容，广告创意可以单独形成，但它也是营销内容的一个特定部分。

从联系上来看，广告与市场营销是紧密联系在一起的。

第一，两者产生的条件相同，都是基于商品生产的高度发展而产生的。市场营销的产生是由于资本主义的高度发展，这使企业外部环境发生了很大变化。一方面，买方市场形成，消费者对产品的需求变化很大，条件也越来越苛刻。另一方面，同行竞争也日益剧烈，企业不得不重视“市场”，重视“营销”，重视企业及企业产品对外的宣传等。广告的产生也是市场经济孕育的结果，19 世纪末期到 20 世纪 20 年代，资本主义经济已有了很大的发展，作为商品促销的一种手段，广告的方式也相应地有了较大的变化，其特征表现为：由告知消费者，演变为对消费者进行说服。

第二，从研究内容上看，两者是相互联系的。市场营销是一种以满足消费者需要、欲望和需求为目的，通过市场把潜在交换变为现实交换的活动。它涉及欲望、需求，以及产品、效用、交换、交易和关系等核心概念。而这些概念对于广告活动的理论和实务也是至关重要的。广告作为一种信息传递的活动应传递什么信息内容及如何进行传播？首先，需要研究市场，了解营销环境；其次，需要研究消费者，从满足消费者的需要和欲望出发；最后，还需要研究产品，以适应不同的市场环境，制定相应的广告策略，争取较好的传播效果。因此，对广告的内容研究和市场营销范畴的研究是相联系的，它离不开对市场营销理论的应用。

第三，广告是市场营销活动的组成部分。企业在运用各种营销策略时，促销策略是其中重要的组成部分，而广告则是促销策略中最重要的方式之一。通过进行广告策划，向消费者传递产品和品牌的相关信息，并告知消费者品牌的存在，提高品牌知名度和美誉度，刺激消费欲望，引导潜在的消费意识，并最终促成购买行动。广告的运用对营销活动的开展和深入起着很大的促进作用。

第四，广告和市场营销都是企业经营管理活动的重要组成部分。由于市场竞争的加剧，企业要谋求更多发展机会，必须以消费者为中心，重视市场，重视营销活动。市场营销在现代化大生产中的地位越来越重要，而促进销售是市场营销组合中的重要环节。特别是随着整合营销传播理论的提出，要求对不同的促销策略加以统合，进行综合信息交流，广告活动就是其中的重要手段和方式。对于企业生产来说，市场营销的中心任务是完成产品销售，广告是为了实现市场营销目标而开展的活动。广告通过信息传播，在目标市场内加强企业与消费者之间的联系，改善企业形象，促进产品销售。广告和市场营销都属于企业经营管理活动的范畴。

可以看出，广告与市场营销的关系是紧密的，但它们之间的区别也是明显的。

第一，两者的直接目的不同。市场营销的直接目的是销售产品，进一步扩大赢利，产生预期效益；广告的直接目的是传播产品、形象或观念等方面的信息，激发消费者的购买欲望，使消费者对产品产生好感。

第二，两者产生的效果不同。市场营销活动产生综合性的效果，而广告行为主要产生传播方面的效果，这些效果往往表现在促销手段中。

第三，两者采用的手段和具体表现方式不同。市场营销所采用的手段是价格、促销、包装、商标、产品设计、分销等，这些手段都紧紧围绕着产品销售的目的；而广告主要是通过研究消费心理需求，利用大众传递媒介将产品、形象或观念等信息传递给消费者，告知消费者信息，并刺激消费者的购买欲望，使消费者产生购买行动。

因此，为了正确地认识和摆正广告与营销的关系，必须注意以下两个基本问题。

(1) 必须明确广告是企业营销活动的一个组成部分。

广告要和其他促销手段配合，与产品、价格和渠道等要素一起实现企业的营销目标，所以，应将广告置于整个市场营销背景下探讨其规律。广告的目的就是促销，因而广告的策略要和整个营销目标相结合，围绕营销目标，配合其他营销手段，以达到更好的效果。脱离企业的营销目标去运作广告是不切实际的。因此，在营销的视角下认识广告，才能做到有的放矢。

(2) 广告有自己特有的规律和运作程序。

广告的传播规律、广告的创意和策略、广告媒介的特点等，都有其特殊的性质，不同于营销的其他要素。也就是说，广告在营销的背景下有着相对的独立性。广告策略的形成，需要对产品和市场进行研究，但要将“说什么”变为“怎么说”，更好地与消费者进行信息沟通，这就需要创意。广告学从市场营销学中分离出来，形成一门独立的学科，也证明它需要专门的研究和专门的运作人员。广告学综合运用多种学科的知识，使广告传播更加有效，除了市场营销学外，广告学还须从传播学、心理学、社会学等学科中吸收营养。

1.2 广告的基本要素

本书内容主要从狭义广告的角度来展开，即我们主要考虑商业的、营利性的广告行为和活动，从广告的动态过程来说明广告是一种促销商品的传播手段。从之前对广告的定义我们不难发现，尽管在表述上存在差异，但仍然可以概括出构成一则完整广告必须具备的要素。

(1) 广告主。

(2) 广告信息。

(3) 广告媒介。

(4) 广告费用。

1.2.1 广告主

所谓广告主，即进行广告者，是指提出发布广告的企业、团体或个人，例如，工厂、商店、宾馆、饭店、公司、戏院、农场、个体生产者、个体商贩等。在《中华人民共和国广告法》中所称的广告主，是指为推销商品或者提供服务，自行或者委托他人设计、制作、发布广告的法人、其他经济组织或者个人。广告法意义上的广告主是市场经济及广告活动的重要主体。

广告法意义上的广告主的定义包括三个方面的含义。

(1) 广告主的广告目的是商业性的。

(2) 自行或者委托他人设计、制作、发布广告，都属于《中华人民共和国广告法》所称广告主的业务范围。

(3) 广告主可以是法人、其他经济组织或者个人。

非营利性机构，很多时候也会扮演广告主的角色。例如，美国国会总审计署的一份调查报告显示，联邦政府在媒介上发布广告劝说人们付税、吃药和上学。那些做广告宣传的机构说，这些钱花的是地方。在2002年秋季到2005年春季这段时间里，7个联邦政府机构共参加了105个宣传项目，共花费1.52亿美元在电台、电视台、互联网、报纸、杂志和大型广告牌上刊登广告，告诫人们要更健康、更安全地生活。

广告主是整个广告活动的主体，是广告内容的决定者。从某种程度上说，广告主的行为和状态对广告行业甚至整个经济状况的发展都会产生交互的影响。

案例

广告视点 1-1

国外脚踏三轮广告车

Altoids品牌的母公司菲利普·莫利斯烟草公司因为受到各种法规的限制，几乎不能进行任何大众广告和公关赞助活动，但这也使得它成为一个经验丰富的游击营销公司。Altoids的游击营销计划由Starcom广告公司负责。Starcom广告公司认为大手笔、规模豪华的广告活动有时候不仅在目标消费者中毫无必要，甚至还有可能对品牌起到反作用，因为越来越多的消费者开始讨厌“强行推销”(Hard Sell)的手段，Starcom广告公司为Altoids品牌制订了各种出奇制胜的游击营销策略。Altoids品牌的营销团队对于传播媒介的选择，是Altoids品牌游击营销战术中最大的亮点，他们也由此获得了《媒介周刊》(《Media Week》)杂志“2000年度最佳户外策划”大奖。他们非常善于自己创造富有特色的、价格低廉的传播媒介，如他们在纽约市场进行的游击营销，其成功的核心就是创造了自己独特的传播路径。众所周知，纽约的媒介购买费用非常昂贵，于是Altoids品牌的营销团队索性放弃了在纽约市场的媒介购买计划，自己来创造新的媒介。

Altoids品牌的营销团队在纽约组织了一支三轮脚踏车团队，这只三轮脚踏车团队穿梭于纽约的小街道和一些著名风景区，路人可以搭乘这种三轮脚踏车游览纽约街景，车夫还会充当导游，告诉游客最新的景点和最好的餐厅。每辆三轮脚踏车上都装饰了Altoids品牌的广告和logo，车尾还悬挂了巨幅广告看板，车夫也身着Altoids品牌服装。Altoids品牌的营销总监在解释为何选用三轮脚踏车作为品牌媒介时说：他们(车夫)新鲜又友善，甚至连最疲惫不堪的纽约客坐上车后都会心情为之轻松，而这些车夫也正是力量、健康和新奇的代表。难怪大部分消费者在邂逅了一位有趣的Altoids品牌三轮脚踏车车夫后，都对Altoids品牌赞不绝口，很多的游客还将这段非凡的邂逅传播到了美国和世界各个地区。

1.2.2 广告信息

广告信息是指广告所要传递的主要内容，也称为广告物，包括商品信息、劳务信息、观念信息等。商品和劳务是构成经济市场活动的物质基础。

商品信息包括产品的性能、质量、产地、用途、购买时间、购买地点和价格等。

劳务信息包括各种非商品形式的买卖或半商品形式的买卖的服务性活动的消息，例如，文娱、旅游、美发、照相、饮食及信息咨询服务等行业的经营项目。

观念信息是指通过广告活动倡导某种意识，使消费者树立一种有利于广告者推销其商品或劳务的消费观念。例如旅游公司印发的宣传小册子，不是着重谈其经营项目，而是重点渲染世界各地的大好河山、名胜古迹和异土风情，使读者产生对自然风光和异域风情的审美情趣，从而激发他们旅游的欲望。再如，有些大型企业的企业形象广告，也并不着眼于介绍其产品性能，而是不厌其烦地介绍其企业的悠久历史、先进设备、优秀工程技术人员及现代化管理，从而诱发人们产生“这样的企业的产品必定是优质名牌”的观念，进而产生消费定向。广告的观念信息，其实质也是为了推销其劳务或商品，只是采取了不同的表现手法。

在广告信息的决策过程中，香农-韦弗模式认为，广告主、信息的制作者(广告人)也包括在“信息的发出者(传播者)之内”，通过选择企业、产品等(信源)中可以用于传播的“信息”，经过科学的组织加工，形成实际传播的、具有高度组织性的消息，再通过一定的渠道传达给受众。从这种意义上说，广告传播就是对广告信息的选择。广告信息的选择包含两层意思：其一，在广告活动中，广告主(或广告制作人)从组织或产品中选择与受众有关的信息，并且使它用于实际传播；其二，广告受众对广告本身所含信息的选择、利用和记忆等。本书中提到的广告信息选择问题只从第一层意思进行分析，站在广告主的角度探讨有关广告信息选择的问题。

根据对香农-韦弗模式的研究，在进行广告信息选择时，需遵循以下原则。

首先，广告信息的选择要适合广告消息的格式。广告消息是指经过外力组织了的广告信息，是广告信息经过一定的规则组织起来的有序的排列。例如，给一个楼盘做报纸广告，那么就要选择适用于报纸媒介的广告消息格式，如图片、文字等，那么选取广告信息就要注意选取有利于选定格式表现的信息，如有关楼盘的图片信息、数据文字信息等。

其次，选择广告信息要使用适合于这些信息传播的渠道，此外，还应针对有限的渠道容量，对所要传播的信息进行再选择和再组织。例如，给某一产品制作电视广告时，就应考虑广告片时间的长短，以及在有限时间里应选择哪些广告信息进行传播，怎样将该信息进行组织加工，使得广告信息能够有效地传达给受众。

再次，广告信息的选择也要考虑“噪音”的干扰。

“噪音”的来源包括两个方面：一是广告媒介本身产生的干扰，二是信息内部的“噪音”干扰。因此，选择广告信息一方面要注意回避其传播媒介的干扰，发挥媒介优势。另一方面，应避免模棱两可的信息，避免使用在法律或道德层面形成争议的信息，要传递真实而积极的信息。

最后，从广告受众的角度考虑对广告信息的选择问题，关注受众的需要和兴趣所在，组织广告信息传递的内容和顺序。

案例

广告视点 1-2

麦当劳的广告信息传递

走进广州地铁，你就会发现自己进入了一个麦当劳的世界。首先“窜进”眼睛的是地铁进口处的一则广告，广告语很特别——“想吃只需多走几步”。似乎人们是为了吃麦当劳才往车内走，可是，车门一开，谁又不是往里走呢？接着就是在地铁列车的车门边，一左一右，两幅大型的以汉堡包为画面的广告，广告语是“张口闭口都是麦当劳”。随着车门的一开一合，整个广告就好像一张嘴巴在一张一合吃麦当劳的食品。进入地铁，车内正对着门的位置，一包薯条占据广告画面的一侧，广告语为：“站台人多不要紧，薯条越多越开心！”麦当劳连我们在车上挤来挤去的滋味都知道！车窗上也有广告：“越看它越像麦辣鸡翅？一定是你饿了！”广告画面上，一块金黄色的麦辣鸡翅很诱人。在座位的上方，原先各站点的指示牌，也被取代成麦当劳的产品图集，广告语是“站站都想吃”。每一个“站台”都逐个标出麦当劳的产品，并用连线串起来，有巨无霸、薯条、麦辣鸡翅、麦乐鸡、麦香猪柳堡、板烧鸡腿堡、奶昔、圆筒冰淇淋、新地、麦辣鸡腿汉堡、开心乐园餐等。

1.2.3 广告媒介

广告媒介就是向公众传播广告信息的物质载体，有时也称为广告媒体。广告活动是一种有计划的大众传播活动，其信息要运用一定的物质技术手段，才能得以广泛传播。广告媒介就是这种传播信息的中介物，它的具体形式有报纸、杂志、广播、电视等。国外把广告业称为传播产业，因为广告离开媒介传播信息，交流就停止了。可见广告媒介的重要性。

传统的“四大广告媒介”为电视、电台、报纸和杂志。在广告行业中，电视媒介和电台媒介称为电波媒介；报纸媒介和杂志媒介称为平面媒介，以此区分。

除了传统的“四大广告媒介”外，可供广告发布的媒介还包括户外媒介、互联网媒介等。

昔日的广播优势，如传播速度快、接收方便、消费廉价等，在当代媒介的竞争中已不再是优势。电视直播不仅反应快捷，而且“声色”俱全，接受方式更加方便、直接；报刊的发行网络非常发达，几乎随时随地都能买到，价格也不算贵；互联网，传播速度之快、信息量之丰富多样，更是世人皆知。

艾瑞咨询集团发布的《2007 中国无线互联网 WAP 用户行为研究报告》显示，2007 年中国无线网民的使用取向、上网习惯、用户分布、未来期望等均较往年发生了根本的变化。

报告显示，中国无线网民总体比较接受目前的广告形式，大多数网民对 WAP 站的广告形式没有出现反感，64%的无线网民认为适当的广告对于网站发展是有力的支撑，表示理解支持并可以接受；17%的无线网民认为许多广告存在陷阱，建议规范；更有 11%的无线网民认为适当的广告是对网民信息量的补充，他们将乐于点击和浏览；仅有 8%的无线网民认为 WAP 站不应该出现广告，这部分

无线网民是 WAP 广告的反对者。

一些新兴媒介的兴起更是加速了广告行业的发展。

全球第一大广告集团奥姆尼康旗下的 BBDO 广告公司的 CEO 安德鲁•罗伯逊大胆作出预测：手机和其他无线通信设备即将成为广告客户们首选的投放媒介，向那些被高科技工具包围的消费者们传递广告。安德鲁 • 罗伯逊的上述言论是在 BBDO 广告公司最近发表了一项报告之后作出的。BBDO 广告公司向 15 个国家的近 3 000 位典型消费者发出问卷，要求他们选择最想拥有的无线设备。45%的人选择家用电脑，31%的人选择手机，只有 12%的人选择了电视。在中国，选择手机的人群比例更是高达 61%，选择家用电脑的为 30%，选择电视的仅为 4%。调查还发现，许多手机用户即使在睡觉时也不关机。超过 60%的人表示一天会开机 21～24 小时，开机时间为 16～20 小时的占 15%。而电视你每天才会开多长时间呢？

案例

广告视点 1-3

大众媒介广告术语

线下广告(below-the-line advertising)：除线上广告以外的各种广告形式，如促销广告(sales promotion advertising)、购物点广告(P.O.P advertising)、直接邮递广告(direct mail advertising)，还包括举办展览会(exhibition)和发起某项活动(sponsorship)等。

路牌广告(billboard advertising)：张贴或直接描绘在固定路牌上的广告，一般用喷绘或油漆手工绘制在路牌上。

品牌广告(brand advertising)：宣传产品品牌的广告，旨在建立品牌忠诚(brand loyalty)，使消费者或用户乐于认定或接受广告中的牌号，亦称为产品广告(product advertising)。

品牌偏好(brand preference)：在同一类商品中，消费者对某一种品牌具有偏好而指定购买，其原因主要是使用后的满足感。品牌偏好与消费者的生活方式和消费习惯有关。

品牌坚持(brand insistence)：消费者购买某一种商品时指定要某一品牌，而其他品牌不能替代。先决条件是该品牌的产品质量好，广告有说服力，消费者用后感到满意。品牌坚持是产品广告的最高目标。

品牌忠诚(brand loyalty)：消费者对某一品牌具有特殊的嗜好，因而在不断购买此类产品时，仅仅是认品牌而放弃对其他品牌的尝试。

品牌名称(brand name)：好的品牌名称必须简洁、易读、易记、易写。美国有为产品取名的专业机构，他们利用电脑，把 26 个英文字母搭配成各种名称。如克宁(KLIM)奶粉、柯达(Kodak)等。品牌名称可以作为注册商标，但应符合商标法的规定。

品牌占有率(brand share)：某一品牌商品在市场上占该类商品总销售量的百分比，亦称为市场份额(market share)。在广告策划中，有时要提出广告要使商品市场占有率增加的目标。

站牌广告(bus stop pillar advertising)：在车辆停靠站站牌上的广告。人们在候车时往往会注意站名，一般就能留心到站牌广告。

候车亭广告(bus stop shelter advertising)：设置在公共车辆候车站的广告。候车亭广告一般设计成遮阳篷形式，同时可作为车站的识别标志，并美化街道。

> 买方市场(buyer's market)：亦称为买主市场，是以买方为中心的市场。在买方市场上，卖主多、买主少，商品供过于求，卖主竞相推销商品，买主呈观望态势，往往会导致商品价格下跌。在买方市场上买主处于支配地位。

1.2.4 广告费用

所谓广告费用，就是从事广告活动所需付出的费用。广告活动需要经费，利用广告媒介进行传播要支付各种费用，如购买报纸、杂志版面需要支付相应的费用，购买电台、电视的时间也需要支付费用。即使广告主自己制作广告，如布置橱窗、印刷招贴和传单等，也需要一定的制作成本。广告主进行广告投资，支付广告费用，其目的是要扩大商品销售，获得更多利润。为了降低成本，取得最大的经济效益，在进行广告活动时，要编制广告预算，有计划地进行广告活动，以节约广告费开支，获取最佳广告经济效益。公开付费是广告的一大特点，也是它和一般宣传报道的重要区别。

广告费用的支出是企业众多费用支出中的一项。从会计管理的角度来说，广告费应于相关广告见诸于媒介时，作为期间费用，直接计入当期营业费用，不可以预提和待摊。但如果有确凿的证据表明(按照合同或协议约定等)企业实际支付的广告费相对应的有关广告服务将在未来几个会计年度内获得，则本期实际支付的广告费可作为预付账款，在接受广告服务的各会计年度内，按照双方合同或协议约定的各期接受广告服务的比例分期计入损益。如果没有确凿的证据表明当期发生的广告费是为了在以后会计年度取得有关广告服务，则应将广告费于相关广告见诸于媒介时即计入当期损益。

美国的《印制品》杂志对广告费用进行了有说服力的分类，并对此做了详细的说明，对支出也进行了一定的约束，对广告业具有一定的参考价值，如表 1-1 所示。

表 1-1 广告费用的分类表

分类	主要费用项目		
白表	必须作为广告费用结算的费用项目	时间、空间媒介费及其他广告费	一般报纸、一般杂志、行业报纸、行业杂志、剧场广告、户外广告。店内广告、新产品、宣传小册子、人名录、直接邮寄广告、报纸及标签(可用于做广告的地方，如陈列窗)、商品目录、面向商店消费者的机关杂志、电影、幻灯片、出口广告、特约经销广告、用于通信或陈列的广告复制、广播、电视、用于其他目的的一切印刷品
		管理费	广告部门有关人员的工资、广告部门办公用易耗品和备用品费、付给广告代理业和广告制作者及顾问的手续费和佣金、为广告部门工作的推销员的各项费用、广告部门工作人员的广告业务差旅费(有的公司把此项费用列入特别管理费)
		制作费	有关美术设计、印刷、制版、纸型、电气版、照相、广播、电视等方面的制作费，包装设计费(只涉及广告部分)，其他费用
		杂费	广告材料的运送费(包括邮费及其他投递费)、陈列窗的装修服务费、涉及白表的各项杂费

续表

分类	主要费用项目	
灰表	可作为也可不作为广告费结算的费用项目	样品费、推销表演费、商品展览会费、挨户访问劝资费、房租、水电费、广告部门的存品减价处理费、电话费、广告部门其他各项经费、推销员推销用的公司杂志费、宣传汽车费、加价费、有关广告的协会和团体费、推销员用于广告的皮包费、工厂和事务所的合同费、推销员使用的商品目录费、研究及调查费、对销售店的协助支付的广告折扣
黑表	绝对不能作为广告费结算的项目	免费奉送品费、邀请游览费、商品陈列所的目录费、给慈善(宗教)组织的捐献品费、纸盒费、商品说明书、包装费、新闻宣传员的酬金、除广告部门外使用的消耗品费、价格表制作费、推销员的名片、分发给工厂人员的机关杂志费、特殊介绍费、行业工会费、老主顾和新主顾的接待费、年度报告书费、陈列室租赁费、推销会议费、推销用样本费、工作人员生产福利活动费、娱乐费

广告费用已经成为企业主要的销售费用之一。据《销售与市场》杂志的统计调查，各行业平均广告费(含各种业务宣传费用)占销售收入的11%。广告费用控制的好坏会直接影响企业的效益，甚至影响企业的生存与否。

1.3 广告的功能

广告的功能是指广告的基本效能，也就是指广告以其所传播的内容对所传播的对象和社会环境所产生的作用和影响。研究广告的功能实际上就是研究广告能达到什么目的，我们主要从经济、社会和文化三个方面来研究广告的功能。

1.3.1 广告的经济功能

广告的经济功能也就是其对经济和商业或者说市场所带来的效应，它是广告的重要功能，也是人们承认并肯定广告的原因之一。

在西方发达国家，人们从经济功能的角度给予广告的肯定程度是很高的。1963年，美国历史学家在《富有的人们》一书中指出，美国资本主义经济所以能够超过欧洲的原因之一就是广告，主要因为它具有国土辽阔、资源丰富和欧洲移民的勤劳等一系列客观因素。但书中同时指出，如果要挖掘美国固有的推动经济发展的因素，那么，可以说广告是其中之一。第二次世界大战后，日本经济取得了世界瞩目的发展，这当然与勤劳、优秀和具有丰富技术经验的日本国民的努力有关，也与新的生产技术和设备的引进、先进的经营技术和政府的合理政策等种种因素有关。但也正像波特说的那样，报纸、杂志、广播、电视等大众传播媒介的大量信息培养了人们对各种商品的需求，也使人们为满足需求加倍努力。生产水平的提高扩大了就业的投资，其结果也就使国民收入有所增长，从而使整个经济和再生产得到了扩大。为此，应该承认广告对经济发展起的间接促进作用。

根据1981年世界广告协会的统计，1980年全球用于广告费用的支出为1 114亿美元，比1976年的595亿美元，增幅将近为一倍。据该组织在1988年所发布

的数字，1986 年全球广告费支出为 1 800 亿多美元。进入 21 世纪后，全球的广告支出更是成倍上升。就在 2008 年，中国广告市场受北京奥运会的良好预期拉动，总投放同比增长 15%，达到 4 413 亿元人民币。由此可以看出，广告伴随着社会经济的发展也获得了极大的发展。

广告的经济功能体现在沟通产供销的整个经济活动中所起的作用与效能上，广告的信息流动时刻与经济活动联系在一起，促进产品销售和经济发展，有助于社会生产与商品流通的良性循环，加速商品流通和资金周转，提高社会生产活动的效率，为社会创造更多的财富。广告能有效地促进产品销售、指导消费，同时又能指导生产，对企业发展有不可估量的作用。

1. 广告具有推动社会经济发展，促进物质文明进步的作用

广告随着人类经济活动的发展而产生并不断更新。

在现代社会中，广告事业的发展水平也是衡量一个国家或地区经济发展水平的重要标志之一。在我国目前国民收入和社会零售额约以每年 15%的速度上升的同时，广告营业额则以 30%左右的速度增长，这不仅说明了我国市场经济正迅猛发展，同时也表明广告业在我国经济发展中所起的作用越来越重要。

2. 广告具有提高企业竞争实力，促进企业经济效益的作用

西方广告界有句格言：推销产品不做广告，犹如黑夜之中暗送秋波。企业在生产和经营过程中，是以经济效益为核心和目的的。企业的竞争是市场的竞争，企业的实力以市场占有率作为主要衡量标准。广告在提高企业竞争实力，促进企业经济效益方面的重要作用，具体表现如下。

(1) 广告是企业传递和接受市场信息的重要来源之一。

(2) 广告是企业促销的重要手段之一。

(3) 广告既推动企业竞争又促进企业内部经营。

(4) 广告是提高企业知名度和产品品牌的重要手段。

(5) 广告可以降低企业的成本。

3. 广告具有引导消费趋向的作用

广告对于消费者消费观念、消费心理和消费行为的趋向具有导引作用。对于广告形成和引导的消费舆论，每个人都会有不同程度的切身体会。值得注意的是，在经济全球化和经济文化一体化的进程中，广告的经济功能与文化功能结合得越来越紧密。广告主在世界性的品牌之战中更加重视消费者的心理、情感和精神方面的需求，更加重视从文化的角度形成消费舆论，力求在沟通中与消费者建立长期的良好关系，以达到加强、提升品牌美誉度和忠诚度的舆论目的。广告舆论的经济功能特征，在经济文化一体化的新形势下，必将发挥更为重大的作用。广告在引导消费趋向方面的重要作用，具体表现如下。

(1) 广告是消费者获得企业商品信息的重要来源之一。

(2) 广告可以诱导消费观念引导消费行为。

(3) 广告是现代消费决策的重要组成部分。

1.3.2　广告的社会功能

广告，作为物质文明发展过程的产物，从几千年前走到了今天，从最初的吆喝叫卖发展成为综合运用多种高科技手段的视听形式；由最初的实物展示、标记形式发展到今天的报纸广告、杂志广告、包装广告、音响广告、广播广告、电视广告、售点广告、路牌广告、网络广告、手机短信广告、烟云广告等，便是适应社会生产力和科技发展的需要。它的发展与社会经济的发展、与其生存的社会环境密切相关，这是现代广告发挥其功能的大环境。然而广告并不单纯是为经济服务的，还具有相应的社会功能。广告具有一定的宣传新知识与新技术的社会教育功能，向社会大众传播科技领域的新知识、新发明和新创造，有利于开拓社会大众的视野、活跃人们的思维、丰富物质和文化生活。

广告凭借其具备的传播特性也会对社会观念造成影响。中国是一个重油重色的饮食国度，早餐吃根油条、喝碗豆浆，是很多人心目中的“理想”生活。为了寻找新的商机，越来越多的商家开始冲击国人的消费习惯，企图用全新的概念引导生活潮流。例如，在方便面市场，“五谷道场”第一个站了起来，一句广告语“我不吃油炸食品”，就把所有油炸方便面“扔进了油锅”。

广告通过传播新的生活观念，提倡新的生活方式和消费方式，形成一种适合国情和与一定生活水准相协调的社会消费结构，就能够推动社会经济的发展，促进社会公共事业的进步。

1. 社会服务功能

广告从本质上说，是信息交流的手段。广告通过信息传播，将人们的观念、行为引导向广告主计划的某个方向，达到广告预期的效果。例如，在日常生活中，为男婚女嫁牵线搭桥的征婚广告，以及寻人、招生、挂失、求医、问药、换物、转让等分类广告就是这方面的典型代表。

2. 提升人民生活品质

广告在指导消费、引导潮流、促进产品流通的同时，其实也在不断地提高广大人民群众的生活品质。广告提升了消费者的“消费品位”，使消费者追求更高品位的产品。而社会生活品质的提升反过来也刺激广告作出新的反应。这样，由广告创造出来的更新的完美生活模式又带领新潮流，以强有力的示范引导作用，影响社会大众，使社会走向新的生活品位和新的生活方式。

3. 繁荣社会文化生活和体育事业

广告的发展，促进了摄影和美术产生新的裂变，致使广告摄影和广告画应运而生。随着广告业的发达，广告摄影大赛、有奖广告设计、广告词撰写等层出不穷。并且由于广告赞助商的支持，人们能够更多地欣赏到精彩的体育比赛和文娱表演，如奥运会、世界杯足球赛、演唱会等。这些都丰富了人们的文化生活。赞助商也从赞助活动的过程中，获得了巨大的经济效益和社会效益。广告和文体事业已经形成了一种良好的双赢效应。

4. 促进社会精神文明程度提高

(1) 广告可以美化社会环境。

(2) 广告可以丰富人们的思想和生活。

(3) 广告传播的先进观念可以推动社会精神文明的进步。

1.3.3 广告的文化功能

20 世纪初期，西方大工业生产和现代化进程的加速是现代广告勃兴的社会原因，有人将大众广告的影响力与学校和教会相提并论。在产品日益丰富和广告舆论的引导下，20 世纪的人类社会被称为消费者社会：当“品牌”成为家庭词汇的时候，当包装、加工的食品广泛出现的时候，当汽车占据了美国文化的中心位置的时候，消费者社会就在 20 世纪的美国产生了。据美国和日本的民意测验显示，人们正以他们的消费数量来衡量成功，并且这种状况呈增长趋势。广告以多种形式刺激人的物质欲望，鼓吹个体的物质利益和物质享受，掀起一波又一波的消费舆论，成为“消费文化”(culture of consumption)的关键性角色。

广告内容中传播的信息会产生舆论导向，而通过大众媒介的传播则会轻易地将舆论导向的范围和效果急速扩大。以马尔库塞等为代表的法兰克福学派在批判西方发达工业社会的弊病时，指出“产品起着思想灌输和操纵的作用”，广告借由大众传媒及其他形式无孔不入地侵入人们的闲暇时间，造成持久、强大的消费舆论，甚至影响到人们的各种价值观念。

基于广告的消费舆论及广告中其他方面观念的社会影响力，国家越来越重视广告内容对人们精神层面的影响力。例如，国家投入公益广告的资金越来越多，著名企业出资于公益广告的现象也越来越常见。在社会道德教育方面，公益广告在传播经济信息的同时，本身所蕴涵的社会文化价值观对广告受众的道德观、价值观产生着潜移默化的影响。近年来，公益广告不断推出，对社会主义精神文明建设起到了积极的促进作用。例如，在 1998 年的抗洪救灾中，在 2003 年抗击“非典”的斗争中，以及在 2008 年的奥运会宣传中，广告界充分利用自身的优势，发布了一批制作优良、主题突出、创意新颖、振奋精神、感人至深的公益广告，引起社会强烈反响，对鼓舞全国人民的斗志、增强民族凝聚力，对促进社会主义精神文明建设发挥了独特的、不可替代的作用。在普及科学知识方面，在科学技术不断得到应用，新产品不断问世的情况下，如何使消费者更快地了解和接受高科技含量的新产品并形成现代化的消费理念？广告界挑起了旗帜，承担并完善着传授各种商品知识、部分新知识和新技术的社会教育功能。

我国近几年对公益广告的重视程度也大大增强，如某企业出资百万元征求公益广告创意；中央电视台于 2001 年初以 10 万元奖金征求公益广告创意等。公益广告承担了重要的精神导向功能，其内容涉及方方面面，如宣扬保护生态环境，珍惜森林、海洋、河流等自然资源等，再如弘扬社会公德与正气，批判邪教，反对吸毒，制止违章驾车，严禁乱扔垃圾等。

整体来看，不论是商业广告还是公益广告，广告的内容应该集思想性、艺术性和政策性于一体，使之成为推进精神文明发展的工具和手段。广告应该在传播经济信息的同时，又能够给社会带来大量的科学、文化、教育、艺术等方面的新知识、新技术和健康科学的生活方式，使人们得到思想情操的陶冶和道德修养的提高。广告承担了非常重要的文化功能。

1. 有助于公益事业的发展

广告作为一种社会文化现象，广告传播在追求商业利益的同时，本身还蕴涵了某种观念和文化价值。因此其必然会综合地体现出一定的社会精神状态、价值观念、生活情趣与理想等。特别是公益广告，其促进人与人、人与社会、人与自然和谐发展的功能正越来越受到全社会的关注。

2. 形成独特的广告文化

广告文化是广告在传播过程中，体现在整个广告活动中与作品里的一种价值观念和行为方式，以及广告在与社会文化相互作用中的一种商业文化。它所倡导出来的文化内容，主要通过“流行文化”和“品牌文化”这两种典型表现出来，成为当代社会的一种独特的大众文化现象。

中央第四代领导人提出构建社会主义和谐社会，如何以此为指导思想规范广告各方面的功能呢？作为国家政策的决策者们，加强广告监管，营造统一、开放、竞争、有序的市场势在必行。一方面，根据实际情况的发展不断建立和健全相关的法律规章制度，规范广告行为；另一方面，对于违法广告工商行政管理部门要严格行使其监督管理职能，一旦发现违法广告，应立即依法查处，以消除不良影响，净化广告空间。作为广告人，提高文化素质与职业道德水平也有着相当的必要性：用先进的文化来武装自己；掌握广博的人文科学知识；具备文化传播理论知识；创作更多健康向上、丰富多彩，具有民族风格、中国特色的优秀广告作品。作为社会大众，要有维护自己合法权益的意识，与不良广告作斗争。作为新闻媒介，要加强新闻舆论监督，批评揭露违法、不良广告，对监督部门作出评价，对违法者造成强大的社会舆论压力，引起全社会的关注。只有所有的社会系统和部门协调行动起来，才能实现和谐平衡发展的目标。

1.4 广告管理

1.4.1 广告管理主体

管理学研究理论中将管理分为计划、组织、领导、控制、创新，那么从广告角度来说，广告管理应该是分析、计划、执行和控制的过程，即广告调研、广告策划、广告执行、广告效果评估。广告是企业营销的一种重要手段，企业在开展广告活动的过程中，会涉及广告代理公司、媒介、调研公司及政府多个部门。因此，在广告管理过程中，首先应该明确广告管理主体及其各自扮演的角色（见图 1-1）。

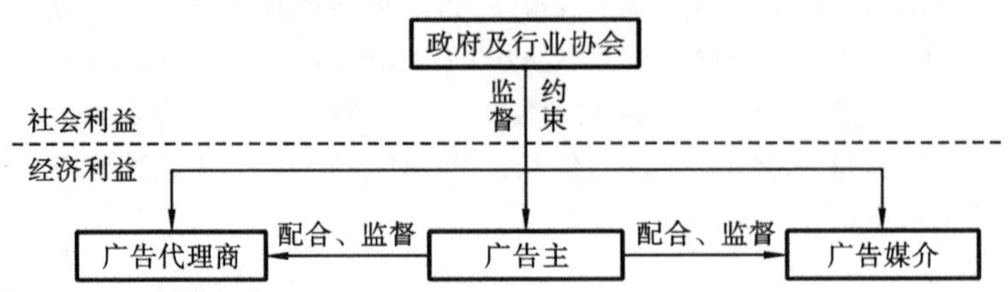

图 1-1　广告管理主体

1. 广告主

广告主是商品或服务的所有者，广告主发布广告的目的是提高企业经营业绩，因此广告主对广告管理的过程及内容应该十分熟悉。在市场中，广告主将企业广告业务委托专门的广告代理公司，因此广告主应该了解并参与到广告管理的整个过程中，尤其是在广告调研及广告策划、广告执行过程中，明确广告主的义务和权利。另外，广告主或者广告主委托广告经营者发布广告的法人或者其他经济组织称为广告媒介，常见的广告媒介有电子媒介、印刷媒介、网络媒介及分众媒介，随着科技的发展，广告媒介不断地演进变化，面对众多的广告媒介，如何进行媒介选择是广告主或广告代理商广告管理的重要环节，媒介的特征、目标市场、费用、媒介组合等因素都是广告管理的内容。

2. 广告代理商

广告代理商是指按照广告主委托要求进行广告设计和制作、代理服务的法人、其他经济组织或者个人。在广告代理商中，有进行广告代理、广告创意设计、广告发布一体化服务的综合性广告公司，也有专门进行一项或几项特别服务的公司，如专门的形象设计公司、专门的市场调查公司，甚至专门的广告美术设计公司等。广告代理商及媒介分类如表 1-2 所示。广告代理商的水平关系到广告策划、设计制作的质量，企业广告的成功与广告代理商息息相关。因此，对于广告主来说，选择优秀的广告代理商是广告管理中的重要内容。对于广告代理商，为广告主提供优秀的广告作品及服务，是在激烈的广告竞争行业中生存、发展的必要条件。广告代理商必须拥有高素质的广告人才队伍及科学的广告调研、策划、设计、制作、评估流程，这些都是属于广告管理的内容。

表 1-2　广告代理商及媒介分类

广告代理商分类(按性质分类)	媒介分类(按性质分类)
平面设计、广告制作、创意文案、媒介购买、经营自有媒介、促销及推广、咨询策划、品牌管理、电视广告代理、广播广告代理、报纸广告代理、杂志广告代理、网络广告代理、户外广告代理、DM广告代理、综合广告代理	电视台、有线电视台、广播电台、报纸、杂志、网络、电子杂志、视频媒介、渠道媒介、新兴户外、无线增值、交通传媒、网游植入

3. 政府及行业协会

政府及行业协会对广告主的广告活动具有控制作用，广告活动必须在相关的广告管理法规、条例范围之内进行。因此，政府及行业协会也是广告管理的主体，他们对于广告活动的管理主要是从法律角度出发，如我国的国家工商行政管理总局及各地方工商行政管理单位对广告活动都具有管理权力，主要目的是维护广告行业的市场秩序，确保广告市场朝良性健康方向发展。行业协会，如中国广告协会及各地方广告协会，其任务包括制定行业自律规定，规范经营行为，积极参与广告业的立法、立规工作，向政府有关部门反映会员单位的意见和要求，提出合理建议。政策法规属于广告宏观环境中的内容，广告主等主体在广告分析、策划、执行过程中都必须遵守这些政策法规。

广告主、广告代理商、政府及行业协会都属于广告管理的主体，本书着重从市场营销角度来阐述广告管理的内容，因此在广告主、广告代理商两个主体上着墨颇多。

1.4.2　广告管理流程及内容

广告管理流程(见图 1-2)是为了达到预期广告目标，对广告活动进行分析、计划、执行、控制的过程。

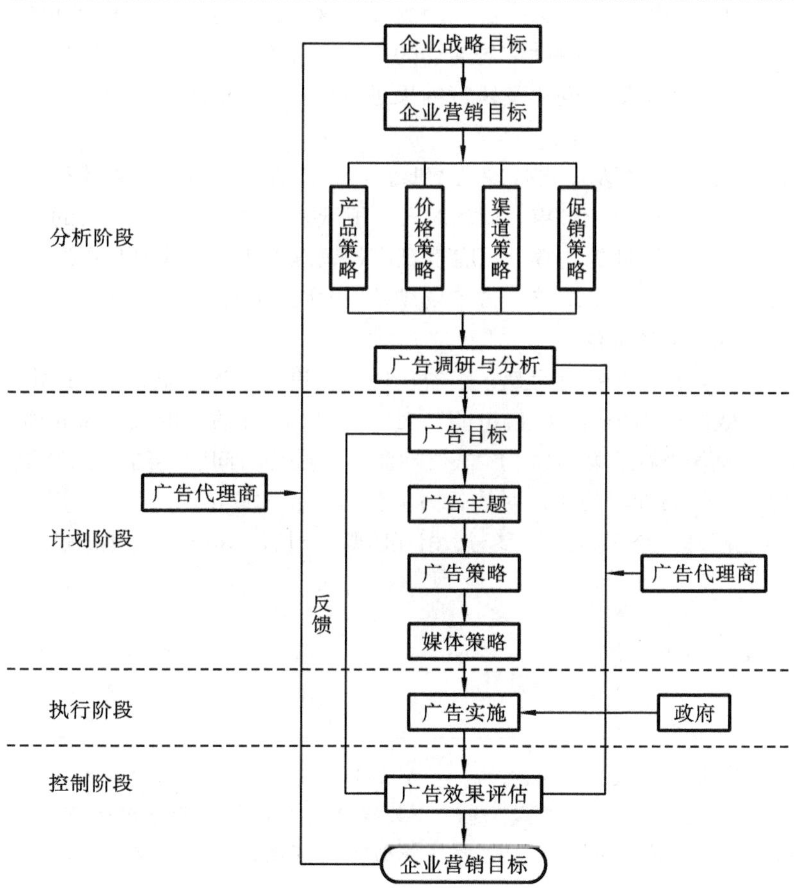

图 1-2　广告管理流程

企业广告主的广告目标以企业营销目标为核心，包括提升产品销量、品牌知名度、企业公关等。企业广告主在委托广告业务前要明确企业广告要达到的目标及相关要求。在委托之后，应该随时配合广告代理商工作，及时向广告策划项目组提供与广告相关的、便于公开的企业信息，并就广告策划方案提出建议。广告管理过程还是一个监督的过程，企业委托业务给广告代理商以后，要监督其是否按照合同要求完成广告策划的各个环节。广告主的广告管理行为贯穿广告活动始终，而且是一个不断提高循环的过程。对于广告代理商的广告效果评估，要结合企业营销目标来进行评估是否达到企业的广告目标，广告代理商是否按照合同要求履行义务？针对评估的结果，要求广告代理商进一步修正方案，再执行方案。所以，广告管理的过程是一个循环的过程，不断地进行控制、修正，广告主必须熟悉广告管理流程及内容，明确自身的义务和权力。要注意的是，广告主不能过多地干涉广告代理商进行广告策划，广告策划是一个思考、创意的过程，广告主只是建议和监督，但是有权利对最后广告评估结果进行评判。广告代理商接到广告委托业务之后，就要成立项目小组，制订项目实施方案。广告调研是进行广告主题、广告策略、媒介策略的前提，广告主题、广告策略、媒介策略都属于广告策划方面的内容，广告代理商具有这方面的专长。广告代理商是广告管理中广告计划的主体，提供广告活动的具体实施方案。另外，广告计划不是一成不变的，要随着市场的变化及执行结果进行修正，以适应广告目标、企业营销目标。

在广告执行阶段，广告主及广告代理商要监督广告媒介是否按照广告执行方案进行，如电视媒介中广告播放频率、播放时段，报纸杂志媒介中平面广告的版面、色彩要求，都是广告管理的内容。政府也是广告管理的主体，政府是在法律环境下进行广告管理，出发点是维持广告市场规范、健康、有序。因此，广告主、广告代理商、广告媒介应该懂法、守法。

最后是控制阶段，在广告执行之后，广告代理商要进行广告效果评估，提供广告主完整的广告效果评估报告。广告主要针对广告目标，评估广告代理商的项目业绩。如果广告效果评估结果不佳，广告代理商首先要分析问题症结在于广告策划还是广告媒介，然后针对问题，对广告方案作进一步的修正。

广告管理的过程是一个多方主体参与、相互监督的过程，每一个主体都扮演着不同的角色。

本章小结

广告的最初产生和繁荣是和商业的发展密切相关的。广告的定义包括狭义和广义两种。

狭义广告的定义为：广告是广告主以付费的方式，通过公共媒介对其商品或劳务进行宣传，借以向消费者有计划地传递信息，影响人们对所广告的商品或劳务的态度，进而诱发其行动而使广告主得到利益的活动。

广义的广告包括营利广告和非营利广告。所谓非营利广告，是为了达到某种宣传目的而进行的非营利性广告。

广告和宣传、公共关系都属于信息传播活动的范畴，广告活动和其他宣传活动在现代社会都是通过大众传播媒介传输某种信息的活动，它们对受众都产生着一定的影响。公共关系是一种管理活动，是社会组织有目的、有计划地运用传播手段协调公共关系、影响公众舆论、塑造组织形象的管理活动。但广告、宣传和公共关系三者也存在差异。

本书内容主要从狭义广告的角度展开，即主要考虑商业的、营利性的广告行为和活动，从广告的动态过程来说明广告是一种促销商品的传播手段。广告的各种定义，尽管在表述上存在差异，但仍然可以概括出构成一则完整广告必须具备的要素，即广告主、广告信息、广告媒介和广告费用。

广告的功能是指广告的基本效能，也就是指广告以其所传播的内容对所传播的对象和社会环境所产生的作用和影响。研究广告的功能实际上就是研究广告能达到什么目的，本书主要从经济、社会和文化三个方面来研究广告的功能。

广告管理的主体包括广告主、广告代理商、政府及行业协会。广告管理流程是为了达到预期广告目标，对广告活动进行分析、计划、执行、控制的过程。

关键术语

广告　　广告要素　　宣传　　公共关系　　广告功能　　广告管理

思考题

1. 广告的定义是什么?
2. 广告的基本要素包括哪些?
3. 广告具有哪些功能?
4. 广告管理包括哪些内容?

参考文献

[1] 周鸿铎. 中国传媒经济的发展[C]. 媒体产业　全球化・多样性・认同——第七届世界传媒经济学术会议论文集，2006.

[2] 陈刚. 广告管理必须革新[J]. 广告大观(综合版)，2006(1).

[3] 任谦. 关于我国广告管理的若干问题[C]. 昝廷全：中国传媒经济(第二辑)，北京：科学出版社，2005.

[4] 吕志诚. 中国广告业发展的主要问题与对策[J]. 中国工商管理研究，2005(3).

[5] 马逸，汪涛. “复关”对我国广告业的影响[J]. 中国广告，1994(1).

案例研讨

2009年，全球广告销售额将会出现自2001年以来的首次锐减，随着实体经济受到重创，曾经大方的广告主们态度逐渐变得模糊，这给下游的广告公司带来了悲观的气氛。

时至今日，还未走出金融危机的阴霾，经济的不确定性对于广告业来说更像是一团迷雾，前方是千载难寻的良机还是摧毁性的打击都很难说。从全球几大公司2008年的财务报告来看，这些让股东们幽怨的报表透露出来的消息非常明确，那就是撤单。不管是IT、汽车、化妆品、金融、家居公司，还是曾经阔绰的奢侈品公司都毫无例外，均表示在2009年为了兑现成本削减的计划，将会大幅缩减公司对于广告的预算金额，而且在广告投放上也变得越来越理性。当然，也有人反其道而行之，比如现代汽车公司。

经济危机面前，世界各国的广告主眉头紧锁。因为在这种情况下，广告主们不敢再擅自冒险了，于是对广告费精打细算，努力寻找能够事半功倍的方法。特别是跟实体经济有密切关系的企业，如汽车、房地产、IT企业等，缩减开支和下调预算成为它们抵抗危机的首选。

1. 大型广告主缩减开支

先来看看美国的广告主，不少大型广告客户为了减缓危机对自身的冲击，纷纷缩减广告开支。截至2008年第三季度，美国十大广告商的开支减少了4%。底特律汽车三巨头之一的福特公司调降了23％的营销费用至11亿美元，而克莱斯勒的掌控公司Cerberus Capital Management减少了26％的广告支出至6.94亿美元。

在中国，广告主的情况也不例外，CTR的监测数据显示，在20个广告大类中，投放量同比下降的种类多达13个。截至2009年1月，广告花费量较大的品类——化妆品/浴室用品、药品、房地产/建筑工程与交通行业广告花费分别下降了11.1%、9%、30.9%和24%。

从2008年下半年开始，以通用汽车为代表的制造业巨头已经开始采取大规模的广告开支削减行动；在亚洲地区，日本丰田在2008年8月已经宣布要削减30%的广告宣传费用，进入2009年，日本丰田更是进入了全面压缩广告投放的阶段，专业人士预测压缩幅度可能达到50%；在中国，根据梅花网广告监测分析源数据显示，汽车行业也正在大幅减少广告投放的次数，其中零售服务减少了64％，而汽车在所有媒介的出现次数在3月份同比减少了75％。

2. 部分广告主下调预算

在以往年景好的时候，广告主们通常显得大方又可爱，可在金融危机面前，他们变得越来越谨慎。2009年1月，英国广告从业者协会(IPA)发布的广告景气报告(Bellwether Report)显示，2008年第四季度英国营销预算大幅并快速下调；尼尔森公司对亚洲广告客户的一项最新调查也发现，大多数企业预计他们的广告预算将会下降，其中1/4的公司预计2009年广告预算将比2008年下降20%以上。由于消费者和零售商在经济危机中正在不断缩减开支，这也使得日化巨头宝洁公司下调了全年的财务预测。

此外，在公布了2008年的财务报告之后，不少日本电器企业下调了他们的广告预算，佳能公司已退出赞助中国足球联赛，像通用汽车和联邦快递这样的大广告客户也干脆从美国橄榄球大联盟年度冠军赛——“超级杯”中撤出了。在金融危机之下，广告主下调预算不失为躲避危机的另一种方法，这在一定程度上也表示了曾经大手大脚的广告主已经开始反思，并且更在意自己的钱到底投放到哪里了，能够得到怎样的效果。

正如 2008 年 11 月 24 日《纽约时报》刊登的《奢侈品正在缩减广告开支》中说的那样，在 2008 年以前的美好时光里，那些奢侈品牌可谓挥金如土，可在经济低迷的 2009 年，奢侈品广告主对于广告的投放显得甚为谨慎，这让那些长久以来依赖奢侈品广告的报纸、杂志媒介受到了一定的打击。Media Industry Newsletter(媒介投放统计)的数据表示：美国《奢侈生活方式》杂志 2008 年第 12 期的广告页数较上年同期下降了 22%;《Vogue》杂志 2008 年第 12 期的广告页数从去年同期的 284 页下降到现在的 221 页。

虽然越来越多的广告主正在想方设法瘦身或转身离开，但并不意味着他们会无限制地削减广告预算。通常情况下，客户的广告费主要花在媒介广告、公关宣传和终端促销这三者上面，当然这三者并不是平均用力，而是在不同的经济环境下，会有轻重之分。在这场危机到来之后，我们可以发现不少广告主在砍掉一些不必要的媒介广告的同时，增加了终端促销和公关宣传的费用。澳大利亚全国广告商协会主席 Joe Talcott 说，广告主正从诸如口碑营销、事件营销等传统方法中发现“更有创意性的技巧”来促进人们消费，“广告主知道通过某些特定的媒介能起到作用，不管是报纸、杂志还是电视广告”。

尽管扑面而来的信息都是在议论广告主不断削减广告费用，但仔细研究后就会发现，广告主并不是在各类媒介上都狂砍广告费用，而是根据自身和媒介的情况进行更有针对性的投放。广告主在加大对传统媒介信任的同时，也开始深思之前被炒得沸沸扬扬的新媒介广告的投放效果。毕竟，不同于以往银根宽松的时光，广告主需要认真考虑诸如新媒介和网络媒介对产品销量的拉动能力，因此他们变得小心和谨慎，并逐渐加大了对传统电视、报纸广告的投放力度。

遇到金融危机，政府总是会挺身而出，特别是在媒介广告市场下滑的情况下，政府更有义务和责任进行救市。而在这场危及全球的金融危机中，英国政府成为广告主圈儿里的一个亮点。根据尼尔森公司的相关统计数据，在 2008 年前 10 个月中，英国负责通信和市场营销的政府部门——中央信息办公室成为英国最大的广告主，广告花费总计 1.58 亿英镑，首次领先于日化巨头联合利华和宝洁公司。

而在新媒介方面，英国政府也加大了广告投入力度。根据英国中央新闻署最近公布的数字，英国政府 2008 年在电子媒介方面的花销达 3 540 万英镑，比两年前增长了近两倍，而尼尔森公司的数据也显示，英国政府已经成为全英国第三大网络广告主。近年来，英国政府不仅花费巨额资金用来开展网络营销，还向公众的手机、iPod 和电子播放器中传送信息、组织选举等。在 2009 年，英国政府以每年 16 万英镑的价格雇用一家公司，帮助其在一些草根博客和社交网站做推广，这一举动受到了年轻人的喜爱。当然有人欢喜有人忧，英国政府对于新兴媒介的偏爱也引起了一部分人的不满，他们认为政府过于追逐年轻人的市场，这对于其他人群来说是不公平的。

深处金融危机，法国的大型商场和连锁超市相继占据了广告投放的前几位。与此同时，汽车业也逆势而上，两者的广告投入分别增长了 8.9%和 7.7%。但电信行业却步步后退，广告收入缩水了 6.7%，呈现萎靡的状态。

案例思考题

在当今金融危机的大背景下，你认为我国的广告业应该如何寻找长久发展的突破口，是从广告费用入手，还是从广告媒介入手？从这个案例中你得到了什么启示？

第2章　广告调研

本章提要　本章主要阐述了广告调研的概念、内容及调研流程、广告环境分析与环境调查、广告调研方法及广告调研报告的撰写等几方面的内容。本章重点在于理解广告环境分析与调查的内容，难点在于广告调研的方法及广告调研报告的撰写，要理解并掌握如何将相关内容有效地运用到广告管理活动中去。

本章内容框架

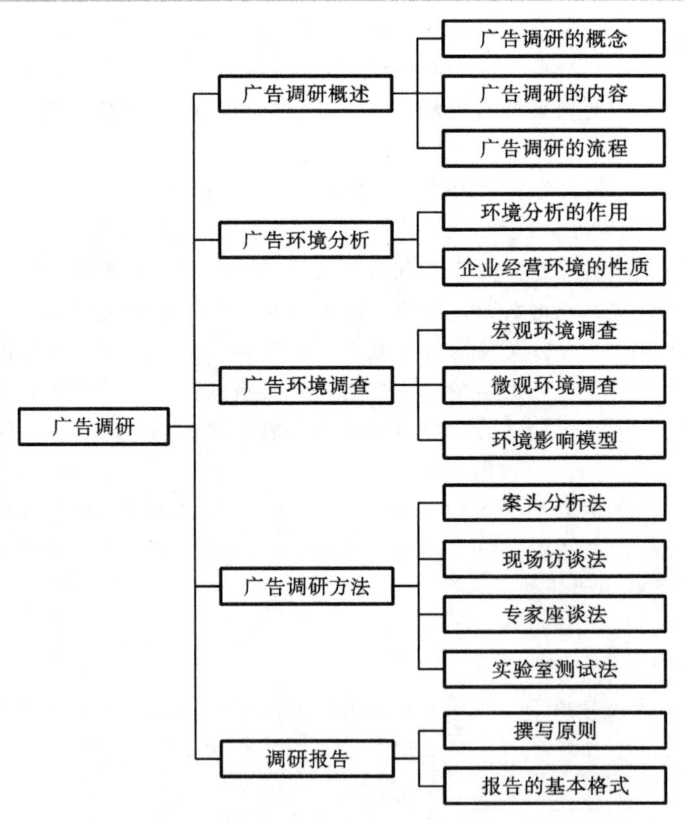

引 例

美国癌症协会关于 SPF15 防晒油的整合营销

在美国，每年有 60 万的皮肤癌症患者，其中 8 800 人死亡。研究发现，导致皮肤癌高患病率的主要原因是在阳光下过度暴晒。

当时，有厂家开发出了一种称为 SPF15 防晒油的产品，使用该产品可以有效防止因过度暴晒而患皮肤癌。该产品给消费者带来的好处是：不仅可以充分享受日光浴，还可以避免皮肤受到太阳光的过度暴晒而导致的伤害。

作为美国公益团体之一的美国癌症协会(ACS)，面对上述问题制订了一项连续性的传播计划，帮助那些因缺乏皮肤癌预防知识有可能患上皮肤癌的人们。该传播计划的实施分为两个阶段。

1. 第一阶段

传播对象：12～18 岁具有日光浴习惯的青少年。

传播沟通的利益点：拯救生命——一个从传播者的角度来看非常重要的利益点。

广告诉求：使用 SPF15 防晒油，可以救你一命。

从传播者的角度来看，无论是 ACS 的医生、医疗研究人员、健康管理人员还是传播者，都认为“使用 SPF15 防晒油，可以救你一命”，这个诉求是一个再好不过的利益沟通点。但是，这个看似非常重要的利益点却没有引起目标消费群的共鸣，传播没有取得预期的效果。原因何在？ACS 作了一次调查，他们对该次传播的对象——12～18 岁的青少年进行了一次深入访谈。访谈的结果大大出乎传播者的预料：少男少女们都认为他们是不会死的。他们所关注的是享受日光浴所得到的好处——古铜色的皮肤及其对异性产生的吸引力。死亡的威胁被目标人群所忽视。

目标消费者需要的是这样一种产品——它能让人在阳光下多晒一会儿，因而让自己变得更迷人。这让传播者懂得应该从消费者的角度进行传播沟通，而不是自己的主观价值。

经过研究，传播者重新选择了传播诉求。进行了传播利益点的调整，由此进入了第二阶段的传播。

2. 第二阶段

传播对象：12～18 岁具有日光浴习惯的青少年。

传播沟通的利益点：获得足够的性魅力——一个从目标消费者角度来看非常重要的利益点。

广告创意核心：使用 SPF 防晒油，可以让你很安全地获得过人的美丽外表。

广告诉求：15 分的美丽。

调整后的传播方案，收到了意想不到的传播效果。ACS 的这一传播活动持续了 3 年，而且潜在的目标消费者在产品的利益点诉求吸引下，均已成为其使用者或信任者。

2.1 广告调研概述

2.1.1 广告调研的概念

广告调研又称为广告市场调研，在理解广告调研的概念之前，要先了解市

场调研的内涵。美国市场营销协会(AMA)给出的定义是：市场调研是一种通过信息联系消费者、顾客、公众与营销者功能的活动，利用这些信息鉴别并界定营销机会及营销问题，提炼并且评估营销活动，监控营销绩效，提高对营销过程的认识。市场调研明确规定了解决营销问题所需要的信息，以及设计、收集信息的方法，组织、实施数据收集的过程，分析结果，并就所得出的结论及意义进行沟通。实际上，市场调研就是设计、收集和整理与企业营销活动有关的信息，并对这些信息进行分析，最后得出结论，为决策者提供决策依据，降低决策失误的风险。

广告调研是市场调研的一种形式，两者既有联系又有区别，在调研的方法、基本原则上是一致的，对于消费者调研和产品调研、竞争者调研的最终调研目的，两者是重合的，都是为了支持企业营销活动，达到企业营销目标。市场调研范围包括市场中一切与营销相关的方面，大于广告调研的范围。广告调研主要是针对广告活动范围进行的，所有与广告相关的信息，包括广告主题、广告媒介、消费者调研、广告效果等，这些都是广告调研关注的领域。因此，广告调研实际上就是针对企业营销目标，有计划地、系统地收集、整理、分析一切与广告活动有关的信息。

2.1.2 广告调研的内容

1. 市场调研

市场调研是收集一切与企业竞争市场有关的信息，包括目标消费者、产品、竞争对手情况等方面的信息。因为这些信息是确定广告定位，确定广告诉求对象、广告创意、广告传播媒介的依据。市场调研一般包括以下内容。

1) 目标消费者

目标消费者即广告的诉求对象。首先必须了解广告主产品的目标消费者或潜在消费者是哪些人，对消费者的了解是广告运作成功的关键。对消费者的调查主要从以下三方面来进行。

(1) 消费者行为。消费者行为具体包括产品的购买时间、地点、数量，以及消费者对产品的价格敏感程度、对产品品牌的偏好程度、对产品广告的回忆率等信息。消费者购买行为类型及其特征如表 2-1 所示。

表 2-1 消费者购买行为类型及其特征

类　型	特　征
理智型	利用各种渠道收集与产品相关的信息，不受其他人影响
感情型	容易受到广告、人员推销、身边朋友等外界因素的影响
习惯型	受到过去的购买经验和自身消费习惯影响
经济型	对产品价格敏感
冲动型	容易受外界因素刺激产生购买行为
犹豫型	对购买的产品犹豫不决，需要依靠外界因素提高其购买的决心
随意型	从众心理强，不对所要购买的产品进行认真的分析与比较

(2) 消费者特征。消费者特征包括消费者的年龄、性别、文化程度、民族、职业、收入等信息。

(3) 消费者购买动机。了解消费者购买动机，分析消费者深层次购买原因，如，是追求时尚还是实用性，这些有利于针对广告对象确定正确的诉求点。

2) 产品调研

产品调研的范围包括企业自身产品和竞争对手产品。

(1) 产品特征。产品特征包括产品的功能、包装、款式、色彩、质感、价格、制作工艺、产品专利等。对于广告策划来说，可以从中寻找广告诉求点。

(2) 产品定位。产品定位是依据消费者的需求和偏好进行的，了解产品在消费者心目中的形象，是否需要重新定位。

(3) 产品生命周期。在调研产品所处的不同市场生命阶段，即导入期、成长期、成熟期、衰退期，应该采取不同的广告宣传策略。产品生命周期与销售额、广告费和利润的对应关系如图 2-1 所示。

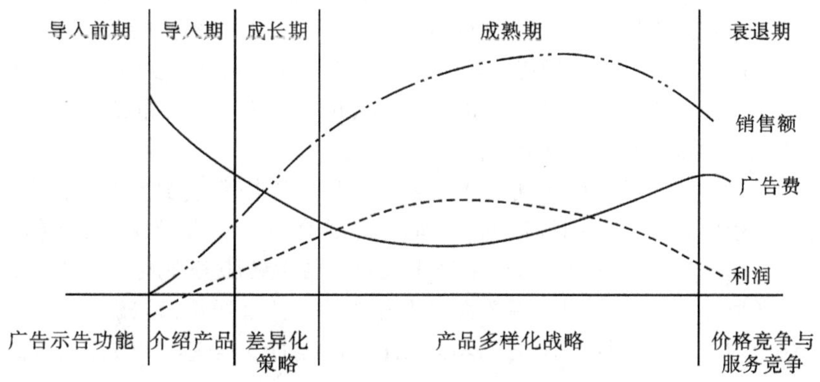

图 2-1　产品生命周期与销售额、广告费和利润的对应关系

(4) 产品包装。产品包装是给消费者的第一印象，调研产品包装是否有调整的需要，可以采取实验测试法进行调研。

(5) 产品价格。产品调研时需要了解广告主与竞争对手的价格策略。

(6) 产品知名度。产品调研时需要了解产品在消费者心目中的知名度，判断是继续加大产品卖点宣传还是产品品牌宣传。

3) 竞争对手的情况

竞争对手的情况包括竞争对手的广告定位、广告内容、广告传播媒介、销售渠道、产品特征、产品价格、促销等信息。不仅要知己还要知彼，应该随时关注竞争对手在市场上的一切市场动态，及时采取行动。明确广告主(企业)自身情况，针对竞争对手的市场地位，采取不同广告传播策略。那么具体到竞争对手的广告活动，可从以下两个方面来展开竞争对手的调研。

(1) 竞争者广告活动的概括分析。竞争者广告活动的概括分析包括竞争者广告活动发布时间、地点，以及广告内容、发布媒介、广告效果、广告活动的代理

方式、广告费用等。

(2) 竞争者广告策略分析。对广告活动概况进行收集和整理之后，就得对这些资料进行进一步的分析，获得竞争对手广告策略的深层次信息，包括竞争对手的目标市场、产品定位、广告诉求点、广告表现策略、广告媒介策略、广告竞争策略等，深入分析广告策略选择的背景及其效果。

2. 广告媒介调研

广告媒介是指刊载广告作品，实现广告主与广告对象之间联系的一种信息传递工具。广告信息必须通过合适的媒介发布，并且广告媒介费用占整个广告预算中很大一部分，因此对广告媒介进行调查是选择制订正确广告媒介策略的前提。《中华人民共和国广告法》明确指出广告媒介要提供必要的自身资料。有必要对广告媒介的有关资料作进一步的核实，尤其是一些地方媒介为了提高广告业务额，任意地夸大媒介覆盖面，因此，为确保广告传播效果，需要对广告媒介进行调研。

在广告媒介策略中，需要选择最合适的媒介，因此，在广告作品发布前，应该对广告发布区域的媒介进行全方面调研，调查内容一般包括以下几方面。

(1) 媒介的性质与背景。所调查的媒介是否符合广告的主题与内容，是否与宣传的企业形象、产品形象相符合，媒介过去的广告发布历史，有没有出现违法违规现象都应该进行事前调查。

(2) 媒介刊物发行量或收视率、收听率等指标。需要对媒介提供的数据作进一步核实，对各项指标数据进行收集，选择符合广告投放对象的媒介。

(3) 媒介自身的广告传播技术及对广告主的服务态度。报纸等纸质媒介的广告印刷技术、电台和电视等视听媒介的信号传播质量都是影响广告传播的因素。还有对广告主的服务态度，这涉及在广告沟通过程中，广告主与媒介就相关问题进行合理沟通的问题。

(4) 媒介与公众的关系。媒介与公众的关系具体表现为媒介在公众中的影响力如何，声誉如何，可以采取访问法的形式了解这些信息。

(5) 媒介的费用。媒介的费用具体表现为媒介的报价是否合理，应该进行横向和纵向比较，就媒介的各项指标选择性价比最高的媒介。表 2-2 是中央电视台第二频道部分栏目 2009 年广告价格。

表 2-2 中央电视台第二频道部分栏目 2009 年广告价格 (单位：元)

栏 目 名 称	5 秒	10 秒	15 秒	20 秒	25 秒	30 秒
第一时间	9 600	14 400	18 000	24 500	28 800	32 400
证券时间	17 600	26 400	33 000	44 900	52 800	59 400
非常 6+1	29 300	44 000	55 000	74 800	88 000	99 000
幸运 52	24 500	36 800	46 000	62 600	73 600	82 800
经济半小时	34 700	52 000	65 000	88 400	104 000	117 000

注：资料来源于《中央电视台广告价格手册 2009 版》(电子版)。

(6) 广告发布之后，媒介有没有按照广告协议中的要求发布，实际传播效果如何。

对广告媒介所处的环境进行调查，是为了选择合适的广告媒介进行广告传播，力求达到最佳的广告传播效果。对广告媒介的调查，不仅在广告策划前，而且在广告执行过程中，更要随时关注广告发布的媒介。

3. 广告效果调研

广告效果调研分为事前调研和事后调研。事前调研是针对广告作品正式播出前进行的小范围效果测评，主要是对广告主题、广告创意、广告表现、广告制作进行评估。事后调研是在广告作品正式播出之后进行的调研，能够获得更加真实和准确的广告效果信息，主要是评估广告作品是否达到了预期广告目标，包括传播效果、经济效果、社会效果三个方面。

1) 事前调研

广告效果事前调研主要包括广告主题、广告创意、广告表现、广告制作四个方面的内容。广告主题、广告创意、广告表现都是依据前期的广告调研资料策划出来的，但是由于广告传播的对象是消费者，消费者在接受广告信息的过程中会受到诸多因素的影响，消费者是否认同已经策划出来的广告主题、广告创意、广告制作，能否达到预期广告效果，需要经过调研实验才能得出结论。另外，由于广告传播费用占广告预算很大一部分，因此在广告播出之前采取小范围的调研是有必要的，它可以降低广告传播失败的风险。小范围的调研主要是针对以下内容进行的。

(1) 广告主题。广告主题具体包括当前的广告主题是否有效，是否突出了产品卖点，能否概括地向广告对象传递信息。

(2) 广告创意。广告创意具体包括广告创意是否新颖，是否容易让消费者记住。

(3) 广告表现。广告表现具体包括广告作品是否能够明确表达广告主题，是否让消费者产生不必要的联想和感觉。

(4) 广告制作。广告制作具体包括广告制作的水平是否达到了要求，例如，色彩、声音、图像、文字等信息是否有修改的必要。

对于以上几个方面的内容，都应该在广告正式播出之前进行调研，将调研的结果及时地反映给广告策划人员。

2) 事后调研

广告效果事后调研即是对广告作品通过媒介传播之后所产生的效果进行评估，事后调研情况是衡量一个广告成功与否的必要步骤。

(1) 广告传播效果评估。广告传播效果评估即广告传播的心理效果评估，主要是了解广告传播之后对广告受众的心理影响程度，从广告感知记忆效果、广告认知理解效果、广告行为影响效果、生理性实验评估指标四个方面进行评估。

(2) 广告经济效果评估。广告经济效果评估即评价广告活动成功与否的最直接体现，主要从销售额和利润额两个方面进行评估。

(3) 广告社会效果评估。广告社会效果评估是指广告对消费者产生的社会影

响，可以从法律规范、伦理道德、文化艺术、风俗习惯、宗教信仰等方面进行评估。

总之，广告效果调研贯穿广告活动的事前与事后，对广告效果进行调研是对广告主负责，是对广告的成功与否进行的科学评估。

案例

广告视点 2-1

宝洁广告投放前的定心丸：OAT 测试

一个晴朗的傍晚，几十个普普通通的女性消费者，应邀来到一间学校教室参加一个消费者活动。在工作人员的引导下，她们首先参加了一个自选礼品的抽奖小活动。接着，被带到另一间教室，工作人员为她们播放了 30 分钟与平常没有什么区别的电视节目。休息片刻，她们又被带出来参加第二次的抽奖活动。最后，她们在另一个教室里，接受了大约 20 分钟的问卷访问……这是一家专业市场研究咨询公司为宝洁公司进行的 OAT 测试现场。

广告投放前的定心丸——OAT 测试。

OAT 测试，即广告脚本测试，是宝洁公司和市场研究公司长期研究积累形成的电视广告效果测定方法。OAT 测试是为了保证新广告投放的有效性而进行的投放前测试。目的在于通过测量消费者购买潜力、对广告的反应和记忆，来评价新广告是否可以投放，以及在可以投放的前提下，研究该广告还有哪些方面有待改进，使广告投放者对收益的预估做到心中有数。

一个产品的广告片的投放一般是几千万甚至上亿元，除了广告创意研究和脚本研究等基础调研外，在广告投放前，还需要做 OAT 测试，以确认广告片是否能有效地促进产品销售。

通过 OAT 测试模拟真实环境，判断一个广告片是否被目标消费者接受，使广告投放做到心中有数。对于企业来讲，进行 OAT 测试是理性和效益的选择。OAT 测试主要考察三个核心指标：TPM(购买潜力测试值)、reaction(消费者反应)、recall(消费者记忆度)。通过测试，了解目标消费者对广告的评价，对广告的记忆程度，对广告概念的理解和评价，以及广告对他们选择品牌有哪些影响。

2.1.3 广告调研的流程

严格遵照科学、规范的广告调研流程，是取得广告调研成功的关键。一般而言，广告调研流程如图 2-2 所示。

如图 2-2 所示，广告调研流程共分为三个阶段——准备阶段、实施阶段和提交报告阶段。

1. 准备阶段

(1) 调研背景。了解当前广告市场态势及广告主的经营状况、产品销售情况等，为接下来的广告调研提供调研背景，为得出结论与提出建议提供佐证。

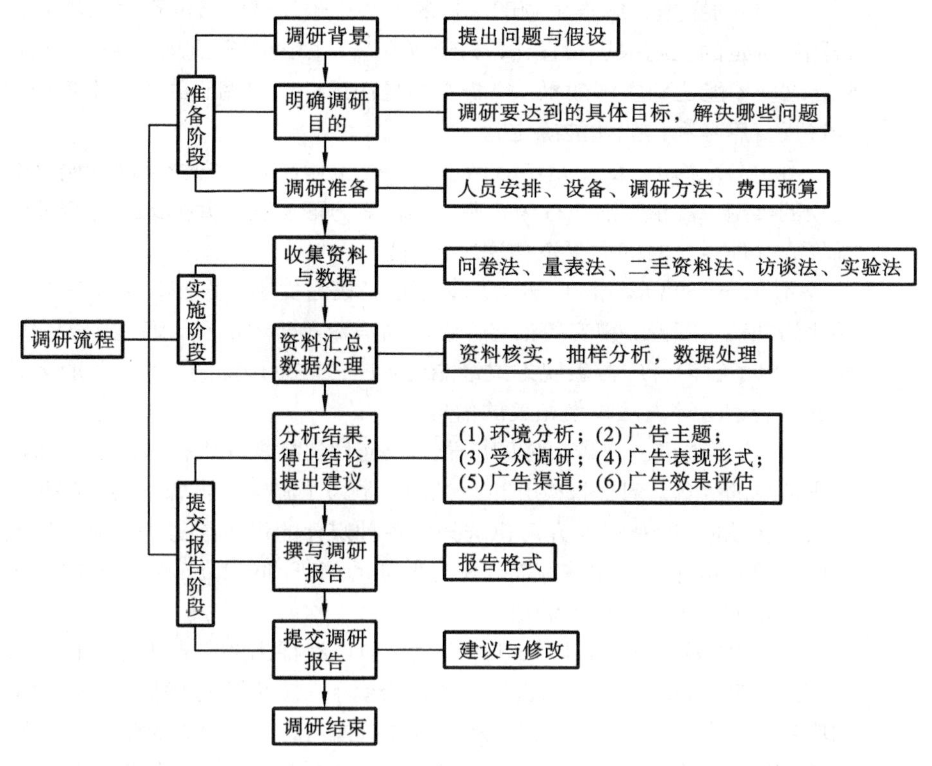

图 2-2　广告调研流程

(2) 明确调研目的。明确调研要解决的问题、要达到的具体目标，例如，广告的受众是谁，受众对广告的关注度，产品包装是否有进一步改进的需要，目标消费群体是否需要扩大，是否有必要提高广告发布力度。只有明确了调研的目的，才能为接下来的广告调研提供指导，做到有的放矢。

(3) 调研准备。设计调研方案，包括调研方法、资料来源、人员分工、调研费用、调研设备等。

2. 实施阶段

(1) 收集资料与数据。按照调研方案设计方法和要求开始收集资料与数据，一般常用的有二手资料收集法、访谈法、观察法、实验法等。每种方法各有优势，要根据调研的内容选择合适的方法。

(2) 资料汇总，数据处理。将收集起来的原始资料数据或二手资料进行汇总、处理、核实，要确保资料数据的真实、准确，尽可能全面地收集与调研主题相关的信息。

3. 提交报告阶段

(1) 分析结果，得出结论，提出建议。

① 环境分析。广告活动是在一定的广告环境中进行的，必须善于识别和分析由于环境变化带来的威胁与机会，并及时采取应对措施。

② 广告主题。广告主题即广告的中心思想，是广告创意展开的立足点。广告围绕确定的主题来进行宣传，告诉受众最重要的广告信息，便于受众理解、回忆，这样才能达到广告效果。广告主题是在前期广告调研的基础上形成的，必须经过反复思考和构想才能确定。

③ 受众调研。受众是广告信息的接受主体，对广告受众进行调研就是了解受众的类型、需求、消费行为、购买动机等方面资料，并据此选择合适的广告传播媒介、地点、时间向受众传递广告信息。

④ 广告表现形式。广告信息必须借助语言文字、图形、色彩等工具，将其转化为文稿、图像、声音等信号，然后向消费者传递信息。通过广告表现形式调研，可以了解何种广告表现方式最能达到广告信息传播的效果。一般多是采用实验法、观察法等方法收集相关的信息。

⑤ 广告渠道。广告渠道即广告选择何种传播媒介进行信息的传播，媒介是广告信息的载体。对传播媒介进行调研，是为了确定广告媒介的传播策略。在广告发布区域内，有哪些媒介可供选择？各种媒介的优势与劣势如何？当地覆盖面最广的媒介是什么？这些都需要进行前期的调研，同时还应对媒介的广告发布价格、发布范围等信息进行调研。

⑥ 广告效果评估。广告效果评估是对已经播出的广告进行测评，属于事后控制，一般从心理效果、销售效果和社会效果三方面进行评估。广告效果测评是向广告主提交的后期调研报告，是一份绩效报告。广告主关心的是广告播出以后，广告达到了什么样的效果，是否需要调整广告策略，都需要详细的后期调研数据作为决策的依据。

(2) 撰写调研报告。

调研报告是提交给广告主阅读的书面调研材料，必须按照规定的报告格式撰写，要求调研报告真实、完整、条理清晰。

(3) 提交调研报告。

必须在规定的时间提交调研报告，另外，需要强调的是，调研报告需要经过反复的修改才能定稿，直到广告主满意为止。

广告调研贯穿广告管理活动始终。广告调研是广告活动的前提，为广告策划提供依据。对于广告传播的效果，同样要进行调研，广告传播效果调研为广告传播是否成功提供科学依据。

2.2 广告环境分析

一切广告活动都是在一定的环境中进行的，其中的诸多因素影响着广告活动的开展。广告环境泛指整个广告产业存在和发展所处的社会环境，指一切影响广告产业发展的社会因素，有时则是特指影响、制约具体广告活动的特定社会环境，如具体广告活动面对的特定的市场、消费者、传播环境、时间、空间及其他一切对广告策划、创意、执行等具有影响的因素。

对广告环境进行分析，首先要弄清广告环境中的具体因素，一般从宏观环境和微观环境两个层面进行考量：一个层面是指影响广告活动产生、发展的宏观环境，如人口地理环境、经济环境、社会文化环境、政治环境等；一个层面是指影响广告传播活动实施的微观环境，如企业自身的情况、竞争对手的情况、广告受众的情况、媒介环境等。要仔细分析广告活动所处的环境，把握广告环境带来的机会与威胁，从而作出正确的估量和判断，抓住机遇，制订正确的广告策略，达到广告目标。

2.2.1　环境分析的作用

对广告环境进行分析，需要做大量的调研工作，要尽可能充分地占有一切与广告活动有关的信息，包括原始数据资料和二手数据资料，在整理、分析的基础上，对广告活动所处的环境形成深刻的认识，更好地去把握。广告环境分析，在整个广告运动中是不可或缺的一部分。

1. 广告环境分析是广告运动成功的根本前提

市场是瞬息万变的，要及时把握市场的变化，为广告运动提供依据，这样广告活动才能按照正确的广告策划方案进行。在进行广告策划时，必须了解影响广告环境的所有因素，降低策划方案执行的风险，从而达到广告活动的目标。要实现上述目标，其根本前提就是要进行广告环境分析。只有深入细致地对广告环境进行调研，才能了解广告活动所处的政治、法律、社会环境，才能准确而及时地把握消费者需求，才能认清本企业在所处环境中的优势和劣势，扬长避短。广告环境的分析，对于广告运动的成功起着不可或缺的促进作用，推动着广告主广告活动的顺利开展。

2. 广告环境分析便于企业准确把握市场变化，对于广告策划起着调整作用

对广告环境进行分析，便于企业根据宏观、微观等环境的变化，对企业广告活动作出正确的、及时的调整，避免企业资源浪费。通过环境分析，发现新的机会，可以使企业抢占先机，进而形成竞争优势，或者扭转企业所处的不利地位。当然，在现实中往往是机会与威胁并存，且可能相互转化。如果没有把握住机会，优势就可能变成包袱、变成劣势，而威胁(不利因素)也可能转化为有利因素，比如政策法规的变化对于广告活动的影响。因此，要细致地分析广告环境，善于抓住机会，化解威胁，充分把握未来的发展趋势。

3. 广告环境分析对于广告策划的制订及其执行起着制约作用

广告环境分析，对于广告策划有着重要的制约作用。因为广告传播是一个无边界的、广泛的活动，这其中难免会产生越界的现象，使得广告策划超越了受众的接受面。但是广告环境分析，对于这些有着明显的制约作用，制约着企业主在限定的空间内生存、发展，告知广告主广告的有效度和范围，便于节约成本和提高广告的有效性。

广告策划的根本前提是广告环境分析，广告环境分析的主要内容是要对宏观、微观等环境进行调查、整理分类、研究和分析，依据广告主的需要，提出问

题与假设，为后面得出结论与提出建议提供佐证。

2.2.2 企业经营环境的性质

事物的性质是指事物本身所具有的、与生俱来的、区别于其他事物的特征和联系。经营环境的性质是指经营环境本身所具有的、区别于其他环境的根本属性和内在联系。正确理解和把握经营环境的性质，对于做好环境调研及其企业管理运行等工作，实现对企业的有效管理，建立科学的管理体系，有着极为重要的意义。

经营环境分析主要涉及的内容如图 2-3 所示。

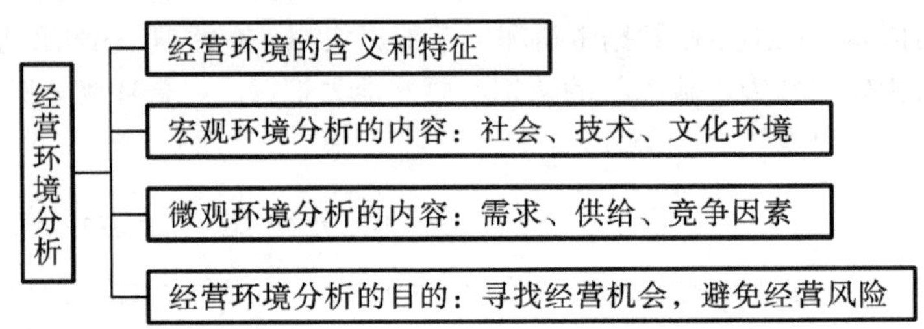

图 2-3　经营环境分析的主要内容

1. 企业经营环境的定义

经营环境是指与企业经营范围、经营类型等有关的各种外部因素，包括市场因素及对商品市场产生间接影响的其他因素。市场因素如同类或替代产品的数量、质量、价格，用户对商品需求变化趋势等。其他因素如社会环境、经济环境、技术环境、政治环境等。

无论是市场因素还是其他因素，都共同构成企业生存、发展的空间，这些环境决定了企业的兴衰，决定了企业发展的规模等。经营环境与企业的生存发展息息相关。正确分析经营环境，对于有效寻找有利于实现企业经营目标的良好条件或客观可能性的经营机会，抓住市场机遇，避免企业在经营过程中发生的对未来结果的不确定性，降低企业经营风险，实现企业目标起着至关重要的作用。

2. 企业经营环境分类

1) 按企业经营环境的客观属性划分

企业经营环境按客观属性划分，可以分为社会环境与自然环境。社会环境包括经济技术环境、政治法律制度环境、文化历史环境、市场环境、国际环境等方面。自然环境包括自然资源环境、气候环境、地理环境等方面。

2) 按企业经营活动过程划分

企业经营环境按企业经营活动过程划分，可以分为投资环境、生产环境、交换环境等。投资环境包括资金筹措、地址选择等方面所要求的外部条件；生产环境包括科技发展、原材料供应、劳动力素质等方面所要求的外部条件；交换环境包括市场范围及容量、流通渠道及网点、信息传播和交通运输条件等方面的内容。

3) 按外部环境诸因素对企业的影响是否直接划分

企业经营环境按外部诸因素对企业的影响是否直接划分，可分为直接环境和间接环境。直接环境是指直接影响企业经营活动的环境因素；间接环境是指不直接作用于企业，而是通过市场或其他因素影响企业经营活动的外部环境因素。实际经济生活中，直接环境与间接环境在很多情况下是互相包容的，共同影响着企业。

2.3 广告环境调查

广告环境调查是利用科学的方法，有目的、有系统地收集能够反映与广告有关的环境在时间上的变化和空间上的分布状况的信息，研究广告环境变化规律，预测未来广告环境变化的趋势，为广告策划提供依据。

任何广告活动都是在广告策略指导下进行的，因此制订正确的广告策略是广告活动开展的关键。广告策略的制订必然受到广告环境中的各要素的影响和制约，现代营销理念强调对整个企业活动所处的环境进行调查，广告环境调查是进行广告策划前所进行的前期调查活动，通过对广告环境中各影响因素的资料、数据的收集、整理和分析，根据广告环境的特点和趋势制订和调整广告策略，及时把握环境中有利因素，避免环境带来的威胁。

广告环境分类在前面已经提到过，其构成包括宏观环境和微观环境两个层面：第一层面为宏观环境，包括人口与地理环境、经济环境、社会文化环境和国内外政治环境；第二个层面为微观环境，包括企业自身的情况、竞争对手的情况、企业产品的情况和媒介环境等。

2.3.1 宏观环境调查

1. 人口与地理环境

1) 人口环境

人口是构成市场的最基本要素。人口的数量、增长趋势、地理分布、人口结构、教育程度和购买力等对企业广告活动具有整体性和长远性影响，正确认识人口与企业广告活动存在的深刻联系，对于广告的受众分析、发布区域、企业目标市场来说十分关键。分析人口环境一般从人口规模、人口结构和人口发展趋势三个方面进行。

(1) 人口规模。人口规模是当地的总人口数量，人口越多，市场需求越大，尤其是基本生活需求。因此，人口规模关系到市场规模、广告投入的大小。我国人口数量分布不均衡，东部人口多、西部人口少，对于东部城市，广告投放的规模肯定大于西部地区。在局部区域，对应不同区域人口规模，也应该采取不同的广告投放策略，比如农村与城市相比，显然城市人口多、媒介多，因此广告投入规模要大于农村。

(2) 人口结构。人口结构影响当地的消费结构、消费市场细分，对于了解当地的消费者需求、广告受众特征具有重要影响。人口结构调查主要是从年龄结构、

性别结构和家庭结构三个方面进行。年龄结构决定了产品的主要消费群体和需求结构，以及广告活动的方式，一般按照老年、中年、青年、儿童四个结构进行划分。不同的年龄结构比例导致不同的产品需求比例，例如，儿童需要零食、玩具，老年需要保健品。性别不同的人群，有着不同的消费行为模式，性别结构不同，导致不同消费行为，从而影响企业选择不同的广告活动方式。同样，应调查当地家庭规模的大小，家庭结构决定了消费的需求水平与结构，很多广告的受众就是针对家庭这一消费群体的，如食品、旅游、日化用品等。

(3) 人口发展趋势。从宏观方面来讲，当前人口的发展趋势主要是人口迅速增长、人口趋于老龄化、人口流动性增强等情况。从具体的广告活动来讲，应该注意区域范围内人口的变化，例如，在我国农村，中青年人群经常外出务工，老人和小孩留在农村生活，这一点是需要注意的。

2) 地理环境

广告策划需要考虑气候、地理位置、地形地貌等地理因素。一般来说，广告目标市场的地理环境相对比较稳定。但是，一旦发生变化，就会对企业经营产生作用，影响广告决策。如洪水、地震、台风等一些突变的自然灾害，会对市场、需求产生影响，甚至直接影响广告活动。2008 年 5 月 12 日汶川发生大地震，全国人民同心协力，帮助四川灾区重建家园，我国广告界推出公益广告如图 2-4 所示，鼓舞人们风雨同舟、战胜困难，起到了很好的效果。此外，广告活动还要根据产品的属性，充分考虑广告发布的季节、月份或节气等影响因素。因此，广告策划应该充分考虑地理环境的变化，及时调整广告活动方案。

图 2-4 主题公益广告

2. 经济环境

经济环境是影响广告活动的重要因素之一，包括地区发展状况、经济制度与经济发展阶段、消费者收入、消费者消费模式、消费者储蓄与信贷情况等方面。

1) 地区发展状况

为了了解区域的经济发展状况，一般需要收集当地经济发展数据。我国东部、

中部、西部经济发展不均衡，城市与农村存在二元经济结构，决定其地区购买力的大小、消费结构存在差异。地区的发展不平衡，导致企业在发展战略、市场拓展方面的差异，从而对广告活动产生影响，如经济发达地区，购买力大，渠道网络完善，相应广告投入规模也应该大。

2) 经济制度与经济发展环境

对经济环境进行分析，还应考虑经济制度和经济发展阶段等内容。我国正在逐步健全和完善社会主义市场经济体制，为企业提供了良好的政策环境，加入世界贸易组织后，我国将会获得更多的机遇，但同时也会面临严峻的竞争环境。而处在不同的经济发展阶段，市场需求也会不同，从总体上看，我国目前处在经济起飞阶段。但我国幅员辽阔，特别是东西部地区经济发展不平衡，对此也要进行分析，不同地区的广告战略应有所差异。

3) 消费者收入

消费者收入包括消费者个人的工资、奖金、租金等收入，其收入状况决定了其购买力水平。一般来说，收入高的人具有较强的购买能力和较高的生活水平，而收入较低的人则购买能力较弱。衡量一个地区的购买能力也应该看地区的总收入情况，如果消费者收入增加，会引起消费支出增加，也会使储蓄增加，产生潜在的购买力，扩大社会总需求。

消费者的收入又可分为货币收入和实际收入。在货币收入不变的情况下，如果物价下跌，消费者的实际收入便增加，其实际购买力增强；如果物价上涨，则消费者的实际收入降低，其实际购买力降低。消费者收入的波动，往往引起市场需求规模的变化，从而导致许多企业经营不稳定，同时也会带来许多新的机会。

4) 消费者消费模式

消费者总收入可分为个人可支配收入和可任意支配收入。个人可支配收入是个人收入扣除所得税之后可用于消费支出或储蓄的余额，可任意支配收入是消费者个人可支配收入用于维持日常生活支出多余的部分收入。这部分收入及消费行为的变化，都涉及消费者消费模式的变化，这将影响企业的市场营销活动。广告调查人员应能够及时地分析和研究在不同的社会经济发展时期，人们在思想观念和意识形态等方面的变化和潜在变化，以及由此而引起的消费倾向和购买力投向变化。

此外，社会文化环境、价值观念、信仰、兴趣、行为方式、社会群体及相互关系、科技进步等因素，也会对消费支出模式产生影响。

5) 消费者储蓄和信贷情况

一般来说，在其他条件一定的情况下，消费者储蓄额与消费额成反比。储蓄额增加，可用于消费的购买力就减弱；反之，储蓄额减少，购买力则增强。在国内消费市场上，由于消费习惯的影响和对住房、医疗、教育等支出增大的担心，消费者一般都注重节俭，积累钱财，有较强烈的储蓄偏好。

3. 社会文化环境

社会文化环境是指广告传播所处的社会文化环境。市场营销成功与否，广告

能否取得理想的传播效果，最终还是由人们的需求决定的。人们的需求状况和消费行为，受到特定的社会文化环境影响。广告要有针对性地向目标消费者传递广告信息，必须了解当地风俗习惯、价值观念、宗教信仰等因素。

在诸多的广告环境因素中，社会文化环境是最为复杂和难以掌控的。社会文化环境是在社会历史发展过程中逐渐形成，作为生活在社会中的个体，人们在自身成长过程中或多或少地会受到其所处社会文化环境给予的基本信仰、价值观和社会行为规范的影响。这些信仰、价值观和社会行为规范不像其他环境因素那样容易被理解，但它又无时无刻不在支配着消费者的消费行为，影响着企业的广告策略。如饮食市场，中国的南方沿海地区和北方地区就存在着明显的消费行为差异。广告公司在进行社会文化环境调查的时候，要对当地民众的信仰、价值观、心理特征、审美情绪、消费习俗等进行详细的调查与分析，并且研究这些文化环境因素的发展趋势，从而帮助企业充分利用文化环境中有利于企业的因素，避免由于文化环境的差异对企业广告活动产生的风险。

4. 国内外政治环境

国内外政治环境是指影响企业广告活动的国内外的政策与法规形势和状况。企业的一切活动都不能超出政策法律规定的范围，不了解这些信息，将会导致企业经营活动发生偏差。政治环境的变化常常给企业带来灾难或生机，即使政治环境相对稳定，倘若政治气候出现细微波动，某一政治性事件的发生和处理，都会给产品的销售市场、广告活动带来影响。

政策法规环境对于企业准确判断经营环境、开展广告活动至关重要。一项法规的制定，一个政策的出台，都直接影响企业经营决策，影响广告活动的开展，需要随时关注政策环境的变化，包括熟知政府颁布的任何一项新的法律、规定、条例、办法，政策法规对广告主所处行业是约束，是保护，还是促进发展，影响的程度有多大，范围有多宽等。另外，一些地方性法规及半官方组织(如消费者协会)的相关规定，亦不容忽视。

国际政治环境的变化更是难以预测。必须经常关注国际情势的变化，透过国内外权威报刊了解新闻背景及前瞻，分析某些突发事件的前因后果，逐步认识、把握国际环境变化的一些不规律因素。

案例

广告视点 2-2

国内与广告相关的部分法律法规(节选)

《中华人民共和国广告法》
《广告管理条例》
《广告管理条例实施细则》
《广告服务收费暂行管理办法》
《中华人民共和国消费者权利保护法》
《药品广告审查办法》
《食品广告发布暂行规定》
《化妆品广告管理办法》
《酒类广告管理办法》
《医疗广告管理办法》

5. 科学技术环境

科学技术是第一生产力，是企业把将自然资源转化为符合人们物质需求的基本手段，科学技术推动着人类社会向前发展。新技术的应用会影响人们的消费行为和购买习惯；新技术的应用缩短了产品的生命周期，迫使企业不断地开发新产品；冲击和淘汰落后的产业；同时，新技术的应用还极大丰富了企业的营销手段。研究掌握科技环境的变化和趋势，对于广告策划来说，也是十分重要的。例如，随着互联网络技术的普及应用，网络传播日益发达，越来越多的人通过上网获取有关信息，网上购物、网上支付已经成为普遍的消费者行为。科学技术环境调查就应注意这些新的变化，掌握各类网站信息、家庭电脑普及率、上网人数，以及最新的网络流行事件、网络商业模式等，从而采取相应的广告策略。例如，近年来互联网上最热门的 SNS(social networking services，即社会性网络服务)网站的兴起，带动了广告业中植入式广告的发展，很多企业都开始尝试植入式广告营销，例如，开心网就在其游戏中成功地运用了植入式广告，如图 2-5 所示。

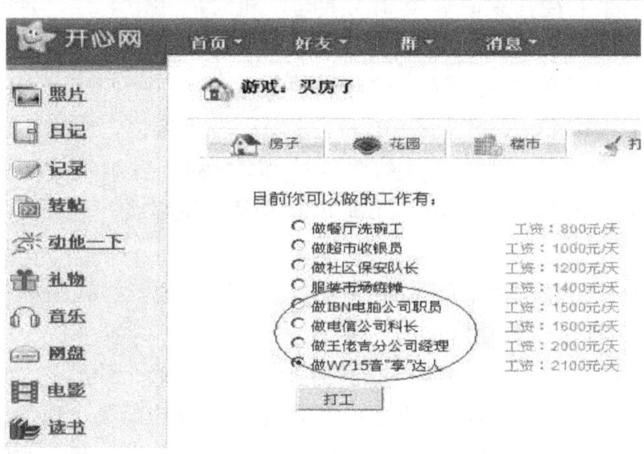

图 2-5 开心网游戏中的植入式广告

此外，新技术也会促使广告行业发展进步，使广告作品的制作工艺提高，广告的表现力增强，广告发布的时间和地点发生变化，同时也加剧了广告行业及企业间的竞争。

2.3.2 微观环境调查

从微观上看，广告环境调查主要包括对企业自身、竞争对手等情况的调查。

1. 企业自身的情况

企业要首先“知己”，要认清自身的优势与劣势，明确企业在市场中的地位。企业发展阶段的资金实力、技术水平、人力资源、管理水平、品牌等方面的差异，导致各企业在市场竞争中处于不同的地位，按此标准，企业一般可以分为市场领导者与市场追随者两种。

1) 市场领导者

市场领导者类型企业具有以下特点。

(1) 企业创新能力强，开发新产品速度快，不断推出新产品抢占市场份额，挤压竞争对手原有市场。

(2) 技术领先同行业内其他企业，一般采取先发制人战略，往往是行业内标准的制定者，占有大部分市场份额，一般企业难以撼动其领导地位。例如，计算机硬件行业的英特尔，其市场策略往往影响着产业链上其他生产企业，英特尔每推出一种新型号芯片，下游厂家在市场策略上必定会跟随。

(3) 拥有强势品牌，行业中的一线品牌往往占有整个市场绝大部分市场份额，强势的品牌在营销策略上选择空间大，具有一贯的品牌传播理念和品牌传播策略，积累了多年的品牌传播经验，如可口可乐、宝洁等知名品牌。

2) 市场追随者

市场追随者类型企业具有以下特点。

(1) 企业往往采取后发制人战略，随时关注市场领导者的市场动向，主要集中在新产品上市、产品定位、产品价格、品牌传播策略等方面，借鉴市场领导者的成功与失败经验采取下一步行动。

(2) 在市场中发现新的市场机会，从产品定位、广告定位等角度出发，寻找市场缝隙，不与竞争对手进行正面抗衡。例如，饮料行业中王老吉将产品定位为凉茶饮料，不与可口可乐、百事可乐等强势品牌展开正面竞争，同样取得了巨大成功。

(3) 在市场中处于二线品牌，由于资源有限，往往采取最有效的品牌传播方式向目标消费者传递信息。

市场中的企业地位是不断发展变化的，有的企业原先处于领导者地位，可能由于经营不善而落后，有的企业可能发现了新的市场、开发了新的产品而取得了市场领先地位。在明确了企业自身的行业地位和角色后，如何确定竞争者就成了需要解决的问题。

2. 竞争对手的情况

竞争对手是广告环境分析中的重要因素之一，广告公司必须对市场上竞争者的情况进行调查，才能明确企业自身在市场上的优势与劣势。对于竞争对手情况的调查应该着重回答“企业的竞争对手是谁”，“竞争者的资金、技术、人力资源如何”，“竞争者经营战略是什么”，“竞争者的市场策略如何”，“竞争者的优势和劣势是什么” ，“竞争者的广告策略是什么”。总之，要尽可能地收集与竞争者相关的市场信息。首先应该明确市场竞争中企业的竞争者属于何种类型。

(1) 愿望竞争者。愿望竞争者是指提供不同产品、满足不同需求的竞争者。愿望竞争者通常采取积极促销、吸引消费者的竞争策略。

(2) 平行竞争者。平行竞争者是指满足同一种需求的不同产品、服务的提供商，如移动和联通之争，它们在广告策略上各有侧重。

(3) 产品形式竞争者。产品形式竞争者是指满足同一种需求的产品的生产厂商，如洗衣粉和洗衣液之间的争夺。

(4) 品牌竞争者。品牌竞争者是指满足同一种需求的同种形式产品的不同品牌的生产厂商，如宝洁和联合利华之争。

调查确定竞争对手的类型以后，对竞争对手的深入了解和分析才是对竞争对手调查的主要目的。对竞争者动向的调查应集中在如下方面。

(1) 竞争者的规模、资金、技术如何。

(2) 竞争者在消费者心中的地位。

(3) 竞争者的市场策略如何。

(4) 竞争对手的数量有多少，分布在哪些区域。

(5) 竞争者的市场动向，是否开发了新产品、新市场。

(6) 竞争者的市场反应速度如何，是否采取防御措施。

以上调查内容，主要是从竞争者的经营战略、企业实力等角度来进行调查的，这些信息有利于企业了解竞争对手的实力、优势与劣势。具体到竞争对手的广告活动，可从以下两个方面来展开对竞争对手的调查。

1) 竞争者广告活动的概况分析

竞争者广告活动的概况分析包括对竞争者广告活动发布时间、地点、广告内容、发布媒介、广告效果、广告活动的代理方式、广告费用等的分析。

2) 竞争者广告策略分析

对广告活动概况进行收集和整理之后，就需要对这些资料进行进一步的分析，得到竞争对手广告策略的深层次信息，包括竞争对手的目标市场、产品定位、广告诉求点、广告表现策略、广告媒介策略、广告竞争策略等，深入分析广告策略选择的背景及其效果。

案例

广告视点 2-3

王老吉广告成功之路

2002 年以前，从表面看，红色罐装王老吉(以下简称“红罐王老吉”)是一个市场销量很不错的品牌，在广东、浙南地区销量稳定，赢利状况良好，有比较固定的消费群，红罐王老吉的销售业绩连续几年维持在 1 亿多元。发展到这个规模后，公司管理层发现，要把企业做大，要走向全国，企业还面临着一连串的问题，甚至原本的一些优势也成为企业继续成长的障碍。而所有困扰中，最核心的是企业不得不面临一个现实难题——红罐王老吉当“凉茶”卖，还是当“饮料”卖。

为了了解消费者的认知情况，公司委托一家营销顾问公司对公司经营进行诊断咨询，营销顾问公司的研究人员一方面研究竞争者传播的信息，另一方面，对公司内部、经销商、零售商作了大量访谈，完成上述工作后，聘请市场调查公司对王老吉现有用户进行调查。以此为基础，研究人员进行综合分析，厘清了红罐王老吉在消费者心智中的位置，即在哪个细分市场中参与竞争。

在研究进行 1 个多月后，营销顾问提交了调研报告，首先明确红罐王老吉是在“饮

料”行业中竞争，竞争对手应是其他饮料；其品牌定位为“预防上火的饮料”，独特的价值在于喝红罐王老吉能预防上火，让消费者无忧地尽情享受生活——吃煎炸、香辣美食，通宵达旦看足球……这样定位红罐王老吉是从现实格局通盘考虑的。

明确了品牌要在消费者心智中占据什么定位，接下来的重要工作，就是要推广品牌，让它真正地进入人心，让大家都知道品牌的定位，从而持久、有力地影响消费者的购买决策。

紧接着，成美(中国)营销顾问有限公司为红罐王老吉确定了推广主题“怕上火，喝王老吉”，在传播上尽量凸现红罐王老吉作为饮料的性质。在第一阶段的广告宣传中，红罐王老吉都以轻松、欢快、健康的形象出现，避免出现对症下药式的负面诉求，从而把红罐王老吉和“传统凉茶”区分开来。

为更好地唤起消费者的需求，电视广告选用了消费者认为日常生活中最易上火的五个场景——吃火锅、通宵看球、吃油炸食品薯条、烧烤和夏日阳光浴，画面中人们在开心享受上述活动的同时，纷纷畅饮红罐王老吉。结合时尚、动感十足的广告歌反复吟唱“不用害怕什么，尽情享受生活，怕上火，喝王老吉”，促使消费者在吃火锅、烧烤时，自然联想到红罐王老吉，从而促成购买。

红罐王老吉的电视媒介选择主要锁定覆盖全国的中央电视台，并结合原有销售区域(广东、浙南)的强势地方媒介，在2003年短短几个月，一举投入4 000多万元广告费，年销量达到了6亿元，销量得到迅速提升。同年11月，企业乘胜追击，再斥巨资购买了中央电视台2004年黄金广告时段。正是这种疾风暴雨式的投放方式保证了红罐王老吉在短期内迅速融入人们心中，给人们一个深刻的印象，并迅速红遍全国大江南北。

2.3.3 环境影响模型

广告处在一个广阔的社会环境和传播环境中，广告产业的发展和广告活动的开展，都无法脱离它所处的外部社会大环境、社会信息传播环境及广告产业自身内部现实条件的制约。广告是在多环境因素的影响作用下发展的，是一般社会环境和传播环境综合作用的结果。

广告环境由以下两个层次的影响因素构成，即由传播体制、传播媒介、广告产业、广告主、广告对象及竞争品牌等因素构成的广告传播环境和由社会的经济、科技、文化、政治等因素构成的广告的一般社会环境。一般社会环境发挥着更大的作用，它不但从根本上影响着广告传播环境，也直接影响着广告业的生存和发展。

广告环境影响模型如图2-6所示。

一方面，广告受到特定的社会经济、文化等环境因素的影响，是反映特定的社会存在的一面镜子；另一方面，广告本身就是社会经济、文化的一个组成部分，对整个社会发生着潜移默化的影响。今天，广告已经成为企业市场营销的重要手段，是大众传播媒介传播的重要内容之一。从数量、规模、覆盖等方面衡量，广告传播的影响力已经达到惊人的地步，对环境的影响作用也越来越明显地显现出来。广告收入已成为大众传播媒介生存、发展的重要经济支柱，成为媒介经营最

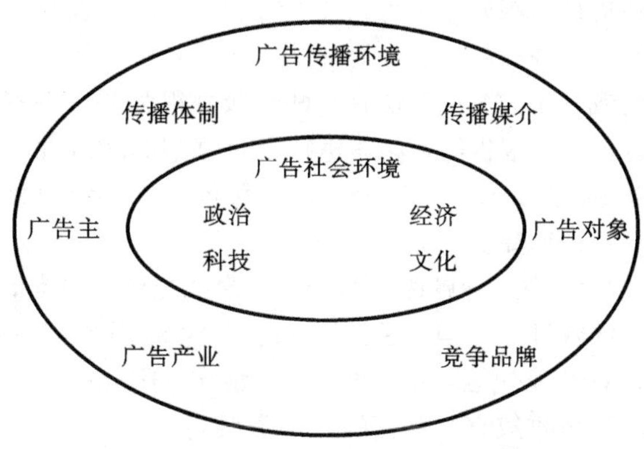

图 2-6 广告环境影响模型

主要的问题。广告影响着消费者的消费观念、购买行为和消费习惯，影响着市场竞争的态势和格局，影响着企业的经营和发展，在社会的经济、文化生活中扮演着相当重要的角色，发挥着积极的作用。随着企业和消费者对广告依赖程度的加深，广告对经济、文化生活的影响作用也越来越大。

广告市场的发展受到宏观环境影响。宏观环境对广告市场有以下几个方面影响，即国家经济发展环境、国家政治环境、国家政策环境和国际经济环境等，其中国家经济发展环境对广告业的影响最大也最为直接。而国家经济发展环境对广告市场产生影响的主要因素有国内生产总值、社会商品零售总值和城乡居民收入水平等。

随着中国市场经济体系的不断完善，广告市场正走向成熟。中国的经济发展与广告市场在互动中走向双赢。广告经营形势的好坏与国民经济的发展有着直接的关系。改革开放以来，中国经济发展取得了辉煌的成就。市场经济的建立使企业成为市场经济的主体，广告也逐渐成为企业开拓市场的自觉行为。良好的经济环境为广告市场的发展准备了充分的条件，而作为第三产业的重要组成部分，广告业的高速发展又形成经济发展的重要推动力。消费结构升级成为新一轮经济增长内在动力，中国加入 WTO 后成为“世界工厂”所引发的国际投资与出口增长，以及城市化进程加快所引发的投资快速发展，都将引领中国经济进入新一轮的经济增长周期。而这一切都为广告业的大发展提供了契机。

2.4 广告调研方法

2.4.1 案头分析法

1. 案头分析法的概念

案头分析法是对已经存在的为某种目的而收集起来的信息进行的调研方法，也就是根据调研确定的目的，对二手资料进行收集、筛选的调研方法。二手资料是针对原始资料而言的，原始资料是指研究者为了某种具体目的而通过专门调查

研究获得的资料。例如，在研究关于影响电视广告收视率的因素时，可以参考二手文献资料，这些资料中已经对那些影响因素都进行了详细的研究，这些资料可能是完整的或是不完整的。还有一些时效性很强的二手资料，如各调研机构发布的行业报告、季度报告等，这些资料具有强烈的时效性，在当时具有很高参考价值，但是市场瞬息万变，二手资料收集可能达不到调研目的，那么就需要重新进行调查研究获得原始资料。

案头分析法是一种迅速获取相关信息的方法，成本低、操作性强，但是也存在有较大的局限性，一些二手资料及时性不强，另外现实中会出现新情况、新问题，有些二手资料不完整或不符合实际情况，因此在进行案头分析时，需要克服不利因素，尽量收集符合目标的二手资料。

2. 二手资料的来源

广告调研与广告主和企业有关，因此二手资料的来源主要可以分成两大类，即内部资料来源和外部资料来源。

1) 内部资料来源

内部资料来源是指出自所要调查的企业或公司内部的资料。内部来源可以分为如下三部分。

(1) 会计账目和销售记录。每个企业都保存关于自身财务状况和销售信息的会计账目。会计账目记录是出口企业或公司用来计划市场营销活动预算的有用信息。除了会计账目外，广告调研人员也可从企业的销售记录、顾客名单、销售人员报告、代理商和经销商的信函、消费者的反馈意见及信访中找到有用的信息。

(2) 其他各类报告。其他各类记录包括以前的市场营销调研报告、企业自己做的专门审计报告和为以前的管理问题所购买的调研报告等信息资料。随着企业经营的业务范围越来越多样化，每一次调研都越来越有可能与企业其他的调研问题相关联。因此，以前的调研项目对于相近、相似的目标市场调研来说是很有用的信息来源。

2) 外部资料来源

企业外部二手资料从内容上说，包括政府报告、普查资料(人口普查资料、工业普查资料)、各种经济协会的报告、报刊资料、学术论文摘要、年度报告、各种商业信息、购买力年度调查、标准化市场资料(如电视收视率报告、报纸阅读率、居民购物情况报告、广告监测报告)等。

就我国具体情况而言，常见的二手资料如下。

(1) 中国人口普查资料，如《第五次全国人口普查公报》，里面涉及各地区的人口数量、性别、年龄构成、婚姻状况、职业等信息。

(2) 工业普查资料，工业普查资料主要内容有全国工业企业的规模大小、行业和区域分布、所有制结构、产值及从业人数等。

(3) 中国统计年鉴及各地统计年鉴，每年出版一次，提供全国及地方经济、人口、居民消费等方面的统计资料。

(4) 主要报刊，如《经济日报》、《经济参考》、《市场报》、《经济信息时报》、《中国工商时报》、《消费指南》。

(5) 各专业市场研究机构或行业协会定期或非定期推出的各种统计报告，如收视率报告、阅读率报告、媒介的广告监测报告，常见的知名专业市场研究机构如 AC 尼尔森公司、艾瑞咨询集团、零点研究咨询集团等。

(6) 各种广告刊物，国内的广告刊物有《现代广告》、《中国广告》、《国际广告》、《广告大观》、《广告导报》等，国外的有《Advertising Age》、《Ad Week》、《Journal of Advertising》、《International Journal of Advertising》、《Journal of Advertising Research》、《Journal of Marketing》、《Communication Abstracts》等。

(7) 公开出版的各类广告图书、音像资料如《中国广告案例年鉴》、《广告金典》、《实战广告案例》等。

(8) 公开出版的电子光盘数据资料，如人大光盘资料、PsycLIT(心理学论文摘要)光盘资料等。

(9) 网上提供的有偿或无偿的各种数据资料，专业的广告网站，如中国广告网、中华广告网等，还有各种专业数据库，均可提供各种有偿或无偿的数据资料。

由于二手资料以各种形式存在着，从时间上来看，有久远的，也有近期的；从来源上看，有个人提供的，也有机构提供的；从质量上看，有真实可靠的，也有虚假的；从目的上看，有有研究价值的，也有没有研究价值的。所以，广告调查人员在收集二手资料时，一定要注意原始资料提供者的信誉，明确原始资料收集的目的、原始资料的收集时间、原始资料的研究方法。

2.4.2　现场访谈法

1. 现场访谈法的概念

现场访谈法是采用沟通的形式，由调查人员根据选定的样本及规定的程序进行面对面的调查以取得资料的方法，其优点在于可以获得准确资料，样本易于控制，同时利用面对面接触还可作深入访谈，缺点在于易受调查人员自身倾向影响，调查人员的人际沟通技巧也会影响调查结果，成本较高。一般而言，现场访谈法可分为深度访谈法和焦点小组法两种形式。

2. 深度访谈法

深度访谈法属于一对一的访谈方法，是事先不拟定问卷、访谈提纲或访谈的标准程序，由调查人员与调查对象就某一问题进行自由交谈，从交谈中获得信息的资料采集方法，调查人员需要掌握特定的技巧来刺探和诱导出详细的信息，从而达到信息收集目标。

深度访谈法的一般程序如下。

(1) 明确访谈主题。调查人员在进行访谈时，不能偏离主题，要引导调查对象的谈话内容与主题相关。

(2) 访谈前期准备。访谈前期准备包括准备访谈辅助工具，如笔、纸、录音笔等。

(3) 选择合适的调查对象。调查对象应该是目标消费者，在访谈过程中要充分考虑调查对象的个性。

(4) 介绍说明。应该向调查对象说明访谈的目的及意义，消除其防备心理，为整个访谈过程创造良好的氛围。

(5) 访谈。获取调查对象信息的关键步骤。

(6) 资料整理。访谈结束后，应该迅速整理现场收集到的信息，这样效果较好。

案例

广告视点 2-4

一家公司为其新产品——健康糖上市所做的深度访谈（资料整理）

调查对象：武汉 D 先生，40 岁，公务员，家有 1 子，7 岁，家庭年收入 7 万元左右。

我家生活的重心是我儿子，对他有帮助的东西我们都选择较好的，家里的用具也是如此。在家里，我是生活的决策者和购买者，我喜欢品质好价格又相对合适的产品，也就是说，我注重商品的性价比，但常常购买一些高价格的东西，因为我认为价高的产品质量会更好。我常常会受推销员的影响，听从他的介绍而购买……如果从两个备选品中选择，我当然是选择包装上标识着“天然”、“健康”、“绿色”等字眼的产品，不过具体的产品特色我是不清楚的……我越来越认识到健康的重要性了。健康是第一位的……对于甜味，我喜欢啊，不过家里很少吃甜的，除了熬甜汤时用点儿冰糖。孩子也不怎么吃甜食了，我认为糖吃多了不好，水果也是甜的啊，多吃水果吧……我喝咖啡，但一般买混合咖啡，混合咖啡方便、口味适当，多在办公室饮用。

3. 焦点小组法

焦点小组法是由多人组成的就某些问题进行讨论的方式，这也是一种获得必要信息的资料采集方法。访谈中由于参与人数多，需要主持人引导，通过引导参与者对访谈主题进行充分和详尽的讨论，了解与理解人们深层的态度、情感、动机、想法及其原因。这种访谈会是经过精心准备的，不同于日常生活中的闲聊，有特定的主题、问题设置及详细的访谈大纲。

焦点访谈法一般的程序如下。

(1) 拟定访谈大纲。根据调查的主题，设定讨论的问题。

(2) 安排访谈成员。参与成员应该具有与访谈主题及问题相关的经历，通常采取配额抽样或判断抽样的方法来选取参与成员。

(3) 选定主持人。主持人起着引导参与成员讨论、活跃访谈气氛的作用，因此对主持人的挑选要按照严格的标准来选定。

(4) 布置会场。根据访谈的人数选择合适的会议场所，安排好纸、笔等会议办工用品。

(5) 开始访谈。主持人介绍会议主题，说明会议要求，进行问题讨论，主持人要适时引导参与成员，会议记录应该由专人负责。

(6) 会议结束。讨论完设定的问题后，主持人宣布会议结束，最后向参与者致谢。

2.4.3　专家座谈法

在广告调研中的专家座谈法中的专家，区别于其他领域的专家。这里的专家是指精通广告业知识，或者说，对所调研的领域有独到的见解的人。专家座谈法与焦点小组法的区别在于：专家座谈法的与会人员是业内的资深人士，对该行业有着深刻的认识和独特的见解，专家座谈的目的在于对广告所推广的产品和服务提出建设性的意见，对广告主起着推动作用，为广告主的广告媒介选择、策略制订等提出指导性方案；而焦点小组的参与人员身份并不限定，以消费者为主，是一种大众化的调查方法，目的是听从消费者需求。

1. 专家座谈法的形式

专家座谈法通常以圆桌会议的方式进行，气氛轻松，主要就是希望各位专家能在愉悦轻松的环境下，针对广告调查的主题，畅所欲言，提供宝贵的意见给调查人员，为广告策划提供依据。

专家座谈会的与会专家人数通常为 6～10 人，这些专家围绕要调查的主题和相关内容进行讨论。由于在座的专家都是同一行业内人士，因此在问题的讨论上更具有专业性，更能紧扣主题，深入讨论受调查的主题。专家座谈法对于受调查主题具有指导性的意义，能够获取更多专业性的有效信息。

2. 专家座谈法的特点

(1) 专家座谈法可以使参与的专家之间、主持人与专家之间充分、面对面地互动，使沟通取得良好的效果，并且由于业内的相关性，专家之间能够相互启发，激发出新的思考和想法，得到更多、更好的建议和意见。这种方法本身就充分利用了心理学中“群体动力”的功能。所谓“群体动力”，是指群体内部成员之间相互的影响作用。从社会心理学角度来看，处于群体中的个体心理，受到群体中其他成员的影响甚至制约，由于“群体动力”的影响，专家座谈会的与会专家会受到其他人的启发，产生新的想法，“群体动力”所产生的压力还可以使参与者中的偏激者受到约束，这是其他的访谈方法(如一对一的访谈)所达不到的效果。

(2) 专家座谈会提供了自由、宽松的环境，使与会的专家畅所欲言，从而有利于更加深入地获得信息。因为专家们不是根据主持人单独提问作出回答，而是业内人士共同针对此次的讨论主题来畅谈，因此整个气氛比较活跃，各位与会专家会很自然地说出自己的想法，这就使座谈更加深入和透彻。

(3) 由于是同行业的资深人士在讨论，因此他们本身的讨论就已经上升到了一定的高度，具有专业性和实际可操作性，可行性很强。同为专家的他们，相互的认知水平和专业水准差不多都在一个平衡线上，对待问题的高度也基本处于同一个水平线，这样便于更加快速地达到讨论的目的，更具有行业的代表性和指引性。

3. 采用专家座谈法的注意事项

1) 与会者必须是业内专家

这一点对于专家座谈法而言至关重要。现在社会上的专家越来越多，他们大

多数是出于不同行业背景的、具有较高水平的专业人士，但是这其中也不免有“滥竽充数”之辈。针对广告调研的背景和意义，在实施专家座谈法时的专家选择上必须慎之又慎，这是专家座谈法运用成功的关键因素之一。只有选择业内的专家，才能有共同的专业背景知识，才能在专业问题上提出自己独特的见解，才能确保企业在环境分析中不偏离方向。

2) 确保主题明确、准备充分

要开好一个专家座谈会，面对的是资深的行业内专业人士，他们有着专业的学识背景及对该行业的专业预测。因此，在召开专家座谈会之前首先要明确会议的主题、目的，事前做大量的调查研究，多查一些数据性的资料，进行细致的深入分析研究，为专家座谈会的顺利开展做好充分的准备工作。

2.4.4 实验室测试法

1. 实验室测试法的概念

实验室测试法属于一种定量的调研方法，通过科学设计的实验收集数据，进行统一分析和假设检验，使实验样本特征能科学推断总体相关特征。采用实验室测试法时，研究者控制自变量(如产品价格、包装或陈列)的变化，观察这些自变量对因变量(如销售量、品牌态度等)的影响，并且通过控制、排除或平衡外部变量来减少对因变量的影响。

实验测试法主要是研究现象间的因果关系，即因果性调查，就是决定一种变量能否引起另一种变量产生可观察到的变化的调查方法，例如，包装色彩、形式对消费者购买欲望的影响、广告对消费者品牌态度的影响、消费者价格敏感程度等。影响购买某种品牌牙膏的因素有很多，如价格、品牌知名度、口感、产品功效、产品质量、广告、包装、口碑、促销、渠道、售后服务、消费行为、购买力等，那么假设影响购买某种产品的因素为价格、品牌知名度、包装、广告、产品功效五种因素，那么在改变其中的产品功效因素，而其他四个因素不变的情况下，研究产品功效对购买某种品牌牙膏的影响，还可以研究广告、包装对购买行为的影响。香港大方公司曾经为了测量朱古力新包装的效果，在港岛和九龙各选择三家超市进行试销，所选的超市规模和所在的销售区域市场潜力接近。其中港岛以新包装销售，九龙则以原有包装销售，经过一个月的试销，港岛的销量为 2 000 盒，九龙的销量为 1 500 盒，由此得出最后结论，新包装有利于销售额的增加。

案例

广告视点 2-5

某卫浴产品的广告测试

1. 研究背景

客户为中国国内某知名卫浴产品生产厂家，为了推广其卫浴产品，分别在北京、上海、广州等地主要电视台投放了产品的电视广告，为了准确把握目前投放的产品广告与现有品牌定位是否吻合，了解目前投放广告的信息传递效果，特委托零点研究咨询集团对北京、上海、广州三地符合目标产品的消费群体进行了广告效果测试。

2. 研究思路

针对客户的需求，零点研究咨询集团整理研究思路，如图2-7所示。

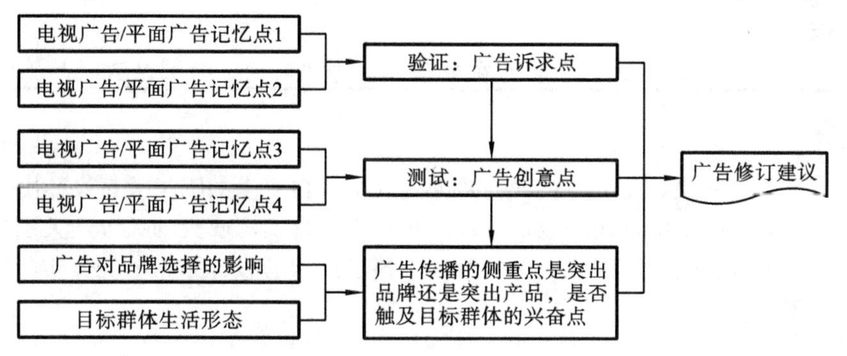

图2-7 研究思路

3. 研究方法

(1) 调查方法：厅堂测试。

(2) 研究区域：上海、北京、广州。

(3) 受访者资格：当地常住居民；年龄为25～44岁，其中25～29岁、30～34岁、35～40岁和40～44岁四个年龄段均匀分布；家庭月收入在3 000元以上；男女性别平均分布。

(4) 成功样本量：每个区域取120个样本，共360个样本。

(5) 抽样方法： 在三地各选一繁华地段租借测试场所，进行定点拦截过滤，遇资格符合要求者，请入室内观看样片并访问。

(6) 访问方式：首先观看实播时段包含目标产品品牌的电视广告(需要委托方在实地执行前两天提供所需样片，3分钟左右)，然后由零点研究咨询集团的访问员进行问卷的第一部分访问，使用读录法，大约需要5分钟，再次单独观看广告，访问员进行第二部分访问，仍然使用读录法，大约需要15分钟。访问完毕向调查对象赠送礼品一份。

4. 研究结果

(1) 从广告画面到广告受众定位及对品牌的诉求均与目标契合度较高。

(2) 被测试广告在直观视觉方面最突出的不足表现在视觉冲击力上，整个广告中没有能够提升为核心或是让受众产生强烈震撼的画面。

(3) 被测试广告中，被受访者记住的点中，居于第一层级的绝大部分为广告中所展示的产品，居于第二层级的是场景和标识。从广告的编排来讲，广告的展开也同样是上述顺序，受访者记忆的深度与画面的顺序相同。

(4) 需要特别指出的是，受访者对被测试广告的大部分负面评价不是对品牌和产品表示不满，而是集中表现为对创意、编排和主题表述方式的批评，没有出现对整个广告一票否决的致命负面感受。

(5) 受访者观看广告后的理解及对广告目标人群的定位都突出了“提高生活品质”、

“温馨、美满、和谐的家庭生活”的诉求，因此在广告所传达的理念上也基本上达到了目的。特别是对品牌的档次感提升上也达到了相当的效果。但不足的是，仍有两成受访者对被测试广告所传达的整体理念不能理解。

5. 研究建议

(1) 加强前5秒广告的视觉冲击力，在广告前10秒内对主题有所提示或将主题提前到最前面表现。

(2) 适当减少画面。延长每个画面在屏幕上的停留时间，特别是表现品牌的画面。

2. 实验设计

实验设计主要是就如何验证因变量与自变量的因果关系设计出一种操作方案来，用于指导实验成功进行。实验设计是实验研究的关键，关系到实验结果的信度和效度。因此，必须制订出科学的实验设计方案，经典实验设计模式如图2-8所示。

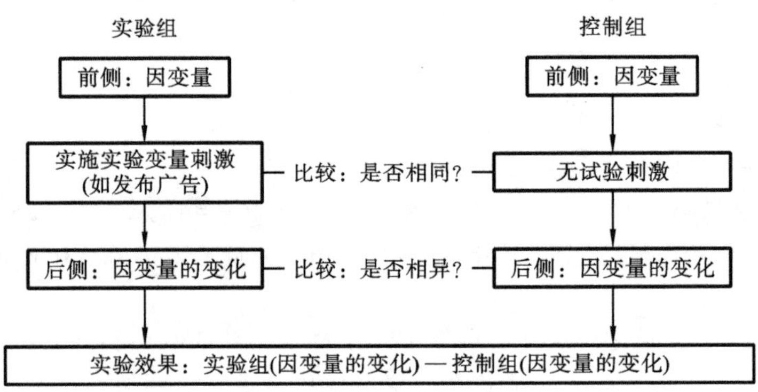

图2-8 经典实验设计模式

3. 实验操作

实验的具体操作过程必须按照科学、严谨的程序进行，保证实验的结果达到可靠的信度和效度。实验法一般按照如图2-9所示的步骤开展。

(1) 提出研究假设。确定实验中的因变量、自变量及外部变量，通过对市场中过去的经验和理论，提出变量间因果关系的假设。

(2) 进行实验设计。选定合适的实验方法，确定调查者如何控制实验对象，如何开展实验活动，如何进行实验测量。

(3) 选择实验对象。必须选择合适的实验对象，一般采用随机抽样方法或非随机抽样方法来确定实验对象。

(4) 实验操作。按照实验设计的方案，开展实验活动，主要是通过改变和控制变量进行。要随时观察、记录实验数据，为实验后续研究做准备。

(5) 整理和分析资料。实验结束后，应该利用统计分析方法对收集的信息进行整理、分析。

(6) 得出实验结论。

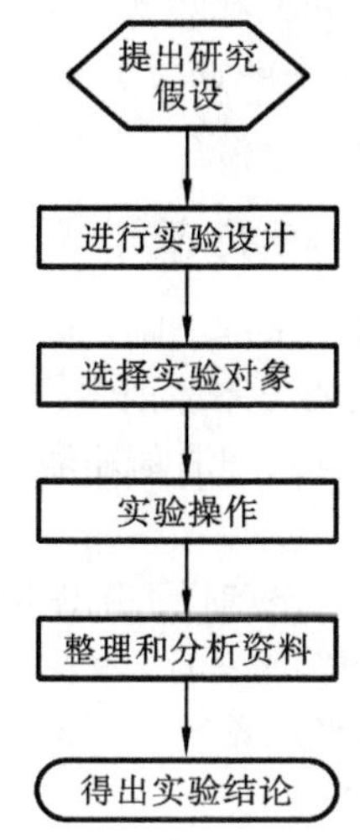

图 2-9　实验法操作步骤

2.5 调研报告

调研报告是广告调研的成果总结，是对调查活动的总结。调查活动的成败及研究的意义都体现在调研报告上，因此，撰写一份合格的调研报告十分重要。

2.5.1　撰写原则

在谈到调查报告的具体撰写时，应该先了解调查报告必须遵循的三个原则。

1. 明确调研报告的阅读对象

调研报告是调查活动的总结，在撰写之前，必须明确调研报告的阅读对象。针对不同的阅读对象，应该选择撰写不同的报告类型，调研报告分研究性报告和应用性报告，撰写这两种类型的报告具有不同侧重点：研究性报告的语言风格严谨、科学，专业术语多，调研方法复杂，侧重于调查的背景、方法及过程，较多的是提出问题，结论严谨；应用性报告则侧重于结论与建议，因为此类报告是提供给调研委托方阅读的，他们需要的是调研活动结束后的结论及建议，所以结论和建议必须详细，其中不要涉及过多的专业术语及复杂的图表，应该清晰明白。

2. 调研资料要完整、客观、准确

在调研过程中，会收集到很多相关的资料，因此在进行撰写报告前，必须将收集到的资料进行整理归纳，如调查问卷的整理，发放问卷的数量、收回问卷的数量，剔除乱填、空白和不完整的调查问卷，校正漏填、少填的答案，确保每份问卷的完整性、真实性及准确性。

资料的收集与归纳应该符合调研主题，要确保资料的准确性，剔除不相关、重复的资料。资料不是越多越好，整理好相关的资料是为证明结论服务的，尤其

是对于研究性报告，资料的整理归纳方法是阅读者较关注的地方。

资料必须客观、公正，不能够为了证明结论而捏造数据。对于不完整的资料，应该进行重新收集及调查。

3. 报告内容应完整、条理清晰，语言应简洁、严谨

报告的内容必须完整、条理清晰，按照标准的格式完成调研报告，有的还需要按照调研委托方的格式要求完成报告。只有详细地介绍整个调研活动才能让阅读者获取有用的信息，只有条理清晰才能让阅读者了解调研活动的目的、解决的问题、得出的结论。

对于不同报告类型，应该选择不同的语言风格。例如，研究性报告语言严谨、专业术语多，应用性报告简洁明了，专业术语少。可以充分利用统计图表来代替大量的数据说明问题，这样结论一目了然。总地来说，任何报告的目的都是让阅读者快速地获取信息。

2.5.2 报告的基本格式

一份好的调查报告必须具有规范的撰写格式，这样才能使整份报告显现得完整、条理清晰，才能使阅读者有选择性地获取需求的信息。对于调查委托方中的决策者，需要的是调查的结论，在拿到一份调查报告时，他们迫切需要看到的是调查结果及建议，而不是从海量的信息中去寻找有用的信息，因此，遵循规范的调查报告格式是必须的。一般而言，调查报告从提出调查问题到调查结论结束，所以调查报告的基本格式包括封面、目录、摘要、调查背景及目的、调查方法、调查结果、结论与建议等几个部分。研究性报告及应用性报告具有不同的侧重点，在撰写时应该注意。

1. 封面

封面的内容包括标题、作者姓名、作者单位、联系方式、提交时间等信息。

1) 标题

标题是对调查报告内容总的提炼概括，让阅读者一眼就明白报告中的内容是否符合其需要。因此，标题应该简洁、概括，可以采取大标题与小标题相结合的方式将内容表达得更加清楚，如《2008年中国搜索引擎市场广告主研究报告》、《“蒙牛酸酸乳”巴士在线公交液晶视频广告效果调研报告》、《中国广告公关市场调研市场分析报告》。

2) 作者姓名、作者单位、联络方式

此信息是为了表明作者的相关信息，阅读者可能会就报告中的部分问题与作者进行交流，还能起到保护作者知识产权的作用。调研报告是单位、个人的劳动所得，如此可以防止报告被他人在未经授权的情况下获取商业利益。

3) 提交时间

标明准确的报告提交时间是必须的，是让阅读者了解报告完成的时间及报告的时效性。

2. 目录

目录是报告中各章节的主要内容，包括大标题、小标题和页码。通过目录，阅读者能够迅速找到感兴趣的标题，根据页码定位到内容所在页。目录最好不要超过一页，如果报告中含有大量的图、表，可以专列图表目录。

3. 摘要

摘要是对整份调查报告内容的浓缩，让阅读者大致了解报告的内容。其作用一是方便阅读者查阅文献，二是便于阅读者通过摘要来了解报告的内容、解决的问题、研究的结论及未来发展趋势。摘要最好控制在100～400字，字数过少不便阐述清楚，字数过多则显得与正文重复。研究性报告的摘要中应该指出报告研究的问题、采用的方法及解决的问题。应用性摘要中要概括性地说明调查活动的结论及建议。

4. 调查背景及目的

调查背景是报告正文的开始部分，主要说明研究的原因或调研委托方委托调查的目的。对于研究性报告，调查背景实际上就是文献综述，是对前人对于此类问题研究的总结，告诉阅读者该问题研究的现状，提出本报告研究的原因、新的观点、要解决的问题，向阅读者表明研究的必要性。对于应用性报告，调查背景主要是结合调研委托方的背景进行说明，包括行业竞争环境、企业管理现状、企业营销活动，再深入一点还涉及委托方的产品及竞争对手销售现状、广告、价格、渠道等方面，在这里阐述这些背景资料，为接下来的调研目的、结论、建议做好铺垫。

调查背景分析完以后，就能得出调查的目的。研究性报告的调查目的是弥补先前理论研究的不足或提出一种新的观点，应用性报告则是为了解决问题，如广告投放力度不足、产品定位错误、产品包装问题等。

5. 调查方法

调查方法即此次调查活动采用何种方式完成调查，调查方法的合适与否关系到调查活动质量的高低。阅读者可以通过调查的方法，了解资料从何而来，便于对调查过程及结果进行稽核，对于不足的地方，可以改进调查方法。调查方法主要包括以下内容。

(1) 调查区域。调查活动在什么地区开展，为什么选择该地区？每个地区的购买力、文化背景不一样，因此不同调查区域涉及的营销策略、广告对象等也不尽相同，有必要一一说明清楚。

(2) 调研对象。调研对象是根据广告的对象进行界定的，要说明调研对象的特征。

(3) 调查问卷。需要说明调查问卷的发放情况、回收情况。

(4) 抽样方法。抽样方法即采用何种抽样方法来选取样本，说明样本是否具有代表性，并说明总体特征。

(5) 资料收集方法。资料收集方法即采用何种资料收集方法，案头分析法、实验法或者是现场访问法。还需说明在资料收集过程中，遇到哪些问题，如何解

决，方法是否存在不足，需要进一步改进。

(6) 访问员的情况。访问员的情况主要是指访问员的素质、数量、专业技能等情况。

(7) 资料的处理方法及工具。

(8) 补救措施。补救措施即在调查方法中，对于存在的不足，应采取补救措施，以弥补调查的不足。例如，如果调查问卷问题设置错误，不能够有效说明问题，可以采取重新进行问卷调查的补救措施。

6. 调查结果

调查结果是报告的主体部分，是对报告中资料、数据的归纳与处理，是通过统计、分析得出的结果。调查结果一般采用图、表等形象化的方式展现，根据这些图、表中的数据，描述其中暗含的规律、关系与趋势，总结出问题的原因。调查结果不是简单地加以描述，还必须对调查结果深入分析。对于应用性报告，调研结果十分重要，调研委托方的决策者最关心调研的结果，以为其决策提供依据。研究性报告对于调研结果则显得谨慎，更多的是提出目前存在的问题。

对于调查的结果应该进行详细的说明，并就结果进行必要的推论。例如，采用实验法对两种不同口味的A、B产品进行调查，经过一段时间的试销，A产品销量高于B产品销量，由此推论A产品更加迎合市场需求，应该针对A产品的口味，加大广告投放力度，讨论其包装是否有进一步改进的需要。在根据样本进行推论时，应该注意样本的代表性，选取样本估计总体样本的误差越小，样本的代表性越强。在通过实验或样本进行推论时，必须严谨，充分考虑数据的有效性。

应该就调查的结果、推论进行讨论，提出问题。例如，上面提到A产品比B产品销量大，为什么会出现差异？可以进行解释，在包装、广告力度相同的情况下，显然A产品口味更加符合目标人群的需求，是大多数消费者喜欢的口味，而B产品口味仅符合少数人的需求。调查结果是报告中最为重要的部分，其中的内容必须详尽，必须将问题说明清楚，不能含糊其辞、模棱两可。

7. 结论与建议

结论与建议是阅读者最关心的部分，在这一部分，应该结合前面的调查背景和调查结果，用简明、清晰的语言说明调查活动得出的结论，根据这些结论应该提出具体的建议，如改变产品的包装和口味、扩大广告覆盖面、选择更有效的广告媒介等措施。在应用性报告中，这些建议显得尤为重要，决策者需要看到调研带来的成果，对其决策有何帮助。由于建议的主观性较强，有些调研委托方不需要调研者提供具体建议，只需要结论，因此对于应用性报告，应该考虑调研委托方的具体要求。总之，结论与建议应该严格按照客观的调查结果进行说明，尽量结合调研背景及收集归纳的资料来进行论证，增强调查结论与建议的说服力。

在建议中应该多提出积极的建议，尽量避免消极的建议。积极的建议不仅是提出问题，而且提出具体的措施来解决问题，如改变原来只针对儿童的广告诉求，依据调查的结果，建议将广告诉求范围扩大到青年，他们也是产品的消费者。消极的建议只是提出不应该如何，而不是提出该如何，指导如何去做，如只提出应该改变 A 食品包装的蓝色调，而没有提出建议使用哪种色调。积极的建议应该是冷色的包装不适合食品类产品，依据调查的结果，建议采用红色、黄色等暖色调的包装，暖色调包装更能激起购买者欲望。所以，在报告中，应该尽量采用积极的建议。

8. 附录

附录的作用主要是提供更详细的与正文相关的资料，以备阅读者参考。附录中一般包括调查问卷、抽样细节、统计分析细节、数据汇总表等内容，这些内容主要是满足关心调查方法的阅读者的需要，所以应该提供尽可能多的资料，确保调查报告的完整、严谨。

对于研究性报告，附录中还应该加上标注、参考文献等内容。标注是对调查报告中引用的文献、研究方法及观点的原作者的注解，以及对报告中的一些词汇、概念、术语进行的解释性标注。标注是研究者学术严谨的指标之一，也是对他人研究结果的尊重，是不能够被忽略的。参考文献可便于阅读者查找作者参考过的文献资料。参考文献应该按照标准的方式编排，一般是依据引文序号和作者姓氏第一个字母的顺序排列。

案例

广告视点 2-6

艾瑞 2009 年中国网民 3G 手机调研报告(节选)

1. 报告背景

2009 年 1 月 7 日，工业和信息化部为中国移动、中国电信和中国联通发放了 3G 牌照，此举标志着我国正式进入 3G 时代。3G 牌照的发放无异于给我国通信设备行业注入了一剂强心剂。世界通信设备行业的目光开始聚焦中国市场这块巨大的蛋糕，国内厂商也看到了“牛市”，开始思考如何在投资初期抢占更多的市场份额。各运营商及媒介的强势宣传使 3G 概念广为人知，而 3G 终端也成为市场热议的焦点。在 3G 产业兴起、传统互联网与移动互联网加速融合的情况下，中国规模庞大的网民群体不仅有互联网体验和网络应用需求，而且其对移动互联网的认知与需求也将迅速提升，从而有望成为可挖掘空间最大的 3G 手机潜在用户群体。由此，艾瑞咨询集团通过大范围的网上调研，对中国网民对 3G 手机的认知情况和购买意愿等问题进行了分析和判断。希望此报告能对中国 3G 产业的健康发展起到积极的推动作用。

2. 报告摘要

各运营商及媒介的强势宣传使 3G 概念广为人知，而 3G 终端也成为市场热议的焦点。北京晨报与艾瑞咨询集团针对网民对 3G 终端的购买意愿及影响网民对 3G 终端产品选择的关键因素等问题进行了专项调研，发现：通过运营商和媒介的大力宣传，现阶段中国网民对 3G 手机概念的认知度较高，但对购买 3G 手机持观望态度仍占多数；3G 时代网

民对品牌手机忠诚度依然较高。

3. 研究方法

报告数据收集和分析主要采用了 iUserSurvey 的在线问卷调查方法，以及通过对相关运营商和渠道商进行深入访谈和研究获得。iUserSurvey 是艾瑞咨询集团专为网络媒介用户调研而开发的市场调研平台。

4. 数据分析结果

1) 2009 年中国网民对 3G 手机的态度

(1) 网民对 3G 手机认知程度高，但过半网民对换机仍持观望态度。

(2) 3G 网络服务不完善降低网民换机意愿。

(3) 过半网民表示 3G 手机定价 1 000～2 000 元较为合理。

(4) 视频通话成网民选择 3G 手机的首要因素，高速上网对其最重要。

(5) 网民对 3G 手机视频通话、电子商务服务的付费意愿高。

(6) 智能系统成为网民最关注的手机参数。

(7) 网民对 3G 品牌手机忠诚度较高。

(8) 大屏幕直板机成 3G 手机外观造型首选。

2) 影响网民购买 3G 手机的用户属性因素

(1) 男性网民对 3G 手机的认知程度高于女性，有更强烈的购买意愿。

(2) 各年龄段网民认知程度均较高，青少年网民的购买意愿较强。

(3) 网民中的中高级管理人员对 3G 手机认知程度较高，职位越高购买意愿越强。

(4) 认知程度越高，购买意愿越强。

(5) 男性网民更关注智能系统，女性网民更关注摄像头的像素值。

(6) 男性网民偏爱大屏幕直板形外观，女性网民重视手机的时尚感。

5. 建议

1) 对终端厂商的建议

(1) 注重用户体验，结合细分用户需求设计终端产品。

(2) 促进销售渠道扁平化、多元化发展。

(3) 加强与运营商的合作关系。

2) 对运营商的建议

(1) 下调业务资费。

(2) 加强多元化细分业务建设。

(3) 以用户需求为核心，拓展 3G 服务的深度与广度。

本章小结

一切广告活动的开展都是建立在广告调研基础之上的。

理解广告调研的概念，广告调研与市场调研既有联系又有区别，广告调研主要是调查一切与广告活动相关的市场信息。广告调研的内容包括消费者调研、竞争对手调研、广告环境调研、广告媒介调研及广告效果调研。

广告环境分析与调研是整个广告调研活动的前提，为了分析广告活动所处的宏观与微观环境，广告活动的开展会受到来自环境中各方面因素的影响，要利用环境带来的机会，避免威胁，从而顺利地开展广告活动。广告环境调研涉及很多因素，包括政治、经济、文化、科技等宏观因素，以及企业自身的情况、竞争对手的情况等微观因素，这些构成了广告环境影响模型。

广告调研主要是收集市场中与广告活动相关的信息，那么就必须采用一定的方法，常见的方法有案头分析法、现场访谈法、专家座谈法、实验室测试法，对于收集到的原始资料及二手资料，都应该进行整理和分析，并据此得出相关结论与建议。

广告调研结束以后，应该以书面报告的形式总结广告调研的过程与结果，因此必须按照科学、规范的格式进行撰写。

“没有调查就没有发言权”，广告调研是一个知己知彼、不断进行控制的过程，贯穿广告管理活动始终。

关键术语

广告调研　　广告调研流程　　广告调研内容　　广告环境分析
企业经营环境的性质　　调研方法　　案头分析法　　实验法
观察法　　广告调研报告格式

思考题

1. 什么是广告调研？广告调研与市场调研有何区别？
2. 广告调研的内容有哪些？
3. 广告调研的流程是什么？
4. 广告环境分析有哪些作用？
5. 请简要阐述经营环境的性质。
6. 什么是案头分析法？
7. 二手资料的来源有哪些？
8. 一份完整的调查报告的写作格式应该包括哪些内容？
9. 各种调研方法有何异同点？

参考文献

[1] 刘昕远. 广告学概论[M]. 北京：中国轻工业出版社，2007：85，97.
[2] 舒咏平. 广告调查[M]. 武汉：武汉大学出版社，2005：104.
[3] 苗杰. 现代广告学[M]. 北京：中国人民大学出版社，2008：245.
[4] 徐豪，陈宏军. 广告学概论[M]. 合肥：合肥工业大学出版社，2005：151.
[5] 黄合水. 广告调研方法[M]. 厦门：厦门大学出版社，2006：188.
[6] 某卫浴产品广告测试[E/OL]. 零点研究咨询集团，[2009-8-7].

http://www. horizon-china. com/servlet/Node?node=8908.
[7] 艾瑞2009年中国网民3G手机调研报告[E/OL]. 艾瑞网，[2009-8-5].
http://news. iresearch. cn/Zt/93247. shtml.

案例研讨

为找准著名国际品牌“百事可乐”广告文案的主题(切入点)，特设计了一份市场调查表，并对调查结果作了全面的分析。围绕给出的主题，提供了如下三则文案。

1. 印刷广告——《灵感，何时光顾？》(系列广告)。
2. 广播广告——《就是这一声》。
3. 电视广告——《奇迹“头球”篇》。

百事可乐市场调查表

作为享誉全球的碳酸饮料品牌——百事可乐，正等待倾听您的心声。

1. 请填写个人资料。

性别：A. 男　B. 女

年龄：A. 小于16岁　　B. 16～30岁　　C. 31～50岁

职业：A. 学前　　B. 学生　　C. 白领　　D. 一般职工

E. 家庭主妇　　F. 层次较高的自由职业者

2. 您是否喝百事可乐？(如果回答“是”，则不必回答第3题；如果回答“否”，则不必回答第4～7题)

A. 是　　B. 否

3. 您为什么不喝百事可乐?(请如实填写以便我们改进，使百事可乐更得人心)

A. 口感不好　　B. 担心发胖

C. 不喜欢喝碳酸类饮料　　D. 气太足，胃受不了

E. 开瓶时担心洒到衣服上或喷到脸上　　F. 其他

4. 喜欢喝百事可乐的理由(请选择最符合的3项)。

A. 品牌知名度高　　B. 觉得气流喷出也体现着一种年轻的时尚感

C. 包装时尚　　D. 口感好　　E. 价格公道

F. 朋友亲友推荐　　G. 质量好

H. 有符合各种饮用场合的容量包装，携带、饮用、存储方便

5. 您通常在什么情况下最可能喝百事可乐？

A. 聚会时　　B. 游玩时　　C. 看球赛时　　D. 口渴时

E. 思考时　　F. 无聊时　　G. 身心疲惫时

6. 您最常在什么场所购买百事可乐？

A. 大型百货商场　　B. 购物中心　　C. 中型商店　　D. 连锁超市

E. 便利店　　F. 流动的饮料摊位　　G. 小百货店

H. 想喝就买，不在乎在什么地方买

7. 您喝的百事可乐大多数是由谁来提供/购买的？

A. 自己　　B. 爸妈　　C. 配偶　　D. 朋友

E. 亲戚　　　F. 其他

8. 如果让您来为百事可乐挑选代言人，您会最偏向于谁？

A. 罗纳尔多　　B. 周杰伦　　C. F4　　D. 滨崎步

E. 平民百姓　　F. 虚拟人物(如古墓丽影中的劳拉等)

感谢您对百事可乐的支持！

填写时间：______年___月___日

“百事可乐”市场调查结果分析

此次调查采取了直接访问和网上调查两种形式。发出问卷18份，回收有效问卷18份。调查对象中，小于16岁、16～30岁 、31～50岁各6人，三个年龄层次的男女比例为1∶1。现就市调结果进行分析。

(1) 消费群体。该饮品消费群体主要有三种：学生、白领和层次较高的自由职业者(如广告人、自由撰稿人等)。消费群体以“小于16岁”和“16～30岁”这两个年龄段最为集中。以上职业和年龄段的消费群体正是年轻、富有激情、对时尚最为敏感的一族。

(2) 购买因素。在对“喜欢喝百事可乐的理由”一项的调查中，可窥见其购买因素。在列出的诸多因素中，“品牌知名度高”、“觉得气流喷出也体现着一种年轻的时尚感”、“包装时尚”依次位居三甲。对于鱼龙混杂的碳酸饮料市场，特别是对于百事可乐(有其强劲品牌对手——可口可乐)，品牌是关键因素。

(3) 饮用场合。各列出项排名从高到低依次为看球赛时、思考时、聚会时、游玩时、口渴时、无聊时、身心疲惫时。可见，饮用该饮品的场合多与年轻、激情、时尚有关。

(4) 购买场地。在列出的诸多购买场地中，“想喝就买，不在乎在什么地方买”远胜于其他选项而高居榜首。这也符合该饮品消费群体的随性、洒脱的个性。

(5) 提供/购买者。统计表明，大约90%的受调查者是由自已购买百事可乐的。这也与该饮品消费群体的独立性格相符合，证实了年轻人的“喜欢的，就自己去争取”这一理念。

(6) 代言人。在“如果让您来为百事可乐挑选代言人，您会最偏向于谁？”一项的调查中，受调查者偏向于“虚拟人物(如古墓丽影中的劳拉等)”。这与深受年轻一族喜爱的电子游戏和flash不无关系。

结合以上分析可进一步确定百事可乐的推广定位。百事可乐增加市场渗透率的关键在于进一步打响品牌。目标消费对象是渴望激情、追求时尚、个性张扬、勇于挑战自我的年轻一族。

案例思考题

1. 从百事可乐的广告调查和市场调查分析来看，运用所学的知识，简要阐述百事可乐广告调查遵循哪些步骤，使用了哪些调查方法，它的调查分析结果是否是客观正确的。

2. 运用所学知识，请设计一个关于大学生购买MP4广告的调查问卷，并撰写调查的分析报告。

第 3 章　广告主题

本章提要　广告主题是广告的中心思想和核心所在，是广告为达到某种目的而要说明的基本观念，或者是针对消费者的某一特定需求的独特主张。本章按主题思考过程裂变引出三个相关问题：什么是广告主题，如何确定广告主题，以及影响广告主题的相关因素。

本章内容框架

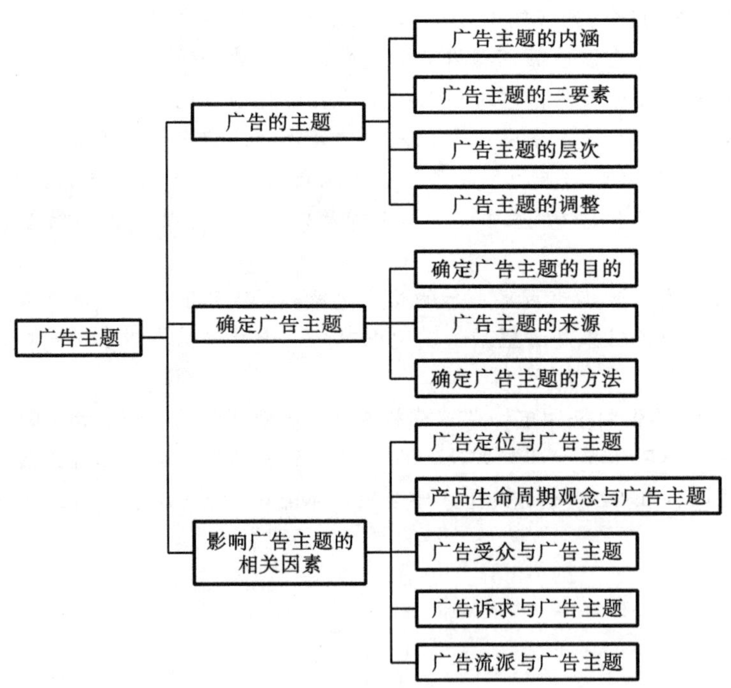

引　　例

安踏广告主题演变

1999年，安踏聘请孔令辉做代言人，广告主题是“我选择，我喜欢”。随着孔令辉在2000年悉尼奥运会成功夺冠，安踏迅速红遍大江南北。“我选择，我喜欢”这六个字，清新简单，朗朗上口。从词面上分析，该广告主题是对广告受众群体宣导一种自我做主的个性生活观念，文字颇似当年流行的一句话，“走自己的路，让别人去说吧”。“我选择，我喜欢”也可以理解为：因为喜欢，所以选择，或者因为选择，所以喜欢，符合年轻一代的消费主张。

2000年到2004年是安踏开疆拓土、蓬勃发展的时期，产品从单一的鞋品类发展到鞋、服装等多品类；销售渠道也从专柜销售为主转变为品牌专卖店销售为主的形式。“我选择，我喜欢”这个广告主题用来表现产品个性绰绰有余，但是用它来诠释品牌内涵就显得过于单薄了，缺少一种文化底蕴，不足以支撑大江南北3 000多家专卖店的安踏品牌形象传播。通过对耐克的“Just do it”、阿迪达斯的“Nothing is impossible”广告语的分析，广告公司和安踏公司一致认为，耐克和阿迪达斯都源自欧美发达国家，他们的广告主题向受众传达的是以西方文明为代表的、独立的个人价值观。而安踏作为民族体育用品品牌，身上应该展现的是中华民族的勤奋自强、拼搏进取、永不服输的民族精神，同时应该展现安踏人通过艰苦奋斗，敢拼敢赢，把安踏公司由小做大、由弱做强，敢于向命运挑战的精神。于是，“Keep moving……永不止步”被广告公司提炼出来。

为了确保安踏新品牌理念能得到广泛的认知，2005年5月到9月期间，安踏在全国十余个大城市分别举行了一场大规模的调查活动，对新的品牌理念、广告表现方式进行广泛的调研。调研取得成功后，安踏推出一系列广告开始塑造“永不止步”的品牌理念。

2006年9月，安踏推出第一则草根系列励志广告——“让世界的不公平在你的面前低头”的主题广告。画面采用近乎黑白的浓烈色调，展现一群出身平凡的运动员拼搏进取的经历，辅以占据字幕大小约三分之一的美工字：“你没有他的天赋；世界，不公平？但你有梦想的权利。让心跳成为你的宣言；让疤痕成为你的勋章；让世界的不公平在你的面前低头。”这则广告对“让世界的不公平在你的面前低头”进行完整诠释，展现安踏“Keep moving……永不止步”的具体含义，让受众对品牌有更清晰的概念，解读过程中始终贴切奋进、不向挫折低头的旋律，在视频最后加强浏览者对品牌的认知。所有这些形成很强的视觉冲击力，而《We Are the Champions》激昂的、催人上进的背景音乐，更引起很多年轻人的共鸣。

多哈亚运期间，这则广告在CCTV的银屏上伴着中国体育健儿斩金夺银，引发不少观众的热议，更多的网友则在互联网上搜罗和下载这则广告的背景音乐。这则2006年最催人奋发的广告之一，树立起安踏品牌的全新理念——永不止步，并开创了中国运动品牌音乐营销的先河。

2007年5月，安踏又推出第二则草根系列励志广告“这些都不是我的，但总会是我的”，仍然采用电影的手法展现小人物奋斗的经历，诠释安踏“永不止步”的全新品牌理念。

2007年开始，安踏所有的广告都围绕着“永不止步”的核心价值展开。“我相信，后浪定能推前浪——安踏，永不止步……”，“我相信，绝地就是绝杀对手之地——安踏，永不止

步……”，“我相信从哪里跌倒，就从哪里爬起来——安踏，永不止步……”，“我相信，一步一个脚印——安踏，永不止步……”。

2008年8月，安踏推出“加油，中国”主题广告，采用类似“让世界的不公平在你的面前低头”的画面手法，“挫折，难以抵挡？挑战，不可战胜？中国人要争一口气！用汗水，唤醒我们的勇气！用坚强，铸造我们的骨气！加油中国！”辅以汪峰的《我爱你中国》的背景音乐，展现了不屈不挠、拼搏进取的体育精神，高度契合了安踏的永不止步的品牌理念。这则广告，唤起的是每名观众的爱国心，同时把民族责任感与安踏品牌有机联结在一起，成为网上点击率很高的公益广告。

2009—2012年安踏的主题广告是“这一刻，为中国”。安踏已经成为2009—2012年中国奥委会体育服装合作伙伴及2009—2012年中国体育代表团合作伙伴。安踏将在今后4年内为中国运动员提供包括2010年温哥华冬奥会、2010年广州亚运会、2012年伦敦奥运会在内的11项重大国际综合性运动会的冠军装备。“Keep moving……永不止步”的品牌理念，不仅是“安心创业、踏实做人、创百年品牌”理念的延伸，更是对未来，对中国体育的承诺。正如安踏品牌总监徐阳所说：“永不止步”代表了一种积极向上的生活态度和体育灵魂，并且将超越自我的体育精神融入每个人生活的梦想。

3.1 广告主题

3.1.1 广告主题的内涵

1. 广告主题的定义

主题最初指的是表现一个完整音乐思想的乐曲中的主旋律，后来泛指一切文学艺术的创作。在文学艺术领域，对主题的理解也有两种观点：早期认为主题是作品的题材，即作品所反映的社会生活的某些领域、社会现象的某些方面，如亲情、战争等；现在流行的观点认为主题是作品的中心思想或体现出的主要意图，即作者对现实的观察、体验、分析、研究及对材料的处理、提炼而得出的思想结晶。

广告界认同的是后一种观点，认为广告主题是广告中透过各种广告元素和表象向广告受众所传递和表达的中心思想，即广告主为达到某种目的而期望让消费者理解、接受并对消费者有着实质上或心理上价值的有关产品或企业的某种观念。显而易见，广告主题是广告诉求的核心，是一则广告的中心思想。广告也讲题材，不过广告题材多半指大量的生活故事，而广告主题则是通过海量故事内容、情节提炼出来的精华思想，有人说它像一根红线贯穿于广告中，统率着广告作品的创意、文案、形象等要素。

2. 广告主题的内涵

首先，广告主题反映第一手题材。

对于广告主来说，广告主题回答的是“消费者为什么买我的产品，而不购买其他同类产品或替代品”。要回答这个问题，广告主必须事先通过大量的市场调研，确定目标市场消费者的特点、本企业产品在行业中的定位及目标消费者心中的位置。通过调研信息帮助广告主分析消费者的行为动机及心理需求，诱导并促使消费者为达到一定的目的而进行消费，比如运用“从众心理”引导消费等。广告主题的确定需要科学的归纳和总结，优秀的广告主题都是以准确的营销战略为背景，由广告主、广告公司和市场调查部门共同参与、共同策划的结果。广告主题是广告的生命力，广告主题不鲜明，不仅浪费了广告费还影响企业形象。广告主题需要科学地提炼，运用第一手题材信息，不能靠拍脑门，更不能把“挨骂”作为广告目标，否则会严重影响目标客户对企业和产品的忠诚度、美誉度。

其次，广告主题凸显品牌核心形象。

广告的中心思想要拨动消费者的心弦，成为他们消费时的眼睛，而且它的主题在消费者的脑海中要产生共鸣，使其在购物时锁定广告产品。这个问题实际上是回答“说什么”和“怎么说”。突出产品的功效、利益点和价值永远不过时，简洁而有深度的短语是消费者的最爱。比如M&M巧克力的“只溶在口，不溶在手”；大众甲克虫汽车的“想想还是小的好”；雀巢咖啡的“味道好极了”；耐克的“Just do it”；《理财周刊》的“你不理财，财不理你”；《特别关注》杂志的“成熟男士的读者文摘”。这些广告主题的共同特点就是信息明确、简洁，代表了品牌的核心形象。

3.1.2 广告主题的三要素

一般来说，广告主题由广告目标、信息个性和消费心理三个要素构成。用公式表示为广告主题=广告目标+信息个性+消费心理。

1. 广告目标

广告目标阐述的是广告本身需要做的东西，通常指的是对所选受众造成的特定影响，如创造知名度、建立需求、激起顾客关注或形成良好形象等。广告目标是指在一定期限内，针对既定的广告对象所要达到的特定沟通任务和绩效水平，通俗地说，就是为实现企业营销目标而设定的广告活动所要达到的目的。广告目标越明确，广告效果越好。在制订广告方案时，首先必须确立广告目标，因为其他所有事情都是建立在此基础之上的。一个好的广告目标通常能完成战略和战术两方面的使命。

战略使命主要指协调职能。广告活动是一项系统工作，既需要企业内部计划、财务、销售、公共关系部门的协助，又需要广告公司、广告制作单位、媒介单位相互配合。所以，必须要有一个明确的宗旨——它能清楚地规定广告活动的总任务，指明广告活动发展的方向。广告目标的确立，就提供了这一宗旨。凡是有助于广告目标实现的计划、行动，就坚决执行；凡是同广告目标要求有偏差的，就应该适当调整，这就是广告目标在企业管理背景下的战略使命。

战略使命体现在整个广告活动中，由决策职能和评价职能来完成。决策职能指广告目标的核心作用。在广告策划过程中，广告目标是宗旨，广告的其他运作

过程目标构成广告策划的子目标体系，如广告诉求目标、广告表现目标、媒介选择的目标、媒介组合的目标、广告效益目标等。每一项决策都以总体的广告目标为准则，由此确保整个广告流程的顺利进行，最终实现广告目标的要求。评价职能体现在对广告效果的测定上。广告目标是企业活动的预期目的，而广告效果则是广告活动实际达到了的目的。通过预先制订的评价体系，经过广告实际运作后的效果测定，可以判断本次广告活动的绩效是超过了广告目标的要求，还是与广告目标完全一致，或者没有达到广告目标的要求，以此制订新的决策。根据广告的定义，它是为了某种特定的需要，通过一定形式的媒介，并消耗一定的费用，公开而广泛地向公众传递信息的宣传手段。由此可见，广告目标的属性也应该具有信息传播的特点。从微观的角度看，广告目标以告知和劝服信息为主，表现为促进销售。从宏观的角度看，广告目标以树立形象为宗旨，体现在市场营销不同阶段的品牌战略上。

从微观的角度来划分，广告目标分为以下三种类型。

(1) 告知信息。广告主把广告作为营销的工具，通过广告活动向目标受众提供大量的有关企业和产品的信息，如新产品上市、旧产品的新用途、纠正对企业或产品的错误印象或者不确切的传闻、产品价格变化、说明产品如何使用等。告之信息的前提是假定市场对某类产品有需求并且消费者又能通过广告了解到该类信息。通常的开拓性广告多属此类。

(2) 诱导购买。广告主通过广告活动大力诉求本企业产品的利益，诱导说服消费者立即购买本企业的产品，鼓励消费者放弃竞争者的产品。一方面劝诱潜在消费者到销售现场，增强消费者对广告产品的购买信心，另一方面劝服消费者建立选择性需求，形成对本企业产品的偏好，直接购买。市场上形形色色的比较类广告都带有明显的诱导性。

(3) 提醒使用。广告主通过广告活动直接提醒消费者在何时、何地该使用广告产品，或者通过回忆曾经使用广告产品的益处、乐趣，唤醒消费者不断地想起该产品、购买该产品。这种广告多用在某种产品生命周期的成熟阶段，被称为提示广告。

从宏观的角度来划分，广告目标在市场营销不同阶段表现为以下三种类型。

(1) 创牌广告目标。创牌广告的目的在于开发新产品和开拓新市场。人们通常不会购买不了解的东西，因而创牌广告目标又可分为提高产品知名度、产品定位、确立产品利益点，或者引导产品试用，以及获得分销商支持等。

(2) 保牌广告目标。保牌广告的目的在于巩固产品的市场占有率。此阶段的广告目标有利于进一步开发潜在市场、刺激购买需求、加深社会公众对已有商品的认识，促使既有的消费者养成对商品的消费习惯趋势，强化潜在的消费者对商品产生兴趣和购买欲望。

(3) 竞争广告目标。竞争广告的目的在于加强企业和品牌的声誉，提高市场竞争能力。通常的做法是给予产品一种优势，或者不同点，或者是其他产品无法给予的特别价值，来对抗竞争产品。

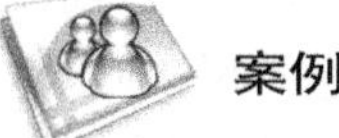

案例

广告视点 3-1

如何使广告目标明确?

1961 年全美广告主协会(Association of National Advertisers Inc.)列举六个 M，作为制订广告目标必备要素。

1) 商品(merchandise)

所要销售的商品或劳务，其主要的诉求点是什么? 广告诉求点是广告中所强调的、企图劝服或打动广告对象的信息传达的重点。

2) 市场(market)

广告信息所要到达的目标受众是什么人? 如居住的地区、性格、习惯、兴趣等。

3) 动机(motives)

消费者为何购买或延缓购买? 购买动机资料，可考虑到下列各项：人们购买它是基于产品的外观? 是因为轻易获得，成为习惯，具有亲近感? 因为能提供服务?是由于对产品、公司、推销员、批发商印象好? 或仅由于顾客注意产品的存在，认识它的利益点，而激起购买念头?

4) 信息(messages)

广告所要传达的主要创意、情报、态度为何? 信息是广告的第一要点，对商品、市场及消费动机的研究，就是为说明商品所准备的，因此，如果能把以上作业做好，就能较轻易决定所要诉求的信息。

5) 媒介(media)

用什么手段使信息到达诉求对象? 为了向消费者传播信息，必须通过媒介，选择时要选适于广告所针对的信息表现、广告对象最多而且有效的媒介，基于此意义，必须具备媒介有关统计资料。

6) 测定(measurement)

如何对广告信息到达目标消费者后所产生的影响进行评估?一般有系统的评价，主要内容有：究竟有多少人在接触广告后，能敏锐地认知品牌或公司名称；根据广告内容有多少人能了解产品特色或利益；有多少人是理性地或感性地购买产品。

2. 信息个性

信息个性是指与其他的产品、劳务、企业观念明显不同的、有着独特销售主张的地方。比如，产品个性多指产地、用途、用户的构成、同类产品竞争状况等相关要素，品牌的个性常常由个性化顾客、个性化需求、个性化产品、个性化区域四要素构成。在广告主题中，信息个性不是空洞的漂亮话，它需要真实地被顾客所感知，目的是“让消费者看清我”、“让消费者相信我”。信息个性的本质在于通过价值创新来引导市场，而非迎合市场。

3. 消费心理

消费心理是指消费者进行消费活动时所表现出的心理特征与心理活动的过

程。准确把握消费者的心理活动，是准确理解消费行为的前提，广告目标和信息个性要符合消费者某一方面的心理需求，才能引起消费者的注意，激起他们的欲望。例如，学龄前和学龄初期的儿童的购买需要往往是感觉型、感情型的，非常容易受到参照群体的影响。在群体活动中，儿童会产生相互比较的心理，如“谁的玩具更好玩”、“谁有什么款式的运动鞋”等，并由此产生购买需要，要求家长为其购买同类同一品牌同一款式的商品。又比如，年轻消费者在消费时表现为时尚、个性、攀比和冲动的消费行为，只要自己喜欢的东西，一定会想方设法，迅速做出购买决策，在他们的带领下，消费时尚也就会逐渐形成。这说明对消费者来说，比产品说明更为重要的是产品与自己的关系。所以，广告主题要符合消费者的心理特点，诉求重点是产品与消费者切身利益的关联性，目的是“让消费者喜欢我”。

3.1.3 广告主题的层次

主题是一个句子，通常为七字左右的判断句，如“味道好极了”，又如万宝路香烟的“Where there is a man there is Marlboro”。这就是说，主题常常是广告口号。主题是广告的统帅，西方有句谚语说：狮子统帅的绵羊能够打败绵羊统帅的狮子。因而，主题好坏决定广告成败。广告主题可以概括为以下五个层次。

1. 客观层

客观层广告的主题是依据产品的功能，介绍产品特性，也可以介绍产品的质量、款式、颜色方面的信息。例如南方黑芝麻糊的广告“一股浓香，一缕温暖”，又如，飘柔洗发液的广告“头屑去无踪，秀发更出众”，再如，英特尔公司的广告“给电脑一颗奔腾的芯”。

2. 科学层

科学层广告的主题是从产品的科技含量出发，力图展现其强大的力量。例如，佳能打印机的广告“使不可能变为可能”，又如，IBM 的广告“没有不做的小生意，没有解决不了的大问题”，再如，三菱电工的广告“我们集大成，您超越自我”、诺基亚的“科技以人为本”、三星的“感受新境界”等。

3. 文化层

文化层广告的主题是对产品附加民族文化、区域文化或原始文化等价值的阐释，简单地说就是为目标消费者提供一种新的价值观。例如，百事可乐的“新一代的选择”、奔驰的“领导时代，驾驭未来”、奇瑞 QQ 的“秀我本色”、中国移动的“我的地盘我做主”等，都是在文化层面提炼主题的经典之作。

表现附加文化是广告主题提炼的常见手法之一。例如，中国联通的“情系中国结，联通四海心”、人头马 XO 的“人头马一开，好事自然来”。体现地域文化的交通广告，我国以劝告或内心自省为主，如，“凭侥幸，要大胆，出了事故后悔晚”、“高高兴兴上班来，平平安安回家去”等；西方则以诙谐、幽默，甚至调侃、戏谑来表现相同主题，如，美国伊利诺斯的某十字路口的广告“开慢点吧，我们已经忙不过来了！——棺材匠”，美国西海岸公路口的广告“如果您的汽车会游泳的话，请照直开，不必刹车”。

4. 哲理性

哲理性广告的主题是使产品附加上哲理的意义，通常语句隽永，让使用产品的消费者精神面貌焕然一新。例如，“输入千言万语，打出一片真情”、“百万的企业，毫厘的利润”、“钻石恒久远，一颗永流传”等。

5. 审美特性

具有审美特性的广告的主题擅长用哲理诗或绘画的形式表现广告产品中的意境美，使广告题材和广告主题达到“情与景汇，意与象通”的理想境界。情与景是构成意境的基本因素，但意境中的情是特定时代精神的折射，景除了一般的自然景观外，也包括能够触动人们情怀和引起生活回忆的场合、环境、人物及事件，这样才能使广告作品的意境在欣赏过程中得到广告受众心理上的认同和感情上的共鸣。例如，弘基·书香园的“高雅，是咖啡的心境；高贵，是名画的表情；高尚，是时代的风景；在这里，人生开始一段美丽的旅行”。该广告语诗意盎然，读后给人印象深刻，难以忘怀。又如，“我们的光彩，来自你的风采”、“景色于外，境界于内”。

3.1.4　广告主题的调整

一个好的广告主题要给消费者提供必要的利益承诺，而承诺的利益则要集中、精练并保持统一性和连贯性。但是当这些要素都确定以后，并不能保证这就是一个好的广告主题，原因很简单，广告主题也要有一定的弹性，随着客观环境的变化，作出及时的调整有时显得相当必要。例如，2007 年 7 月，亚洲杯足球赛在泰国开幕。起亚赞助了中国足协，并为此精心制作了广告片，宣传主题为“起亚，与中国足球共进退”，如此振奋人心的广告语也让球迷对国家队的表现十分期待。没想到，中国男足小组赛即折戟沉沙，创造了中国男足亚洲杯比赛史上最差的战绩。中国男足的表现与起亚品牌理念“激情超越梦想”南辕北辙。起亚的广告语也成为当时最大的笑话，有人调侃地说：赞助中国男足，只会有退无进。这样的广告主题不调整行吗？

另外，广告主题构成中的广告目标、产品特性及消费者需求都有可能发生改变，都会打破三要素之间的和谐统一。出现这种情况时也需要对广告主题作出适当的调整。

3.2　确定广告主题

3.2.1　确定广告主题的目的

广告主题确定的前期工作是通过市场调查，确定目标市场消费者的特点和企业、产品在市场中的位置。确定广告的主题在市场学上属于狭义的广告定位范畴，

就是说，广告用什么主题，可使商品在市场上占有一定的地位，或者在竞争中取胜，这对于商品能否占领市场有很大关系。广告主题确定的总原则就是：广告只能表达一个“点”，最忌讳“多主题”。广告主题要解决的核心问题是：为消费者创造一个购买的理由。任何一个购买理由都有一定的代表性，它往往代表着一个消费者群，广告主题的确定就是在寻找这个非买不可的理由。

3.2.2 广告主题的来源

消费者购买广告产品的理由虽然多种多样，但万变不离其宗，而这个“宗”就源自于产品的整体性概念中。根据菲利普·科特勒的营销观点，任何产品都包含以下五个层次，即核心产品、基础产品、期望产品、附加产品和潜在产品。核心产品是消费者购买某种产品时所追求的利益，在产品的整体性概念中也是最基本、最主要的部分，它是顾客真正要购买的服务和利益。基础产品是满足消费者核心利益的物质表现形式，也就是产品基本的有形形式，是核心利益借以实现的形式。期望产品是符合消费者喜好的，包括价格、方便性和产品功能表现等各个因素，也就是购买者购买产品时期望的一整套属性和条件。附加产品这一层次包括供应产品时所获得的全部附加信息和利益，主要有送货、维修、保证、安装、培训、指导及资金融通等，还包括企业的声望和信誉。潜在产品是此种产品最终可能的所有的增加和改变，是企业努力寻求的满足顾客并使自己与其他竞争者区别开来的新方法。由此可知，消费者从广告产品中既能获得有形的物质价值又能获得无形的精神价值，这些就构成了他们的购买理由。

3.2.3 确定广告主题的方法

要确定广告主题，可根据菲利普·科特勒的产品整体概念，一一确定该广告产品可能给消费者带来的利益点，然后把这些利益点用形式产品特征、消费者心理、市场需求及竞争对手情况分析四个指标进行分类整理。

1. 从形式产品的利益点出发确定广告主题

形式产品是指核心产品借以实现的形式或目标市场对某一需求的特定满足形式，包括品质、式样、产品固有特色、商标及包装五个指标。通常确定广告主题时，还可以把消费者获得的利益分为物质方面的和精神方面的。形式产品偏物质利益。

1) 产品实体

实体产品是指有具体物理形状的物质产品，如产品价值、构成、结构、功能等，广告主题以功能诉求和品质诉求为主。例如，创维电视“不闪的才是最好的”，突出了产品的功能。功能诉求主题对于保健品、洗涤产品、医药产品、家电产品等产品类别来说，既抓住了产品的卖点又承载了消费者的期望需求，同时恰到好处的功能诉求也是一种对品质的承诺。

2) 产地及原材料方面的独特性

产地及原材料方面的独特性主要包括原料的产地、产品的生产历史与起源、筛选和检验、专利权等。例如依云矿泉水突出它的产地特征“来自阿尔卑斯山底”，五大连池矿泉水突出它的有效成分“天然含气矿泉水”等。

3) 产品的制造工艺

产品的制造工艺主要包括制造方法及特点、使用的机器设备、工人与技术人员水平、制造方法的发明、制造环境、制造过程中的品质保证等。例如，现代广告创始人克罗德·霍普金斯应邀为“喜力滋”啤酒做一则广告，他在厂长的陪同下参观了啤酒的生产过程，转遍了整个工厂，也没有发现什么有价值的广告诉求点。最后当他们来到一间充满蒸汽的房间时，霍普金斯请厂长说明一下这间房子的作用。厂长解释说：“我们在这里用活蒸汽把酒瓶清洗干净，这样就不会有发酵物质产生。但是，这没有什么值得大惊小怪的，每个啤酒厂都是这么干的。”这一点看来很平常，却引起了霍普金斯的极大兴趣。霍普金斯认为，如果自己不知道这一点，就说明一般消费者也不会知道，于是，霍普金斯第一个抓住这个细节为喜力滋啤酒写出了“极端真实”的广告语：“我们的啤酒瓶子是真正用蒸汽清洗过的。”霍普金斯认为，这个广告信息一旦进入受众大脑，就会被加工，最终被受众记住的就变成了“只有我们的啤酒瓶子是唯一真正用蒸汽清洗过的，其他的都不是”。广告发布后收到了奇效，产品销量大增。

4) 产品使用价值

产品使用价值主要告知消费者产品的感观特点，包括商品外观、触觉、听觉等方面的信息，以及各种用途和用法、实际价值、用户对于产品的赞扬或名人推荐、使用中的便利和乐趣等相关信息。对于家具、有装饰作用的用品、高档耐用品等感观产品，以及食品及药品等民生产品往往很重要。例如，白加黑感冒药产品上市时，就是采用使用情况定位，广告语主题是“白天吃白片，不瞌睡；晚上吃黑片，睡得香”，再如洁尔阴的广告“难言之隐，一洗了之”，也属此类。

2. 从消费者心理需求出发确定广告主题

消费者购买某种商品或利用一种劳务的动机，都是为了满足某一方面的需要。从这个角度讲，产品的销售过程就是广告打动消费者并引导他们购买的过程。因此，要根据消费者性别、年龄、职业、宗教信仰、地域等方面的不同，了解他们的消费心理和动机，以确定广告的主题。消费者心理需求既追求物质利益也追求精神利益。一般消费者常见的消费心理有以下几点。

1) 爱面子、炫耀、攀比

过分顾及自己的体面，生怕被人看不起，炫耀、攀比似乎成了一些消费者的特点。有人说这是心理懦弱的表现，有人说这是我们的美德。结论不重要，重要的是这种心理行为为广告主题的确立奠定又一个基础。例如，针对逢年过节要送礼和孝敬父母的传统，“脑白金”一句“今年过节不收礼，收礼只收脑白金”就搅动了亿万中国人的心，迎合了老百姓爱面子的心理。

2) 从众心理

从众指个人的观念与行为由于受群体的引导或压力，而趋向于与大多数人相

一致的现象。消费者在很多购买决策上，会表现出从众倾向。比如，购物时喜欢到人多的商店，在品牌选择时，偏向那些市场占有率高的品牌。利用人们对名人或者明星的推崇，大量的商家找明星代言、做广告。对权威的推崇往往导致消费者对权威所消费产品无理由地选用，并且把消费对象人格化，从而达成产品的畅销。很多广告主题就是抓住了大众的从众心理而一举成名的。比如起亚汽车的广告："不要耳根软，轻信是误解的开始，相信实际数据，慎重选择品牌，不要任人宰割！相信起亚，相信全球180个国家七百多万辆车的销售业绩。"

3) 求廉、求稳心理

既要买到便宜货又能心安理得，这是以销售促进为目的的广告传播目的，否则就有欺骗消费者的嫌疑。这类广告要求说到做到，便宜又能保证购买没有风险。例如，"神舟电脑"的"4888，把神舟电脑扛回家"，在手提电脑还是奢侈品的当时，这个广告主题绝对震撼业界，让许多电脑厂家措手不及，以致于丢城失地。汰渍广告语也在廉价方面大做文章，喊出了"洗衣服用汰渍，汰渍只用二块五"。而电器销售商国美也是针对消费者的求廉、求稳心理，把国美店店外销售的广告主题确定为"买电器，到国美，花钱不后悔"。这些广告可以都称得上促销广告的典范了。

4) 逆反心理

逆反心理表示这样的一种心理结果，即支持采取一种行动，结果却说服对方采取相反的行动。导致逆反心理的情况有三种。一是强烈的好奇心，当某事物被禁止时，最容易引起人们的好奇心和求知欲，尤其是在只作出禁止而又不加任何解释的情况下，浓厚的神秘色彩极易引起受众好奇心。二是企图标新立异，青年处于性格形成和寻找自我的时期，通过否定权威和标新立异可以在心理上求得自我肯定的满足感，他们经常会偏执、好表现自己、有意采取与其他人不同的态度和行为，以引起别人的注意。三是特异生活经历，例如，多次失恋等形成了固定的思维模式。

广告巧妙地利用逆反心理，有时会起到意想不到的效果。例如，国外有一饮食店，门前摆了一个大酒桶，引人注目地写道："不许偷看!"但无遮无拦，路过的行人都在好奇心的驱使下，停下脚步往桶里看个究竟。谁知里面又有一张纸条，上写："我店有与众不同、清醇芳香的生啤酒，一杯五元。请享用。"一句"不许偷看"，引起了所有人的注意力。又如，"禁止抽烟，连皇冠牌也不例外"。广告词只有12个字，内容却很丰富，它既宣传了禁止抽烟这一主题思想，又达到了推销和赞颂皇冠香烟的效果。有异曲同工之妙的还有某奶粉的广告"没有加进什么，不过提出水分"等。广告利用人们心理的反差，采用反效果式的手法，运用通俗简明的语言，具有很强的艺术效果，给人留下了深刻的印象。

3. 从市场需求方面确立广告主题

市场需求分析是指对某一种产品或某一经营性服务项目进行市场需求调研、分析和数据整理，以此作为指导企业的生产、销售的依据。一个新产品的市场需求分析，包括这一产品在某一范围内的消费者的人数或用户个数、不同地区和不

同消费者的消费习惯及发展方向、每年需求的递增或递减的比例等。针对这种需求的广告主题类型又有以下几种。

1) 对未来市场需求的郑重承诺

对未来市场需求作出承诺，如联邦快递广告，“连接在联邦快递，我们相信您将拥有连接全球商务的快捷机会。所以我们拥有280 000名员工遍及全球超过220个国家及地区的全球递送网络，从接到您电话的那一刻起，直到把包裹送到您的手中，承诺为您提供更优质的运输服务。”这种广告主题的提炼，字里行间透着一种霸气，非小公司所拥有。

2) 发现产品的新价值

当产品到了衰退期，市场对该产品的需求越来越少，如果不想放弃固有产品，便可通过发掘产品的新价值来表达主题，让产品焕发活力。发现产品新价值的方法主要为场景营销。场景营销是指转换产品的使用情景，让产品在新情景中有新作用，如浴帽在厨房中就变成了厨帽，牛奶从早餐奶到现在的晚餐奶、安睡奶等。

3) 从产品的主观价值出发确定广告主题

主观价值不是商品中实质性的存在价值，它是人们对产品的感受、联想或象征意义，它存在于商品与人的心理和文化之间的一种精神性联系中。在产品日益雷同的今天，增加产品主观价值就显得日益重要。这里的主观价值主要指产品的质量、形态、功效、档次给消费者留下的个性特征，进而给消费者带来的惬意、可心、美妙、快乐或痛苦、不舒服等主观感受，以及产品的档次、品位、品牌形象等给消费者附加的个人身份、地位、事业、命运、能力、品格、权威、个性等象征感受。在很多情况下，消费者购买产品不仅仅是为了获得产品所提供的功能效用，还要获得产品所代表的象征性价值。消费者的购买步骤如图3-1所示。

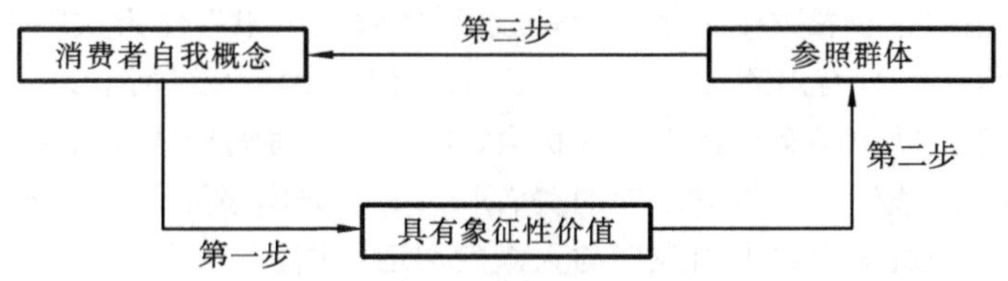

图3-1　消费者的购买步骤

当然，并不是所有的产品都可能通过广告活动成为传递消费者自我概念的符号或象征品。一般来说，能够通过广告营销活动成为传递消费者自我概念的象征性意义产品应该具有三个方面的特征：第一，购买、使用很容易被人看到；第二，能体现消费者身份地位，如豪华、贵重产品；第三，具有拟人化性质，能够在某种程度上体现一般使用者的典型气质、形象，汽车、珠宝等产品均具有上述特征，因此，它们很容易地被人们作为传递自我概念的象征品。

消费者倾向于购买那些与他们的自我概念相一致的产品，这是一个有意识的和深思熟虑的过程。伴随消费行为的产生，消费者会根据产品是否有助于自我概念而产生某种体验，即满意与不满意。一旦消费行为使消费者感受到了满意，这种体验就将促使消费者将产品所具有的形象性价值看做是其人格或者自我的一

部分，强化其自我概念。但是他们被这类产品所吸引的程度将随产品的象征意义和显著性的变化而变化。

4. 从竞争对手方面发掘广告主题

1) 寻找产品与竞争品的“独特”优势

广告产品中的独特性既要货真价实，又要保持与竞争对手的优势，迅速树立自己在行业中的差异化形象。例如，20 世纪 60 年代末，日本轿车刚刚进入美国市场后，在当地大力宣传日本车“外形美观，价格低廉”，由于主题没有突出商品的特点，没有打动一般消费者，反被讥讽为带壳的四轮摩托车。20 世纪 70 年代末，欧美遇到了严重的石油危机，日本厂商才抓住机会，改变广告主题，重新定位，突出日本汽车节油的特点，终于打开美国市场。又比如，美国有一则啤酒广告，主题是“你不必用开瓶器”。画面上一个 50 多岁的其貌不扬的人，用手开了瓶子，面对观众说：“从今以后，我不必再用牙齿开瓶了。”他笑时，显出少了两颗门牙。

2) 区隔品牌

在新品牌进入成熟行业时，有效抓住一个具有较大消费需求的中间介质，对产品或品牌进行区域限制或功能限制。例如，“怕上火就喝王老吉”。如果把王老吉仅仅做凉茶进行传播，那么势必陷入与其他凉茶品牌同样的困境，于是王老吉找到了一个品牌介质“上火”，在传播中，绕开了其产品本身的性质“凉茶”，直接与“上火”链接，从而占据了“预防上火”新小类的第一品牌位置。又比如，“三精”与“蓝瓶”之间建立链接等，都是为了与竞争者的品牌相区别。

3) 利用事件进行捆绑广告

企业如果对事件的时机选择得当，广告语构思奇妙将可以收到意想不到的效果。在这方面农夫山泉做得比较成功。“农夫山泉”作为饮用水的后起之秀，凭借“农夫山泉有点甜”迅速树立了自己在行业中的差异化形象。接着又借助悉尼奥运会赞助中国奥运代表团的机会，叫响了“每喝一杯农夫山泉，就为中国奥运捐出一分钱”的广告语，使消费者联想到农夫山泉为中国奥运事业作出的贡献，一下子拉进了“农夫山泉”与大众的奥运情结。

案例

广告视点 3-2

广告主题的选材

1. 快乐

生活得快乐，这是每个人的追求。快乐，是人类生活发展高层次的必然需求。轿车、旅游等广告文稿多以此作为广告主题。美国一家裸浴旅游公司用一张有一位裸体的漂亮姑娘趴在沙滩上的照片来做广告，广告词这样写道：“多么自由自在，无拘无束。这会把您带到欧洲最美丽的沙滩上，强烈的阳光把您周身晒黑，纯洁的海水能滋润您裸露的皮肤。”

2. 经济

经济实用、价廉物美是当代人购物的标准。高消费只是一部分人的生活方式，而对于平头百姓、工薪阶层来说，购买商品的档次总在中、低档上。产品在价格上占据明显优势，刺激消费者的购买欲望。家电、食品、经济型汽车等常以此作广告题材。例如，福特汽车广告：在阳光下，钻石和玻璃珠都能闪闪发光，散发出眩目的迷人色彩，但玻璃珠毕竟不能和钻石相比，两者的价值更有天壤之别。同样的道理，只从单一的角度告诉消费者这项商品对您如何有利，而将其他事实弃而不谈，这样会使消费者陷入思考的混乱，而作出错误的判断。

3. 质量

就商品质量、售后服务等方面向消费者作出承诺、保证，这是商家成功之处。在广告文案中作出承诺，可增强消费者的信任感，树立品牌形象。家电、建材、名牌服装等常以此作为广告主题。

4. 爱情

爱情是人类永恒的主题，是人类精神的深层次的生命冲动，是社会繁衍、生息的基本现象。爱情创造了美，创造了人们对生活的敏感和热爱，它渗透了人们的情趣、理想和生命感受。家庭用具、日常用品的广告文案宜选择这一题材，它能产生亲切动人、感人心扉的力量。

5. 荣誉

荣誉是一种赞誉性的评价。人们在事业上获得成就，对社会作出贡献，总希望得到社会的尊重和赞赏，得到价值上的承认和心理上的满足。这种心理上的满足感，是一种荣誉感。荣誉感是人类道德、文化、名誉上的精神需要。高档商品、时尚流行款式的广告文案宜以此作为主题，如巴黎时装的广告文案： 炽烈的火，绮丽的红——巴黎时装；铁的凝重，血的艳红——驰骋于女装世界；炽烈的火，绮丽的红——给您，仕女的典雅华贵，女皇的尊仪雍容!

6. 时尚

时尚的东西总是新潮的，总是领导消费的。在消费品市场中，消费者的购买潮流对于人们的心理冲击力很大。人们或多或少地表现出一种追求商品的趋势和新颖的需求。消费者在购买商品时十分看重商品的款式和社会流行样式，而对商品本身的实用价值和价格高低，并不过分花心思考虑。时尚，总是让人们欲罢不能，产生冲动购买。因此，在广告文案中，就要突出时尚这一主题。

此外还有健康、食欲、安全、爱美、大志、性能、天伦之乐、母爱、地位、社交、安乐、方便、好奇心、保证、竞争、模仿、凉爽感、恐怖心、同情、礼让，等等，都可以成为广告主题的诉求核心。

3.3 影响广告主题的相关因素

影响广告主题的相观因素很多，但本书主要考察对广告主题构成的三要素，即广告目标、产品特性和消费者特征影响的相关因素。其中，对广告目标的影响重点考察广告定位，对产品特性的影响以产品生命周期为主，影响消费者特征的

因素锁定在广告受众上。

3.3.1 广告定位与广告主题

有学者认为，我们已进入一个“传播主义”的时代，人们由过去的自然环境、社会环境进入了传播环境的生存空间。目前广告作品主题多元、雷同、模糊，使得受众在接受广告信息时，无法在最短的时间里捕捉到他们所要了解的信息，竞争者的广告主题诉求无形中又进一步分化了受众的注意力，如何在“传播主义”的时代打败竞争对手，显然，定位是解决问题的一种途径。所谓定位，就是将产品在潜在顾客心目中确定一个适当的位置。广告定位是指广告在企业的产品价值、服务方式和经营理念的基础上，通过广告宣传来寻求企业及其产品在消费者心中的位置，一般包括利益承诺、广告理念、广告形象等内容。

1. 广告定位的方法

广告定位方法主要有抢先定位、强化定位、比附定位、逆向定位、补隙定位等。

1) 抢先定位

抢先定位是指企业在进行广告定位时，力争使自己的品牌、公司或产品在消费者心目中获得一个据点、一个认定的区域位置，或者占有一席之地，抢占市场第一的位置。经验证明，最先进入人们心目中的品牌，平均比第二的品牌在长期市场占有率方面要高很多。而且此种关系是不易改变的。一般来说，第一个进入消费者心中的品牌，都是难以被驱逐出去的。例如，电脑是兰德公司发明的，但 IBM 是第一个在潜在顾客心目中建立电脑位置的公司。又如百威啤酒宣称是“全世界最大，最有名的美国啤酒”。虽然各种广告、品牌多如牛毛，但消费者对“第一”的印象和记忆最为深刻，因此，抢先定位能使消费者在短时间内记住该品牌。

2) 强化定位

强化定位是指企业一旦成为市场领导者后，还应不断地加强产品在消费者心目中的印象，以确保第一的地位。如可口可乐公司，抢先定位成功一个多世纪了，但它至今还在不断地高喊着“只有可口可乐，才是真正可乐”。 强化定位是为了争取市场中的竞争优势，决不给竞争者以可乘之机。

3) 比附定位

比附定位是指企业在广告定位中，不但明确自己现有的位置，而且明确竞争者的位置，然后比拟市场中的老大定位，给自己的产品定位。例如，美国阿维斯出租汽车公司强调“我们是老二，我们要进一步努力”，使人们对公司产生一种谦虚诚恳的印象，从而赢得了更多忠诚的客户。再如雅戈尔的“中国的皮尔·卡丹”、宁城老窖宣称的“宁城老窖——塞外茅台”。都是通过攀龙附凤，把同类中早已卓有成就的品牌光环转移到自己的品牌上。还有一种办法是跻身到一个团体中，俗称“高级俱乐部策略”。如宣称自己是 10 大名校之一，50 家大公司之一。最成功的是美国克莱斯勒汽车公司宣布自己的轿车是美国“三

大汽车之一”，使消费者感到克莱斯勒和第一、第二一样都是知名轿车了，从而收到了良好的效果。

4) 逆向定位

逆向定位是指企业在进行广告定位时，面对强大的竞争对手，寻求远离竞争者的“非同类”的构想，使自己的品牌以一种独特的形象进入消费者心目之中。“七喜”是逆向定位的典范。在充分了解到“可口可乐”和“百事可乐”在人们心目中已占有的重要位置后，七喜公司激发出辉煌的定位构思：七喜是非可乐，因为不含咖啡因。从而确定了“七喜”在饮料市场上的地位，销量逐渐上升为处于“可口可乐”和“百事可乐”之后的第三位，抢占了可乐类饮料的市场。

5) 补隙定位

补隙定位是指企业在进行广告设计时，根据自己产品的特点，寻找消费者心目中的空隙，力求在产品的大小、价位和功能等方面独树一帜。只要悉心研究，在广告定位时能找到你所需要的空隙。

6) 使用者定位

使用者定位是把商品和使用者结合起来的定位方法，以某类消费群体为诉求对象，来获得目标消费群的认同。把品牌与消费者结合起来，有利于增进消费者的归属感，使其产生“我自己的品牌”的感觉。如动感地带的“我的地盘听我的”一下就把 20 岁左右的年轻人收编了。

7) 文化象征定位

文化象征定位是用一种文化品质与本商品品质结合起来定位。该定位运用产品直接或间接地冲击消费者的情感体验而进行定位，用恰当的情感唤起消费者内心深处的认同和共鸣，适用和改变消费者的心理。如美加净的护手霜“就像妈妈的手温柔依旧”，让我们的内心掀起阵阵涟漪，觉得美加净的呵护就像妈妈的手一样温柔。又如“大红鹰胜利之鹰”这个广告定位是从企业的文化出发，树立企业的形象。每个人的内心深处都渴望胜利，都渴望被认同，没有人会心甘情愿地主动放弃胜利选择失败。大红鹰定位“胜利之鹰”，符合了时代特点和企业精神。

2. 广告定位对广告主题的影响

广告定位解决了广告战略中的首要问题——“广告什么”和“向什么人广告”的问题。前者涉及广告的内容，后者涉及广告的对象。

就广告内容来说，美国广告学者艾里斯等在《广告攻心战略——品牌定位》中指出：定位并不是要你对产品做什么事，定位是你对潜在的顾客心智所下的工夫。广告定位不准，会失去促销的作用，许多真正的目标对象就会错过购买商品的机会。广告主在广告中突出的是本企业品牌特有的性质、功能及与众不同的特点，使消费者认牌选购。另外，良好的企业形象定位，同时也促使消费者对产品产生“信得过”的购买信心与动力，促进商品销售。

就广告对象来说，消费群发生变化了，广告定位发生也要及时调整，广告目标必然也会发生变化。产品定位不同，消费群就不同，例如，Lee 牌牛仔服，美国牛仔服市场第一大品牌，它早期的定位是战后男性，后来 Lee 通过市场调研发

现，牛仔服一直被认为的一种青年时装。第二次世界大战后穿牛仔服长大的这一代人已经迈向中年。可供他们选择的服装种类较少。Lee 果断调整了自己产品的定位，决定将目标市场定锁定在 25～44 岁的女性消费者。

同时，广告定位也是决定广告好坏的标准。在广告活动中，广告表现必须以广告定位为基础进行广告视听觉表现，广告是否表现出准确的定位思想，是否准确地表现出广告定位的主题，是评价一则广告的优劣、好坏的标准。

3.3.2 产品生命周期观念与广告主题

1. 产品生命周期观念

产品生命周期观念，是把一个产品的销售历史比作人的生命周期，要经历出生、成长、成熟、老化、死亡等阶段。就产品而言，也就是要经历一个开发、引导、成长、成熟、衰退的阶段。

1) 产品开发期

从开发产品的设想到产品制造成功的时期称为产品开发期。此期间产品销售额为零，公司投资不断增加。

2) 产品引导期

产品引导期新产品新上市，销售缓慢。由于引进产品的费用太高，初期通常利润偏低或为负数，但此时没有或只有极少的竞争者。

3) 产品成长期

产品成长期是指产品被市场迅速接受，利润大量增加的时期，本阶段的主要市场特征是产品在市场上有较大的吸引力并已普遍被消费者接受，销售量迅速增长，容易吸引更多的竞争者。

4) 产品成熟期

此时市场成长趋势减缓或饱和，产品已被大多数潜在购买者所接受，利润在达到顶点后逐渐走下坡路。此时市场竞争激烈，公司为保持产品地位需投入大量的营销费用；

5) 产品衰退期

这期间产品销售量显著衰退，利润也大幅度滑落。优胜劣汰，市场竞争者也越来越少。

2. 产品生命周期对广告主题的影响

在产品生命周期的不同阶段，要有灵活的广告策略。导入期的广告目标是在潜在消费者中建立产品的形象。根据该阶段市场特点，广告主题以创牌为核心，引导广大消费者了解产品，并开始试用产品。成长期广告目标是巩固已有的市场，扩大市场潜力，引导消费者认牌选购，最大限度地占有市场份额。广告主题应围绕“独特”做文章。成熟期的广告目标是尽可能地吸引和稳定消费者，维持产品的市场占有率，并有效对付竞争。成熟期的广告策略是为了保持企业产品销售平衡、经济效益较理想的良好状况，企业应保持一定的广告发布量。该阶段企业为在竞争中处于有利地位，广告应以提示为目的，广告主题强调产品与同类产品相比带给消费者的额外利益。当产品进入衰退期，广告表达要突出“价格低廉”的特点。衰退期的广告目标是保持一定的需求水平，广告主题是延缓销售的下降幅度，尽可能延长产品市场寿命。比如楼盘广告，在产品引导期和成长期，广告主题多以产品的规划优势、楼盘的地段特征为主，通过形象地着力介绍，让一个新兴的楼盘尽快为购房者所注目和了解。到了楼盘的强销期(成熟期)和持续期(衰退期)，除非产品有特别的优势，价格攻势往往成为广告的主要内容。在购房者对产品了解的基础上，通过价格上的优惠折扣和某些服务方面的承诺促使成交迅速放大。

3.3.3　广告受众与广告主题

广告等同于传播，在传播中“传必求通”，把广告信息传递给适当的人群是传播中的核心问题。随着越来越多的产品进入市场争夺消费者，营销战略和广告战略也不断在调整适应着这种变化。20 世纪五六十年代，提炼出“不同的品质概念”，为了在广告中表现这些特点，USP 理论便占据了统治地位。到了 20 世纪六七十年代，由于仿冒产品充斥大众市场，市场细分战略开始大行其道。这意味着广告主必须制订产品与营销组合，才能适应某一特定市场细分的需求和欲望。此后，随着主流市场细分的饱和及产品生命周期的缩短，广告主们又发明了一些新的方法，诸如定位法、对位营销、微观营销，甚至于现在的一对一营销。这些归根结底都是市场细分战略的变形而已。

1. 广告受众的含义

对于一则广告首先要明确的是做给谁看的，然后才能确定广告所使用的媒介及制作的基调。如果你看见一条毫无吸引力的广告，这首先说明该广告不是给你看的，其次才可能是其他因素。广告受众一般理解为在传播过程中，广告信息的所有接受者，包括如下三层含义。

第一层是广告的媒介受众。它通常指特定国家或地区内能够接触到传媒信息的总人口，这是最大规模的理想状态下的广告受众。例如，在我国的电视覆盖区域内，凡拥有电视机或能观看电视节目的人都是电视广告传媒的受众。

第二层是广告的目标受众。广告的目标受众指对特定传媒或特定信息内容保持着定期接触的人，如报纸的定期读者或电视节目的稳定观众等。广告的目标受众直接是该媒介产品或服务信息的接收者，这个群体决定着产品卖给哪些人，服务于哪些人。

第三层是广告的价值受众。他们是广告目标受众中最能创造市场价值的部分，主要指广告主考虑的影响销售的四种力量，即使用者、购买者、决策者和影响者。

它们三者的关系是：广告媒介受众由媒介的覆盖面决定，目标受众由媒介的受众率(反映某一瞬间视听行为)决定，价值受众由媒介的满意度决定。覆盖面相当于产品的铺货和渠道通路，而受众率相当于产品的销量，满意度是指受众对媒介、媒介产品及服务的满意程度，是受众的某种感受状态。由此可见，界定广告

受众是创作任何一条广告都必不可少的一个步骤，而广告最重要的就是取悦核心价值受众而不是所有受众。正如叶茂中说的，给小孩看的广告，成人不喜欢有什么关系？给女人看的广告，男人不喜欢有什么关系？

2. 受众的识别及对广告的影响

1) 定义目标受众

最简单的定义目标受众的方式就是说出“广告信息接受者”。目标选择越精准，信息就会越有效果，市场推广活动就越不浪费。

定义目标受众有三个步聚。首先，自我定位。根据商品类别对目标消费群进行分类，如把商品分为消费品与非消费品、高端产品和低端产品、奢侈品和生活必需品等，相应地可以有一般消费者和特殊消费者。其次，进行媒介调研。分析各个频道栏目或网站的风格个性和目标受众。最后，根据对媒介的调研，选择与自己目标消费群体契合程度高的目标频道栏目或网站。对于频道、栏目的选择标准要从以往绝对收视率(收看电视节目的受众占受众总人数的比例)向相对收视率(收看电视节目的受众占目标受众的比例)转化。比如汽车、手提电脑等一些奢侈、高档商品就可以避开一些电视剧、娱乐游戏等大众化频道，而选择在一些文化、经济及汽车频道播放。

2) 分析广告对象

在实际广告策划中，常以一些能够测定的有关因素作为界定广告诉求对象的标准。广告主将这些特征按地理、人口、消费行为分类，这三个特征被称为细分指标。

(1) 地理细分。同一个国家某一地区的人和其他地区的人具有不同的需求、欲望和购买习惯。这些信息对于制订广告媒介排期非常重要，因为广告主的预算有限，只有向潜力最大的市场进行广告宣传，才会获得最大的利益。

(2) 人口细分。利用人口的统计特征：性别、年龄、民族、文化程度、职业、收入，以及其他可以量化的因素细分市场。人口细分往往与地理细分相结合，以便为广告选择目标市场，这种做法被称为地理人口细分。

(3) 消费行为细分。按消费者的购买行为将其分类，其中最重要的变量有购买时机、利益追求、消费者身份和使用率等。例如，使用消费者身份这一指标进行细分时，可分为专一品牌用户、半专一用户、同类产品用户、尝试而拒绝用户、产品用户等。专一品牌用户最忠实，无须对他们进行大量的广告宣传和促销。半专一用户需要折扣信息。同类产品用户，但并非出于 A 品牌的讯息而购买产品，因此，不同的广告讯息亦会发生作用，这批人的市场潜力不大。尝试而拒绝用户，出于 A 品牌的广告讯息购买了产品，事后发现并不喜欢该产品，此时，广告再多也无济于事。产品用户认为两种或更多品牌具有优越特性，乐意用全额购买这些产品，他们是品牌转换的主流，最易因自己变幻不定的欲望而受广告的影响，是品牌广告的主要诉求对象。再比如购买时机变量，广告主根据买主何时购买或使用某一产品或服务的即购买时机，对他们进行识别。购买时机会受需求频次、爱好或季节的影响。广告主一旦掌握了某一人群的共同购买时机，便能确定潜在目标细分市场，进而能更好地决定何时投放自己的特定产品，以及如何促销某些种类的产品。

案例

广告视点 3-3

充满乐趣的狗市场细分

米歇尔·雷勒默在《广告时代》上撰文，描述了一个自认为充满乐趣的狗市场。

一天，他在一家高级宠物用品店看见一段为狗制作的录像节目，一则为用餐后无法自行梳理的狗制作的广告，以及狗健康保险和小狗心理疗法等方面的文章。他突然意识到美国的许多狗可能比世界上千千万万人享有更好的营养和卫生保健。他的反应是："我如何从中获利?" 雷勒默想到办一家新的名为"狗时尚"的咨询公司，专门寻找所有可能出现的与狗相关的时尚或流行趋势，并赞助狗营销大会。于是，他为人类最好的朋友创造了几个流行趋势(狗市的市场细分)。

(1) 健身中心。既然大批中年人都在追求身体健康，为什么不让狗也活动活动(如狗有氧体操等)?

(2) 狗电视游戏。互动游戏可以改善狗的眼爪协调性(如斗狗、寻找消防栓、汽车追索等)。

(3) 狗时装杂志。寒冷的冬日，你穿上暖和的毛衣保暖，为什么不给你的狗也穿上一件时髦的毛衣呢?知名的狗时装杂志如《狗都市》、《看门狗》等。

(4) 夕阳休闲狗房。

(5) 狗视台。

(6) 高档百货店。

3.3.4 广告诉求与广告主题

诉求通常指通过媒介向目标受众诉说，以达到所期望的反应。广告中的"诉"指的是把产品和服务推向市场的理由，或告诉消费者购买产品和服务的理由；"求"指的是求得消费者的关注、响应、认同、接受等。所谓广告诉求，就是使用感染力强的语句，通过媒介向目标受众诉说购买本产品和服务的理由。其中某商品或服务在广告中所强调的、企图劝服或打动广告对象的传达重点被称为诉求点。广告诉求点要解决两个问题：一是向谁诉求，这是广告受众问题；二是向诉求对象强调商品的特点，这涉及广告主题问题。

广告所要强调的内容，也称"卖点"，在不同的市场经济阶段，受营销观念的影响呈现出不同的诉求风格；在同一市场经济时期，由于文化和价值观的差异，广告诉求也是多姿多彩的。就广告思维、企业模式、市场竞争等相关问题，有学者经过深入研究之后，得出这样一个结论：广告思维反映企业的模式导向，企业模式导向决定市场竞争思维，市场竞争思维又反向制约模式导向与广告行为，具体如图 3-2 所示。

1. 生产导向下的广告诉求

生产导向出现于 19 世纪末 20 世纪初，是一种重生产、轻市场营销的商业哲学。它基本不做市场调研，认为消费者喜欢那些可以随处买得到而且价格低廉的

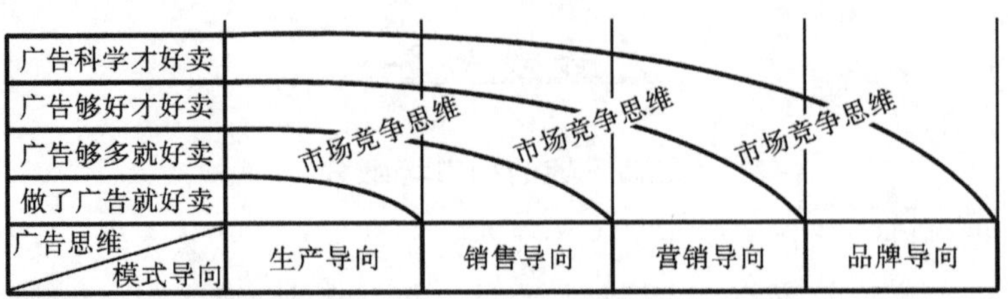

图 3-2　广告思维与企业的模式导向关系图

产品，企业应致力于提高生产效率和分销效率，扩大生产，降低成本以扩展市场。在当时，由于市场是卖方市场，产品整体上是供不应求。在这种观念支配下，广告的诉求纯粹是为表现自我服务的。例如，美国皮尔斯堡面粉公司，从 1869 年至 20 世纪 20 年代，一直运用生产观念指导企业的经营，当时这家公司提出的广告主题是“本公司旨在制造面粉”。再比如美国汽车大王亨利·福特的广告“我只有一种黑色的”。另外，这一时期的广告，只提供广告活动中单向的服务，广告传播的目的就是告知产品信息，唤起消费者记忆，厂家普遍认为：只要做了广告，产品就好卖。通常的广告模式是厂门(或大楼画面、流水线)＋产品名称＋厂址＋联系电话。企业对产品吆喝着卖，就如“提神美味的新饮料”这般，卖什么吆喝什么。产品的名称、功能是主要的卖点，或叫诉求点，也就是广告主题。

2. 销售导向下的广告诉求

销售导向是指以销售现有产品为中心的企业经营思想，又称推销导向。销售导向认为：消费者通常表现出一种购买惰性或抗拒心理，如果听其自然的话，消费者一般不会足量购买某一企业的产品，因此，企业必须积极推销和大力促销，以刺激消费者大量购买本企业产品。这时的企业相信：广告只要足够多就有效。所以很多企业大力进行广告宣传，形成一种“高压推销”或“强力推销”的局面。他们的口号也由过去的“待客上门”变成“送货上门”。销售导向时期的广告带着浓浓的推销味道，主要围绕着产品本身做文章，有两种选择，要么从理性诉求切入，要么从情感诉求切入。

理性诉求就是向受众表明产品的具体功效及具体利益，通过摆事实讲道理的方式来说服，比如夏普数码复合机的广告强调了“更高效率，更为可靠”的产品优势。理性诉求可以做正面说服，传达产品、服务的优势和购买产品、接受服务的利益，也可以做负面表现，说明或者展现不购买的影响或危险。一个广告只要说明了产品的特性或使用这个产品的好处，就是采用了理性诉求的策略。以理性诉求为主的广告“说什么”比“怎么说”更重要，后来发展为 USP 模式。理性诉求的广告大师以克劳德·霍普金斯等为代表，由此奠定了广告的科学性。

情感诉求广告是迎合受众的心理，社会或象征性需求，表现与企业、产品、服务相关的情感和情绪，将产品与人们的爱、幸福、快乐、成就感、渴望被赞赏等需要联系起来，使人们建立起对产品的好感，引导受众产生购买欲望和行动。例如，21 金维他倪萍版“家人的健康，我们的责任”，很好地利用了名人效应，并延续了前期的广告诉求，在一定密度的投放之下，产品的美誉度得到很大程度的加强。情感诉求如果把握不好，广告表现将非常软，会出现广告好看但不卖货的局面，即所谓的叫好不叫座。以情感诉求为主的广告运动后来演变为“造神运动”(制造英雄)，史称“软推销”，以威廉•伯恩巴克等为代表。他们认为广告“怎么说”比“说什么”更重要，由此造就了广告的艺术性。纯理性诉求或纯情感诉求的广告是很少的，绝大部分广告都表现为情理兼容，但这丝毫不影响广告大师对广告的科学性或艺术性的价值判断。也就是说科学派的广告大师也会创意出煽情的广告，而艺术派的大师也熟练地使用理性诉求。

3. 营销导向下的广告诉求

20 世纪 60 年代，社会生产力迅速发展，市场趋势表现为供过于求的买方市场，随着个人收入迅速提高，消费者有了对产品的选择欲望，企业间竞争加剧，许多企业开始认识到，必须转变经营观念，才能求得生存和发展。这种观念以满足顾客需求为出发点，即“顾客需要什么，就生产什么”。

1) 适应需求的营销导向

营销导向认为实现企业各项目标的关键，在于正确确定目标市场的需要和欲望，并且从整体上满足这种欲望和需求。4P 营销理论(产品、价格、渠道、促销)提出以来，对市场营销理论和实践产生了深刻的影响，它与推销导向的区别在于：推销导向以卖主需要为出发点，考虑如何把产品变成现金，它的四个支柱是工厂、产品导向、推销、赢利；市场营销导向考虑如何通过制造、传送产品，以及与最终消费产品有关的所有事物，来满足顾客的需要，它的四个支柱是市场中心、顾客导向、协调的市场营销和利润。如日本本田汽车公司要在美国推出一款雅阁新车。在设计新车前，他们派出工程技术人员专程到洛杉矶地区考察高速公路的情况，实地丈量路长、路宽，采集高速公路的柏油，拍摄进出口道路的设计。回到日本后，他们专门修了一条 9 英里(1 英里≈1.6 千米，下同)长的高速公路，就连路标和告示牌都与美国公路上的一模一样。在设计行李箱时，设计人员意见有分歧，他们就到停车场看了一个下午，看人们如何放取行李。这样一来，意见马上统一起来。结果本田公司的雅阁汽车一到美国就备受欢迎，被称为是全世界都能接受的好车。

需求在营销界被定义为“消费者日常行为过程中针对问题的一种期望”。顾客导向时期的广告遵循的原则是正确确定广告受众的需要和欲望，并且比竞争者更有效地传送和满足广告受众的需要和欲望，争取受众心智。因而，广告策划越来越依赖市场调研，并以此为先导，把握消费需求。顾客导向时期的广告诉求范围很广，在消费者价值链的每一个环节及环节的一部分都有可能成为广告的诉求内容。

20 世纪 70 年代西方国家经济发展重新面临动荡不定，能源危机、环境污染、经济滞涨，严峻的宏观营销环境使得微观市场营销面临新的挑战。市场营销学词典中增加了“战略营销”、“宏观营销”、“理智消费”、“生态观念”等新概念。每一次新概念的出现都为这一时期的广告诉求提供了无限的想象空间，为广告完成促销使命找到了新的解决方案。正如大卫•奥格威在其经典著作《奥格威

谈广告》中说："我不想听到你说我创作的某广告很有创意，我希望广告能吸引你购买产品。"

2) 引导需求的营销导向

菲利普·科特勒的"大市场营销"导向形成于20世纪80年代，其特点是将市场营销组合由E.J.麦卡锡的4P组合扩展为6P组合，即加上了2P—— political power(政治力量)、public relations(公共关系)。菲利普·科特勒认为，一个公司可能有精湛的、优质的产品和完美的营销方案，但要进入某个特定的地理区域时，可能面临各种政治壁垒和公众舆论方面的障碍。当代的营销者要想有效地开展营销工作，需要借助政治技巧和公共关系技巧。因此，广告诉求极力宣传的是得到权威机构和政府部门的认可、特许、推荐等，利用消费者对这些机构的信任打开市场拓展业务。后来，菲利普·科特勒又将之发展成为10P组合理论，即在6P组合的基础上加上新的4P——probing(市场研究)、partitioning(市场细分)、prioritizing(目标优选)、positioning(产品定位)。不久，菲利普·科特勒在上述10P组合的基础上再加上了第11个P，即people(人)，意指理解人和向人们提供服务。大市场营销组合理论将市场营销组合从战术营销转向战略营销，从此广告诉求从部分走向营销活动的整体，从只重视销售效果到突出企业的舆论效果。

4. 品牌营销导向下的广告诉求

品牌是对顾客的价值承诺，只有当品牌承诺是可信的、具有独特价值主张的时候，品牌才会成功。价值承诺是顾客认知品牌、理解品牌和评价品牌的关键，购物者会对他们所购买的品牌考虑很多，他们会去了解产品，了解什么样的人购买这些产品，他们会花时间去研究产品的使用和护理，他们会将所购品牌的产品与其他竞争品牌的产品和一般产品做比较。他们愿意为品牌支付更多的金钱，是因为品牌对于他们而言意味着更多，既是情感的、感性的和理性上的意义，也是品牌价值的充分说明。品牌承诺的传递，取决于企业的诚信。消费者相信企业传递的是一个诚信的承诺。要做到被信任，品牌企业必须规模大而稳定，并长期接受大众的监督，从而获得大家的信任。这就意味着你的企业要为顾客满意而行动，持续改进顾客不满意的地方，使零售商愿意销售你的品牌，获得公众的尊重，最终随着时间的推移，成功地获得品牌法律资产保护。

在4P框架中，产品是核心，企业如何满足客户需要是营销重点。在4C(消费者、成本、便利和沟通)营销组合中，它要求企业忘掉产品，研究客户的需要和欲望，这实际上是当今消费者在营销中越来越居主动地位的市场对企业的必然要求。

21世纪伊始，《4R营销》的作者艾略特·艾登伯格提出4R营销理论，即关联(relativity)、反应(reaction)、关系(relation)和回报(retribution)。该理论根据市场不断成熟和竞争日趋激烈的形势，着眼于企业与顾客互动与双赢，不仅积极地适应顾客的需求，而且主动地创造需求，通过关联、反应、关系等形式与客户形成独特的关系，把企业与客户联系在一起，形成竞争优势。在4R框架中，企业的营销核心已转变为如何与客户建立紧密的联系，提高客户忠诚度的问题上，其

理论的最大特点是以竞争为导向。品牌是市场竞争的手段，是衡量企业及其产品社会公信度的尺度，品牌竞争力成为企业的核心竞争力。此阶段广告诉求表现有三个特点，即创造性、攻心性和情报性。

创造性指为了适应不同消费群体而在广告中表现出的品牌差异性。比如同为橙汁饮料，统一的“鲜橙多”主打女性消费市场，喊出“多喝多漂亮”的口号广告，而农夫果园在饮用方法上下工夫，告知消费者“喝前摇一摇”，酷儿在饮后感受上做文章，“好喝就说 Qoo!”。在这一阶段，广告需要运用独特构思和形象，带有明显的创造性。

攻心性指对受众满足感的超水平挖掘。广告受众的需求有两种：现实需求和潜在需求。现实需求企业通常由问卷调查、满意度调查来确定；潜在需求却需要通过企业的创新能力及竞争能力去发掘。例如，微软视窗操作系统的每一步改进，都是基于对使用者使用过程的观察；英特尔不断推出更快的 CPU，则是基于顾客欢迎更快的运算速度，这些都离不开研究受众的购买动机。另外消费者进入个性化时代，大众市场被打碎，市场需要重新分化组合，这个过程被当今学者称为市场“碎片化”阶段。为了照顾由大众变为分众顾客的利益点，广告的诉求开始向形象、环保、形象事业等多元化方向发展，比如，白沙集团的“鹤舞白沙，我心飞翔”，农夫山泉的“每喝一瓶农夫山泉就为孩子捐一分钱”，统一润滑油的“多一些润滑，少一些摩擦”等都向广告受众展示了企业的实力、社会责任感和使命感。这种“攻心”过程有利地提升了广告在目标受众心中的美誉度。

情报性指广告主题的“故弄玄虚”。通常的情报指带有机密等级的信息，广告没什么机密可言，但在“信息不对称”的情况下，姑且假设消费者不知道，这样透过广告告知消费者一个“使用广告产品或品牌能带给自己特别利益的‘小秘密’”，广告就变得有了“情报性”。

通常的传播模式是广告以现代生活为背景，从喜怒哀乐中挖掘主题，把一个品牌或一种产品与一个名人或一种浪漫化的生活方式联系起来，暗示使用广告产品带给广告受众的利益，诸如“变得更美丽”、“更讨人喜欢”、“精力更充沛”、“有品味的生活”、“时尚达人”，等等，让消费者自觉或下意识地受广告暗示的诱惑而购买该产品。

3.3.5　广告流派与广告主题

20 世纪美国广告史上有两大重要流派：科学派与艺术派。他们对于广告有各自不同的理解和运作。从广告流派角度来讲，有的广告大师是特别愿意从艺术的角度来看待广告的，如威廉·伯恩巴克，他是一个成功的广告人，但是特别排斥调查数据等科学因素。而另外一个广告大师大卫·奥格威，他被称为科学派的代表人，他认为他的广告做得好，一个是得益于它的新闻工作经历，知道说话的时候应该非常理性地先说知道的话，另外一个就是得益于他跟盖洛甫——全球知名的民意测验和商业研究咨询公司的合作，也就是说调查对他的影响。这两个人

观点截然不同，但他们在广告业都作出了突出的业绩，他们都被尊称为大师。

“科学派”以销售作为广告的核心功能，从20世纪20年代克劳德·霍普金斯提出的“预先占用权”、20世纪40年代罗瑟·瑞夫斯提出“USP理论”，一直到20世纪50年代“广告教皇”大卫·奥格威提出的“品牌形象理论”，无论是从人才角度还是从理论的角度来讲，“科学派”都一直被当做广告的主流。“艺术派”把广告当做艺术，以传播作为广告的核心功能，声势上也毫不逊色，从20世纪20年代麦克马纳斯、30年代雷蒙·罗比肯到50年代威廉·伯恩巴克、60年代李奥·贝纳和乔治·路易斯，“艺术派”广告给我们留下更精彩的广告案例。

1. 科学派的广告大师

科学派的广告大师擅长理性诉求，在广告历史长河中“手可摘星”的大师级人物很多，但最为著名的有三位，他们是克劳德·霍普金斯、罗瑟·瑞夫斯和大卫·奥格威。

1) 克劳德·霍普金斯

霍普金斯的广告针对平民消费者，注重实效。在霍普金斯的眼里，广告的形式并不重要，关键是看效果，他主张老老实实地将真实的信息传递给消费者。例如，有一家快要倒闭的企业请霍普金斯做广告，并再三请求不要把真相告诉消费者，结果霍普金斯的广告是这样做的：“我们快要破产了，我们欠了12.5万美元的债务，我们还不清这笔债。这个消息会让我们的债主跑过来卡住我们的脖子，但如果你们明天来我们这里买我们的东西，我们就有钱给他们了。否则，我们就彻底完了。以下是我们的特别价格……”就是这个广告令人难以置信地挽救了这家公司。

霍普金斯对广告最大的贡献是提出了“预先占用权”这个概念。例如在3.2节的确定广告主题方法中，我们已经提及了关于“蒸汽洗过的啤酒瓶”案例，霍普金斯把这种现象称为“预先占用权”，即借助受众信息盲点，把一个行业的“公共属性”当成自家产品的“独特属性”，并理直气壮地变成广告的卖点，以绝对的真实迅速占领受众的心智，等到其他啤酒生产厂家也认识到这一点为时已晚，公众多半已认准了“喜力滋”。

1923年，霍普金斯出版专著《科学的广告》。在这本书中他提出了成功广告的原理：抓住产品与别人不同的本质特点，用令人信服的方式介绍它。

2) 罗瑟·瑞夫斯

罗瑟·瑞夫斯，美国广告大师，前达彼思全球集团总裁。他先后在几家广告公司供职，主要担任撰文员。在与各行各业的广告接触中，罗瑟·瑞夫斯积累了大量的经验，初步形成了自己的创作风格——靠事实打动消费者。罗瑟·瑞夫斯1940年进入达彼思广告公司，1955年成为该公司董事长，使这间公司从小型公司跃升为世界最大的广告公司之一(在美国曾排名第四)。20世纪40年代，罗瑟·瑞夫斯在继承霍普金斯科学的广告理论的基础上，根据达彼思公司的广告实践，对广告运作规律进行了科学的总结，首次提出USP理论，独特的销售主张，并在1961年出版的《广告的现实》(《Reality in Advertising》)一书中进行了系统的阐述。该理论包括独特性、销售点、劝说力三个基本要点，曾经是广告界的主导理论。在罗瑟·瑞夫斯看来，消费者只从一则广告中记取一个强有力的没有竞争的许诺，这个许诺一旦做出就应该带动或深入市场。它用“科学”事实来证明一个事物的不同点。为了使人信服，他的广告总是运用权威如身着白衣的演员或医生来对事实进行详尽叙述或讨论一个只在其产品中出现的特殊成分，以达到消费者对广告信息的全盘接受。如今一些知名产品，如高露洁牙膏一直沿用这个传统。穿着白衣的演员手拿高露洁牙膏对消费者说：“每天用高露洁牙膏，它令您口气清新，牙齿坚固。”由此可见，罗瑟·瑞夫斯强调的直接、硬性的推销模式，把消费者锁定在广告主题中，通过不断地重复加深他们的印象。

案例

广告视点 3-4

ANACIN——医生最为推崇的止痛药

在为“ANACIN”做广告时，罗瑟·瑞夫斯在一位头痛患者的脑袋里画了三个盒子。一个盒子里放有一个不断下落的大锤；一只盒子里有一个卷曲的弹簧，另一个盒子里则是一个锯状的闪电，这是在模拟人们头痛时的感觉，提示人们头痛难忍时的痛苦回忆。然后用小药片式的图标，将人们的视线引到产品名称“ANACIN”字体上。这则广告将产品的用途说得很清楚。广告口号是：ANACIN，医生最为推崇的止痛药。这则电视广告可能引起人们不快的感觉，重复又强行插入，但却戏剧性地极大地推动了产品的销售(见图 3-3)。

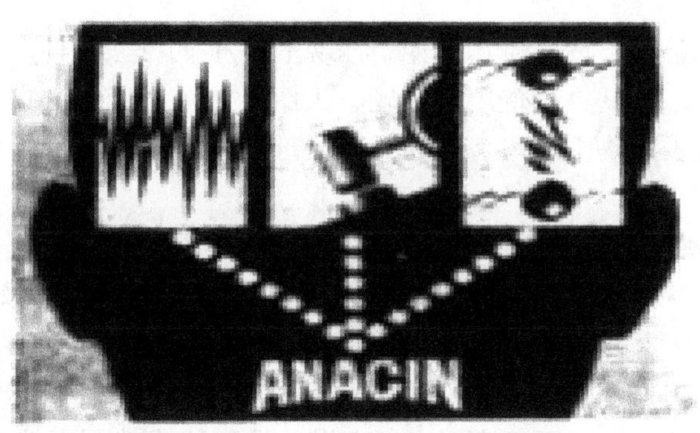

图 3-3 ANACIN 广告

3) 大卫·奥格威

大卫·奥格威是20世纪最杰出的一位广告大师，是奥美广告公司的创始人，该公司是世界最大的跨国广告公司之一。奥格威创作了诸如“穿哈斯威衬衫的男人”、“罗斯-罗伊斯汽车”、“朵芙香皂”、“波多黎各旅游开发”等一系列成功的广告个案，同时又给世人留下了《一个广告人的自白》、《大卫·奥格威自传》等传世佳作，人们称他为“广告教皇”。

大卫·奥格威的创作以“讲事实”见长，例如，他为劳斯莱斯创作的广告“在时速 60 英里时，新型罗斯-罗伊斯轿车最大的噪音来自车上的电子钟”，没有形容词、没有夸张的承诺。大卫·奥格威强调“不要用最高形容词、一般化字眼和陈词滥调，要实事求是”。 大卫·奥格威领导的奥美广告公司向来以重视调研而被誉为“在广告研究上最肯投资的广告公司之一”。除事前的市场调研外，奥格威还特别重视对产品的测试，他经常使用客户的产品以建立广告信心。另外，奥格威提倡严肃广告，反对“趣味性广告”，也反对为获奖而创作广告。

总体上讲大卫·奥格威是科学派的广告人物，因为他关于广告创作的论述都闪耀着理性思考的光芒。例如，“广告的内容比表现内容的方法更重要，好的产品可以因诚实的广告而畅销”，“如果你认为产品并不好，那你就别费心为它做广告”。严格意义上说，奥格威是情理兼容的广告大师，他在极力主张广告内容重于广告形式的同时，并非要偏废形式。他时刻提醒同行“没有上乘的创意，广告必遭失败”，“除非广告源自一个大创意，否则它将如同夜晚航行的船只无人知晓”。大卫·奥格威对广告界最大的贡献是提出了“品牌形象”说，即通过产品典型者的形象，使消费者产生感情上的共鸣。这种广告创意模式今天已经被广告界广泛使用，比如中国的“李宁运动系列”产品，广告运用运动员的风采来展示，而不是直接展示产品的质量。大卫·奥格威认为“品牌形象不是产品固有的，而是消费者联系产品的质量、价格、历史等形成的”，因此，每一品牌、每一产品都应该有自己的形象。广告把这种形象传达给了顾客及潜在顾客，构成整个品牌的长期投资。“消费者购买的不止是产品，还购买承诺的物质和心理的利益”，“在广告中描绘品牌的形象要比强调产品的具体功能特性重要的多”。

2. 艺术派的广告大师

艺术派的广告大师以情感诉求见长，他们推崇如何“能让 1 个广告抵 10 个广告用”，尤其喜欢使用大标题、大图片，以及别出心裁的幽默荒诞刺激需求。艺术派代表人物中最为著名的有三位：威廉·伯恩巴克、李奥·贝纳和乔治·路易斯。

1) 威廉·伯恩巴克

威廉·伯恩巴克是著名广告公司 DDB 广告公司的创始人之一。他认为，广告是说服的艺术，他的广告想象奇特，以情动人，最擅长在一般人熟视无睹的地方提炼出与众不同的创意，在看似反常的广告文字之中，告诉人们真实可信的事实和重要信息。伯恩巴克说：“广告最重要的成功因素就是商品本身。无论你怎样有技巧，也不能为商品发明一个根本不存在的优点，广告的魔术就在商品之中。”把他定位为“情理兼容的广告大师”更恰当。他对汽车广告格外偏好，从来不做香烟广告。大众汽车进军美国时的“柠檬篇”、大众甲壳虫系列，以及 AVIS 出租车公司“我们是第二”等广告今天仍脍炙人口。威廉·伯恩巴克被今天的广告界称为“有智慧的绅士”。威廉·伯恩巴克的策划使金龟车在美国市场遭到 10 年冷落后变得销路大畅，而且长盛不衰。就连大卫·奥格威也羡慕不已地说：“就算我活到 100 岁，我也写不出像‘福特汽车’(金龟车)的那种策划方案，我非常羡慕它，我认为它给广告开辟了新的门径。”

案例

广告视点 3-5

伯恩巴克大众甲壳虫广告赏析

第一篇

文案：想一想小的好处。我们的小车不再是个新奇事物了。不会再有一大群人试图挤进里边。不会再有加油生问汽油往哪儿加。不会再有人感到它形状古怪了。事实上，很多驾驶我们的“廉价小汽车”的人已经认识到它的许多优点并非笑话，如1加仑汽油可跑32英里，可以节省一半汽油，用不着防冻装置，一副轮胎可跑4万英里。也许一旦你习惯了金龟车的节省，就不再认为小是缺点了。尤其当你停车找不到大的泊位或为很多保险费、修理费，或想为换不到一辆称心的车而烦恼时，请你考虑一下小的金龟车吧!

点评：在平面广告中，凸现了产品“小巧”、“实用”、“便利”的特点，反衬了底特律豪华汽车中所没有的东西，现手法上大面积使用“透白”让这些特点更加突出。美国人第一次认识到小型车的优点，广告引起了消费大众的共鸣，造成了空前的抢购热潮，使金色车一年内销售出50万辆，打破了该车进入美国10年也卖不动的局面。

第二篇

文案：这部车子没有赶上装船，因为某个零件需要更换。你可能不会发现那个零件的问题，但是我们的品质管理人员却能检查出来。在工厂里有3 389人只负责一件事，就是在金龟车生产的每一道过程严格检验。每天生产线上有3 000个员工，而我们的品质管理人员却超过了生产人员。任何避震器都要测试，任何雨刷都要检查……最后的检验更是慎重严格。每部车经过189个检查点，在刹车检查中就有一辆不合格。因此，我们剔除柠檬，而你得到好车。

点评：这是一幅看上去非常平凡的图片，一辆甲壳虫呆头呆脑地停在那里，没有美女陪伴，没有别墅衬托，这与伯恩巴克过去那种讲究新疑奇特的创作风格判若两样，但是却体现了他的一片匠心。这条广告只有一辆车子和一个标题“柠檬”(lemon)，人们都知道这是对一辆不满意的车子的一种标准描写。然而在这里，它是用来再一次证明这的确是一辆值得纪念的诚实的车子。这件伯恩巴克在20世纪60年代初期制作的广告，推出之后立即引起了巨大轰动，被当时的广告专家公认是第二次世界大战以来的最佳作品。

2) 李奥・贝纳

李奥・贝纳于1935年在美国芝加哥成立广告公司，因为李奥・贝纳的名言“伸手摘星，即使徒劳无功，亦不致一手污泥”，一只伸手摘星的手成为了公司的标志。他通过热情、激情和经验，形成了极富影响的“芝加哥学派”，为美国广告“开辟了任何人都不能想象的那么多可能性”。在《写广告的艺术》一书中他说：“每件商品，都有戏剧化的一面。我们的当务之急，就是要替商品挖掘出特点，然后令商品戏剧化地成为广告里的英雄。"广告人最重要的任务是寻找“与生俱来的戏剧性”。李奥・贝纳创造了许多有代表性的人物及象征物形象，使产品“人格化”。如，绿色巨人乔利、炸面包人皮尔斯伯里、金枪鱼查理和老虎托

尼(凯洛格食品公司)等。他为万宝路推出的广告宣传，成为用广告力量创建全球品牌的传奇范例。

但他自己最得意之作却是“肉”。“你能不能听到它们在锅里滋滋地响？”这是李奥·贝纳为美国肉类研究所芝加哥总部做的“肉”广告文案中的第一句话。因为这则广告充分体现了李奥·贝纳的创意哲学——寻找“与生俱来的戏剧性”。这是一幅全版广告：红色的背景下，两块鲜嫩的猪排占据了画面的主要部分。画面上方式有一个词构成的主标题——肉，副标题是“使你吸收所需的蛋白质成为一种乐趣”。正文也很简练“你能不能听到它们在锅里滋滋地响？——是那么好吃，那么丰富的 B1，那么合适的蛋白质。这类蛋白质对正在长大的孩子会帮助发育，对成年人能再造你的健康。像一块肉的蛋白质一样，它们都合乎每一种蛋白质所需的标准。”口号也很响亮——美国最高级牛排！这就是具有划时代意义的杰作。

由于在广告创作上的杰出表现，他获得了最早纽约文案俱乐部颁发的“杰出撰稿人”荣誉称号，李奥·贝纳对美国广告业的发展产生过重要影响，誉为美国 20 世纪 60 年代广告创作革命代表人物之一。

案例

广告视点 3-6

万宝路的神话

万宝路(Marlboro)是一种香烟品牌，由英国菲利浦·莫理斯烟草公司制造，是目前世界上最畅销的香烟品牌。万宝路的名称，源自其伦敦香烟厂位处的大万宝路街。1902 年，总部设在伦敦的菲利浦·莫理斯在纽约开设分公司，并销售包括万宝路在内的品牌。

在万宝路创业的早期，万宝路的消费者定位是女士。其广告口号是：像五月天气一样温和。女士们却抱怨香烟的白色烟嘴会染上她们鲜红的口红，很不雅观。于是，莫理斯公司把烟嘴换成红色。但销量仍然不好，20 世纪 40 年代初万宝路停产。第二次世界大战后，美国吸烟人数继续增多，万宝路把最新问世的过滤嘴香烟重新搬回女士香烟市场并推出三个系列：简装的一种，白色与红色过滤嘴的一种以及广告语为“与你的嘴唇和指尖相配”的那种。当时美国香烟消费量达每年 3 820 亿支，然而万宝路的销路仍然不佳，1954 年的市场占有率不到 0.25%。在一筹莫展之时，1954 年，莫理斯公司决定向李奥·贝纳求助。

1954 年 11 月李奥·贝纳拿到了万宝路的广告代理权，立即向莫理斯提出建议：将包装的淡红改成艳红，让包装更加显眼；重新定位，将“万宝路”香烟由女士香烟改为男士香烟。他将传播主题定为释放男人风味。第一波广告于 1955 年发动，寻找“万宝路男人”。猎人、园丁、水手或飞行员的手背上均有个陆军标志的刺青，都成了“万宝路男人”的主角(见图 3-4)。仅 8 个月时间，万宝路销售率创下 5 000%的成长奇迹，为纽约滤嘴烟销售排行第一名。

此后，刺青成为一种冒险精神的图腾及品牌个性，足足被莫理斯烟草公司使用了 7 年，直到 1962 年才由“万宝路故乡”所取代。万宝路没有使用演员扮演牛仔，而是一头扎进美国西部的各个大牧场去寻找真正的牛仔，直到有一天发现了他们要寻找的那个牛仔形象。一个目光深沉，皮肤粗糙，浑身散发着粗犷、原始、野性、豪迈的英雄气概的

图 3-4 “刺青的万宝路男人”系列广告

牛仔形象出现了，他袖管高高卷起，露出多毛的手臂，手指间总是夹着一支冉冉冒烟的万宝路香烟，真正的“万宝路的男人”就这样诞生了(见图 3-5)。

图 3-5 “万宝路故乡”系列广告

广告推出后，万宝路香烟销售额飞速上升，而这一则广告也被人们模仿和记忆。“万宝路故乡”广告始终维持着一贯的品牌印象，早已深入人心，并形成了代表美国消费文化的抹不掉的图腾。万宝路也居全球最有价值品牌榜首，品牌身价高达 320 亿美元。近年来品牌代表已成为一种文化，一个创造了历史的神话。

3) 乔治·路易斯

乔治·路易斯，美籍希腊裔广告人，最叛逆另类的美国艺术指导、创意名总监。1959 年，进入 DDB 广告公司任艺术指导，后来成立自己的广告公司。20 世纪 60 年代至今一直活跃于美国广告界，以大胆的创意而被称为“麦迪逊大道的疯子”、“广告超人”，曾被纽约艺术指导俱乐部评为年度最佳艺术指导，被《广告时代》杂志评为广告界十大新闻人物之一，曾担任纽约艺术指导俱乐部的主席。他的主要著作有作品精选集《广告的艺术》和 40 年广告创意生涯的总结《广告大创意》(又被译为《蔚蓝诡计》)。

在他所处的时代，广告界被克劳德·霍普金斯、大卫·奥格威等人提出的程式、规范、法则所主宰。乔治·路易斯是个另类，一个十足的叛逆者，他反对惯例，藐视趋势，在他眼里那些程式、规范、法则都是“狗屎”。他认为广告是打破陈规的艺术而非建立定律的科学。他大胆狂妄地挑战权威，并不时地扔出一些

疯话，如“假如广告是一门科学，那我就是个女人”，“定位的道理非常浅白，就像上厕所前，一定要把拉练拉开一样”，“广告是一种有毒气体，它能使人流泪，使人神经错乱，使人神魂颠倒。我的工作是使一百万看起来像一千万”等。他一步步颠覆传统广告、广告人，乃至整个广告界。

本章小结

广告主题选择的好坏，决定着广告品质的优劣。任何一个感召力强的广告主题，都不是凭主观臆想出来的，它来源于对广告目标的正确认识，对产品信息属性的正确把握，以及对消费者的购买动机的准确分析。

具体来说，广告主题就是广告中透过各种广告元素和表象向广告受众所传递和表达的主要意思，即广告主为达到某种目的而期望让消费者理解、接受并对消费者有着实质上或心理上价值的有关产品或企业的某种观念。构成广告主题的要素有三个，即广告目标、信息个性和消费心理。广告主题有高下之分，通常分为五个层次：客观层、科学层、文化层、哲理层和审美层。

确定广告主题时要考虑其目的、来源和方法，其中广告主题的来源是核心，从客观实际和主观感受两方面去考察。

影响广告主题确定的相关因素有很多，本章主要从广告定位、产品生命周期、广告受众、诉求方式和广告流派五个方面加以阐释。

关键术语

广告主题　广告目标　广告定位　细分指标

产品生命周期　广告诉求　理性诉求　感性诉求

思考题

1. 广告主题在广告流程中有何地位?
2. 广告主题一般具有哪几个层次?
3. 广告目标与广告主题的关系是什么?
4. 简述广告定位与产品定位的异同点。
5. 不同产品生命周期的广告特点是什么?
6. 简述不同的广告流派对广告主题的影响。
7. 举例说明一个你最欣赏的广告，分析它的诉求特点及广告主题。

参考文献

[1] 菲利普·科特勒. 营销管理[M]. 第九版. 梅汝和，等，译. 上海：上海人民出版社，1999.

[2] 张春河，王蕾，张怀春. 现代市场营销学[M]. 北京：企业管理出版社，1998.
[3] 威廉•阿伦斯. 当代广告学[M]. 第七版. 丁俊杰，程坪，等，译. 北京：华夏出版社，2000.
[4] 苗杰. 现代广告学[M]. 北京：中国人民大学出版社，2008.
[5] 陈培爱. 广告策划与策划书撰写[M]. 厦门：厦门大学出版社，1993.
[6] 方茜. 广告创意[M]. 上海：上海交通大学出版社，2008.
[7] 叶茂中. 叶茂中策划[M]. 北京：机械工业出版社，2007.
[8] 蔡嘉清. 广告学教程[M]. 北京：北京大学出版社，2004.
[9] 大卫•奥格威. 一个广告人的自白[M]. 林桦，译. 北京：中国友谊出版社，1991.
[10] 克劳德•霍普金斯. 我的广告生涯•科学的广告[M]. 邱凯生，译. 北京：中国人民大学出版社，2008.
[11] 奥美公司. 奥美的观点[M]. 北京：中国人民大学出版社，2006.
[12] 乔治•路易斯，比尔•皮茨. 大创意[M]. 何辉，译. 北京：中国人民大学出版社，2008.
[13] 乔治•路易斯，比尔•皮茨. 蔚蓝诡计[M]. 刘家驯，译. 海口：海南出版社，1996.

案例研讨

只溶在口，不溶在手——麦氏巧克力

麦氏(M&M)巧克力的广告是体现“独特销售主张”广告观念的著名案例。这个广告创意的诞生颇具传奇色彩。

1954 年的一天，麦氏糖果公司的总经理约翰• 麦克纳马拉来到罗瑟•瑞夫斯的办公室找他。他想让罗瑟•瑞夫斯为自己的巧克力做一个广告，广告创意必须能为他招来更多的消费者。于是，双方进行了一番谈话，在谈话进行了 10 分钟之后，罗瑟•瑞夫斯认为他已经找到了产品的“独特销售主张”，他概括为八个字“只溶在口，不溶在手”。

原来麦氏巧克力是美国唯一一种用糖衣包裹的巧克力。因为糖衣的作用，麦氏巧克力即便长时间握在手心，也不会像普通巧克力那样很快就溶化掉。可是在以往的广告中并没有着力突出这一点。罗瑟•瑞夫斯认为，这就是独特的销售主张。

找到了麦氏巧克力的“独特销售主张”以后，要考虑如何把这一卖点体现在广告中。罗瑟•瑞夫斯再一次给我们创造了惊奇。他用猜谜的互动形式，让观众猜测画面中的两只手中，哪只手里有麦氏巧克力。然后张开手心让观众看，“不是这只脏手，而是这只手。因为麦氏巧克力——只溶在口，不溶在手”。如今麦氏巧克力仍然在使用这个广告口号。

利用这种方法，罗瑟•瑞夫斯为大量的包装类商品做了许多行之有效的广告，比如总督牌香烟“只有总督牌香烟在每个过滤嘴中有 2 万个滤瓣”，在弗莱斯曼牌人造黄油广告中不断提到“玉米油制造的黄油”等。罗瑟•瑞夫斯使达彼思广告公司的订单收入从 1945 年的 1 600 万美元提升到 1960 年的 1.3 亿美元。

案例思考题

1. 如何从企业的角度和消费者的角度理解“独特销售主张”？
2. USP 这种理性诉求方式简单有效，为什么还会引起争议？

第4章　广告策略

本章提要　广告策略是实施广告活动的基础，它不是广告活动某一侧面的反映，而是在广告背景材料收集完备之后，对广告活动进行总体策划的结果。广告策略中包含了产品、市场、媒介等诸多要素，丢掉其中任何一个要素都将使广告策略失去完整性。当然，在具体广告策略实施过程中，可能是几个单一策略并用，或者在一个主导性策略下辅之以若干辅助性策略；也可能是在某一阶段重点采用某一策略，但是这并不妨碍策略的完整性。因此，本章主要从单一广告策略、整合广告策略、其他广告策略及新媒介策略四方面阐述广告策略，重点介绍了单一广告策略和整合广告策略的内涵，以及单一广告策略、整合广告策略的运用、条件与趋势。本章的难点在于正确把握单一、整合广告策略的内涵。

本章内容框架

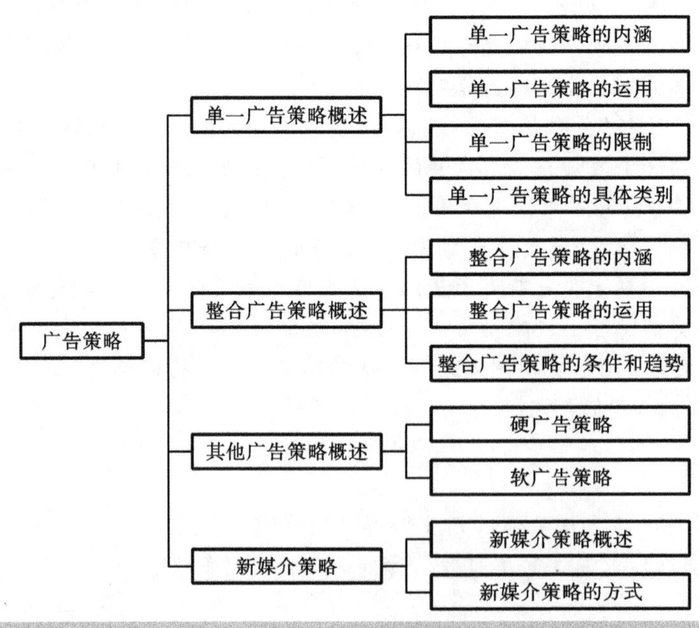

引　例

百事可乐的广告策略

提起广告策略，不得不提可口可乐和百事可乐。记得早年间看过百事可乐打击可口可乐的一部禁播的广告片，一个小男孩来到了自动售贩机前买可乐，他先买了两瓶可口可乐，垫在脚底，踩着它们来到高一点的投币处，投下了一枚硬币买到了百事可乐，镜头通过那两瓶可口可乐目送着小男孩的离去，其目的昭然若揭！

百事可乐完成了自己“新生代的可乐”的定位后，开始研究年轻人的特点，经过调查发现，年轻人现在最流行的东西是“酷”，而“酷”表达出来，就是独特、新潮、有内涵、有风格、有创意的意思。百事抓住了年轻人喜欢“酷”的心理特征，开始推出一系列以年轻人认为最酷明星为形象代言人的广告。1994年，在美国本土，百事可乐以500万美元聘请了流行乐坛巨星麦克尔·杰克逊做广告形象代言人。当杰克逊踏着如梦似狂的舞步，唱着百事广告主题曲出现在屏幕上时，年轻消费者的心无不为之震撼。在中国内地，继邀请张国荣和刘德华做其代言人之后，百事可乐又力邀郭富城、王菲、珍妮·杰克逊和瑞奇·马丁四大歌星做其形象代表。现在，百事可乐的形象代言人更是迎合了年轻人的口味。纵观这几年百事形象代言人，从郭富城的渐渐退出，到周杰伦、蔡依林、F4和谢霆锋等人的崛起，可谓是把中国现在人气最旺的明星“一网打尽”，效果也是出奇地好。百事可乐那年轻、活力的形象已深入人心。

另外，百事可乐还善打足球牌，百事可乐利用大部分青少年喜欢足球的特点，特意推出了百事足球明星，如罗纳尔迪尼奥、贝克汉姆、亨利、劳尔等，有种百事可能是运动品牌的错觉，不过此举也是充满洞察力。

4.1　单一广告策略概述

单一广告策略是目前中小企业常用的广告策略，同时也是当今市场上最常见的营销手段。单一广告策略对于当下的中小企业来讲已不仅是一种促销工具，而且成为企业不可或缺的营销要素。单一广告策略不仅仅是必要的费用开支项，更是中小企业营销中越来越重要的一种必不可少的投资项。作为中小企业，在自身财力等资源不是很充分的情况下，单一广告策略可以称得上是为其量身定做的重要策略。

4.1.1　单一广告策略的内涵

单一广告也称为单项广告，是广告策略的一个方面、一个环节的开展，是指就广告活动的某个侧面、某个区域，或某几个方面进行策划广告活动，如企业广告运动中，由某地代理公司制订的地区广告策划，由媒介发布单位完成的媒介策划等就属于此类。

单一广告策略应与选择一种媒介作为发布广告信息的渠道的单一媒介策略区别开来。单一广告策略在具体操作上区别于单一媒介策略，单一媒介策略是单

一广告策略在具体方法上的运用，因此，单一媒介策略只是单一广告策略的一个方面。

本章引例中，百事可乐的广告策略正是单一广告策略应用方式的一个方面，它在电视媒介上的广告吸引了众多消费者的眼球，如我们电视上看到的广告：百事可乐从潜在消费者角度出发，选择小孩子作为切入点，旨在从这一未来的消费人群中培养自己的未来消费者。确定消费者之后，根据消费者特征选择电视广告这一大众媒介来达到快速、全面地传播广告的目的。继而根据年轻一族对足球、明星的追捧，唤起并巩固他们对百事可乐的品牌忠诚度。这一广告策略，充分利用了电视广告这一普及性极广的大众媒介，将单一广告策略运用到实际的广告操作中，取得了不小的成绩。

4.1.2 单一广告策略的运用

在营销管理中，使用最多的是单一广告策略。这种单一的市场广告策略，只追求在较小的细分市场上获得较大份额，在广告策略上，只选择某一种媒介进行突破，往往会取得意想不到的效果，适用于财力有限的中小企业。运用这种广告策略的优点是：广告目标小，广告制作单一，广告费用相对较低，可以迅速提高企业知名度，扩大产品销售量，也便于集中广告主有限的资源，开展适合自身的广告策略。通过这种单一的广告策略，企业可以有针对性地在一个方面或一个环节上开展有效的广告策略，对于资金相对不是很雄厚的中小企业而言有较强的可行性。

1. 单一广告策略的选择及其运用方法

单一广告策略的选择及其运用方法通常有两种。方法之一是尝试法，是指企业在一段时间内尝试使用多种单一广告策略，并对其效果进行比较，从中挑选一种效果最好的、适合本企业产品生存和发展的策略作为首选的单一广告策略，集中加以利用，但在运用过程中应根据广告周期及产品周期的进程的变化，对广告策略加以适当调整。这种单一的广告策略一般是经过多次尝试选择出来的，所谓“实践出真知”，通过实践，最终确定适合自身的单一广告策略。方法之二是剔除法，主要是指通过调查研究方法，综合分析各种影响因素的优劣，将可利用的各种单一广告策略列一清单，然后权衡利弊得失，对其加以筛选，逐一剔除不符合条件、不适合自身的单一广告策略，选择一种最佳的单一广告策略加以利用，并在使用过程中根据实际情况加以调整。这是一种事先研究决定的运用方式，较节约成本。

案例

广告视点 4-1

芬必得单一广告策略

“不要再为肌肉疼痛而烦恼”是葛兰素史克的芬必得产品所要传达给消费者的信息，

为了让深受疼痛之苦的人们找到“出路”，凯帝珂(中国)选择了人流量最大的北京东直门地铁站作为户外媒介广告的投放平台，以便让更多的人在最短的时间内关注这则信息。在东直门地铁站的墙上张贴了巨幅海报，海报上一道阶梯高度极度夸张的图像，惟妙惟肖的喷绘效果，与地铁站的环境完全融合，令乘客们都误以为是真实的阶梯。此次广告效果显著，吸引了大量路人驻足和大批媒介到现场报道。

芬必得的广告策略，事先经过了层层的思考和比较，剔除了众多其他的广告策略，通过权衡利弊选定在人流量大的地铁站作为广告策略的宣传点，是以最简单的方式、最节约的途径、最快的传播速度，让受众告诉受众，形成口碑效应，甚至吸引媒介免费宣传，可谓一举多得。因此，在选择广告策略、选择何种单一广告策略作为出发点时，事先的选择工作必不可少。

2. 单一广告策略的运用注意事项

单一广告策略的运用，应该注意以下事项：首先，单一广告策略是一种思想，不仅仅是一种单纯的方法，因此，企业在选择时要将单一广告策略和单一媒介策略相区别，从思想高度正确认识单一广告策略及其运用的方法、技巧等；其次，单一广告策略在运用的过程中，要做好事前调查、预测，事中控制，事后服务，切不可错误地认为单一广告策略简单、可控制性强，而忽视了运用单一广告策略时对它的控制；再次，充分衡量本企业的财力等各方面资源，从本企业的实力出发，切不可“蚂蚁吞大象”，尤其是针对一些实力较弱的中小企业，选择广告策略的时候就要首先从单一广告策略来考虑，毕竟单一广告策略的优点是中小企业所能接受和承担的。

4.1.3 单一广告策略的限制

目前，很多企业的单一广告策略的实施效果测评显示，单一广告策略在一定程度上给企业带来了条件限制，影响了企业产品的销量。在广告策略上，企业广告投放的随意性较大，广告投放后，广告主很少关心其所带来的品牌累积效应，而且对广告投放缺乏连续性、承接性和关联性。主要限制表现为以下几点。

1. 单一的广告策略，使企业和产品局限在一个方面，无法打开市场

无论是使用尝试法还是使用剔除法选出的单一广告策略，当企业和产品发展到一定阶段的时候，都不能很好地诠释企业文化和产品，导致其广告效果明显逊于其他竞争对手。尤其是当企业发展到另外一个阶段的时候，单一广告策略就显得有点捉襟见肘，不能完整、全面地将产品信息和企业信息传递给受众，成为企业发展的瓶颈。

2. 单一的广告策略无法树立消费者投资信心

单一广告策略总是侧重于企业和产品的某个侧面、某个区域，不能让消费者看到企业和产品的全面效果，因此，消费者不能通过广告这个直观的方式来全面了解产品和企业，消费者的购买信心就树立不起来，最终导致产品打不开市场、

销量上不去。

3. 单一广告策略的运用导致企业承担的风险较大

单一广告策略的运用极其容易导致企业承担较大的风险，一旦目标市场打不开或打开了又出现强大的竞争对手，企业来不及应变，将会使企业陷入困境。因此，采取此种策略时，选择的市场面不能过小，并且要随时注意市场动向。在内容上，不会随着产品的更新换代和消费者欣赏水平的改变而改变。对企业产品时尚化、个性化可能对消费者的视觉疲劳的改善所带来的价值重视不够，一味地去张扬产品本身，自觉不自觉地放弃了“广告即艺术，艺术即体验”的内在要求。

总而言之，单一的广告策略限制了企业对广告策略的延续和发展。一些企业往往以为把广告计划确定下来就万事大吉了，想当然地认为可以引起消费者的关注。而对发生的与企业紧密相关的事件则置若罔闻，不善于去抓住机会，借事造势扩大企业品牌形象和影响力，只知道为广告而广告，为传播而传播，最终给企业带来的是错过了产品的升级、造成了惊人的经济损失，留下的只是扼腕长叹。

4.1.4 单一广告策略的具体类别

单一广告策略的类别很多，包括售点策略、促销策略等。基于本书从营销的角度出发，因此，在本小节中主要从市场营销角度，从市场营销的 4P 角度来阐述单一广告策略的具体类别。单一广告策略分类如图 4-1 所示。

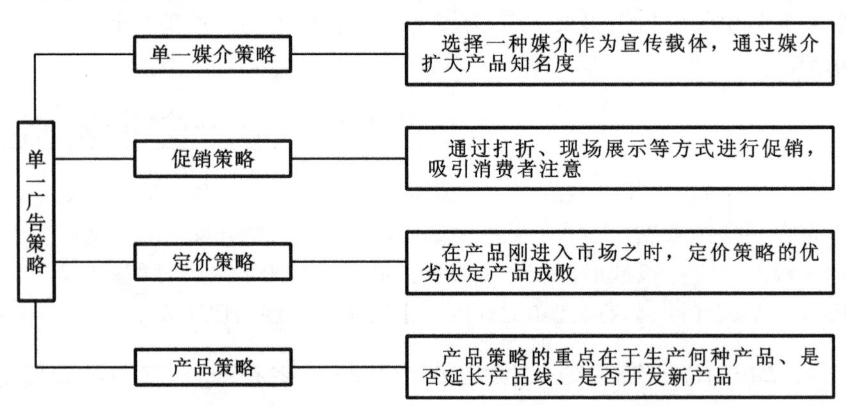

图 4-1 单一广告策略分类

1. 单一媒介策略

单一媒介策略是指选择一种媒介作为发布广告信息的渠道。单一媒介一般覆盖面比较狭窄，难以触及目标受众；若选择全国性媒介，则覆盖范围比较广，但在受众的接触率方面又未必尽如人意，所以一般情况下使用效果不是十分理想。单一媒介策略之所以还被运用，主要是适应一些财力不足的小企业或大中型企业的短期需求。

在开篇的引例当中，百事的实例正是单一媒介策略的最好表现，选择电视广告作为广告宣传的方式，电视传播就成为大众传播的渠道，受众就集中为电视的接触者。在广告代言人的选择上，针对百事这一产品的市场定位，选用年轻、时尚、激情的新一代明星作为代言人，极大地调动了消费者的消费热情，形成对产品品牌的拥护。单一广告策略的具体方法很多，电视广告是其中一种最便捷、受面最广的方式。但是，当下的广告策略日益繁多，方式推陈出新，新媒介策略的引用日益深入人心，单一媒介策略日益显示出满足不了广告主在受众等方面的需求的弱点，并且没有目标性，广告效果越来越不尽如人意。

2. 促销策略

促销策略是一种紧密结合市场营销而采取的广告策略，它不仅告知消费者购买商品所获取的利益，以说服其购买，而且结合市场营销的其他手段，给予消费者更多的附加利益，以吸引消费者对广告的兴趣，在短期内收到即效性广告效果，有力地推动商品销售。选择促销策略，就是企业将合适的产品，在适当地点、以适当的价格出售的信息传递到目标市场。一般通过两种方式传递信息：一是人员推销，即推销员和顾客面对面地进行推销；另一种是非人员推销，即通过大众传播媒介在同一时间向大量顾客传递信息，主要包括广告、公共关系和营业推广等多种方式。这两种推销方式各有利弊，起着相互补充的作用。此外，目录、通告、赠品、店标、陈列、示范、展销等也都属于促销策略范围。

3. 定价策略

定价策略是指企业通过对顾客需求的估量和成本分析，选择一种能吸引顾客、实现市场营销组合的价格策略。定价策略的确定一定要以科学规律的研究为依据，以实践经验判断为手段，在维护生产者和消费者双方经济利益的前提下，以消费者可以接受的水平为基准，根据市场变化情况，做出准确的策略选择。根据产品的生命周期及其生产环境的不同，具体的定价策略包括新产品定价策略、心理定价策略、地区性定价策略、折扣与让价策略、产品组合策略。

案例

广告实例 4-1

剑走高端 解读2009年××品牌液晶电视新品策略

2009年6月，××品牌在市面上推出的液晶电视新品已经多达20款。据互联网消费调研中心(ZDC)监测数据显示，这20款新品的关注度节节攀升，6月底××品牌新品的关注份额占总产品的51.7%，可见××品牌新品对消费者的吸引力已经超过老款产品，新品在市场上大展拳脚的时刻已经到来了。

2009年××品牌新品的设计思路强调三个方面：设计卓越、画质提升和智能环保。××品牌在新品的定位、定价和促销等方面也有所改变。为此，ZDC对2009年××品牌液晶电视新品进行比较分析，从产品和价格的角度解析其营销策略。

1. 产品策略

在产品策略上，××品牌主要表现在以下几点。

其一，推陈出新，对新品进行技术升级。

××品牌将最新研发的 Bravia Engine 3 技术大量地运用到旗下的液晶电视新品中，原本高端机型才有的 100 Hz 的高端倍速技术也向下渗透到中端机型中。

其二，不力求完备，让每个系列都具有自己的特色。

××品牌的高端旗舰机型并不是囊括了最先进的技术，其也会有所取舍。××品牌的低端机型并不只是最简单的技术配备，也有最新研究成果。各档次的机型具有自己的特色和卖点，有的偏重技术，有的偏重外观，有的偏重性价比，竭力满足不同的消费者需求。

其三，彩色机型试水中端大众消费市场。

迎合艺术家电风潮，××品牌推出了彩色液晶电视。不过受传统观念的影响，经典的黑色外观设计仍然占据消费主流。于是，××品牌选择中端大众消费市场试水彩色外观液晶电视，因为这是对价格最为敏感，且最容易接受新产品的一个消费阶层。

2. 定价策略

××品牌不同价格段的液晶电视新品产品数量及关注指数如表 4-1 所示。

表 4-1 ××品牌不同价格段液晶电视新品产品数量及关注指数

价格段/元	关注指数	市场份额	产品数量/款	单品关注度
3 000～5 000	3 888	0.6%	2	1 944
5 001～8 000	10 347	1.5%	3	3 449
8 001～10 000	4 951	0.7%	3	1 651
10 001～15 000	8 688	1.2%	6	1 448
15 001～20 000	904	0.1%	1	904
20 000 以上	3 697	0.5%	3	1 232

注：数据来源于 ZDC&万维家电网(2009.07)。

从上文的分析中可以看出，××品牌液晶电视的高端新品为数众多，而且新品在技术方面不断进行升级换代。表 4-1 中数据显示，虽然××品牌 5 001～8 000 元液晶电视关注度最高，市场份额最大，但是××品牌 10 001～15 000 元液晶电视新品数量最多，20 000 元以上的新品也不在少数。由此可见，××品牌液晶电视新品推行高端化策略，新品定价偏高。

××品牌不同尺寸(单位为英寸，1 英寸≈2.54 厘米)液晶电视新品均价及关注指数如表 4-2 所示。

表 4-2 ××品牌不同尺寸段液晶电视新品均价及关注指数

尺寸/英寸	产品均价/元	整体市场均价/元	价差/元	关注指数	市场份额
26	3 799	2 275	1 524	539	0.77%
32	4 674	3 342	1 332	6 886	9.87%
37	5 999	4 037	1 962	775	1.11%
40	9 778	6 360	3 418	8 912	12.77%
46	11 595	10 308	1 287	6 541	9.38%
52	15 492	17 432	−1 940	3 374	4.84%
55	38 400	16 086	22 314	1 780	2.55%

注：数据来源于 ZDC&万维家电网(2009.07)。

表4-2中的数据显示，除52英寸液晶电视以外，各尺寸××品牌液晶电视新品的均价均高于整体市场均价。尤其是××品牌的招牌尺寸——40英寸新品的均价竟然高出市场均价近3 500元。××品牌液晶电视新品均价与市场均价的最小价差在1 300多元，最大价差甚至达到22 000多元。由此可见，××品牌液晶电视新品的定价是偏高的。

与2008年××品牌液晶电视的产品均价相比，2009年××品牌液晶电视新品中32英寸、37英寸、46英寸、52英寸和55英寸的市场均价均有所降低。不过，2009年××品牌主流尺寸液晶电视新品与整体市场均价的价差比2008年的价差高出很多。这再次印证2009年××品牌液晶电视新品定价偏高。

从价格上来看，××品牌液晶电视新品定位高端，而且价格偏高。与同尺寸市场均价相比，××品牌液晶电视产品均价要高出千元左右。××品牌新品定价偏高的原因之一就是为了给后期预留降价空间。

3. 促销策略

调查数据(见表4-3)显示，1月、2月由于××品牌液晶电视上市新品不多，所以降价产品的数量较少。3月、4月正值液晶电视产品大量上市的时候，××品牌液晶电视新品降价产品的数量急剧增多，上市便降，最高达15款，而且各个尺寸均加入了降价产品的大军。5月、6月××品牌降价促销的重点转向40英寸以上的大尺寸液晶电视，降价产品总数仍在10款以上。而32英寸、37英寸这两个小尺寸则呈现出轮番降价之势。

表4-3　2009年1至6月××品牌不同价位段液晶电视新产品降价产品数量

价格段/元	产品数量/款					
	1月	2月	3月	4月	5月	6月
3 000～5 000	—	—	2	2	—	—
5 001～8 000	—	—	1	2	2	3
8 001～10 000	—	—	1	2	3	2
10 001～15 000	1	1	2	5	4	6
15 001～20 000	3	2	1	3	2	1
20 000以上	1	—	2	1	—	—
合计	5	3	9	15	11	12

注：数据来源于ZDC&万维家电网(2009.07)。

数据显示，××品牌10 001～15 000元和15 001～20 000元价位段液晶电视新品是降价促销的主力，这两个价位段在1月、2月便开始启动了降价的进程。3月、4月，降价的液晶电视产品下渗到1万元以下价位段。4月、5月、6月降价产品集中到10 001～15 000元价位段。不过，5 000～20 000元价位段均有所涉及。上文中提及××品牌液晶电视新品定价偏高，而且产品多集中在10 001～15 000元价位段。由此可见，××品牌新品定价偏高的原因之一是预留大幅降价空间。

在电视市场上，该品牌知名度较高，为了维护和巩固现有市场、开发更大的市场空间，该公司在广告策略上下了不少的工夫。它实行高、中、低端市场大小通吃的策略，新品分工明确，高端产品占据多；从价格上来看，××品牌液晶电视新品定位高端，且价格偏高，

而之所以这样做的目的就是为了给后期预留降价空间；从促销策略来看，××品牌液晶电视用价格上的折扣吸引消费者，也是其价格策略使然，通过降价使消费者心理上接受这个价位进而采取购买行动。此外，××品牌液晶电视新品不断推陈出新，新品在技术上不断升级换代。××品牌的目标是推销出去每一款产品，因此，××品牌对每个系列的产品不要求完备，但是必须具有自己的特色。

上述案例，很好地表现了单一广告策略之定价策略、产品策略、促销策略在实际当中的应用。在这个案例当中，仅从单一的策略中着眼来看待问题，分别从价格、产品、促销三个方面分析广告策略的运用，可以清晰地发现，无论在哪一个环节，缺少可行的策略，导致的结果不是该环节的失败，而是整个广告策略的失败，正所谓“牵一发而动全身”，每一个环节并不是孤立存在的，而是和其他环节紧密相连的。

4. 产品策略

所谓产品策略，是指企业制订经营战略时，首先要明确企业能提供什么样的产品和服务去满足消费者的要求，也就是要解决产品策略问题。它是市场营销组合策略的基础，从一定意义上讲，企业成功与发展的关键在于产品满足消费者的需求的程度及产品策略的正确性。

案例

广告实例 4-2

云南白药产品策略

如同许多具有独特核心资源价值优势的企业一样，云南白药公司的问题恰恰在于：他们以为自己的客户从未改变，他们生产的产品一成不变，他们仍试图以品质来保证自己与众不同，他们仍把出售产品作为唯一的价值获取方式。最重要的是，许多制造企业仍以产品为中心组织公司架构，而不是以客户为导向。

在 20 世纪，云南白药公司是一家以白药保密配方为主导的医药生产型企业。从理论上看，在今天的市场环境下，云南白药公司变革创新的核心目标是要提升“白药”保密配方的市场价值，这一目标的实现必须能生产出消费者需要，而且也愿意出钱购买的商品。当“邦迪”这样的竞争对手借助有针对性的市场竞争策略逐步改变行业游戏规则时，相对封闭的价值体系导致“白药”的资源价值被“掩藏”，市场扩张能力逐渐减弱。

从云南白药公司 2000 年财务数据来看，营销创新的成效十分明显。公司主营业务收入较 1999 年同比增长 234.29%，净利润增长 46.94%。云南白药股价当年最高涨幅接近 100%。

根据公司发展战略，云南白药产品与技术研发的理念是紧扣市场。云南白药公司将研发思路定为“开发”和“设计”两条思路。开发即前瞻性地研发新的天然药物新药，开发新产品往往研发周期较长，为公司较长期的发展提供产品储备，云南白药公司在研的十几个专利天然药物将在几年后为公司创造效益。设计则是根据市场需要，对现有产品进行深度开发，根据细分市场人群的具体诉求，增加产品的适应症、剂型、规格等来设计新产品。设计新产品则是短、平、快项目，能够在短期内实现研发成果产业化，成为新的利润增长点。

首席科学家制的推行提升了云南白药公司的研发能力。云南白药公司确定的产品与技术创新方向主要分为两个层次。第一，云南白药自身的产品创新。通过丰富产品类别，改变云南白药散剂产品的单一市场形象。在此领域，先后开发出云南白药胶囊、云南白药气雾剂(单效、双效)等产品。第二，以云南白药为母体、与材料科学相结合的产品创新，拓展云南白药衍生产品市场，现已开发出云南白药创可贴、云南白药酊、云南白药膏、云南白药牙膏等产品。

在品牌建设上，云南白药的品牌创新应与产品和技术的创新形成互动效应，其核心目标是让云南白药重新焕发“青春”。通过体育赞助、明星代言、推广新产品等一系列措施，使得各系列云南白药品牌产品分层次进一步向高端市场延伸，使部分消费者开始转变对白药散剂的以往低端影响，市场开始在更为广泛的产品层面接受云南白药公司的产品。

在商业模式创新上，云南白药提出产品创新应与商业模式创新相结合。云南白药公司借助商业模式创新，整合市场内各类资源，让白药保密配方在创可贴、牙膏、镇痛药膏、药妆等充分竞争性市场中，重新展现了自身独特的资源价值。按照时下流行的商业模式，云南白药公司只做核心技术研发，其他生产则交给行业内最优秀的OEM商(贴牌厂商)。

由于云南白药公司的介入，诸如创可贴这样的市场竞争规则被改变——由纯粹的止血转向治疗层面。从产业价值链角度看，云南白药公司的介入改变了创可贴市场价值链，医用材料科学创新能力与市场营销能力不再是竞争的关键。可以说，白药保密配方与顶尖医用材料科学技术的结合，颠覆了创可贴等产品传统的竞争模式。

在云南白药公司“两翼产品”系列(云南白药膏、白药创可贴、药妆产品、白药牙膏)的运营体系中，公司采取一系列灵活的策略，保持公司的精简高效。这些显著的策略很好地体现了云南白药公司颠覆性商业模式创新思维与产品创新的完美融合。

国际金融危机不断蔓延，对实体经济产生了巨大冲击，许多企业经营举步维艰，而云南白药公司却在中医药行业中逆势领跑。

资本运作是整合资源非常重要的渠道，云南白药公司要在长时间里一直占据领先地位，则必须凝聚资本运作的“核”聚变的力量。

2008年，云南白药公司实现净利润4.64亿元，同比增幅超过40%；2009年一季度，云南白药各项主要经济指标表现强劲，增加值、营业收入、利润总额、实现利税较上年同期分别增长49.48%、34.54%、34.29%和49.44%。

2009年云南白药的销售收入有望突破70亿元大关，为2010年云南白药冲击销售收入100亿元大关打下坚实的基础。

云南白药公司的产品策略，是单一广告策略中产品策略的表现，正是云南白药公司选择正确的产品策略，为云南白药公司选择了正确的发展轨道。当公司刚

进入市场，选择生产何种产品、提供何种服务给消费者，成为企业面临的首要问题；当产品发展到一定阶段，是否延长产品线、是否通过新的服务来带动消费、挖掘消费者潜在需求，又是企业发展面临的难题；当产品进入衰退期，是否研发新的产品取代老产品又是企业的关键。总之，产品策略在整个单一广告策略当中、在企业生存与发展当中，无时无刻不提醒企业与时俱进，成为企业成败的关键因素。

4.2 整合广告策略概述

大卫·奥格威认为，任何产品的品牌形象都可以依靠广告建立起来，广告创意的好坏直接决定了品牌形象的优劣。单一的广告要成功地树立品牌形象，需要有良好的创意、设计和制作，还需要有相当时间的培养，提高广告的出现频率似乎是唯一的办法，但是消费者很容易就丧失新鲜感，再看就会生厌，再好的广告创意也会变得一文不值。于是，广告主常常很轻易地就变换广告形象、广告风格和广告主题，常常用新的广告形象来代替已经成功了的形象、还有使用价值的形象，结果是半途而废、前功尽弃，更重要的是浪费了大量的人力和物力。而整合广告策略就不同，其独特的创意主题和表现的多样化、多量化，往往能起到事半功倍的效果。

尤其是从2009年的广告大环境来看，企业广告投放的基调是“节约、谨慎、实效”，广告主着眼于花适当的钱达到实际的效果，因此，整合广告策略更将成为广告策略的新宠。

4.2.1 整合广告策略的内涵

整合广告策略是一种全面出击的广告策略，即在企业产品所能涉及的所有市场，运用多种广告宣传方式开展规模较大的、一系列的、为同一目标所做的各种不同的广告组合宣传活动，以求迅速扩大影响，提高企业及其产品的知名度，从整体上达到面面俱到的广告效果。它是一种系统性的谋划，是将企业发展与广告配合的企业营销，将广告参与到企业发展战略之中的策略，如闻名世界的绝对伏特加广告，海王银得菲的“喷嚏尴尬”，南国奥园的“运动就在家门口”主题广告，以及百威啤酒不变的“蚂蚁”等。整合广告与单一广告相比具有创意的延续性、时空的扩展性、多种媒介项目的差异性，也正因为如此，它远比单一广告在品牌传播中的效果持久、有效。

整合广告策略的真正内涵可归结为三点。首先，整合广告策略是一种思想，其次才是一种方法，如果思想发生了偏差，那么自然在方法上也会出现偏差。目前，很多企业对于整合广告策略的理解仅停留在文字表面，没有真正理解它的思想，因此总是将整合广告策略与整合媒介相混淆，最终达不到理想的效果，反而浪费了大量的资源。其次，整合广告策略的核心观念是对现有广告策略的有效利用。再次，整合广告策略的出发点是在对消费者需求的正确把握，深刻认识、透彻分析消费者行为学及其心理学的前提下采取的整合广告策略。

案例

广告实例 4-3

零度可乐上市

2009 年饮料行业出现零度可口可乐。虽然这款可乐早在 2008 年就已经研制，但中间经历了众多的坎坷，还被控诉“内含甜味剂”。只是回归到产品的广告策略上，无糖可口可乐在中国内地改头换面，改成了酷黑包装的零度可口可乐，电视广告最近还没见铺天盖地袭来，不过也是迟早的事，在街头“招摇过市”的车身广告赚足了消费者的眼球，零度可口可乐宣传画如图 4-2 所示。网络上各网站对零度可口可乐的评价、消费者的评价，将零度可口可乐掀到了更高的位置，无论这些评论是好是坏，至少它让更多人知道这个品牌。大众媒介及其小众媒介、POP、车身广告等的整合将零度可口可乐冲入消费者眼球，最终成功占领消费者大脑的一部分。为了取得更好的广告宣传效果，可口可乐公司针对零度可口可乐举办了一场网络营销活动，邀请校内网用户上传本人最具詹姆斯·邦德气质的照片。优胜者将亲身体验“邦德的一天”，乘坐直升机和阿斯顿·马丁跑车。

图 4-2 零度可口可乐宣传画

零度可口可乐无论是从产品的包装、产品宣传还是各种媒介的选择，都体现着整合广告策略的运用。它从自身的产品策略到媒介策略，再到新媒介策略，每一环节都环环相扣，尤其是在产品广告宣传当中，大众媒介、小众媒介及其网络的使用，更为成功的是，针对零度可口可乐的主要消费者为年轻时尚一族，举办相关的网络游戏活动，并让目标消费者回归到他们极为熟悉的校内网，这些都让目标消费者的激情被点燃，这一新产品在其品牌知名度的影响下及自身一系列的广告策略提升下迅速蹿红。

案例

广告视点 4-2

芬必得的整合广告策略

结合当时对市场和受众的了解，芬必得上市的初期从对专业领域的沟通入手，向医生宣传芬必得成分布洛芬的功能和功效，开始建立产品“持续有效止痛”的定位；同时，通过大众媒介与普通受众沟通，影响他们的认知，将芬必得建成消费者心目中的首选止痛药品牌。整合广告策略是：通过对医院渠道展开大规模的教育着手，设计了几款不同的教育材料，将相配合的平面广告投放在专业媒介上，通过一些临床数据对医生宣传芬必得适用症、疗效的稳定和安全性，促成专业医生对品牌的认可和推荐，形成强大推力。与此同时，也在电视上打响了全国性的广告战役，树立芬必得“有效缓解肌肉、骨骼疼痛”的形象，在消费者层面形成拉力。

配合以上策略，精心制作了广告片“红点篇”。该创意展示了生活中常见的疼痛情况，如关节痛和肌肉痛，并通过产品展示，强有力地带出芬必得 12 小时持续止痛的信息。该创意从产品功能出发，通过展示需要芬必得的疼痛时刻，以及解除疼痛后的轻松景象，很好地传达了产品信息，并开始引入一些情感因素，如芬必得令你倍感轻松等。芬必得是当时市场上少数几个广泛利用电视媒介进行宣传的产品之一，这也是芬必得可以首先占领消费者脑海的原因之一。“红点篇”以功能教育为主，在消费者层面形成独特拉力——虽然消费者尚未自行购买，但往往出现患者因广告效应而向医生主动要求处方的状况。而芬必得在医院渠道的工作形成的推力与市场拉力相互作用，形成芬必得品牌上升的强大动力，使产品的销量大步上升。

4.2.2 整合广告策略的运用

现实生活中，在整个广告传播环节中，广告主自然觉得自己是商业链上最大的苦主。他付了钱，从广告公司那些“奇形怪状”的小年轻那里买来创意和设计；他又付了钱，把创意和设计通过印刷厂、影音制作工厂或礼品工艺制造厂变成了POP、广告胶片、DVD、刀旗、海报；接着他还要付更多钱，从纸媒和电视上买版面和时段，从网络上买点击率，只是那点击率的统计手段一直让广告主心里犯嘀咕。这还不到结束的时候，还得说服经销商和批零商相信广告的力量，鼓励他们除了自己提供的广告用品，还可以自行设计一些广告，条件是给予一定费用支持；在把商品卖给消费者时，还不得不通过让利方式完成销售；他还要继续征用市场调查公司和广告检测公司看看广告播出的效益……

为了取悦消费者，对广告主实施惩罚的更厉害的武器陆续开发出来。例如，使观众能够跳过广告内容的 TiVo 数字录像机，又如，对付弹出式网络广告的屏蔽软件等。广告主不得不面临一个窘境：过去花 20%的资源可覆盖 80%的目标消费群，现在花 80%的资源可能覆盖不了 20%的目标消费群。这些费用支出的同时，给广告主带来的担忧越来越多：自己的广告策略是否符合受众的喜好，对自身产品的销售有无帮助等。

随着企业对消费者行为、消费者心理的透彻了解，他们越来越发现单一的广告策略不能吸引消费者的眼球，最终实现不了产品的经济价值，因此，整合广告策略的运用成为一种必然选择。

广告不仅提供产品信息，同时也在潜移默化中塑造着一种品牌文化或价值观念。文化的积淀、价值观念的形成不是一朝一夕的事情，很多整合广告的主体就带有文化的色彩和内涵。例如，广州南国奥园的“运动就在家门口”就在传播一种运动文化，一种运动的、健康的生活概念。同时又由于整合广告的多样化，使得整合广告在文化积淀方面发挥了独有的优势。整合广告策略的文化传播可能产生文化渗透效果，例如绝对伏特加整合广告系列。该系列广告数量有数百张之多，而每一张广告正是从一个创意点出发，以伏特加瓶子外形为设计元素展开联想，努力把伏特加品牌定格在全世界各国各民族悠久、优秀、为人熟知的文化象征上，创造出了很多既突出这些国家地方特色的建筑、特产等特有的文化，又使绝对伏特加的瓶子外形与其巧妙融为一体的成功案例，也打造了伏特加特有的品牌形象。

通过整合广告的不断灌输和传播，可以确立一种新的文化内涵，可以塑造新的生活方式和价值观念，从而塑造独有的品牌个性。利用整合广告塑造品牌个性的例子很多，具有代表性的是台湾意识形态广告公司的一系列惊世骇俗的作品，带点儿戏谑、带点儿调侃，又多了点儿哲学意味，它的一系列意识形态广告无论是从风格上，还是从文案或艺术表现上都保持着高度的统一。例如，一春装上市广告“有了胸部之后，你还需要什么？脑袋，到服装店里培养气质，到书店展示服装……”在书店的环境中，一个神色冷峻，看起来充满睿智的老年男子坐在椅子上，后面是穿着漂亮娴适的女人在他的周围迈着优雅的步伐走动，一种浓厚的文化氛围油然而生，旁白非常简单，但又富于哲理，画面处理冷调，表现方式不同平常，画面构想独树一帜。又如，中兴百货的整合广告策略，表面看起来广告作品凌乱不堪，其间缺乏联系，内容也匪夷所思，服装千奇百怪，但它们有着内在的联系和统一的风格，有的通过别具一格的内心独白、时空的跳跃多变，以及广告表现的无逻辑性表现出现代人心理的复杂性，有的则完全表现人物潜意识的活动，用意向性的符号、图案表现人物的内心世界。中兴百货的整合广告并不是同一主题的，但是仍然是一个完整的系列，关于新装上市，关于服装折扣，关于企业形象，关于服装文化，关于消费观念等主题一起演绎了这个系列的广告。它们有着相同风格的创意表现，宣传的是同一风格的文化现象，正是由于这一独具个性的整合广告的表现，中兴百货塑造了自己特有的品牌个性，而其后现代主义的表现也确立了一种另类文化，独属于中兴百货的品牌文化。

企业在运用整合广告的独特性的时候，要注意很多问题。对问题考虑越多越深入，带给企业的效果越好。

运用整合广告时，应该注意的事项归纳起来主要有以下几点。

1. 坚持以顾客为导向，设计适合企业的整合广告策略

当今的市场不再是生产导向的市场，而是需求导向的市场，更加重视对市场需求的引导。消费者需要什么、企业能够从中挖掘到什么市场机会，这些都成为企业生产经营必须回答的问题。企业在设计广告策略时，必须首先研究消费者即

传播受众的特点，尤其是如下四个因素。

(1) 消费者对原有观点、信念的信奉程度。如果消费者对某种信念信奉程度很高，要改变其态度将相当困难；相反，如果消费者对某种信念的信奉程度还不是特别强烈，改变其态度相对会容易一些。

(2) 预防机制。预防机制是指消费者是否曾经构筑过对相反论点的防御机制。如果消费者还没有预防机制，改变其态度则相对容易；相反，如果消费者的观点和看法曾经受过抨击，并因此具备预防机制，如找不到充分的反驳理由，那么，改变其态度则将非常困难。

(3) 介入程度。消费者对某一购买问题或某种想法的介入程度越深，他的信念和态度可能就越坚定，从而使得改变其态度就比较困难；相反，如果介入程度比较低，则可能更容易被说服。

(4) 人格因素。人格因素包括自尊、智力和性别差异等。研究发现，低自尊者较高自尊者更容易被说服，因为前者不太重视自己的看法，遇到压力时很容易放弃自己的意见；与此相反，高自尊者往往很看重自己的观点与态度，在遇到他人的说服或攻击时，常会将其视为对自身价值的挑战，所以不会轻易放弃自己的观点。

总之，寻找到能够吸引消费者的整合广告策略之前，首先要深入研究消费者，然后针对不同特点的消费者采取不同的说服方式。

2. 有效选择信息源

广告的说服效果与广告的有效性和信息源的有效性密切相关，而整合广告基于自身的特殊性，在信息传递上需要更广泛的信息源，而信息源的正确选择则成为一项信息质量的关键。整合广告策略中，选择信息源时，要着重考虑以下几个因素。

(1) 传递者的权威性。传递者的权威性是指传递者在有关领域或问题上的学识、经验和资历。很多研究表明，权威性与说服效果正相关。“高露洁”和“佳洁士”经常请牙医做广告，就是这个道理。但在这过程中要高度注意的是这些权威是否是受众承认的，避免出现“牙防组”事件。

(2) 传递者的可靠性。传递者的可靠性是指传递者在信息传递过程中能否做到公正、客观和不存私利与偏见。再有名的医学权威，如果是在为自己的产品做宣传，人们也会对其评价的可信度产生疑问。

(3) 传递者外表的吸引力。传递者外表的吸引力是指传递者是否具有一些引人喜欢的外部特征。总体而言，有关传播者外表特征的研究表明，传递者的外表吸引力与说服效果正相关。邱肯(S. Chaiken)的研究发现，在改变人们的信念方面，外表更富魅力的传播者更容易获得成功。然而，也有研究发现，传递者的外表魅力并非单独发挥作用，而可能受制于一些其他因素。在一项实验中，具有高外表吸引力和低外表吸引力的人为咖啡和香水做广告，结果显示：当产品是香水时，具有高吸引力的传递者能引发更多的购买意向；当产品是咖啡时，不太具有吸引力的传递者却产生更好的影响效果。

(4) 对传递者的喜爱程度。对传递者的喜爱程度是指受众或消费者对传递者的正面或负面情感。消费者对传递者的喜爱程度可能部分基于后者的外表魅力，但更可能是基于其他因素，如举止、谈吐、幽默感和品德等。喜爱之所以会引起态度改变，是因为人们具有模仿自己喜爱对象的倾向，从而较容易接受他们的观点。这就要求企业在选择形象代言人时，首先要评价目标顾客对该形象代言人的情感。

3. 选择有效的传播方式

传播方式主要包括媒介类型和诉求方式等。整合广告策略的运用，必然会使用较多的媒介传播方式，而媒介的类型与广告的说服效果密切相关，这是因为各种媒介的权威性和可靠性存在着差异。很显然，在其他条件相同的情况下，中央级媒介比地方级媒介具有更高的权威性，政府媒介比一般的娱乐媒介更可靠。此外，不同的顾客会有不同的媒介习惯。企业必须选择那些能接触到顾客的媒介，因为如果目标受众接触不到企业所传播的信息，广告的说服效果就无从谈起。为此，企业要综合考虑各种媒介的接触面、接触频率和接触效果，并在此基础上选定具体的媒介，并要对各种媒介的效果进行评价。在衡量媒介的销售效果时，一般的做法是找到两个非常相似的销售市场，然后在控制其他因素不变的情况下，只改变广告媒介，以测试不同媒介的效果。

4. 关注传播的情境因素

情境因素是指广告出现的环境，既包括环境中独立于中心刺激物的那些成分，也包括暂时性的受众个人特征，如个体当时的身体状况、情绪等。这些情境因素对于说服能否达到预期效果有着重要的影响。

在情境方面一个重要的概念是背景引发效应(contextual priming effects)，它是指与广告相伴随的物质环境对消费者理解广告信息所产生的影响。其中，广告的前后背景通常是指穿插该广告的电视或广播节目、杂志或报纸栏目，以及其他同时播出、刊发的广告。虽然目前有关背景引发效应的实证资料十分有限，但多数研究结论表明，出现在正面情境中的广告获得的评价也越正面和积极。如果企业的广告与积极的广告一起出现，其说服效果就越积极。因此，企业在选择广告媒介时，一定要考虑媒介播出的其他广告与本企业广告之间的关系。

4.2.3 整合广告策略的条件和趋势

首先，广告必须针对特定的目标市场，在特定范围内送达到目标受众，否则广告效果便会大打折扣。目标市场范围过小，会使营销目标达不到要求；目标范围过大，会浪费资源，增加营销费用，同时也会影响广告的效果。其次，广告的内容必须满足顾客的需求，如果不能达到这一点，广告就算失败，人们对广告就会视而不见，从而导致营销的失败。再次，广告的另一个功能就是协调营销，帮助企业获得更多的顾客，使营销能够达到目标。如果一则广告不能协调营销，就会扰乱整个营销活动，营销人员就得重新分析整个市场，整个营销活动就得重新开始。因而，协调营销是广告必须实现的一个功能。最后，如果一则广告不能为企业带来利润或达不到广告主的目的，那么这则广告就是失败的。营销的目的是

为了赢利，广告必须服务于这一营销目的。

伴随着市场竞争的日益激烈、消费者需求的日益增长，企业为了求得更大的生存和发展空间，进行全方位立体的整合广告策略，是现代营销成功的关键。尤其是当下经济全球化推动了管理全球化、信息全球化、金融全球化、资源配置的全球化、营销全球化等，整合广告策略的产生和发展成为企业广告运动的必然的选择。本节主要从内部条件和外部条件两方面来剖析整合广告策略的产生条件(见图 4-3)。

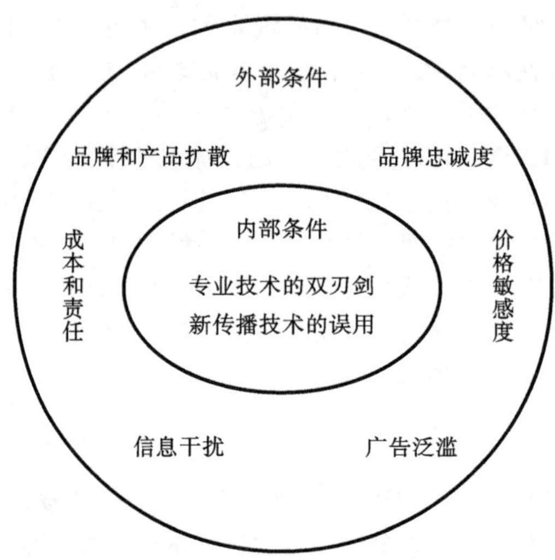

图 4-3 影响广告策略的内部条件和外部条件

1. 外部条件

1) 品牌和产品扩散

当市场还是以产品为导向的时候，消费者对产品的选择度和品牌认知度都不高，因此当时的企业在选择广告策略时主要以产品策略为主。随着产品种类的日益繁多，品牌种类的与日俱增，消费者在选择产品和品牌上存在一定的难度，选择余地越大，做决定越难。到底该选择哪个产品、哪个品牌，成为消费者的“选择困难”，单一的广告策略越来越不能吸引消费者，不能给予消费者作出正确选择的依据。

2) 品牌忠诚度

市场上产品的品牌越多，消费者忠诚于一个产品的难度越大。消费者发现一个品牌通常与同一价格档次的其他品牌相当类似，因此他们不仅仅倾向于根据品牌名称进行购买，而且考虑包括价格、售后等更多问题，甚至还包括产品在广告宣传时的策略是否符合他们的喜好。因此，企业为了让自己的产品和品牌在消费者心中树立起一定的忠诚度，使用各种广告策略来抢占消费者心智。竞争日益激烈，整合广告策略就应运而生。

3) 价格敏感度

当企业为了增加品牌份额而争夺市场时，会采取促销手段来降低价格，如买

一送一、30%折扣、赠券形式返还价值，因此顾客会及时调整购买决策。在价格这个敏感因素下，企业广告策略的得当在赢得顾客上起了不容小觑的作用。

4) 广告泛滥

市场上产品的同质化越来越严重，已经很难从产品本身找到独特的创新卖点来塑造品牌的差异性。这个时候，广告主自然而然地越来越倚重广告，希望通过广告来创造独特的品牌个性，使品牌能够在市场上占据有利地位。企业为了实现自身的利益，实现产品的销售及其品牌知名度的树立，运用各种广告策略对受众进行狂轰滥炸是其一种手法。各种媒介上的广告层出不穷，且越来越富有个性以求抓住消费者眼球。但同时日益泛滥的广告让消费者产生的是视觉的疲劳和心理的抵触。采取一种全新的广告策略成为企业新一轮竞争的必然条件。

5) 信息干扰

十几年之前，广告仅在少数的电视台和报纸、杂志上出现，但是，眼下的广告却无处不在，无时不有，我们的生活都被商业信息所包围。比如说，普通人一天看半个小时电视，有超过50个频道的选择，每年要接触42 000个电视商业广告。广告出现的时段不再仅仅是晚上7—8点这样的黄金时段，还有更多的、根据受众习惯设定的黄金时段，例如，针对上班族，他们的休息时间普遍偏晚，因此，还设定了晚上10—11点的黄金时段。这些“全天候”的广告信息，带给受众选择上的很多干扰。

6) 成本和责任

当媒介成本上升以后，更多的企业开始考虑衡量他们广告策略的成效，在有些方面，用成本来评价广告策略更容易些，比如，单一的广告策略成本就很容易用数字来呈现。伴随着食品安全问题及药品问题的备受关注，企业肩负的社会责任更大，在这成本和责任增加的双重压力之下，企业选择精准的广告策略、选择整合广告策略不仅可以节约成本，还可以让企业更加重视企业经营所应当承担的社会责任。

2. 内部条件

1) 专业技术的双刃剑

当下，广告策略运用得越多，使用的熟练程度和正确性就越高，这既是好消息又是坏消息。好消息是指企业从营销专家的经验增长中获利，坏消息是指当广告专业公司越专业就可能越孤立，几乎意识不到其他相关部门在做什么。尤其当受众面对越来越多挖掘了他们消费习惯和消费心理的广告策略时，他们很难作出抉择。

2) 新传播技术的误用

随着互联网等媒介的出现，越来越多的新传播技术呈现在受众眼前，博客营销、播客营销等的运用，让广告更加无孔不入，植入式广告、书签式广告等不断成为企业的广告方式。但是，这些新的传播技术带来的不仅仅是信息的快速、广泛传播，还存在着被利用的危险，一些不法商人运用这些新的传播技术为自己非法牟利。

上述内部条件和外部条件的构成，成为整合广告策略产生的必然条件，让整合广告策略逐渐成为企业营销战略和广告战略首选。

随着市场权力重心的变化和信息的多元化，由信息接受者驱动的整合广告策略正在逐渐取代传统的、单一的广告策略。尤其是近年来，业界时有广告变革的呼声，甚至有人已经公然打出了“新广告”的旗帜。然而，目前广告的主要问题是什么？广告变革的基本要点是什么？变革以后的广告将有怎样的面貌？“新广告”到底“新”在哪里呢？21 世纪的广告正发生历史性巨变。伴随着经济全球化进程的加快和信息社会的来临，新广告在 20 世纪后期已初露端倪，显示出突破广告旧观念的强大生命力，也代表着 21 世纪广告生存发展的大趋向。所谓新广告，即是摆脱“广告即销售”这种已成定论的观念，由整合的观点出发——以消费者为核心重组企业行为和市场行为，综合协调地使用各种形式的传播方式，以统一的目标和统一的传播形象，传递一致的产品信息，实现与消费者的双向沟通，迅速树立产品品牌在消费者心目中的地位，建立品牌与消费者长期密切的关系，更有效地达到广告传播和产品营销的目的。整合广告策略不仅包括广告传播系统中广告传播主体、广告传播媒介、广告传播形式与内容之间的整合或融合，还包括在不牺牲营销、传播、消费分工带来专业化效率的前提下，整合广告主的营销渠道和消费者的购买平台，使整合广告策略不仅仅是营销的方式，更是营销的渠道，还是消费者购买的平台。整合广告策略正是其中一个重要的部分，广告策略的整合从一种思想的高度来对广告进行诠释和演绎，成为 21 世纪广告大趋势。

(1) 趋势之一，整合广告策略与营销渠道的整合。

尽管广告作为营销的一个重要组成部分，是一种重要的促销手段，但广告的作用发挥是通过信息传播活动得以实现的。自从广告专业化发展以来，广告虽始终以促进销售为终结目标，但其主要负责的内容集中于信息的传播。这种差异使广告公司制作的广告与广告主的营销系统经常出现脱节的问题。加上商业秘密的存在，广告公司对广告主的营销意图只能“基本靠猜”，广告不能很好地融入广告主的公关、直销、销售促进、人员推销等营销子系统之中去。广告对于销售的贡献也因受多种干扰因素的影响而无法精确地衡量。这些都使得广告的效果受到众多质疑。这种状况在广告整合时代将得到极大的改观。因为，整合广告不但可以作为广告信息传播的管道，还可以成为营销的渠道。整合广告不仅仅是一个吸引消费者注意力的手段，其专业化的整合技术更可以令其成为一个良好的营销渠道。这样，就可以精确统计广告对于营销到底有多大的贡献。广告主还可以通过整合广告了解受众接收广告的时间和地域分布，据此，制订更加有针对性的广告策略，制作更加个性化的广告作品。

这样的整合趋势，对于广告业发展有着不可或缺的作用：首先是各项资源的有效共享，减少重复广告制作的成本；其次是互补作用，不同的广告策略有着各自的优势，但同时，正如单一广告策略的使用，各种单一广告策略也存在着缺陷。不同广告策略的整合就很好地弥补了单一广告的缺点，做到优势互补。

(2) 趋势之二，整合广告策略传播理念成为大势所趋。

从战术型传播到战略型传播，在整合营销的理念指导下，我国的广告主比以往更强调从战略高度来制订广告计划，围绕企业核心竞争力和品牌核心价值，整合内外营销资源，系统地运用各种营销工具和手段，有计划、有步骤地开展营销活动，注重市场的长期培育和品牌实力的提升。如联想集团推出了全球品牌新标志，该标志成为奥运赞助商、收购IBM全球PC业务等系列战略性活动，有力地打造了国际化品牌形象，从交易型广告宣传到关系型广告策略。传统的交易型广告宣传的目的是促进销售，重点在产品宣传、品牌认知。交易达成之时也就是整合广告策略大功告成之时。

(3) 趋势之三，整合广告策略传播方式的变化趋势。

传统的广告策略以功能性传播为主，逐渐过渡到当下的情感性传播。随着我国宣传媒介数目的迅速增长和信息量的加大，仅仅宣传产品的功效、质量或价格的广告或促销已经难以吸引顾客的眼球，缺乏创意、诉求点雷同的沟通方式只能让消费者退避三舍，沟通的关键转向能否触动消费者的情感。无论广告、促销还是事件营销，设计和实施过程中企业都必须考虑能否满足消费者的情感需要。“运动无限，沟通无限”、“中国平安，平安中国”等广告语之所以广为传诵，靠的就是情感的力量。从单向广告宣传到双向广告沟通，这是近年来在我国广泛运用的趋势，这种双向互动性使得企业可以针对不同顾客进行个性化营销。而且可以建立顾客数据库，以规划新的营销活动。针对性强、关注度高、成本低的广告整合策略得到了快速发展。城市高收入阶层的生活方式决定了他们与传统广告策略的接触率和关注度都比较低，而整合广告策略正好能实现对该核心目标消费群的重度覆盖，旨在在特定区域和特定时间挖掘品牌与消费者的接触点，用最少的成本，把信息传递给广告需要达到的人群，使广告主的投资更趋于精确化，广告效率大幅上升。

经济不景气时，不仅广告主会减少广告预算，消费者也会对市场更加谨慎，对价格更加敏感。对于价值和价格对等的产品，比如快速消费品，受到降价或促销等因素的刺激反而会让销量增长，价格杠杆调控的边际效用非常明显。对于一些消费者认为价值和价格不对等的产品，比如住房，消费者更多的是观望，轰动式的广告推广很难撼动消费者。至于高端市场，虽然也会受到影响，但其基本的消费链条不会有太大的改变。总体而言，在经济低迷时期，产品可能过剩，但是品牌不会过剩，消费者永远青睐那些能够提供卓越顾客价值的企业。对于价值和价格对等的产品，建议企业注重终端展示和促销活动，正确使用整合广告策略，配合广告投放提升销量。对于价值和价格不对等的产品，在制订广告策略时，运用整合广告策略，集中整合资源，在与媒介合作时，注重广告的实效性，让媒介与销售渠道进行互动，提高广告效果。

案例

广告实例 4-4

金融危机下的卡夫

作为全球第二大食品企业，卡夫的发展向来受到全世界的瞩目。2008年，卡夫顺利

完成对达能全球饼干业务的并购，达能饼干在中国的业务正式成为卡夫中国的一部分，此举将进一步加强卡夫中国在中国饼干市场的领导地位。2008 年 9 月 22 日，卡夫食品公司(代号 KFT)成为道琼斯 30 种工业平均指数成分股，也成为近期巴菲特重仓持有并继续增持的股票之一。

到目前为止，在金融危机影响下，相比其他行业，食品企业受到经济危机的影响并不大。卡夫作为一个全球性的食品企业，目前依然保持着良好的经营业绩，2008 年营业额超过 400 亿美元。中国市场是卡夫国际十大必赢市场之一，卡夫一直致力于在中国的长期发展。2008 年卡夫在中国市场的营业额增长了 12%，2009 年，卡夫在中国的目标仍是保持两位数的营业收入增长。

针对当前的经济形势，卡夫 2009 年的经营及市场推广战略，在市场推广上的投入不但不会减少，反而在增加，广告策略的投入上仍然增大投入。卡夫的最终目标是希望在 2009 年进一步加强新卡夫中国旗下各产品品牌与消费者的沟通，不断提高卡夫及卡夫产品在消费者心中的知名度和美誉度。卡夫食品广告如图 4-4 所示。

(a)

(b)

图 4-4　卡夫食品广告

在广告策略上，卡夫对广告策略进行了一定的整合。去年卡夫第一次参加央视黄金资源广告招标。选中央视黄金资源主要是看重其在覆盖率、影响率和收视率上的优势。通过央视这个平台，卡夫可以更广泛地与消费者接触。通过综合评估，卡夫最终选择了《焦点访谈》这一具有极高收视率并深受全国观众信赖和推崇的栏目。在产品上，卡夫选择了投放奥利奥的产品广告。奥利奥是卡夫的核心饼干品牌之一，中国也是奥利奥的第二大消费国。2009 年 1 月、2 月卡夫结合春节销售旺季，在中央电视台《焦点访谈》栏目后投放了奥利奥的广告。

从 KPI(key performance indication，关键业绩指标)数据和到达率等指标来看，在央视的广告投放达到了卡夫预期的目标。未来卡夫还将加深与央视的合作，不仅仅限于黄金资源招标，卡夫还希望有更高层次、更深入的合作。

新卡夫中国拥有了更丰富的产品系列。在市场策略上，根据消费者的不同需求，卡夫将自己的产品分为享受型(如奥利奥、王子、趣多多、甜趣、闲趣和麦斯威尔咖啡等)和健康型(如太平饼干、优冠饼干和果珍固体速溶饮料)；对产品消费人群进行了清晰的细分(如奥利奥、王子、优冠主要针对儿童，麦斯威尔咖啡和太平饼干专门针对成人等)。在价格定位上也有中端和高端明确的细分。卡夫这些整合广告策略的运用，给产品更大的发展空间，通过这样全方位的广告宣传，让广告不再停留在一个环节，既拉动了消费者的消费信心和热情，又进一步树立了产品的知名度和美誉度。

整合广告策略要求的是全方位的广告，不再仅仅注重广告的一个环节或产品的一个方面。它将产品策略、价格策略、促销策略等整合起来，构成一条完整的链条，这条链条的组成和发挥作用将是整合广告策略取得最终胜利的关键因素。

新广告形势下的 2009 年，在“节约、谨慎、实效”环境要求下，企业更加注重广告的效果，对广告的标准更高，既要节约企业的投入资金，又要达到相同的广告效果，此时，整合广告策略的运用，将会对这一要求的实现起到很大的推动作用。作为全面的广告策略，从满足消费者需求到实现产品最终价值，整合广告策略的正确运用效果日益明显。

4.3 其他广告策略概述

前面已经阐释了单一广告策略和整合广告策略，在本节，主要从其他广告策略入手，阐述硬广告策略及软广告策略的定义及其优劣势等。众所周知，在广告学理论上，硬软广告没有明确的定义，也没有明确的范围划分，更确切点说，所谓的硬广告和软广告之说其实是广告界的行话。硬广告大家相对都比较熟悉，在报纸、杂志、电视、广播四大媒介上看到和听到的那些宣传产品的纯广告就是硬广告。而媒介刊登或广播的那些新闻不像新闻、广告不像广告的有偿形象稿件，以及企业各种类型的活动赞助被业界称为软广告。其特点是这些广告或以人物专访的形式出现，或者以介绍企业新产品、分析本行业状况的通讯报道形式出现，而且大多附有企业名称或服务电话号码等。随着媒介技术的发展，硬广告和软广告呈现出越来越多的形式。

案例

广告实例 4-5

“味千拉面”广告策略

日式连锁快餐品牌“味千拉面”自 2002 年进入上海以来，至今已发展至 30 余家，其产品的差异性和独特性，充分显示了市场对其产品的接受能力很强。但是，它也面临着品牌印象老化、广告诉求不明确等问题。在进行了横向、纵向的分析后，“味千拉面”决定加大广告投入，使广告覆盖面更广、层次更丰富，制作新广告，合理运用硬广告和

软广告，软长硬短，保证一定量的硬广告暴露频次，并拉长软广告的投放周期策略。

(1) 软硬结合。在生活市场频道、东方电影频道、上海外语频道和第一财经频道投放 15 秒和 30 秒的电视硬广告，在娱乐频道、艺术人文频道的软广告套餐中投放 30 秒的电视软广告。

(2) 软后硬前。7 月底 8 月初投放硬广告，并逐渐减少，8 月份全月贯穿投放软广告，交错重叠。

“味千拉面”的硬广告宣传图如图 4-5 所示。

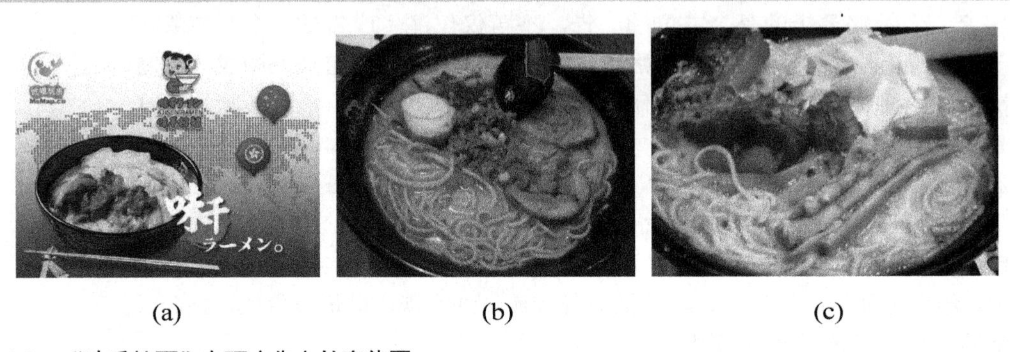

(a) (b) (c)

图 4-5 “味千拉面”在硬广告上的宣传图

“味千拉面”的软硬结合、软后硬前广告策略，使产品深入人心，达到了广告宣传的目的。在硬广告和软广告投入时间上交错配合，在硬广告和软广告投放地点上相互协调，使得原本让人讨厌的硬广告不再那么讨厌，反而通过介绍和图片展示让受众在视觉、听觉上大为享受，进而在味觉上要求享受的感觉强烈，软广告的含蓄生动，推动着这种消费的感觉高涨，此时，硬广告和软广告的目的达到了。

4.3.1 硬广告策略

1. 硬广告的内涵

硬广告也称为显性广告，在报纸、杂志、电视、广播这四大传统媒介上看到和听到的那些宣传产品的纯广告就是硬广告。它在投放时，直接告知受众这是广告，不至于让受众混淆不清。

2. 硬广告策略的优缺点

1) 优点

硬广告传播速度快，“杀伤力”强；涉及对象最为广泛；经常反复可以增加公众印象；使宣传有声有色，具有动态性。

2) 缺点

硬广告渗透力弱；商业味道浓，可信程度低，时效性差；广告投入成本高，给人强迫说教的感觉；传递内容简单，时间短，信息量有限。

3. 硬广告面临的挑战

(1) 费用昂贵，限制了很多企业，尤其对于刚进入的中小企业更是一笔沉重的开支。硬广告虽然是企业的首选，但不是所有企业都有实力去投入。特别是电视广告，其费用将很多实力弱小的企业拒之门外，更不用说央视广告，动辄上千万。所谓的“黄金时段”，让很多企业喜忧参半，高昂的广告费用使之望而却步。况且广告如同一把双刃剑，企业本身会面临风险，这样导致的结果是一些企业“有这个心却没这个胆”。

(2) 硬广告过多过滥，“强制”消费者接触，令消费者感到头痛。更有甚者，容易让消费者产生抵触心理。以前，对于硬广告，消费者都相信它，以为做广告的产品一定质量好，是名牌。但后来随着消费者认识的提高，同时，消费者被一些不良商家的不实广告欺骗，开始对硬广告持一种怀疑的态度。此外，许多电视台播放连续剧节目时，拼命地插播广告，激起受众强烈抵抗情绪，对硬广告意见颇多。

(3) 国家明文限制电视硬广告的播出时段和时间。这样的结果将缩减广告的整体播出时间，导致广告费用的上涨。

(4) 硬广告传播的同质化使其宣传效应日渐低微。硬广告正面临着信息饱和的瓶颈，企业在广告上很难再形成自己独特的主张，广告形式、内容、策略上越来越形成同质化。

(5) 后广告时代逐渐替代广告时代。后广告时代的到来使企业一打电视硬广告就能带来销量大幅度增长的时代一去不返；软广告以其成本低、效果好的优势，深受广大企业的青睐，报纸、杂志也因此成为软广告的主战场。30 秒的电视硬广告可能不够有创意，而软广告恰好体现了企业想表达的意思，这使得企业热衷于此。

案例

广告视点 4-3

2009 年广告公司发展状况

对于很多企业而言，2009 年被定性为艰难的一年，而作为消费市场的晴雨表，广告业正忠实地反映着这种金融危机下的“阵痛”。面对客户硬广告(直接介绍商品、服务内容的传统形式广告)投入普减两到三成的现实，那些顶级广告公司一边寻找新的增长机会，一边节衣缩食，“即使是创意公司，也要像工厂一样，在成本控制上斤斤计较”。毕竟，按照行业内的预测，今年广告行业有望继续保持增长的可能只有中国和印度两个市场。达彼思 141 是隶属 WPP 集团的国际顶级广告公司，在过去的几年里，其赢利能力不断提高。不过，进入 2009 年，目标被谨慎地放低了，像很多同行一样，它需要更加卖力，才能拓展客户。

为了把宝贵的预算投向终端促销等更为实际的行动中，客户硬广告的投入减少了 20%至30%，而这在行业内是普遍现象。与此同时，在客户们苛刻的“降本增效”的要求下，最大限度地降低运营成本，也成为很多广告公司不得不做的功课。节流被贯彻到最微小的环节。“我们上海办公室的经理已经下了命令，下班时，所有的电脑都要关机，而不仅仅是‘睡眠’。现在，即使是创意公司，也要像工厂一样，在成本控制上斤斤计较。”

4.3.2 软广告策略

从20世纪80年代起，国际企业界兴起提高企业美誉度的热潮。以前企业都重视广告——直接介绍产品，“上帝”对这种“王婆卖瓜，自卖自夸”反感了，于是企业顺应“上帝”心理，来个新的攻关战术——“王婆卖瓜，不吆喝卖瓜，但又要让你知道在卖瓜”。提高企业美誉度的软广告由此应运而生。美国的可口可乐公司，一会儿到中东解救饥荒，一会儿到非洲援助灾民，不久前，他们在莫斯科街头，竖起了1 000个电话亭。种种公益壮举，把可口可乐宣扬得全球闻名。

1. 软广告的内涵

软广告，顾名思义是相对于硬广告而言的，由企业的市场策划人员或广告公司的文案人员来负责撰写的“文字广告”。它在非广告时间，以非广告的形式达到广告目的。与硬广告相比，软广告之所以称为软广告，精妙之处就在于一个“软”字，好似绵里藏针，收而不露，克敌于无形。等到受众发现这是一篇软广告的时候，已经冷不丁地掉入了被精心设计过的软广告陷阱。它追求的是一种春风化雨、润物无声的传播效果。如果说硬广告是外家的少林功夫，那么，软广告则是绵里藏针、以柔克刚的武当拳法，软硬兼施、内外兼修，才是最有力的营销手段。

大部分报纸、杂志都会提供一块登广告，附送一大块软文的地方。有的电视节目会以访谈、座谈方式或晚会方式，如春晚、元宵晚会等进行宣传，这些都可以归为软性广告。2009年春晚上某电器企业以4 800多万元的价格买下20时和零时两个整点报时环节，而2010年春晚的贺电拜年拉到了20家广告商的赞助，每个企业都需要支付1 000万元的广告费用，仅是贺电拜年环节就让春晚进账2亿元。销量是检验广告效果的王道，不管是报刊软文还是电视软文，出效率就是成功。

据悉，央视春晚的广告收入这几年的增长速度以直线上升，每年至少要增加五六千万元，2002年为2亿元，2006年接近4亿元，2010年春晚已经接近5亿元，尤其值得注意的是，软广告的比例和收益大大超出硬广告。

2. 软广告产生背景

1) 硬广告过多

众所周知，广告最初的意图是想把某事告之于众。然而随着生产力的发展，竞争越来越激烈，人们发现了广告的巨大魔力，尤其现代媒介的发展使广告如虎添翼，而广告对媒介的支持又使媒介如鱼得水，两者互利互惠，推波助澜，形成了铺天盖地的广告网络。过多的广告刺激使受众眼花缭乱，无所适从，由适应到麻木，由厌烦到逆反。而广告一旦没有了效果，那就不得不改弦易辙。

2) 假广告泛滥

在广告过多的社会里，以假乱真的“南郭先生”也很容易混入广告阵营，虚假广告不恰当地对产品功效进行夸大，甚至无中生有，传播虚假信息，骗取消费者信任。受众不仅对假广告反感，而且对真广告也小心提防起来了。

3) 文化程度、审美心理的提升

现代社会，消费者的审美观念已大多从实用的美、科学认识的美上升到欣赏的美的高度和境界。他们喜欢有文化内涵的、能让自己参与的广告，而软广告正好满足消费者的这种发挥自己的创造才能和潜力的心理需求。

3. 软广告的优势

(1) 软广告一般不受时间限制，而硬广告具有时效性，或者可以说，软广告寿命长，硬广告寿命短。软广告发布出去后，通过多发、转载，一般会存在网站上，或者被搜索引擎收录，这样也会被用户看到，"可持续发展"。而硬广告买的是位置和时间，时间一到立即下线，哪怕赠送一段时间，赠送时间一到也会强制下线。

(2) 发布软广告不一定付费，硬广告一般都需要付费。除了一些公关稿发表需要付费外，一般软广告不需要付费就可以发表，可以发在行业 BBS 上，发在博客上，或者发在留言板上。

(3) 软广告具有说服性，而硬广告说服性比较差。软广告可以写得比较长，有足够的篇幅讲原理、摆道理，能说服用户；而硬广告则不行，除了狂降价，没有别的招数吸引用户点该广告。

4. 软广告的运作方式

广告的运作主要是广告要素的运作，广告要素是指广告活动所必需的要件，主要有广告主、广告信息和广告媒介等。软广告的运作，也是主要在广告基本要素上做文章。

1) 在信息编码上做软广告

一般广告为了把商品或劳务信息广泛告知消费者，常常以语言文字符号的形式，编制一篇篇广告文案来传播和运作，并在受众心中形成一定的思维定式。随着广告过多、过滥局面的出现，受众的逆反心理的形成，这种正统的平面线条的语言文字广告形式也一样地受到牵连，变得不那么吸引人或不那么逗人喜欢。于是广告人开始寻觅一些非语言的广告形式，如音乐、绘画、包装、实物及行为动作等来做软广告。有时非语言符号与语言符号结合运作，可使广告图文并茂、声情并茂，有时干脆就是非语言符号独立运作，让人在不知道它是广告的情况下先接受其感染，在心中产生某种意向，接着冷静下来，凝神一想，看出广告意图。由于软广告具有所寄形式本身的心理惯性，这时受众对它已不那么讨厌。

一般广告文案是以广告标题、广告口号、广告正文、广告随文的结构来进行写作编码，并且这种固定结构在受众心目中已成为"公式"。受众因厌烦广告而厌烦这种广告结构，更何况这种广告应用文千篇一律的公式化格式本来就有些呆板。于是人们尝试以非广告文案结构的文体来做软广告。只要是有利于让受众相信的，或者令受众喜欢的，几乎所有文体都可以为广告所用。作为广告外衣的文艺形式，并不直接地表达主旨，而是借助比喻、象征、拟人等修辞手法，主题常由读者自己品味。当然，文艺式广告让受众自己品味的言外之意，往往是广告人预设和引诱的广告目标。

2) 在传播媒介上做软广告

广告的目的是广而告之，所以一般选用覆盖面很宽的大媒介如报刊、广播、电视、网络等。然而这种好大喜功的大媒介，有时也会因广告过多而黯然失色。如果我们反其道而行之，用人们不屑一顾的或人们没有意识到的非广告媒介，甚至非正常媒介来做软广告，则会取得意想不到的效果。

(1) 企业媒介。企业本身也是一个大的载体，它的形象是通过企业的运作方式、管理水平、员工的素质表现出来的，并传递到企业的各类社会公众中去，这本身也是一种无形的广告。许多企业都非常重视自己脸面的建设。如绿化的环境、优美的厂区就是一种软广告。而企业员工更是企业形象的活的载体，他们的一言一行、一举一动都表现了企业素质的高低，尤其是在对外交往中，不同的员工行为和工作方式会向社会传递有关企业不同的信息。因此，在企业的传播载体中，员工是最常见、最难以控制又最灵活的载体。一个有传播意识、有名牌意识的企业必定会在员工的素质上狠下工夫。

(2) 包装媒介。这是利用商品自身的销售包装进行宣传的一种软广告媒介，它直接依附在零售商品上，并一同售出，具有得天独厚的作用。它可以直接面对顾客，形成顾客对商品的第一印象，起着"无声推销员"作用：在竞争激烈的市场上，设计别具一格的包装，能紧紧吸引顾客的注意力，激发购买兴趣和购买欲望；包装在商品使用完后通常不会丢弃，可以持久地保存宣传效果；其广告费用已成为商品成本的一部分，不必编制广告成本预算，提高了经济效益；精美的包装也可以提高商品的附加值。

(3) 科教媒介。利用科教媒介做广告是一种软广告。科教是严肃认真的，是令人信服的，受众是在求知求学甚至求救中自发地接受了广告。如教科书上的案例、教师教学中的举例、科学论文的论据、统计年报中的数据或个案，甚至医生处方中的药品等，都有软广告的用武之地。

(4) 政治媒介。政治媒介具有号召性、权威性和传播的广泛性。广告利用政治媒介，让受众在政治理论学习中、在舆论宣传鼓动中接受广告，能使企业和产品步入发展的快车道。政治媒介的运作主要有三种形式：一是政治性会议，企业如能在会议报告中作为典型，作为榜样提出来，那是最好的软广告；二是各种各样的政治活动和事件；三是政府领导人的各种活动。如在亚太经合组织上海APEC会议上，江泽民及各国首脑穿上唐装合影留念，其软广告效果使此类服装一下时兴起来。

(5) 其他媒介。其他的软广告媒介还有很多，如股市升跌中就有软广告，某一股票猛涨时，消费者对其产品也就很看好，很有信心，反之亦然。再如，门票广告、日历广告、名片广告等，也属于其他媒介上的软广告。

3) 在传播方式上做软广告

一般来说，硬广告常常采用大众传播方式来做，然而在传播过多的时代，这种点对面的单向传播并不见得总比那些点对点的人际互动传播强。所以人们常常转换方式，以人际传播或组织传播的方式来做广告，相对于大众传播方式的广告来说，这也就是一种软广告。

人际传播方式的广告，一是营业员、服务员的微笑服务、耐心解说，这些体现了企业的形象；二是消费者的一传十、十传百的多级口碑广告。消费行为的研究者们通过调查发现，每个消费者在购买和使用某个品牌或某个商品的服务后，如果评价很好或很坏，都会向他周围的亲友、同事们诉说，传播对这个品牌的评价信息。人际传播虽然面小，传播速度慢，但经过长久的多级传播，它能深入人心。调查数据显示，消费者对其他使用者从关心朋友的愿望出发，推荐自己的经验，所介绍的产品品牌质量、性能、文化特性的相信程度，是一般广告宣传的18倍，其中消费者相信其他使用者介绍的产品优点的人数比例为92%，而消费者相信一般硬广告上的宣传的人数比例只占5%。

组织传播方式的广告，主要是一些有关的管理部门开展活动所形成的活动广告和举办的会议所形成的会议广告等。以组织传播方式进行的活动广告包括各种评比活动中的软广告，让人们在比较中识别优秀企业，识别优质产品。以组织传播方式运作的会议广告，包括企业的新闻发布会、商品交易会和商品博览会，还包括国家各有关部门发布的各种商品公告，如注册商标公告、驰名商标公告、质检认证公告等。

4) 在广告目的上做软广告

众所周知，硬广告一般来说是以赢利为目的，而软广告则反其道，目的常常不是为赢利，而是向社会献爱心、作贡献等。这类非广告目标的软广告有的无广告目的，有的则无直接广告目的。

(1) 公益广告。公益广告是一种新兴的广告形式，其目的不在广告促销，而在于奉献社会。这种广告主体具有社会公益性，在一定程度上能被社会大众所接受，使企业达到提升自身形象的目的。做公益广告是为了树立良好的企业形象，提高企业和产品的知名度和美誉度，让人在受益中接受企业和产品。

(2) 意见广告。意见广告又称为观念广告，是指在大众媒介上刊播的，不以赢利为目的而陈述意见、发表政论、表明信念，以此影响公众舆论，实现预定目的的一种非商品广告。意见广告的重要作用之一是强化或弱化某种舆论，并影响公众的思想和行为，二是倡导和发扬某种观念。

(3) 服务广告。服务是指伴随产品销售进行的售前、售中和售后服务。售前、售中的服务似乎是为了产品的顺利售出，而产品售出后的服务承诺或服务保证则似乎是非赢利目的的一种软广告。许多企业重销售产品、轻售后服务，那是不能赢得品牌忠诚者的，是不能做长久生意的。但凡经久不衰的知名品牌都是十分看重售后服务的。

(4) 派发广告。所谓派发，是指某家企业为达到某种商业目的，派人在指定的时间和指定的区域内，向一定数量的潜在消费者免费发送该企业的产品或试用品(一般还有宣传品)的商业行为。派发是一种软广告形式：一是它无须向传媒机构或广告公司付巨额广告费，二是受众免费得了产品，不至于反感，一经使用，效果不错，则会相互传播。企业的目的就是力图通过人际关系传播占领市场，引导消费。

(5) “李宁商法”。“李宁商法”的核心就是“品牌—产品”模式。以往，企业家总是在拥有某类成型产品的基础上，再决定采用何种策略去推广。李宁公司却反其道行之，首先通过赞助体育活动全力塑造品牌形象，在知名度迅速提升的同时推出成熟的产品，进而以产品的品质获得市场认同。这种先创牌后生产的模

式也是一种软广告。因为创牌时，并没有产品销售，谁也不知它是广告，等产品上市时，该品牌早已深入人心。

4.4 新媒介策略

4.4.1 新媒介策略概述

1. 新媒介发展背景

基于创新技术的平台的运用，广告界出现了越来越多在新技术带领下异军突起的新传播媒介，最受瞩目的是网络技术的进步带动的博客营销、播客营销等一系列网络传播方式。同时，企业和广告媒介机构对消费者行为学的研究不断深入，不断挖掘出消费者的潜在需求，引导消费者需求，这些都需要有新的媒介传播策略来进一步拉动。

2. 新媒介发展现状

在全球金融危机的背景下，中国传媒所面对的将是淘汰式的竞争。一些媒介在竞争中将会越来越被动，处于生存的边缘甚至出局。这些可能出局的媒介，有的是在经营上出现了重大失误，有的原本就处在边缘化的境地当中，大多都属于经营不善的媒介。这类媒介在经济环境良好的时候，由于企业广告的投放每年都会增加，所以业务也随之增长，当企业压缩广告投放、精打细算的时候，首先减少甚至停止的就是在这类媒介的广告。

互联网、手机等新媒介的发展，彻底改变了传统的传播环境。经济危机对这些新媒介的发展虽然也会带来冲击，但有助于去除泡沫化，推动新媒介由资本驱动向营销驱动转型，使得新媒介的发展更加务实，对经营模式的探索更加深入。2009 年初 3G 牌照的发放，又会成为中国新媒介产业发展的新的动力。2009 年 1 月 13 日，CNNIC(中国互联网信息中心)发布消息：2008 年手机上网用户(半年内用手机上过网)达 1.176 亿人，与 2002 年相比增幅 133%。PC 互联网网民从 2 000 万发展到 1 亿，整整用了 6 年多的时间，而移动互联网，仅 2 年就实现了从 2 000 万到 1 亿的突破。2009 年，互联网用户规模的进一步扩大，互联网营销模式的更加成熟和移动互联网的发展，将会使得新媒介迈上一个更高的台阶。在经济危机的背景下，由于互联网营销传播的价格较为低廉，形式丰富，加上效果更加明显，2009 年，企业对互联网等新媒介营销传播也会更加重视。

随着 3G 的深入，以手机为载体的通信终端媒介也将重演互联网创富的历史，市场看好手机平台媒介广告的心态更是与当年看好互联网一样，利用手机的短信平台等方式进行的媒介策略又将如火如荼地展开。

4.4.2 新媒介策略的方式

“博客”、“RSS”、“播客”、“新一代搜索引擎”，成为新媒介时代的主题词。但是，在新媒介时代，新媒介策略更侧重于在“人”上做文章，目标市场细分到了个人，“不同的人群”甚至演化为“不同的人”，对不同的人群通过不同的媒介使用不同的语言。新媒介环境中，绝大多数的传统强势企业，借助于互联网，的确取得了比以往更大的信息流机会，顾客(任一普通顾客)均可访问制造商的网址并可直接订货，在厂家与消费者之间的直接的交互活动没有任何空间障碍。新的“人际”定义正在形成：来自媒介内的意见作为某种“普遍意见”正在与广泛受众或其他单一受众形成更加微妙的“网际人际”。通过数据分析将人口加以细分，将这些细分的群落明确定位在各个地理区域内。通过获取各种会员卡登记信息、信用卡记录，或者通过其他非强加的方式获取信息，分析人员获知消费者购买什么，阅读什么，如何休闲和饮酒，在哪里度假，以及在哪里居住，并将更大的精力投放在大量的调查上，以更具体地了解消费者的活动与态度。

据国家工商行政管理总局的统计数据，从 1999 年到 2004 年再到 2007 年，各种媒介在整个比重的变化，报纸是萎缩最大的一块，电视也有一定程度的萎缩，主要表现在地方电视萎缩，但没有报纸强烈。增长最快的两个板块就是互联网和户外，户外增长最快的来自于户外视频，比如公交移动电视、楼宇电视和地铁电视等。

从整个媒介形态看，新媒介将预期在整个媒介中占到 17.2%，也就是说，广告主将近 20%的费用会考虑投放在新媒介上面。

在当前的经济形势下，2009 年大部分企业削减预算并调整媒介策略，从国内权威媒介监测机构的分析来看，国际化和本土品牌最后都会采用杠铃式的营销投放策略，维持央视和重点卫视的投放，压缩部分地方报纸、电视和户外大牌的投放，同时增加网络和交通类媒介的投放，如公交移动电视、地铁媒介、航空类媒介、传统车身媒介等的投放。

当下，网络传播方式被众多广告主所宠溺，借助网络平台进行的博客营销、播客营销、弹出式广告等成为使用范围最广的方式。随着新媒介的发展，诸如植入式广告等在很多场合进入了消费者视野，如电影中的植入式广告等。

伴随着广告技术的发展，广告界还将会出现越来越多的新媒介策略、方式来吸引消费者眼球，达到广告效果。新技术的发展，必将推动广告媒介策略及媒介表现方式的不断进步。

本章小结

经济危机的负面效应仍然在不断深化，严重削弱了消费信心，也对企业的市场营销造成更大的压力。越来越挑剔的消费者、越来越复杂的市场情况，赋予了市场营销一种充满辩证色彩的理论高度：当一种产品面对着千变万化的消费心理时，什么样的市场营销方式才能行之有效?

必须承认，一个营销转型时代正在到来。一方面，商品的高度过剩加剧了竞争的激烈。以过剩的商品去追逐有限的消费能力，这迫使企业必须不断推陈出新，运用各种各样的营销手段去吸引消费者；另一方面，经济危机的压力下，消费者更趋理性，消费选择不断地变化，许多经典营销理论指导下的营销策略开始应对无措，企业需要寻求新的营销策略去指导未来市场发展。

在过去了的20世纪，广告的威力在市场营销中几乎整整影响了一个世纪。无论是新产品上市、市场拓展、企业招商、渠道构建，还是打击竞争对手，广告凭借其猛烈的攻势横扫了营销的各个领域。广告的无所不及给人们造成的潜意识就是广告无所不能。

正如任何一种营销理论的适用都有其特定的市场背景，广告的盛行也对应着特定的营销年代——信息传播渠道的单一化致使消费者只能透过广告的表达去了解有关产品或企业的新信息。但是，随着资讯信息的大爆炸、消费者消费观念的更新、市场竞争形势的变化，单一广告的影响力与营销动力正在日趋减弱。而在品牌构造、提升企业美誉度等方面，单一广告更是显得力不从心。正是在这种背景下，整合广告策略作为企业营销利器，在市场营销上受到了企业空前重视。

与单一、整合广告策略相比，硬广告策略和软广告策略分别具备各自的优劣势。基于创新技术平台的运用，广告界出现了越来越多在新技术带领下异军突起的新传播媒介，新技术的发展必将推动广告媒介策略及媒介表现方式的不断进步。

在产品严重同质化的时代，通过营销造势传达品牌的利好消息，通过赢得好感和认同，从而赢得消费者的钱包。整合广告策略主导的营销造势就是让企业有价值的信息进入公众视野，持续为公众关注，成为社会焦点。而所有这些，都离不开一个强有力的广告策略。这正是长久以来一直倡导的整合广告策略。与单一广告策略所不同的是，整合广告策略追求以立体的、全面的广告策略促使营销启动和品牌塑造；其他广告策略、新媒介策略的出现和运用不断推动广告效果的实现，让广告策略具备强大的销售力，借助广告策略的力量，让产品迅速占有市场，使品牌一举成名。

关键术语

广告策略　　单一广告策略　　整合广告策略　　硬广告策略　　软广告策略

思考题

1. 什么是单一广告策略？它与单一媒介策略有何不同？
2. 什么是整合广告策略？
3. 在使用整合广告策略时应该注意哪些事项？
4. 使用整合广告策略的条件有哪些？
5. 根据你的思考，你觉得广告策略在整个广告学中扮演着什么样的角色？
6. 什么是硬广告策略？什么是软广告策略？
7. 硬广告策略和软广告策略各有什么优缺点？

参考文献

[1] 余序洲. 广告理论与实务[M]. 北京：企业管理出版社，1996.
[2] 王健. 情缘品牌：百事可乐与可口可乐的广告策略[J/OL]. [2008-1-9]. http://manage. org.

cn/Article/200710/52458. html.

[3] 陈晶晶. 剑走高端　解读 09××液晶电视新品策略. [J/OL]. [2009-7-20]. http://zdc. zol. com. cn/139/1396747. html.

[4] 徐旭红. 云南白药之“核”裂聚变. [J/OL]. [2009-8-16]. http://info. pharmacy. hc360. com/2009/08/10170887585-2. shtml.

[5] 大卫 • 奥格威. 一个广告人的自白[M]. 林桦，译. 北京：中国物价出版社，2003.

[6] 致信网. 芬必得：自由自在的无痛世界[J/OL]. [2007-3-5]. http://www. mie168. com/manage/2004-05/140219. htm.

[7] 佚名. 姗拉娜，一篇软广告让销量翻番 [J/OL]. [2008-2-6]. http://www. cc-a. cn/MarketTrade/TradeInfoDetail. aspx?InfoId=21843.

[8] 陈刚. 经济危机下传媒发展的破局策略[J/OL]. [2009-7-25]. http://www. cnci. gov. cn/content/2009219/news_40008_p4. shtml.

[9] 乔治 • E. 贝尔齐，麦克尔 • A. 贝尔齐. 广告与促销：整合营销传播展望[M]. 张红霞，李志宏，译. 大连：东北财经大学出版社，2000.

[10] 张翔，罗洪程. 广告策划：基于营销的广告思维架构[M]. 长沙：中南大学出版社，2003.

案例研讨

1．联通 3G 青春在“沃”活动

2009 年下半年，中国联通正式推出其全业务品牌“沃”，统领旗下所有 3G 业务。至此，中国联通成为国内首个实现全业务运营的运营商。

据中国联通透露，联通 3G 将用户分为 boy、girl、man 三种，可理解为年轻男性、时尚女性和商务人士；中国联通同时用“3G 的精彩，精彩在‘沃’”来笼统形容其 3G 的魅力。

联通针对 boy 的广告词是：当基于 WCDMA 的服务成就人性需求，让无限动人的感觉释放你我的魅力，欢迎来到“沃”的世界，所有想象不到的时尚和丰富内容，在这里你都可以体验到。“沃”的活力自由，让我们一起来欢享。欢享在“沃”，精彩在“沃”。其宣传画如图 4-6 所示。

图 4-6　青春在“沃”年轻男性宣传画

联通针对 girl 的广告词是：当基于 WCDMA 的服务激发创意光芒，让无限惊喜的沟通方式拉近你我的距离，欢迎来到“沃”的世界，所有想象不到的轻松和便捷，在这里你都可以体验到。“沃”的精彩不断，让我们一起来惊叹。惊喜在“沃”，精彩在“沃”。其宣传画如图 4-7 所示。

图 4-7　青春在“沃”时尚女性宣传画

联通针对 man 的广告词是：当基于 WCDMA 的服务融汇务实精神，让无限惊喜的商业机会拉近你我的梦想，欢迎来到“沃”的世界，所有想象不到的高效和优质，在这里你都可以体验到。“沃”的雄厚实力，让我们一起来掌握。胜券在“沃”，精彩在“沃”。其宣传画如图 4-8 所示。

图 4-8　青春在“沃”商务人士宣传画

以活力、进取、开放、时尚为特性的中国联通全业务品牌“沃”，旨在塑造全新的品牌个性，为广大客户带来耳目一新的人性化沟通体验。“沃”品牌作为中国联通与客户沟通的核心品牌，未来将涵盖中国联通的所有产品、业务、服务等多个领域。

(1) “沃”设计理念。其中文名称“沃”与英文名称“wo”发音相近，意在表达对创新改变世界的一种惊叹，表达了想象力放飞带来的无限惊喜。

(2) logo 释义。整个品牌标志图形设计取自中国联通标志“中国结”的一部分，寄寓了传承与突破的双重含义：明亮、跳跃的橘红色，时尚、动感又兼具亲和力；突破传统的对称设计风格，进一步体现出敢于创新、不懈努力、始终向前的精神理念。

联通此次的青春在“沃”广告策略，在受众当中褒贬不一，有网友针对其在优酷上的广告视频称该广告极像“恒源祥十二生肖”广告，广告效果让人觉得恶俗。但是不可否认，采用倒序的视角追踪中国联通一路走来的广告策略，答案应该是惊喜的。从早期略带有挑衅观众智商嫌疑的“3G 不是三只鸡”的幼稚科普知识讲解，到以“新”革面的联通，到近期似乎被 NOKIA 冠名的最新 3G 业务广告，相信，这场联姻应该是共赢的明智之举。

2．武汉 3G 广告策略

1) 广告宣传目的

帮助大学生充分认识 3G 手机产品，提高产品的销售，塑造和提升品牌形象，以至于最终获利。

2) 总体策略

由于我们的目标市场是武汉各大高校的大学生，他们基本上没有时间、心情和设备去看电视，所以我们的广告策略主要以报纸、路牌为主，传单、主题事件活动为辅。

3) 要树立的形象

树立 3G 手机时尚、功能强大、价格实惠、服务良好的形象。

4) 分期广告的整合策略

(1) 引导试销期。广告原则是给信息，即通过活动与立体广告媒介网告知各个大学生，特别是目标消费者，以××品牌手机(洋品牌手机)为主打产品来炒作，以低时尚、功能强大吸引大学生的眼球和注意，并试着说服一些追求时尚新潮者和还没有手机者购买 3G 手机，试试他们的态度与看法。

(2) 公开发售期。广告原则是给感觉，以活动与广告塑造 3G 手机的文化品位，完成时尚沉淀；通过公关及促销活动，使大学生对 3G 手机形成新的认知，为 3G 手机的销售积累资源；加深和巩固大学生的注意集中度，制造“火热”事件；开发潜在消费者。

5) 广告主题及口号

(1) 广告主题。一部 3G 手机≈一台电脑。

理由：

① 3G 手机完全是通信业和计算机工业相融合的产物；

② 用户可以在 3G 手机的触摸显示屏上直接写字、绘图，并将其传送给另一部手机，而所需时间可能不到 1 秒，当然，也可以将这些信息传送给一台电脑，或从电脑中下载某些信息；

③ 3G 时代，数据传输速度大大提高，使其除可承载原有的话音业务和短信业务外，还能够开设许多新的业务，包括高速互联网访问、移动电子商务、定位业务、交互式游戏、远程教育、远程办公、医疗会诊、高速文件传送、多声道/多语音会议电话、视频点播等移动多媒体业务和宽带数据业务。

(2) 广告口号。3G手机把电脑装进口袋。

理由：可以玩3D游戏。

广告创意原则要求必须充分体现广告传播主题。报纸、广播、路牌的设计要大胆前卫，不落俗套，以突出表现艺术性。

案例思考题

1. 你怎么看待中国联通的3G广告策略？
2. 你认为联通青春在“沃”与移动3G的广告策略有何异同点？
3. 如果你是中国联通的创意总监，你将如何操作这次的广告活动？

第 5 章　广告媒介选择

本章提要　广告媒介是传播广告信息的载体，是连接广告主(企业)和消费者之间的重要桥梁。本章围绕广告媒介策略的选择，首先介绍各种主要广告媒介的特点及其在广告活动中的运用，同时对当前的主流媒介的发展趋势进行分析。在此基础上，对各种媒介策略的选择，从合适的广告媒介策略的制订、广告代言人选择、广告公司选择，以及进行广告预算等方面进行阐述。

本章内容框架

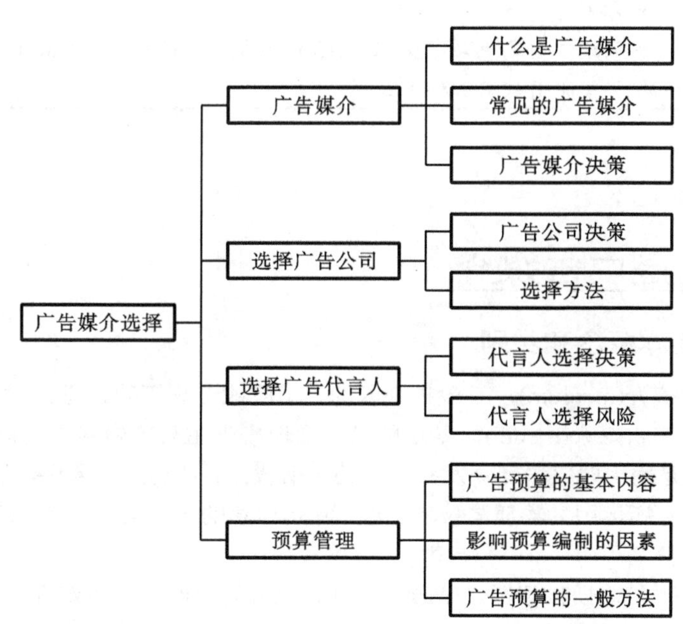

引　　例

珠海机场快线

珠海机场快线的广告，用来传递商旅服务、酒店宣传等信息。

在媒介方面，珠海快线以每天往返于机场与市区间的豪华巴士为载体，以车载巴士资讯视频为平台，为客户发布各种相关的商务信息。其主要的广告客户为市内各大酒店。

在受众方面，机场快线传媒针对的人群是往来珠三角地区的商务人士，主要是经常出差、消费力旺盛的高端收入人群，因而机场快线适合的广告类型有酒店、景点、旅游、餐饮、商场、地产、商务订票、通信等。

在酒店广告方面，珠海快线传媒的优势有如下几方面。

(1) 广告区域。“机场快线”巴士在珠海上落点有拱北口岸、中珠大厦、吉大、九洲港、横琴口岸、茂业百货，可以说遍布珠海，并且在整个区域内重复性地流动传播。

(2) 广告受众。广告受众每月有12万人左右，并且为珠海的“三高”人群，购买力普遍相对较高。

(3) 广告方式。结合视听影效，给广告受众双重性效果，尤其酒店宣传片的效果很好。

(4) 广告播出。43台巴士，每月发车4 500班次左右，广告每月播出约1.3万次，且采用硬盘播放系统，不会像用DVD播放那样得不到播出质量保证。

(5) 广告信息。电视节目自己录制，每月更新一次，这不但能保证收视率，还能让广告主的信息保持最新、最准确。

(6) 广告费用。半年期广告即可享受八五折(30秒的广告费用仅10 880元)，一年期广告即可享受七折(30秒的广告费用仅8 960元)。

5.1 广告媒介

5.1.1 什么是广告媒介

1. 广告媒介的基本概念和类别

媒介(medium)，一般指中间的、手段或工具等的意思。

广告媒介(media)，是指能借以实现广告主与广告对象之间联系的物质或工具，是用于向广告受众发布广告的传播载体。从功能上来讲，是指传播商品或劳务信息所运用的物质与技术手段。它是信息的一种运载工具，广告通过广告媒介进行传播。

人们习惯称报纸、杂志、广播、电视为“四大广告媒介”。广告媒介不断发展，对广告媒介的分类也日趋复杂。广告媒介在随着科技进步而日益丰富的同时，正朝着电子化、现代化和艺术空间化的方向发展，越来越多的物质和工具被开发与利用，这些物质和工具称为广告的传播媒介。目前，比较常用的广告媒介分类方法是按照媒介的载体与传播途径来进行划分的，将广告媒介分为以下具体类

别。

(1) 印刷媒介，如报纸、杂志、挂历、书籍(包括电话簿、邮政编码簿、火车时刻表等)、海报、传单、票证、标签等。

(2) 电波媒介，如广播、电影、电视、电话、传真机、录像机、电子显示大屏幕、电动广告牌、幻灯、光导纤维等。

(3) 户外媒介，如路牌、霓虹灯、交通车船、飞机、气球、飞艇、高层建筑、旗帜等。

(4) 邮寄媒介，如销售信、明信片、订购单、商品目录等。

(5) 销售现场媒介，如橱窗、招牌、门面、室内外装潢、模特等。

(6) 流动媒介，如打火机、火柴盒、手提袋、包装纸、广告衫、购物袋、雨伞、书包等。

(7) 其他媒介，包括其他多种形式的媒介。

具体来看，广告媒介可以按照不同的标准分为不同的类别。

1) 按表现形式分类

按其表现形式进行分类，广告媒介可分为印刷媒介、电子媒介等。印刷媒介包括报纸、杂志、说明书、挂历等。电子媒介包括电视、广播、电动广告牌、电话等。

2) 按功能分类

按其功能进行分类，广告媒介可分为视觉媒介、听觉媒介和视听两用媒介。视觉媒介包括报纸、杂志、邮递、海报、传单、招贴、日历、户外广告、橱窗布置、实物和交通等媒介形式。听觉媒介包括无线电广播、有线广播、宣传车、录音和电话等媒介形式。视听两用媒介主要包括电视、电影、戏剧、小品及其他表演形式。

3) 按影响范围分类

按影响范围的大小进行分类，广告媒介可分为国际性广告媒介、全国性广告媒介和地方性广告媒介。国际性广告媒介如卫星电路传播、面向全球的刊物等。全国性广告媒介如国家电视台、全国性报刊等。地方性广告媒介如省、市电视台、报刊，少数民族语言、文字的电台、电视台、报纸、杂志等。

4) 按接受类型分类

按广告媒介所接触的视、听、读者的不同，广告媒介可分为大众化媒介和专业性媒介。大众化媒介包括报纸、杂志、广播、电视。专业性媒介包括专业报纸、杂志、专业性说明书等。

5) 按时间分类

按媒介传播信息的长短，广告媒介可分为瞬时性媒介、短期性媒介和长期性媒介。瞬时性媒介如广播、电视、幻灯、电影等。短期性媒介如海报、橱窗、广告牌、报纸等。长期性媒介如产品说明书、产品包装、厂牌、挂历等。

6) 按可统计程度分类

按对广告发布数量和广告收费标准的统计程度来划分，广告媒介可分为计量媒介和非计量媒介。计量媒介如报纸、杂志、广播、电视等。非计量媒介如路牌、

橱窗等。

7) 按传播内容分类

按广告传播内容来分类，广告媒介可分为综合性媒介和单一性媒介。综合性媒介是指能够同时传播多种广告信息内容的媒介，如报纸、杂志、广播、电视等。单一性媒介是指只能传播某一种或某一方面的广告信息内容的媒介，如包装、橱窗、霓虹灯等。

8) 按与广告主的关系分类

按与广告主的关系来分，广告媒介可分为间接媒介(或称为租用媒介)和专用媒介(或称为自用媒介)。间接媒介是指广告主通过租赁、购买等方式间接利用的媒介，如报纸、杂志、广播、电视、公共设施等。专用媒介是指属广告主所有，并能为广告主直接使用的媒介，如产品包装、邮寄、传单、橱窗、霓虹灯、挂历、展销会、宣传车等。

2. 广告媒介的作用

广告媒介是传播广告信息的一种物质手段，不仅对信息沟通的双方有重要的作用，对广告行业的发展和社会经济等方面的发展也有贡献。仅就其对广告主或广告活动本身的影响来看，广告媒介有以下具体作用。

(1) 广告媒介策略是企业营销策略的关键因素之一。广告媒介策略是现代广告的主要策略之一，它与定位分析策略、创意策略、文案策略等一起，构成了广告活动的主要内容。如何制订媒介决策，选择合适的广告媒介进行传播，这是企业广告活动中的重要决策内容，也是企业营销活动的重要组成部分。

(2) 广告媒介的择用与否直接影响广告目标能否有效实现。企业广告活动的直接目标是塑造企业与产品的形象，促进并扩大产品的销售。在广告媒介的选择和组合上，版面大小、时段长短、刊播的次数、媒介传播时机等方面，都对广告有一定的影响。另外，对广告时间的控制也需要列入考虑，比如延长广告时间，包括广告时间的绝对延长和相对延长。一般而言，时间长比时间短更易引人注意，但是绝对延长时间，即时间延长而内容枯燥乏味，反而会降低注意力。相对延长时间即广告反复重现，增加广告的频率也易引人注意。但是，反复出现广告也有一定界限。过分长久地反复出现广告，会使受众感到厌烦，甚至产生对抗心理。因此，在广告媒介的择用上，所采用的媒介空间大小和时间的长短，会直接影响到广告目标的实现程度。

(3) 广告媒介是否得当很大程度上决定了广告是否能够有的放矢。任何一则广告，其传播的目标对象都会是一定数量或一定范围内的社会公众。而广告目标对象是广告信息传播的“终端”，也是信息的“接受端”，又称为广告受众。如果无法好好把握广告受众，那么也就无所谓有效传播，这样的广告也就不具意义了。如果在广告活动中能够很好地把握广告目标，但是对广告媒介的把握不当，那么信息便不能通过有效的途径到达广告受众，整个广告活动也就极有可能前功尽弃。

(4) 广告媒介影响广告内容的表现与采用形式。广告要传播的信息内容要采取何种表现的程度及方式，在使用不同的传播媒介时，有着很大不同，而这是由不同广告媒介的特点所决定的。对于某些广告活动，在其广告内容上要注意分析和把握其不同传媒的特点和价值功效，以与之相适应的传播媒介来完成特定广告信息传播。

(5) 广告媒介影响广告的效果。任何一个广告主都希望可以用尽可能少的广告费用取得尽可能好的广告效果，或者当花费同样的广告费用时，能够取得更好的效果。而实际操作的经验说明，广告费用中的绝大部分用于广告媒介。若从这个角度来分析，广告媒介的选择与投放受到广告费用的直接影响，因此会对广告效果产生影响。按照国际惯例，在一种正常的经济运行状态中，用于广告媒介的费用占企业广告费用的 80%以上。

广告媒介的发展加速了信息的传播与沟通，是企业和产品通向市场的必经之路，对广告行业和社会经济的发展也起到了很大的促进作用。

3. 广告媒介的主要评价指标

对广告媒介的效果进行评价，有以下一些常用的评价指标。

1) 每千个媒介接触者费用

每千个媒介接触者费用也称为千人成本，是指将信息送到 1 000 个广告媒介的沟通对象所需花费的广告预算。例如，甲杂志拥有 10 万读者，其 16 开整页广告费用为 3 万元，乙杂志拥有 20 万读者，其相同规格的广告费为 5 万元，则甲杂志每千个媒介接触者费用为 300 元，乙杂志每千个媒介接触者费用为 250 元。这样一比较，可知在乙杂志上登广告划算。

在实际工作中，情况并非如此简单，运用每千个媒介接触者费用还需对以下项目作进一步分析。

(1) 实际媒介接触者是否均是广告的目标对象。比如对婴儿润肤霜所做的广告，虽然两种媒介的每千个媒介接触者费用相同，但一个媒介的所有读者都是年轻的母亲，另一个媒介的所有读者都是青少年，则前者肯定更有利于做广告。

(2) 所有媒介接触者是否都已看到商品广告。实际在广告信息的传播过程中，并非每一个媒介接触者都注意到了该商品的广告，对此应作具体分析。这实际是对触及率的测量。触及率表征一则广告推出一段时间后，接收到的人数占覆盖区域内总人数的百分比。

(3) 不同媒介之间的影响力是否存在差别及差别的程度。即使两个媒介拥有同等数量的目标视听者，但如果甲媒介比乙媒介更让人信服，那么在甲媒介上做广告，即使媒介费用更多一些，但效果更好。如果甲媒介的效率更高，那么使用甲媒介就更符合经济原则。

2) 观(听)众率

观(听)众率，也称为视听率，用 r 表示，是指在一个时期内(如 1 个月)，信息通过媒介传送到家庭或个人的数目占计划传送的家庭或个人数目的比例。例如，某广告公司计划通过选定的媒介，将产品信息传递给目标市场的 500 万顾客，而实际上只有 450 万人看了这则广告，则观(听)众率就是 90%。

掌握媒介信息传播的观(听)众率，有助于企业认识到，单靠某一种媒介做广告是很难达到预期效果的。在为企业进行媒介选择时，可以同时选用几种能接近消费者的媒介发布广告，使观(听)众率达到预定的要求。

3) 信息传播平均频率

信息传播平均频率，用 f 表示，是指每一家庭或个人在一定时期内(如 1 个月)平均收到同一广告信息的次数。假定某广告在 1 个月内共发播 4 次信息，共有 15 万人收到，其中 5 万人看到 1 次，4 万人看到 2 次，2 万人看到 3 次，4 万人看到 4 次，则信息传播平均频率的计算式为

$$f=\frac{5\text{万人}\times 1+4\text{万人}\times 2+2\text{万人}\times 3+4\text{万人}\times 4}{15\text{万人}}=2.33$$

掌握信息传播平均频率有助于在拟订媒介计划时，确定在不同时期利用媒介传播信息的次数，也就是在一定时期内，使广告在消费者眼前重复出现的次数。这样做的目的在于增强媒介传播信息时的诉求认知能力，扩大信息传播的覆盖面。

观(听)众率、频率和总视听率 GRP(gross rating points)之间的关系为

$$\text{GRP}=r\times f$$

总视听率也称为毛感点，是指某一广告安排表上的各个媒介所送达的观(听)众率总和。这个指标只说明送达的总视听众，而不关心重叠或重复暴露于多个媒介之下的人数，它反映媒介计划的总强度和总压力。

4) 其他评价指标

其他评价指标还包括媒介的权威性、覆盖面、重复率和连续性等方面。

(1) 权威性。媒介的权威性是衡量广告媒介本身带给广告的影响力大小的指标。媒介的权威性指标为广告带来的影响举足轻重，不可忽视。

(2) 覆盖面。覆盖面是指广告媒介在传播信息时主要到达并发挥影响的地域范围。在选择广告媒介时，应考虑该媒介的覆盖区域有多大，以及在什么位置。

(3) 重复率。重复率表征每一接收到广告信息者平均可以重复接收此项广告多少次。以重复率衡量广告媒介是基于两个原因：一是细分媒介效果，研究广告产生影响的可能性；二是借以研究媒介使用方法，制订广告的推出形式。

(4) 连续性。连续性是指同一则广告多次借助同一媒介推出所产生的效果的相互联系与影响。此外，又可用来衡量在不同媒介上推出同一广告，或者同一媒介与不同时期广告运动间的联系与影响。

5.1.2 常见的广告媒介

从广告的发展历史来看，早期的媒介多表现为书面形式，它们被认为是印刷媒介的早期表现。据可考记录，关于书面广告的存在证据，人们最常提到的是一块巴比伦黏土板，上面刻有介绍一个药膏贩子、文书与鞋匠营业项目的文字。还有一张从底比斯遗址中发现的草纸，上面悬赏捉拿逃跑的奴隶。其他还包括有关希腊传布公告和罗马商店招牌的记录。

据资料记录，18 世纪之初的报纸已经开始刊登广告，本杰明•富兰克林被视为“广告之父”，他极大地改变了广告的风格和排版。更为独特的是，富兰克林开始利用图像表达广告的内容。

1891 年，第一座电动广告牌在纽约竖起，使室外广告这个最古老的广告形式面目一新。20 世纪是美国广告的全盛时期，这与电子技术的飞跃密不可分。

在一段时间内，电子产品与广告之间是互惠互利的。美国的许多广播电台是为了销售无线电部件而设立的，电台播放种种有趣的节目可以引诱人们购买无线电收音机。与之相仿，早期的 MTV 也是唱片商推销唱片与歌手的广告片。

相对于传统的纸张媒介，电子媒介是一个迥异的传播系统。从无线电波、卫星转播到计算机网络，这个传播系统的强大功能是印刷机器、出版商和书店网点形成的组织所无法比拟的。这个意义上，电子技术的突破甚至赋予广告一些前所未有的风格。

随着人类科学技术的进步，广告媒介的发展也呈现出日新月异的趋势，媒介种类不断增加，形式不断变化。就形式而言，除了目前仍占据主导地位的四大传统媒介之外，还有其他多种新兴媒介。可以说，如果没有媒介，广告将无用武之地。在信息爆炸的时代，媒介的作用已备受重视。

1. 四大传统媒介

1) 报纸

报纸早已是日常生活中最具影响力的媒介。在报纸上刊登广告，阅读率相当高，报纸是最理想的平面传播媒介。但受版面、篇幅、发行的限制，报纸亦存在着明显的不足。

(1) 报纸媒介的优势。

① 报纸覆盖面广，读者广泛、稳定，遍及社会各阶层，信息量丰富，广告宣传范围也很广。广告时效可达一日或更长，到达率相对提升。

② 广告制作较简单，费用亦较经济。报纸具有新闻性、知识性等显著特征，能够提高读者的阅读兴趣，从而使报纸广告也深受其益。

③ 报纸发行有一定区域，方便广告主有针对性地选择媒介，节省预算费用。广告登在报纸上，白纸黑字，不易消失，便于长期保存。机动性大，可随时变化广告内容及设计。

④ 报纸媒介适合平面广告，可用较长篇幅描述产品特性。

⑤ 可信度高，印象深刻，易于保存。

(2) 报纸媒介的劣势。

① 报纸采用平面广告的表现形式，缺乏动感画面及音乐效果，吸引力较电视广告弱。

② 报纸印刷不够精致，较难展现商品质感。

③ 报纸以新闻为主，广告版面有限，尤其是大报，版面不易取得。报纸张数多，广告又分版，故报纸广告极易为读者所忽视。

2) 杂志

智威·汤普逊公司的创始人智威·汤普逊最先发现杂志刊登广告的潜力。汤普逊于 1873 年在一家小广告公司担任簿记员兼助理时，“体面”的杂志媒介只许刊登一两页广告，汤普逊决定在两份妇女杂志上刊登一副石棉瓦的广告，促销效果比过去任何其他促销活动都明显。从此以后，汤普逊对包括文学刊物在内的各种杂志都给予了关注，并协调各方成立全国性杂志的联合机构。

近几年来杂志进入了黄金时代，娱乐、影视、财经、旅游等各种各样的杂志

如雨后春笋。杂志类型增多，可看性提高，吸引了众多的读者，然而竞争也更加激烈。各杂志社无不在内容编排、印刷质量上力求完美，以扩大发行，这客观上为杂志广告提供了一个更加广阔的天地。杂志具有保存时间长、传阅率高、印刷精美的特点，在广告的持续效果上发挥了其他媒介无法取代的作用。

(1) 杂志媒介的优势。

① 杂志的保存时间长，传阅率高，可使杂志广告的持续效果达到最久。

② 杂志选择性强，宣传对象明确，各种杂志都有其固定的读者群。

③ 杂志发行面广，不受时间、空间、地域的限制；印刷精致，图文并茂，广告版面集中，能较好地表现商品的特征。

④ 杂志采用跨页广告的方式，视觉效果更具震撼力。

⑤ 杂志广告费用较少，广告制作比较简单。

(2) 杂志媒介的劣势。

① 杂志广告只有画面，缺乏动感，吸引力较弱。

② 一般来说，杂志直接订户的范围有一定的限制。

③ 杂志时效性较差，周期较长，缺乏灵活性。

④ 消费者对杂志的阅读率较低，广告接触度低于电视、报纸。

⑤ 杂志广告的功效相对属于慢性，广告主不易选准效果最好的杂志做广告，从而造成广告费用的浪费。

3) 广播

广播是很早就出现的一种传播媒介，以前曾占着主导地位，现在虽然受到电视的严重冲击，但在传播领域中，仍保持着一定的地位，称职地扮演着四大广告媒介之一的角色。

(1) 广播媒介的优势。

① 广播传播速度快，广播传递和收听同步进行，人人都可以收到电台的节目。

② 广播广告制作较容易，花费较少；广告播出收费按月计，广告投资较低。

③ 广播次数较多，报纸广告每天只能出现一次，而广播广告则可以在电波中出现多次，传播的周期短、容量大，随身收听，收听广播不受时间限制，广告到达率高。

④ 广播传播对象广泛，只要是听觉正常的人，都可以收听广播。

(2) 广播媒介劣势。

① 广播只有声音，缺乏影像，无法认识产品的外观特征。由于广播时间的限制，难以详细描述产品的特征。广播广告不易被听众主动接受，即使听众想接受某一广告信息，也不易找到播出频率。

② 受电台收听范围的限制，广播广告覆盖区域较窄。

③ 广播媒介生命周期短，广播广告消失快，不易保存。

④ 广播在城市中收听率较低。

4) 电视

世界上第一座电视台是1936年由英国广播公司建立的。美国1941年出现黑白电视，1954 年首创了彩色电视。电视发展初期，广告主用电视主办节目，以此来吸引观众，并扩大企业及其产品的影响。

随着家庭电视普及率的迅速提高，电视媒介已成为目前最直接、最快速、最能深入家庭的传播工具。由于电视广告缩短了广告主与消费者的距离，从而成为一种面对面的推销。然而受开机率、收视率及广告时间的限制，电视媒介亦有缺陷存在。

(1) 电视媒介的优势。

① 电视声音、画面兼具，视听结合，广告的观赏性强，说服力强，能引起消费者的兴趣。

② 电视普及率高，传播力广，渗透力强；广告可深入各地区、各个层次的消费者，诉求力强。

③ 电视传播不受时间和空间的限制，传递迅速。可随着收视率的高低及观众对象的差别，灵活选择播出时段，使广告更具有针对性。

④ 电视广告的表现手段灵活多样，可以运用多种艺术形式，制作动感画面，能强化商品特色。

一般家庭往往是全家一同收看电视节目，单次广告的收看人数多。在播放收视率高的精彩节目前后，适当播出广告不至于引起观众抗拒心理。由于观众主要是收看电视节目而被动地同时收看广告，客观上收视率较高，因此，当广告安排密集时就可快速收到宣传效果。

(2) 电视媒介的劣势。

① 媒介生命短暂。一则电视广告的持续时间一般在几秒到几十秒之间，广告信息稍纵即逝，观众若不留意就会错过，而错过就难以查找，这就大大影响了观众对广告商品的认知效果和记忆效果。

② 制作复杂，收费昂贵。电视广告的制作过程较为复杂，运用多种艺术形式才能完成，成本费用也高，容易造成企业的负担。

③ 选择性较差。电视广告的覆盖范围广，这对于专业性强、目标市场相对集中的商品来说，传播面无法有效聚焦，会造成每千个媒介接触者费用的浪费，使广告信息无法准确、有效地到达目标受众。

2. 其他媒介

为了弥补主要媒介存在的不足，针对特殊地点、区域的消费者加强宣传，DM、户外广告、交通广告及 POP 广告等其他媒介的使用则能起到很好的效果。例如，针对一些地域性较强的商品的广告活动，采用这些媒介形式就非常重要。

1) DM

广告主将印刷或书写的广告，直接传递给选定的对象，这就是 DM。传递信息的媒介可以是商品目录、商品说明书、价目表，也可以是明信片、展销会请帖、宣传小册子、招贴画等。DM 已被越来越多的广告主采用，在美国，已成为推销产品的主要方法之一。

DM 的优点包括：可自由选择传播对象，不受他人影响，可以随时随地将广告信息直接送达选定的对象手中；不受地区限制，不受篇幅版面限制，也不受时

间约束，在形式和方法上都有较大的灵活性；有助于促使消费者指名购买；不受文字长短的限制，可详细叙述产品的特征；针对性强，选择对象专一，可使广告宣传做到有的放矢，具有私人通信性质，是单线与对象联系，可避免竞争对手干扰；制作简便，费用低廉。

DM 的缺点包括：DM 太多则可能导致拆阅率低，形成资源浪费，传播范围不广，不利于提高产品的知名度。

2) 户外广告

在城市的主要交通要道上或是某些特殊的建筑物墙壁上，甚至某些特殊的建筑物屋顶上，均可见到这种广告。户外广告主要有屋顶上架设的霓虹灯、墙壁油漆广告、悬挂的布制条幅，以及会场、运动场四周的广告牌，重要地点的电视墙和电子告示牌等。由于这些广告五光十色，从远处就能够看到，是一种具有吸引力的媒介。

户外广告的优点包括：面积大，广告醒目，吸引力强；重要路口看广告的人多；广告期限长，能造成印象积累效果；以简单文字、特殊图案构成，让人一目了然，易于记忆。

户外广告的缺点包括：受场地限制，受看范围较小；文字简单，不适合详细描述产品的特征。

3) 交通广告

大众交通工具，因为流动性大、上下搭乘的人较多，且为人群集中之处，因此大城市的交通广告是很具魅力的广告媒介。交通广告形形色色，主要包括公共汽车车箱广告，火车、长途汽车车内椅套广告，清洁袋广告，火车站、汽车站、机场、地铁站的壁面、灯影广告，公共汽车站站牌广告等。

交通广告的优点包括：乘坐的人多，阅读对象来自社会各阶层，有利于提高商品知名度； 随交通工具及位置的不同，广告内容变化弹性很大；制作简单，费用低廉，适合中小企业。

交通广告的缺点包括：缺乏宣传对象的针对性；文字简单，不利于详细说明商品特征。

4) POP 广告

POP 广告的英文全称是(point of purchase advertising)，意思是售卖场所广告。现在 POP 广告几乎是泛指一切购物场所内外所做广告的总称。POP 广告一般分为两大系统，即室外 POP 广告和室内 POP 广告。

所谓室外 POP 广告，是指购物场所外的一切广告形式，如广告牌、霓虹灯、灯箱、电子广告牌、光纤广告、招贴画、传单广告、人物广告、商店招牌、门面装饰、橱窗布置和商店陈列等，均属于室外 POP 广告范围。

所谓室内 POP 广告，是指购物场所内的一切广告形式，如柜台广告、圆柱广告、空中悬挂广告、货架陈列广告、商店四周墙面上的广告、模特儿广告，以及各种灯箱和电子广告等，均属室内 POP 广告。

无论是室外 POP 广告，还是室内 POP 广告，其目的都是要刺激消费者在销售地点上产生购买行动。作为一种日渐流行的媒介，POP 广告既有许多别的媒介无法比拟的优点，同时也会存在一些缺点。

POP 广告的优点包括：提醒消费者购买以前早有印象的商品；有益于美化店面的环境，吸引新的顾客，并且无论消费者文化程度的高低，都能一目了然，理解其意；广告时间较长；对不指名购买者起到无声推销作用；显示商品质地、服务均属一流，造成一种生意兴隆、争相购买的气氛，激发消费者购买欲望。

POP 广告的缺点包括：对于店堂面积太小的商店，如果 POP 广告太多，会造成店堂十分拥挤，广告功效不仅不能很好显示，而且还会影响商品销售；店堂的 POP 广告容易沾满灰尘，如果不经常保持清洁，其广告功效将大为逊色；POP 广告以精致美观为前提，如果太简陋，不仅不能显示商品品质，而且会改变消费者的购买态度，得不偿失。

5.1.3 广告媒介决策

1. 广告媒介决策的考虑因素

广告媒介决策是成功广告必不可少的环节，需要根据广告目标选择最合适的媒介与媒介组合，在合适的时机，用尽可能少的广告费用实现目标。决策内容包括：了解销售问题，制订解决销售问题的方案，制订媒介目标，选择媒介技巧，制订媒介购买决策等。

广告媒介决策与众多因素密切相关，从企业的营销计划和媒介本身两个方面来看，以下一些主要因素应列入考虑范畴。

1) 基于营销与广告的因素

(1) 产品特性。产品的个性特点会影响到广告表现的创作形式，也会影响到广告媒介的选择。制订媒介计划时必须考虑到产品个性因素。例如，技术性能高的，可采用报纸、杂志作详细的文字说明，也可以用电视短片作详细介绍，而对于特别需要表现外观和质感的商品，如服装、化妆品等，就需要借助具有强烈色彩性的宣传媒介，广播、报纸等媒介就不宜采用，而电视、杂志则能更好地表现其视觉效果。

产品特性中，产品生命周期阶段对广告媒介策略的影响也十分重要。产品的生命周期包括新产品的导入阶段、成长阶段、成熟阶段和衰退阶段。产品处于不同的生命周期阶段时，所采用的广告媒介策略也有所不同。

(2) 沟通对象的媒介习惯。进行媒介选择与确定广告推出方式时需要考虑其目标市场的状况，要根据目标市场的特点将目标消费者分类，以适合各类传播媒介。有针对性地选择为广告沟通对象所易于接受的，并随手可得、到处可见的媒介，是增强广告效果的有效措施。例如，生产玩具的企业若将学龄前儿童作为目标沟通对象，绝不能在杂志上做广告，而最好在电视上做广告。若广告信息的传播对象是青年，那么《中国青年报》、《读者》当然是理想的媒介。媒介策划人员对沟通对象的情况和资料掌握得越多，分析越透彻，就越容易发现最佳的广告媒介与媒介组合。

(3) 信息特性。信息特性包括信息个性差别、广告目的及产品和媒介的专门性。比如，宣布短期内的销售活动，可以在电视、报纸等时效性强的媒介上做广

告。若信息的传播对象仅仅局限于某一地区，则在地方性媒介上做广告即可，不须动用全国性媒介。以文字为主的信息，选择报纸、杂志等印刷媒介就较适宜；而以画面及动作为主的信息，以电视广告为适宜。广告媒介策划中，应选择最能表现信息特征的媒介。就信息内容而言，如果广告目的是树立和提高企业形象，那么在选择媒介上，就应注意媒介的权威性。如果传达的产品信息具有专业性，最好选择与专业适应的媒介。

(4) 竞争态势。广告竞争是在市场几乎所有的领域展开的。广告主(或广告代理)必须充分调查了解竞争对手的广告战略与策略等，以便在选择广告媒介和推出方式时发挥己之所长。为了使自己立于不败之地，大凡新进入某一市场领域的广告主都先对竞争对手的广告媒介利用情况进行观察，力求做到知己知彼。通过这样的观察还可以对消费者如何获悉该行业的广告信息有大致了解。媒介计划并非一成不变，它会受到市场竞争的影响。

2) 基于媒介本身的因素

(1) 媒介的成本。广告媒介的成本是必须考虑的硬性指标。选择媒介时，可能会有多个媒介颇为适合广告信息传播，但由于费用过高而并不符合广告预算的要求。面临如此情况则只能忍痛放弃，另选符合广告预算要求的媒介。

(2) 媒介的效益因素。这是对媒介提出的综合要求。选择媒介时，要将一系列重要的媒介评价指示加以综合，以媒介效益为标准进行权衡。

(3) 媒介的可行性。每一媒介都有一定的限制，而对某些广告文本及推出方式不甚适用，故而选择媒介就必须要对广告媒介的可行性作出充分的了解与把握。

(4) 媒介的寿命。媒介寿命即广告宣传持续触及受众的时间长短。播放类媒介寿命最短。印刷类媒介寿命长短不一。例如，报纸的寿命为 3~5 天，杂志广告的寿命为 1~2 个月，电话号码簿上的广告寿命为一两年。媒介寿命过期，受众便难以或很少能再触及这一媒介上的广告了。

(5) 媒介的灵活性。广告在某一媒介上的推出可作调整或修正，这是媒介灵活性的体现。若在广告推出前，可较容易地修改广告文本，调整推出的时间与形式，则此媒介的灵活性就相对较高；若在某一媒介上确定广告，推出之前不太容易修改文本或调整推出时间、形式，则此媒介的灵活性就相对较差。电视广告的媒介灵活性最差；广播广告的灵活性较强。在促进短期销售、推销产品多样化、推销产品多变、广告文本中需标示可能调整的价格等情况下，就应选择灵活性较强的媒介。

(6) 媒介同其他营销环节的协调性。有些媒介与某些营销方法配合较为协调，而与另外一些营销方法的配合就不尽如人意，这是选择媒介时需要考虑的。例如，赠品广告就可与推销员直接登门推销彼此配合，电视广告可与大范围的公关活动相互协调；而电视广告对特定用户或消费者的销售情况帮助不大，电话号码簿广告则不宜针对短期销售活动。

2. 媒介组合策略

把广告信息传递给市场，可以使用多种媒介，这种利用多种媒介作立体的媒介配合的活动称为媒介组合。这种组合能够更强烈地传达广告信息，发挥广告作用，达到1+1>2的广告传达效果，使广告主花费最少的钱，产生最大的影响。具体来说，媒介组合是指在某一个广告活动中，为传递广告信息而选取的各种媒介工具的种类及使用程度的组合。它是为达到广告目标而策划制订的、有效的各种广告媒介的组合。

不同类型的媒介，传播特点是不同的。就现有媒介而言，较理想方式是同时利用多种媒介。例如，某一商品广告内容的表现，首先在报纸的广告栏中，推出表现该商品商标的广告，然后再通过电视、广播等媒介，利用声音、图像做同一商品的加密广告，保持步调一致。如此，当消费者看过报纸，再听到或看到广播或电视的广告之后，就容易形成强烈的印象，广告就能够产生“乘数”效果。

1) 媒介组合的原则

在媒介组合策略的应用上，要注意以下几方面原则。

(1) 互补性原则。进行媒介组合的目的在于通过不同媒介间的优化互补，实现媒介运用的“加乘效应”。

① 点面效应互补。以两种媒介覆盖面的大小为互补条件的组合方法，目的在于提高信息的重复暴露度。当选定某一媒介作一个或数个目标市场覆盖时，还可选择一种或多种局部区域覆盖的媒介与之组合，来提高信息的重复暴露度。

② 媒介传播特性的互补。每种媒介都有其不同的个性和诉求特点，利用这种不同的个性进行互补组合，可以提高信息的传达效率，使之趋于完整、全面。

③ 时效差异互补。采用媒介时效长短结合的组合方法，可以扩大信息与受众的接触时空，提高信息的扩散度。

④ 时间交替组合。这是利用在时间上的交替形式实行媒介组合的方法。当个别主要媒介得到最佳到达率后，另以一种较便宜的媒介与之交替作用，提高重复暴露率，使信息送达主要媒介未达到的受众。

(2) 有效性原则。所选择的广告媒介及其组合，应能有效地显示企业产品的优势，能有效地传递企业的各种相关信息，不失真、少干扰、有说服力和感染力，同时能以其适当的覆盖面和影响力有效地建立起企业及其产品的良好形象。

(3) 可行性原则。在选择广告媒介时，还应充分考虑各种现实的可能性。比如，企业自身是否具有经营的经济实力；能否获得期望的发布时间；目标受众能否接受所选择的媒介，并且理解这些媒介传递的信息；当地的政治、法律、文化、自然交通等条件能否保证所选择的媒介有效地传播企业的广告信息。

(4) 目的性原则。在选择广告媒介时，应当遵循企业的经营目标，适应企业的市场目标，并充分考虑广告本身所要达到的具体目标，选择那些最有利于实现目标的广告媒介。

2) 媒介组合效应

广告媒介组合策略使商品产生了轰动效应和良好的促销效果，主要表现在以下几方面。

(1) 媒介组合的立体传播效应。

① 延伸效应。各种媒介都有各自覆盖范围的局限性。假若将媒介组合运用，

则可以增加广告传播的广度，延伸广告覆盖范围。广告覆盖面越大，产品知名度越高。

② 重复效应。由于各种媒介覆盖的对象有时是重复的，因此组合使用各种媒介将使部分广告受众增加，广告接触次数增加，也就是增加广告传播深度。一般情况下，消费者接触广告次数越多，对产品的关注度、记忆度、理解度就越高，购买的冲动就越强。

③ 互补效应。以两种以上广告媒介来传播同一广告内容，对于同一受众来说，其广告效果是相辅相成、互相补充的。由于不同媒介各有利弊，因此组合使用各种媒介能取长补短，相得益彰。

(2) 媒介组合策略的方式。

① 视觉媒介与听觉媒介的组合。视觉媒介是指借助于视觉要素表现的媒介，如报纸、杂志、户外广告、招贴、公共汽车广告等。听觉媒介是指借用听觉要素表现的媒介，如广播、音响广告。电视可说是视觉、听觉完美结合的媒介。视觉媒介更直观，给人以一种真实感；听觉媒介更抽象，可以给人丰富的想象空间。

② 瞬间媒介与长效媒介的组合。瞬间媒介是指广告信息瞬时消失的媒介，如广播、电视等电波、电子媒介。由于广告一闪而过，信息不易保留，因而瞬间媒介要与能长期保留信息、可供反复查阅的长效媒介配合使用。长效媒介一般是指那些可以较长时间传播同一广告的印刷品、路牌、霓虹灯、公共汽车等媒介。

③ 大众媒介与促销媒介的组合。大众媒介是指报纸、电视、广播、杂志等传播面广、声势大的广告媒介，其传播优势在于“面”。但这些媒介与销售现场相脱离，只能起到间接促销作用。促销媒介主要是指邮寄、招贴、展销、户外广告等传播面小、传播范围固定，具有直接促销作用的广告，它的优势在于“点”。在采用大众媒介的同时又配合使用促销媒介，能使点面结合，起到直接促销的效果。

因此，良好的媒介组合使各个媒介的作用互补，发挥出整体效应，达到传播效果的最大化。

案例

广告视点 5-1

高露洁广告

高露洁通过印刷品、电视及在线广告来宣传其全效牙膏产品。然后又作了 ROI 评估分析，通过这种方式来研究品牌影响和每种广告媒介的投放。

高露洁的数据表明，用电视广告和网络广告组合的方式说服消费者购买比仅用电视广告方式说服消费者购买要节约 23%的成本。对于多渠道商业活动而言，重新对网络广告进行市场资金分配，在驱动消费者购买欲和增强核心品牌标准上会明显地更加划算。

通过分配 7%的媒介资金给网络广告，消费者购买欲增加了 3.8%，比仅用电视和印刷品广告提高了 9%；通过分配 11%的媒介资金给网络广告，消费者购买欲增加了 4.3%，比仅用电视和印刷品广告提高了 20%；而且，公司在不增加任何附加资金的情况下，获得了明显的品牌提升。

网络广告也是吸引一些很少看电视的消费者注意的一个有效方式，这些消费者很难被电视所吸引，却习惯使用网络。实际上，不考虑网络广告方式，而仅通过电视广告方式，只能将购买欲提高 3.4%。

5.2 选择广告公司

为了能够有效地传递信息给广告对象，广告主必须制订有效的媒介策略，以期能够更好地完成整个广告活动。许多有实力的广告主会请专业的广告公司完成整个广告活动，广告公司则会为客户提供各种媒介服务，包括媒介调查、价格谈判、时间安排、媒介购买和发布核实等。

5.2.1 广告公司决策

1. 广告公司的基本情况

1) 行业市场状况

据亚洲《华尔街日报》2005 年 1 月 29 日的报道称，亚洲广告行业正处于蒸蒸日上的阶段，中国广告业也正在亚洲崭露头角。中国的广告支出比 2004 年度增长了 32%，仅次于日本广告业，达到 189 亿美元。当时已成为全球第五大广告市场的中国，据称将在此后的 7~10 年超过日本，成为全球第二大广告市场。

2009 年中国广告行业分析与市场研究报告显示，广告业显示出强劲的活力，广告业占 GDP 的比重及从业人员人均经营额均呈现持续增长态势。中国已经超越日本，跃居全球广告业第二位。在广告收入的媒介结构方面，中国的电视广告以 81%的比例占绝对统治地位，报纸广告只占了 17%，剩余的 2%由户外广告、海报广告、大众刊物广告和互联网广告瓜分。2008 年新媒介力量异军突起，中国的消费市场也快速升级，2008 年中国广告市场在奥运经济的推动下，出现了比较剧烈的变局。受奥运收视特点的影响，电视广告市场份额快速上升，平面媒介的广告空间进一步被压缩，以互联网和各种形式的液晶电视为代表的新兴媒介，进一步分割传统媒介的“蛋糕”，传统媒介将打响真正意义上的市场保卫战。

新媒介中，网络广告异军突起，2007 年的增长率为 50%，占整个广告市场份额的 6.7%左右。2008 年的增长率仍达到 50%。就 2008 年全球广告支出增长的贡献因素来看，互联网还只能居于第二位。相比之下，电视拥有更加庞大的受众，特别在发展中国家其增长更为明显。

从消费者角度来看，零点研究咨询集团发布的《中国 10 城市消费者广告接受度及其影响因素调查研究报告》指出：目前媒介广告被信任的程度普遍较低，消费者的广告接受度也不容乐观。调查结果显示，不相信广告内容的消费者群体比例(56.1%)比相信广告内容的群体比例(38.9%)高 17.2%；进一步研究表明，消费者对不同媒介的广告的接受度也有差异。消费者对电视广告的接受度相对是最高的，得分达到 78.6%，其次为报纸广告(55.9%)，而杂志广告(16.6%)、网络广告(11.5%)、路牌广告(8.9%)和广播广告(8.9%)目前的接受程度普遍较低。

2) 广告公司的类别、经营范围和条件

按照不同的标准，广告公司可以分为不同的类别。

以资源配置情况来看，广告公司可以分为外资广告公司、合资广告公司和民营广告公司三种。

从服务内容和经营范围来看，广告公司可以分为以下类型。

(1) 综合型广告公司。综合型广告公司是指具有为广告客户提供市场调查、广告策划、广告效果测定、广告设计、广告制作和广告代理等全面服务能力的广告公司。这类公司要求具备以下条件。

① 与广告经营规模相适应的经营管理机构、市场调研机构，以及广告设计、制作、编审机构。

② 与广告经营范围相适应的设备和流动资金。

③ 与广告经营业务相适应的从业人员，熟悉广告管理法规的经营管理人员，专业市场调研、广告策划、代理人员，设计、制作人员，编审及财会人员。

④ 不少于200平方米的经营办公场所。

⑤ 健全的各项广告管理制度。

⑥ 承办或代理外商来华广告或出口广告业务的，还应具备相关广告从业资质，并有稳定的外商来华广告和出口广告业务渠道。

(2) 广告设计、制作公司。广告设计、制作公司是指专门从事电视、霓虹灯、灯箱、路牌、印刷品、礼品等广告设计、制作的公司。这类公司要求具备以下条件。

① 与广告经营规模相适应的经营管理机构，以及广告设计、制作、编审机构。

② 与广告经营范围相适应的设备和流动资金。

③ 与广告经营业务相适应的从业人员，大专以上学历的各类专业人员不少于从业人数的三分之一。

④ 不少于60平方米的经营场所，制作场所依广告制作项目而定。

⑤ 健全的各项广告管理制度。

(3) 兼营广告的公司。兼营广告的公司有两种类型。第一种兼营广告的公司是具有发布媒介的兼营广告的企业，包括经营书刊、音像等出版物的单位，以及具有广告发布媒介的商场、宾馆、饭店等。这类公司要求具备以下条件。

① 与广告经营范围相适应的广告媒介、经营机构和经营制作场所，经营场所不少于20平方米，制作场所依广告制作项目而定。

② 与广告经营范围相适应的设备。

③ 与广告经营业务相适应的从业人员，熟悉广告管理的经营管理人员，专业广告设计、制作及财会人员。

④ 健全的各项广告管理制度。

第二种兼营广告的公司是兼营广告设计、制作的企业，是指利用企业自有的人员、技术、设备从事广告设计、制作经营服务的企业。这类公司需要具备广告设计、制作公司的有关条件和要求。

(4) 兼营广告的媒介单位。兼营广告的媒介单位包括利用电视、广播、报纸、期刊、场(馆)等媒介，设计、制作、发布广告的电视台、广播电台、报社、期刊社、体育场(馆)、文化馆等。这类公司要求具备以下条件。

① 直接发布广告的手段(媒介)。

② 设有专门的广告经营机构和经营场所，一般面积不少于30平方米。

③ 相应的广告设计、制作设备。

④ 与广告经营业务相适应的从业人员，包括熟悉广告管理法规的经营管理人员，以及专业广告设计、制作、编审及财会人员。

⑤ 健全的各项广告管理制度。

⑥ 广告费收入须单独立账。

(5) 个体广告经营户。个体广告经营户是指在法律允许的范围内，依法经核准登记，从事工商业经营的公民。个体广告经营户需要具备以下条件。

① 一定的广告专业技能。

② 熟悉广告管理法规，有审查广告内容的能力。

③ 与广告经营范围相适应的经营场所、设备和流动资金，场地不少于20平方米，流动资金不少于5万元人民币。

④ 广告费收入须单独立账。

(6) 中外合资、合作广告公司。中外合资、合作广告公司是具有为广告客户提供市场调查、广告策划、广告效果测定，以及设计、制作、代理、发布等全面服务能力的广告公司。中外合资、合作广告公司除应具备综合型广告公司或设计、制作广告公司的条件外，还应具备下列条件。

① 外商投资广告企业的合营、合作各方必须是具有一定规模的以经营广告业务为主的企业法人。

② 能够引进国际先进的广告制作技术和设备。

③ 具有市场调查、广告策划和广告效果测定等能力。

④ 能够为中方合营者培训广告策划、创意、设计、制作和经营管理等广告专业人员。

⑤ 投资总额不低于30万美元。

(7) 申请增加广告业务的中外合资、合作公司。申请增加广告业务的中外合资、合作公司是指利用企业自有的人员、技术、设备从事广告设计、制作经营服务的企业。这类公司需要具备和设计、制作类广告公司同等的条件。

不管是什么类型的广告公司，只要涉及广告业务，就有相应的经营范围。广告的经营范围是指广告经营者进行的广告设计、制作、发布、代理等活动的统称。其中：设计是指根据广告目标而进行的广告构思、创作、编排等活动；制作是指根据广告设计要求，制作可供刊播、设置、张贴广告作品的活动；发布是通过媒介刊登、播放、设置、张贴广告的活动；代理是指广告代理人(广告经营者)在广告被代理人(广告客户或其他广告经营者)授权的范围内，以广告被代理人的名义，从事的直接对广告被代理人产生权利义务的广告业务活动。具体实践中，广告公司的经营范围比较广，而且根据其所在的不同地区的规定，经营范围也有差异。

2. 广告决策制订

从广告主的角度来看，当企业需要做广告时，首先面临的决策问题就是这个广告是由自己操作还是请广告公司代理。广告主要确定的是自己需要什么样的服务或帮助，并确认这些工作是否需要请广告公司来完成。

广告活动由本企业自己完成，从企业自身来看，其好处有以下几方面。

首先，可以节省总体费用。企业自行处理广告项目需要承担各项基本开支，但是省掉了额外支付给广告公司的相关劳务费用。

其次，更加贴切和配合企业的发展规划。整个的广告活动由本企业的特定部门或项目小组负责完成，一般来说，这样能够更深刻地配合企业产品的营销计划，更好地与企业的整合营销保持一致步伐。

再次，当企业的相关策略发生变动或调整时，本企业的广告项目小组能够及时地、迅速地调整相应的广告策略，能够将产生时滞的可能性降到最低，有效地避免不一致甚至是冲突的产生，操作起来灵活性较高。

最后，具有内部优势。由于广告活动由企业自己完成，负责广告项目的人员都是企业的员工，因此，对涉及相关部门的合作部分比较熟悉，了解企业的操作流程和规范，省去了外界广告公司操作时与企业磨合的成本。另外，项目小组还可以最大范围地调动和运用企业的内部资源，并与企业各个部门之间配合紧密，这有利于广告项目的开展和整体营销战略的发展。

但企业自行操作广告项目也有显而易见的劣势。

首先，在广告的操作方面不具有专业性。将广告项目外包给广告公司的好处就是只管支付费用，不需事事操心。而企业自己进行广告活动就必须事事亲力亲为。企业的项目小组或特定的广告操作部门并非专业的广告队伍，大多数是在有广告活动的时候，或者配合营销传播的时候组建的。因此，在操作上，相比专业广告公司而言，企业自己的广告项目组必然存在一些劣势。比如，在操作流程的熟悉程度方面、与媒介沟通交流的经验方面，甚至在费用的控制方面等，都极有可能比专业广告公司逊一筹。

其次，在广告策划方面易产生局限性，尤其容易受到视野上的局限。企业很容易只将目光局限在本行业的范围之内，例如，关注竞争对手的广告，而不容易将目光投向消费者。而广告公司则不容易受到委托企业的行业性限制，视野开阔，思路活泼。

最后，从社会经济的角度来看，不利于发挥资源的最大利用效率。广告业已经发展为一个比较成熟的行业，其对经济促进、对社会发展的作用是毋庸置疑的。很多企业都在强化自己的创作能力和媒介公关能力，实际上，这是对广告公司资源的一种侵占。专业化分工才更有利于社会经济的进步。

那么，企业如果请广告公司进行广告活动，该如何选择合适的广告公司为自己服务？

每个企业都希望找到一家优秀的、可长期信赖的广告公司。但如今广告公司越来越多，选择一家合适的广告公司为自己服务，并非易事。常有广告业内人士形容广告主和广告公司的关系如同婚姻一样，相识或相亲时，都是将自己

最好的一面呈现给对方，蜜月过后，则会暴露各自的缺点，各有各的理由，各有各的抱怨。

案例

广告视点 5-2

如何选择广告代理商？

截至 2008 年 1 月 31 日，在调查所涉及的广告主与广告代理合作关系中，25%的广告代理关系持续时间少于 1 年，而 2006 年这一数据只有 19%。广告代理关系平均维持时间为 2.5 年，低于 2006 年的 2.8 年，远远落后于时长在 6 年以上的欧洲和美国。其中本土广告主与广告代理商的合作关系更短，只有 1.9 年。

(1) 为什么广告代理关系常常晨聚暮离?

与 20 年前相比，今天越来越多的广告主在寻找广告代理商时，都有了繁简不一的操作流程——搜寻公司、审核资格、见面接洽、邀请比稿、提案打分、价比三家、谈判签约……貌似规范严谨，但为什么平均的代理关系时间却越来越短? 是广告代理商能力不够? 还是广告主越来越喜欢“露水姻缘”？

不断更换广告代理商，以期望发现更好的，这是人性的真实反映，并不奇怪。但问题的关键是，广告主在寻找广告代理商之前，是否清楚到底要什么。如果为换而换，三天两头改变代理商，每一个创意所呈现的都是不同的策略方向，单一看起来好像都还有点道理，但贯穿起来，就会很清楚地看到投资在内耗、品牌在稀释。

没有完美无缺的广告代理商，也没有一无是处的广告代理商。如果有广告人宣称自己每一个案子都是成功的，这人要么就是骗子，要么就是圣人。圣人也会犯错，所以只可能是骗子！只有当广告主知道自己的需求、期望，洞悉广告代理商的内在，才能找到合适的广告代理商，才能让双方的合作时间更长久。

(2) 了解你的需求。

专业的广告代理商一开始就应该很诚实地提醒客户，不要忙着作决定，一定要先想清楚：到底希望广告公司做什么?

不同的企业发展阶段，需要不同的广告代理商。刚刚起步的企业，往往并不需要一个管家。很多企业最初的推广活动，也都是由创始人亲自来做的。企业只有进入一定轨道后，才需要一个小规模的广告代理商，也就是相当于一个保姆。企业进入更为复杂的品牌运作时，才需要一个管家，帮助打理“衣食住行”，甚至管理一个仆从团队，分工协调，完成企业的更高目标。

不同类型的产业，也需要不同类型的广告代理商。充斥国际品牌的化妆品行业，和没什么国际品牌的中国式保健品行业，需要的广告代理商其实是完全不同的。前者已经规范，后者还处在建立规范之中，游戏规则完全不同，这也就是有些人很擅长后者，但在前者的领域却一无建树的原因所在。

(3) 了解你的期望。

很多广告主都渴望奇迹，渴望一夜成名。然而，奇迹之所以为奇迹，就是因为很少发生，而且发生了也不一定完全是广告代理商的功劳，还可能是由于产品独具一格、竞

争对手"睡懒觉"、媒介轰炸洗脑、类别正好流行、代言人忽然走红……过高的期望可能造成过度的失望。这也是很多广告主没有耐心，一不顺眼就过早解除广告代理商合约的重要原因之一。

实际上，品牌的经营需要一个过程，需要不断的累积。一夜成名的事情，不是每天都在发生的。认真做好每件事情的每一个细节，成功的机会就会比别人多。

选择广告代理商，不是看它某一个客户在某一个阶段有多么成功，而是看它有多少比例的客户持续获得成功。选择广告代理商，不是选择奇迹，而是应该选择专业。选择专业，其实就是选择胜率。

(4) 了解你的伙伴。

广告代理商关注自己的生意，其实无可厚非，但是首先的前提，在于该广告代理商是否关注你的生意——对你的行业有没有努力去了解，对你的消费者有没有悉心去研究，对你的产品有没有亲身去体验。一句话，对你和你的生意，有没有报以最大的敬意，如同情侣，你的喜怒哀乐是让他着急紧张，还是无所谓。

选择广告代理商，人们经常说首先要看规模，小广告代理商一般确实很难提供大企业完善的服务，小企业一般也没有必要找大广告代理商。但最重要的是，作为广告主，在广告代理商的大量客户中，到底是被重视的还是被忽视的，这才是关键。对一个优秀的广告代理商而言，不在于一年赢得多么多的客户，而是要对于手上的每一个客户，用持久的服务品质来维系。如果一味求量，前面拿，后面掉，那么每一个客户都得不到满意的服务。

因此，更重要的是看人，看为你服务的人，能不能倾听你的声音，是不是努力做功课，有没有专业训练，会不会关注细节，值不值交付信赖，尤其是他够不够坦诚和勇敢，是你的一个回声，还是一个和声。通常有些广告代理商出于生意的考虑，客户说什么就赞同什么，这就好像一个回声。而有些广告代理商，则很乐意从不同的角度提出一些不同的观点，跟客户讨论，发现客户的盲点，激发客户的思考，这就如同和声，有相同，有不同，有遵从，有争执，反而让思考更加周全，让品牌更加完满。

再就是看创意能力，看创意作品。获奖和广告代理商的创意能力并无必然联系。很多奖项的评委，并非从市场效果出发，而是纯粹从创意艺术的角度出发的，就像电影一样，获奖的不一定票房高，票房高的也许永远得不了奖。看创意作品，不是要看作品有多炫，而是要看创意后面的策略思考，有没有创意性地解决了市场的问题。策略不是秀一套套的工具和理论，如同健美一样，广告客户要的是一身"肌肉"，而不是一大堆"完美的器材"。如何让客户的收银机不停地响，才应该是广告代理商的真正目标。

如果了解自己的需求，了解自己的期望，也了解广告代理商，其实广告主就不需要找几十家广告代理商来比稿。没有目标的寻找，仿佛大海捞针，除了劳民伤财，也不太可能有满意的结果。

3. 选择的标准

广告主和广告代理商是类似雇主与雇员的合作关系，广告代理商服务于广告主，而广告主是广告活动的主体。因此，广告主在选择广告代理商时需要考虑众多因素，但关键是要从企业的自身出发，根据自身的实力和实际需求状况来进行选择。

如果广告主决定要选择广告代理商来进行广告活动，那么需要考虑如下因素。

1) 广告预算

虽然说广告的好坏并不取决于广告预算的多少，但是客观来看，预算较多的广告能更好地运用较多的资源来支持广告的运作，这对广告策划来说是有利的。而且，许多业内人士认为，一般预算较多的广告比较倾向于找大的广告公司做，预算少的则相反。这是因为预算少的广告，许多大公司觉得油水不大，不愿承担，或者虽承担却不予以足够的重视；而对于预算大的广告，小公司也很可能由于人力、物力有限而难以承担。

2) 广告公司规模

不能说规模大的广告公司就一定比规模小的广告公司要好，选择广告公司时要考虑广告公司的规模，这还需要和企业自身的情况相结合。

规模是衡量一个广告公司实力的重要标准之一。企业往往比较认同规模较大的广告公司，但实际上，企业要找的是最适合自己的广告公司，而不一定是最大的广告公司。大的广告公司相对专业能力强，但对小的企业可能不会用太多的精力去服务。相反，小型企业找到小型的广告公司则有可能获得良好的服务，并且收费也不高。当然，也不排除有些大广告公司也会钟爱于具有发展潜力、成长快速的中小企业的可能。

另外，还要考虑企业要求广告公司的服务范围。广告主对广告项目的要求范围越广，不仅包括媒介选择、广告创意服务，还包括市场分析、产品促销等，就越倾向于选择规模较大的广告公司，因为广告主相信大公司能够提供更多、更丰富、更优质的服务。而实际操作中，大型的广告公司经验比较丰富，能够运用各类媒介资源和社会资源，为服务广告主提供了某些“硬件条件”方面的保障。

3) 广告公司的创意成功率

创意是广告的灵魂，每一个广告公司都声称自己富有创意。而创意其实是很难判断的一项指标。广告主对一个广告公司在创意上的考量往往会从关注该公司以前的业务记录开始。该公司做过哪些广告，创意如何，有哪些是受众接受程度较高的。成功的创意越多，说明该公司拥有的有效创意可能性越高，该公司创意人员的水平可能也越高，那么未来合作成功的可能性也就越大，这对广告主来说是非常有利的。

4) 广告公司对企业产品的熟悉程度

广告成功的前提条件之一，是广告人员对所宣传的产品非常熟悉。广告人员不仅要熟悉产品性能和特点、生产和营销状况、顾客需求的重点，还要熟悉产品所在行业的整体情况、主要竞争对手的情况、国家相关政策等。广告公司对产品越熟悉，在各项广告宣传工作方面越能得心应手。

5) 产品的冲突性

广告公司是否代理竞争品牌产品是企业选择广告公司的标准之一。这在竞争激烈、产品同质化的行业里尤其应得到重视，而工业、商业、科技企业在此方面

则可以较开通一些。一般来说，不宜选择正在为竞争对手做广告的广告公司。一方面是出于商业信息保密的需要，另一方面也是为了避免有关各方造成利益上的冲突，这对建立长期的合作关系不利。

在这个问题上，企业要明确的是要界定冲突的范围和允许的尺度等问题。直接代理竞争冲突产品的广告公司显然被排除在外或交由广告公司自己选择放弃其中一家；间接冲突的相关类别产品，如冰箱和洗衣机、饮料和啤酒等，就较难明确选择，主要是看企业和市场的具体情况。

6) 企业和产品所处的阶段

企业处于不同的发展阶段时，对广告的投入、要求和需要达到的效果是有差异的。企业的产品处于自身生命周期的不同阶段时，其广告的目的和诉求也完全不同。这些差异会影响企业在广告策略上的变化或调整，对企业选择广告公司的决策也存在很大影响。例如，全面配合产品导入期和成熟期的广告策略就不可能完全一样，这必然导致广告主采取不同的广告投入，因此对于这两个阶段在广告公司的选择上也很有可能产生影响。

7) 广告公司的经营状况

企业应看重广告公司的经营机制和稳定性。要考虑的问题有：媒介的广告公司是否专心媒介经营，大型广告公司是否有好的服务意识，小型广告公司会不会太短视，外资广告公司是否太教条，人员变动太大的广告公司是否会影响合作等。企业与一个经营不稳定、机制不健全、管理不到位、产权不明确、员工涣散的广告公司合作是会冒比较大的风险的。另外，一个合适的广告公司不仅要业务优秀，而且其人员要容易合作共事，有职业操守，能为广告主保守商业秘密，值得长期信赖。这样的广告公司才可以纳入选择合作的范围。

8) 广告公司的地理位置

广告公司与广告主要保持良好的合作关系，双方的经常沟通是必须的。信息沟通的方便性也是许多广告主在实际选择时会考虑到的一个因素。

许多企业认为广告公司的营业地点靠近企业很重要，以便于双方及时沟通。企业如选择距离远的广告公司，就要考虑广告公司是否在企业所在地设有营业网点，甚至能否和企业广告部一起办公。

如海尔集团早在 1993 年就创造性地成功建立了独特的广告合作室模式，先后邀请世界一流的奥美广告公司、电通广告公司，以及国内广州、北京等数家广告公司进驻海尔集团办公，较好地解决了沟通问题，大大提高了工作效率。

企业若在外地设有分支公司，还可要求广告公司也设立跟进服务机构。如国内许多外资广告公司都是随着国际客户开拓中国市场而进入中国的。有些广告公司认为现代交通很方便，不愿在异地设立机构。一是考虑异地无法确保同总部一样的服务水平，资源得不到共享；二是分支机构的开支成本增大，无法获得合理利润。事实上，广告公司异地机构的主要功能是与客户保持密切的面对面沟通关系，这种直接的亲近感是其他任何沟通手段都达不到的，带来的效益也是不言而喻的。至于利润问题，广告公司异地的开支成本肯定会较大，企业需要以一定量的业务支持来保障广告公司的正常经营运作。

案例

广告视点 5-3

申度营销与 NBA 进行广告合作成功营销案例

NBA 在中国的影响力越来越大，越来越多的中国球员进入 NBA 打球。在中国，NBA 拥有极为广阔的市场及发展空间。中国有 13 亿人口，差不多有 3 亿人打篮球，这个人口数目就是整个美国的人口数目。因此，任何商业联盟都不会拒绝这么庞大的一个市场。

NBA 中国依托 NBA 联盟这个全球的顶级商标于 2004 年正式进入中国市场，其中 2004 年 NBA 中国赛创造了篮球这项运动在中国诸项数据的记录。

面对国际性商业帝国 NBA，申度营销击败了众多竞争对手，成功地和 NBA 中国在浙江地区合作开展了多项跨行业、跨层次的多方位合作，成为 NBA 中国在浙江唯一合作推广机构。其合作内容涉及体育活动、商业赞助、广告拍摄、场馆建设和媒介建设等领域。这些合作使得 NBA 在浙江地区的受欢迎程度和商业利益达到最大化。申度营销已经成为 NBA 中国的优秀合作伙伴之一。

太子龙服饰公司正与申度营销合作，借助 NBA 的“英雄”气势打造品牌精神。在与 NBA 联手体现太子龙服饰的同时，借助 NBA 的国际形象，也将太子龙品牌由国内推向世界，将产品推向国际市场。另外，申度营销还建议设立“龙英雄”基金会，由 NBA 球星来宣传造势，实现太子龙企业效益与社会利益的相互转化，最终实现企业的更快发展。

通过与申度营销工作人员沟通得知，他们之所以做到与 NBA 进行很好的合作，其原因在于申度营销将品牌概念和市场策略溶解在互动性高的活动环节，使目标群体能够积极参与，并动用各种传播手段，使品牌通过活动前期、中期、后期的全程传播，持续提升品牌和促进市场业绩。同时，申度营销善用手中的明星资源，借助明星带来无形的市场影响力，为品牌发展增添光彩。

5.2.2 选择方法

如何选择一个合适的广告公司，最大化地达到广告主要求的广告效果，甚至实现超出原计划的效果，这是每一个广告主都梦寐以求的。但实际上，许多广告主选择的广告公司最后制作出来的广告，其营销效果都还可以有更大的发展空间。因此，寻找广告公司，并选择一家合适的广告公司，与之以有效的方式合作，使得最终的广告策划发挥出最大效用，这是广告主必须经过仔细考虑和分析完成的事项。

一般情况下，广告主寻找广告公司的渠道很多，如专业广告杂志中的广告公司的自我宣传、介绍或作品，广告协会的宣传推荐，朋友介绍的或网络平台上的信息，或者追踪成功广告作品的创作公司等。广告主会大致选定一些可以考虑合作的广告公司，然后再从中选择合作对象。以下一些建议可能对企业选择广告公司有所帮助。

美国广告协会(American Association of Advertising Agencies，简称 4A)制定

了广告公司的服务标准，这一标准可作为广告主在待选广告公司中最终确定合作对象时的参考，其中重要内容包括以下几点。

(1) 该公司是否研究顾客的产品或服务，以决定产品本身的优劣点及其竞争能力。

(2) 该公司是否分析市场现况与潜力，以期产品劳务适合市场的需要，诸如市场位置、可能销售量、季节性、贸易与经济情况等均在分析研究之列。

(3) 该公司是否重视运输、销售及其执行方法。

(4) 该公司是否有效运用各种媒介向消费者、批发商、代理商、零售商说明产品与服务的知识，这一知识包括商品特性及效果等。

在具体操作上，企业的广告项目小组会讨论决定选择一家广告公司作为合作对象，这些过程比较复杂烦琐。

首先，企业自身需要做好准备。

企业应挑选合适的人员组成项目小组。如果企业本身已经存在广告部门，那么需要将广告项目任务具体下派，说明具体人员的具体职责范围。该广告项目组要清楚地知道本次广告决策的目标，列出实际的需要和预期应该达到的效果。

具体来说，广告项目组应对企业自身或产品进行较详细的分析，写明目前的状况和存在的问题。将这些内容以书面报告的形式提交给企业的管理决策层，并取得认可。让企业的管理决策者了解广告项目组的目标和行动方向，有利于企业把握大局，配合调用各种内外部资源。另外，广告项目组还需制定出对广告公司明确的评审和筛选标准。

其次，列出备选广告公司名单。

广告项目组可以选择一种或多种获取广告公司名单的渠道，比如，可以从杂志或报纸上发掘一些令人心动的广告，也可以从电视上找出令人赞赏的广告等，并打听出这些广告是由哪些广告公司所创作，将这些公司列入有待合作的名单中。需要注意的是，名单确定后，应将那些正在为本企业的竞争者工作的广告公司剔除。

再次，分别评价所选的广告公司并制订最后决策。

确定待选广告公司的名单之后，广告项目组需要对名单上所列的广告公司进行逐一分析。分析内容主要包括公司的背景、规模、主要服务客户、服务领域及服务范围、管理水平和财务状况、以往的广告案例、人员的素质等。分析之后根据自身要求和实际情况筛选，精简名单。然后，安排时间和名单上的每家广告公司的经营层、创意指导及将来可能为本企业服务的主要负责人见面。广告主必须了解和对方沟通的状况，以确认是否有可能进行愉快的合作，并取得较好的成果。

另外，广告项目组需要设计一个竞赛所用的广告项目给备选广告公司，并在规定时间内比稿。必须考虑到备选广告公司在设计竞赛时必需的成本开支，一般应给予各参赛公司一定数量的费用补偿，并在竞赛之前作预先说明。

最后，选定广告公司。

评审各个广告公司的竞赛结果，根据对备选广告公司各方面的考量和竞赛项目比稿的结果作出判断决策。比如，对于竞赛广告项目的评审一般包括：对项目的理解情况、设计前的各项准备工作情况、企业营销战略的体现和发展、能否达到预定的广告目标、广告的创造性、设计的实用性及制作的难易情况、媒介选择的合理性、整个广告的预算水平等。

另外，广告项目组成员也可以了解备选广告公司以前的客户情况和评价，毕竟口碑营销在广告行业也是极其重要的一种营销模式。

广告项目组按照原定规则完成评估后，写出综合评审报告，交由决策者作出最后决定，并与所选广告公司双方签订广告代理合同。

5.3 选择广告代言人

2004 年，“超级女声”横空出世，善于“发现先机”的蒙牛认为 2005 年的“超级女声”一定会更加火爆。蒙牛抓住时机以 1 400 万元的“低价”取得 2005 年“超级女声”大赛的冠名权，还启用 2004 年“超级女声”季军张含韵做蒙牛酸酸乳的品牌代言人。通过代言蒙牛酸酸乳，张含韵红遍大江南北，“超级女声”也为蒙牛带来了不菲的收益。2004 年 6 月份蒙牛酸酸乳的销售额为 7 亿元，2005 年 8 月份蒙牛酸酸乳的销售额已经上升到了 25 亿元。蒙牛与“超级女声”可谓实现了“双赢”。

5.3.1 代言人选择决策

1. 广告代言人内涵

广告代言人是指通过在广告中进行陈述或表现行为来支持广告或广告声明的人、物或组织。在具体的广告活动中，人们对于使用广告代言人的理解更多的在于请一些社会名人来为广告主推出的商品进行广告宣传行为，利用知名人物(多是演艺界或体育界的明星)的号召力和影响力来扩大商品的知名度，从而最终达到提高销量，获得更大效益的目的。

广告代言人的类型包括：

(1) 人，包括名人、普通人、专家；

(2) 物，包括动物、植物、虚拟人物等；

(3) 组织或团体。

例如，东京奥运会让人们记住了日本的寿司，汉城奥运会则让泡菜闻名天下，而水饺已经成为了北京奥运会的代言美食。

广告代言人在广告的传播过程中扮演重要的信息来源角色，并且根据其所具有的说服力对消费者产生影响。Friedman 在其研究中，将广告代言人类型分为名人、专家和典型消费者三类，其中：名人说服力的来源主要是依赖吸引力；专家说服力的来源主要是依赖专业性；典型消费者说服力的来源主要是依赖相似与可靠度。

据统计，近年全球前 100 强品牌中，近 50%的品牌采用了品牌代言人或广告代言人策略。2007 年除夕的 19：00—24：00，由中央电视台 CCTV 1、CCTV 2、CCTV 7、CCTV 8 四个频道播放的总计 322 个广告作品中，使用代言人策略的广告作品达 135 个，占总数的 41.9%。代言人不仅已经成为全球

其他国家与地区进行品牌传播时选择的重要的、常用的策略，在中国内地也越来越盛行。

2. 广告代言人决策

当今的社会中，越来越多的人注重产品的代言人问题。然而广告代言人的选择也是需要讲究策略的，如何选择，选择怎样的代言人是迫在眉睫需要研究的问题。好的代言人能有效地烘托产品，给产品带来新的活力和生命力，用广告代言人的影响力去影响产品在消费者心中的形象。但是如果代言人选择不恰当，那么对于产品和品牌的杀伤力也不可小觑。要选择合适的代言人，就要对产品所需要的代言人进行细分，并且在选择代言人的时候要选择价格、背景等都适合的代言人，使得品牌能够一步一步走向市场的顶峰。

富媒介时代已经来临，名人在媒介的精心打造下，如同流水线上的产品一样正源源不断地涌现出来。名人的空前量增，自然造就了一个巨大的品牌代言人市场。大到国家政府性活动(如北京申奥)，小至居家消费品促销(如方便面广告)，都出现了代言人的角色。商界人士普遍认为：品牌与代言人的“联姻”组合已经成为商战克敌制胜必不可少的一把利器。

然而，在认识到代言人重要性的同时，不少广告主也不知不觉地走入了一个误区：似乎为企业做广告、为产品做广告，使用广告代言人决策的效果一定都很好；只要是名人，不论男女老少、不论形象和身份，通通适合作自己品牌的代言人。其实，在品牌塑造过程当中，代言人的选择不仅仅是一个必要环节，它更是一种技巧与策略。选择正确的广告代言人也是一个企业及其产品能够更好地面向市场、面向受众的桥梁。

虽然许多商品广告都使用了代言人策略，但是企业是否需要启用广告代言人并不能简单地根据其他企业的经验而定。采用代言人策略取决于很多因素。

1) 从企业的自身实力及行业特点考虑是否选择广告代言人

一般选择广告代言人的行业集中在与消费者的日常生活相关或接触频繁的领域，多为快速消费品行业。这些行业通过明星的代言可以增加消费者对产品的信心，并通过效仿来增加消费者的购买偏好，进而影响消费者产生购买行为。但明星的代言费用远远高于广告制作的成本，一个好的广告只有通过广告媒介以适合的频率展露，通过一定周期的积累展示传达给消费者，才会产生预期的效果，这需要得到较多的资源支持。如果企业自身实力不足或缺乏后续投入，那么尽量不要考虑广告代言人的这一种方式。从另一个角度来看，现在广告行业中，明星代言的泛滥和眼球效应的分散会使得投入产出的效能大大降低，这也是企业必须考虑的问题。

2) 广告代言人是否与企业产品的定位、形象相吻合

代言人的形象和企业的形象、产品的形象是紧紧联系在一起、互相影响的。要正确引导消费者，只有选择合适的广告代言人，才能很好地传递产品的定位、形象，以及企业或品牌的精神。例如，可乐的代言人多为当红歌星和体育明星，不管是百事可乐的“畅想无极限”，还是可口可乐的“要爽由自己”，都与其青春活力和激情的产品定位相一致。

3) 充分评估广告代言人效应和可预测风险

在信息极度丰富的现代社会，明星的行为方式成为公众关注的焦点。代言人不良事件和不佳的表现会很快殃及企业，对代言产品造成伤害，如可口可乐曾经在选择代言人上出现过一些失误。

当今社会，明星的生命周期越来越短，而产生明星的机会和频率大大增加，因此广告代言人的选择也充满不确定性，隐含的风险和机会同样存在。

大众观念大多认为明星代表着鲜花、地位与金钱，而且还是许多企业青睐的对象和目标。但也有很多企业走出明星代言的狭隘空间，拓展选择更多的宣传方式，比如可口可乐与腾讯的强强联合。从企业角度来看，关键在于为消费者提供更多的价值，夯实基础，这样才能为企业的持续经营提供支持。

5.3.2 代言人选择风险

1. 使用广告代言人决策的风险

作为近年来运用较多的广告手段，使用广告代言人，尤其是明星代言人，正成为许多企业梦想快速促进销售和塑造品牌形象的捷径。明星代言人也是广告代言人决策中使用最多的一种方式。但明星代言人从来都是一把双刃剑，在迅速给企业带来巨大利益的同时，明星代言人也隐藏着高度的风险。以下主要从明星代言的角度来探讨广告代言人策略运用的相关研究和探索。

总体而论，明星代言人风险主要来自于选择方式、传播过程和明星自身发展等几方面。具体而言，明星代言人风险包括选择成本风险、关联度风险、吸引力风险、独特性风险、可信度风险和一致性风险。

1) 选择成本风险

企业作为营利性机构，其任何决策都应充分建立在成本 - 效益分析基础之上，所以，一个首要问题是：企业是否应该采用明星代言人策略。这一问题成为代言人策略的首要风险，但它却是最容易被忽视的风险。当商家都习惯从“使用明星代言人后会带来什么收益”角度去思考时，这一风险已经在一开始就被企业忽视了。

毫无疑问，请明星做代言人的成本是巨大的。一线明星的身价在 200 万元至 300 万元，大明星的身价为 500 万元至 800 万元，巨星身价则为 1 200 万元左右。在拥有 1 400 多个品牌形象代言人的晋江，高额的明星代言费常常占众多中小企业全年销售额的一半以上。而即使采用了明星代言人，还要求企业有持续的投放广告和相关活动等，传播费用一般要达到请明星代言费用的五倍以上才能产生形象代言的效果，这更需要企业具备一定的资金实力。但实际上，目前国内许多企业在使用明星代言人的策略上存在着巨大的赌徒心理，常常是砸锅卖铁以求一“星”，这无疑给企业的发展埋下了巨大的风险种子。

2) 关联度风险

企业启用明星代言是为了使消费者将明星与产品(品牌)联系，并把对明星的好感转移到对产品和品牌的态度上来，形成好的产品偏好和品牌偏好。而消费者能否把明星和产品联系起来的一个主要因素是明星与产品间的关联度。具体而

言，表现为明星代言人在特性、气质等方面与产品(或品牌)是否相一致。比如，奥运冠军给专业运动类产品代言就比较合适，给烟酒类产品代言则不够相关，因为运动员一般是不吸烟饮酒的。

企业所选明星代言人的特性不契合产品和品牌特质的例子屡见不鲜，如中老年人用品北极熊海狗油曾找青年演员王思懿做代言人，联想曾经请 F4 做旗下数码产品的代言人等。明星和产品或品牌之间关联度不强，在深层次上表现为代言人所传达的信息和广告产品的核心诉求不相吻合。如果明星代言人与产品定位及品牌的个性、形象不一致，最终将得不到消费者的认可，甚至会引起反感，让企业得不偿失。

3) 吸引力风险

企业选用明星代言自然是为了借助明星强大的影响力来促进产品快速进入市场，但明星的影响力却并非是永久的，明星的发展同样也存在生命周期，这需要企业对明星的发展前景作较准确的预测。许多明星吸引力骤降给其所代言的企业带来了巨大的损失。例如，2002 年世界杯前夕，米卢同时代言三个品牌，但世界杯过后米卢的离职却给了那些请他代言的企业沉重的打击；又如，开尔服饰受毛宁的负面新闻影响不得不中断了一切赞助及广告活动等。

明星代言人对受众吸引力不足而引起的吸引力风险，使得企业必须在选择明星代言人时做好全面、相对准确的预测。如果对代言人的选择不准确，就会浪费企业巨额的资金，同时失去宝贵的宣传发展机会。

4) 独特性风险

独特性风险是指明星代言人的独特性差别所引起的广告传播效果差别的风险。独特的明星形象最能带给消费者清晰的感觉，使消费者把明星和产品强烈联系起来，从而有助于完成从“喜爱明星”到“喜爱产品和品牌”的情感移植过程。但现在，同一明星代言多个品牌的现象十分常见，这就造成消费者一方面会引起记忆的混淆，把一个品牌和另一个品牌张冠李戴，另一方面对明星的不信任感加大，认为明星推荐某产品仅为获得巨额广告酬劳而已。

另外，独特性风险与吸引力风险是相关联的。一般而言，正走红的明星的吸引力应该较强，然而当红明星基本属于稀缺资源，所以众多商家都希望通过这样的明星来开辟市场，于是就容易造成同一明星代言众多品牌的现象。许多当红明星，如刘德华、周杰伦、刘翔等，其代言的产品数量均达六七个，但普通的消费者能够记住几个呢？如果同一明星代言多个品牌或产品，该明星的独特性就会削弱，很可能引发消费者对其信任度的下降，那么其吸引力也有可能会直线下降。

5) 可信度风险

可信度风险是指来自明星代言产品时推荐信息真伪的风险。如果消费者对明星代言人所传递的信息产生怀疑甚至认定为虚假信息，就会作出对产品不利的反应。消费者对明星代言该产品的可信度低除了关联度、吸引力和独特性等因素外，还可能由于企业的制作和传播宣传信息不当而引发风险。

近年来，以明星代言广告而引起的法律问题开始受到广泛关注。如消费者将“盖中盖”及其代言人巩俐告上法庭，将宝洁 SK-II 及其代言人刘嘉玲告上法庭

等，理由均在于明星对产品进行了虚假宣传。不论失误在于明星本身还是企业本身，客观地看，这都给企业的形象和产品销售的前景造成了极坏的影响。同时，政府也开始加强对明星证言广告的管理，如新出台的法规规定，医药产品禁用名人代言等。

6）一致性风险

一致性风险主要是指明星的形象与产品、品牌及企业的形象不一致所引起的风险。

一方面，它在客观上表现为明星在生活、事业中的多变，会对企业的形象造成不良影响。明星代言人在签约时可能与产品高度相关，其吸引力和可信度也较高，但是，明星都有自己的事业和生活，明星的形象也可能发生改变。比如，以温柔贤淑形象示人的女星代言某淑女服装品牌后，可能立即在荧幕上塑造泼辣的形象，这就与其所代言的淑女装形象不一致了，这会对企业品牌形象的塑造造成恶劣的影响。

另一方面，一致性风险还表现为企业或品牌形象的不连贯和不一致。这主要是由于企业在主观上随意更换明星代言人引起的品牌乱码，造成产品个性和品牌形象的混乱。企业一旦实施了明星代言人策略，也就开始了品牌形象的塑造，明星代言人的形象就和品牌形象紧密地结合起来了。只有当明星的形象表现、人格特征与品牌个性相一致时，品牌的塑造才能事半功倍。而企业对明星代言人的选择或更换不当，则会引起消费者对品牌形象认知的混乱，对品牌塑造产生副作用，甚至很有可能会将已有的品牌个性稀释殆尽。

案例

广告视点 5-4

可乐阵营的代言人风险

同样的画面、同样的眼神，但背景是不同的，“每刻尽可乐——可口可乐”。

传播媒介极大丰富、娱乐活动备受关注的今天，电影、音乐、体育、网络等成为人们特别是青少年生活中的重要组成部分，而作为这个时代的佼佼者——明星，则成为现代、时尚、成功等内容的代表人物，成为青少年追捧和效仿的对象，许多商家，特别是以青少年为主要消费对象的消费品公司，不惜重金，请当红明星为自己的产品代言，在这里有代表性的当属可口可乐与百事可乐两家饮料巨头。

在多年的博弈中，百事可乐一直处于劣势，扮演着追随者的角色。直到 20 世纪 80 年代，百事可乐提出“新一代的选择”的市场定位，目标与重点放在了青少年身上，选择合适的广告代言人，从迈克尔•杰克逊到布兰妮，从 NBA 赛场到世界杯球星，上演了一场场精彩的广告大战。在中国市场，百事可乐更是毫不逊色。从早期的张国荣、刘德华，到郭富城、郑秀文、王菲、F4、周杰伦、姚明等，建立起庞大的蓝色明星阵容，使百事可乐在中国市场得到了长足的发展。无疑，明星的广告效应起到了推波助澜的功效。2002 年百事可乐成为青少年最喜欢的饮料，并在发展速度上首次超过可口可乐。

实际上，可口可乐一直倍感压力，力图在青少年的消费领域打压百事可乐，在广告

明星的选择上也不甘示弱。从张惠妹、伏明霞到谢霆锋、张柏芝、SHE、刘翔等大牌明星，明星广告大战在百事可乐与可口可乐之间愈演愈烈。

但是，可口可乐近几年对广告代言人的选择并非一帆风顺。1999年，台湾地区的张惠妹在大陆地区如日中天，可口可乐公司选择她作为雪碧的代言人。一方面使音乐与雪碧品牌更为牢固地结合；另一方面，也想借此提升雪碧在中国市场的份额。“晶晶亮，透心凉，我选择雪碧”，高质量的电视广告，配合大面积的雪碧促销，当年的广告大获成功，雪碧销量得以大幅增加。但好景不长，转年张惠妹因故被封杀，包括演出光盘、代言的电视广告和户外画面等一切影像和宣传材料。雪碧的代言也就此结束。几年之后，重返大陆的张惠妹摇身一变，成为康师傅饮料的代言人。

可口可乐为挽回这一次的损失，又选择了当年的世界跳水冠军伏明霞作为雪碧代言人，但出师不利。新闻发布会上，一条标有不雅文字的裤子，使发布会大煞风景。

2001年，可口可乐又投巨资选择了当红小生谢霆锋，一是看重其活力和青春，二是针对百事可乐的代言人王菲，“每刻尽可乐，可口可乐”的画面无处不在。广告在当时来讲可以说是大获成功的，但不久又出事端。先是与张柏芝拍的情侣汽水广告，在传出谢霆锋“顶包案”后，被停播。同时，两人的恋情成为舆论焦点而产生负面影响，谢霆锋忙于出庭应诉而取消了2002年原定的宣传活动。几年之后，这个不安分的小生又跑到了百事可乐的蓝色阵营。

但不管怎样，这些都是品牌宣传与推进过程中的一些不协调插曲。可口可乐作为有着百年历史的品牌，在广告宣传和制作上有强大的经济基础和专业人力资源，任何一个广告的出台都经过谨密的市场调研和风险评估，并有一整套面对突发事件的应对机制，其许多优秀的广告已成为界内的经典。

大多数的企业不能像跨国公司一样去消耗有限的资源，日显高涨的代言费用和因不良选择而产生的负面效应是难以承受的，所以在广告代言人的选择上应加倍小心。

2. 风险的规避

世界品牌实验室的研究结果对明星代言人策略的风险掌控给出了一些提示，主要体现在以下几个方面。

1) 将明星代言人策略纳入品牌建设战略

规避明星代言人的诸多问题和风险，一个根本措施是将明星代言人策略纳入企业的品牌建设战略，上升到战略层面。企业在采取明星代言策略之前，应该对自身的品牌有一个明确的定位。并非所有的行业、所有的产品都适合采用品牌战略，这主要取决于消费者对产品品质的了解程度。如果消费者非常了解产品品质，企业就不适合采用代言人来树立品牌形象，因为即使该企业的品牌再有名，但消费者了解到该产品与其他厂家的产品其实并没有显著差别，仍然不会显著增加购买量，如餐具类的产品等；当消费者对产品品质了解较少时，企业就可以考虑采用代言人来建立品牌，因为这时候消费者将主要依赖企业的品牌信誉来判断产品的品质，作出购买决策，如高科技产品、电子产品等。

2) 确立科学的指标体系

作为一项重要的企业营销决策，对明星代言人的选择不能只依据对当下流行趋势的简单判断。明星的发展同样也存在生命周期的效应，因此，企业对明星代言人的魅力状况及未来的人气发展只有用科学的指标体系来评估，辅以实现良好的发展前景，才能使明星效应和产品宣传达到珠联璧合的效果。

建立科学指标体系的前提是深入研究目标消费者的特征。之所以强调目标消费者是因为：

① 有可能明星的总体知名度很高，但产品的目标消费群却对其知晓较少；

② 也有可能目标消费者对明星的知晓度很高，但对其美誉度认知却较低；

③ 还有可能明星的知名度和美誉度都较高，但目标消费者却反感其为这个产品代言。

研究目标消费者的特征，目的在于分析他们的消费期望和偏好，他们喜欢什么样的明星等。研究表明，大众喜爱明星的主要原因是源自他们出众的才艺、外观气质、性格、行事风格、品质、精神和贡献度等方面。那么，科学指标体系应该从这几个方面分别加以量化，评定出产品的目标消费者喜爱的明星。

3) 选择合适的明星代言人

选择合适的代言人也就是按照建立起来的科学指标体系，从明星对消费者的吸引力和可信度、明星与产品的关联度等角度去考虑，选择适合为企业代言的明星，不同的明星往往适合为不同的产品代言。选择时还应注意企业使用代言人目的的侧重点。如果是想迅速提高产品和企业的知名度，那么需要选用当红明星；想增加广告说服力，就要注重明星的社会美誉度；想强化品牌形象，就要考虑到所选用的明星形象与产品和品牌是否高度关联等。

例如，雅客V9维生素糖果选用青春靓丽的周迅做代言人，好记星选择精通英语和汉语的大山做代言人等。这些都是十分成功的例子，这些合适的代言人也给企业带来了跨越式的增长效果。

4) 制作宣传信息

明星代言人的宣传信息要传达什么样的创意、情报或态度才能引起消费者的购买呢？不能以为明星对消费者有强烈的吸引力和魅力就忽略对宣传信息的制作。事实上，国内许多明星代言的广告信息内容都比较粗制滥造，不仅将明星与产品的主次颠倒(忽略了产品信息传达应是第一要素，只注重了展示明星魅力，而没将明星代言人的特质与产品的核心诉求相结合)，而且信息的表达方式高度雷同，均是使用“我一直用它”、“相信我”之类的言语表达。

随着国家加强对名人推荐性广告的管理，企业应尽量减少推荐、证言式的广告形式。一个较好的方法是，让明星在特定情景的表演中展现产品形象和功能。许多优秀的跨国公司就曾采用该种形式。同时，广告要传达真实有效的产品信息才能避免出现消费者信任上的和法律方面的风险。

5) 采取整合营销传播

采取整合营销的沟通策略能够为企业的广告活动保驾护航，减少对明星代言人策略的依赖风险。

首先，要有合适的媒介选择策略，也就是在充分考虑目标沟通对象的媒介习惯、产品的特征、信息的类型、媒介成本及其他媒介因素的基础上，选择目标受众偏好的通道，充分挖掘明星代言人的使用价值。除媒介广告外，新闻发布会、

明星参与的公益活动等，都能有效增进产品的代言效果。

其次，要辅以实施配套的产品策略、价格手段和渠道策略等。例如，选择巨星做某化妆品的代言人后，该化妆品的定位与定价就不能走低端路线，因为巨星的形象显然是不符合使用低端化妆品的，同时，该化妆品也不能沿街兜售，而要摆在明亮的橱窗内展示等。

6) 管控好明星代言人

对明星代言人的管控是个难题，因为明星不是隶属于企业的员工。原则上，对明星的管控可以采用“若即若离”的方法。

一方面，企业要保持和明星的紧密联系。在选定明星前，企业就应积极同待定明星代言人及其经纪人多接触，加强相互间的沟通，通过合同等法律的手段来防范明星风险，在与明星签约时附加相应的条款，将明星代言人的利益和企业利益紧密联系起来。例如，可以约定在担任企业形象代言人期间，若由于明星自身行为给企业带来了不良影响，企业有权终止合同，停止支付费用，并要求明星赔偿企业损失等。有实力的企业还可以通过采用买断明星代言权的方式，避免一致性的风险发生。即使企业不具备此类实力，也应规定明星不能再代言同类产品，尽可能降低风险发生率。

另一方面，企业又要同明星保持一定距离，防止过分依赖明星(这也是强调明星代言的产品才是主体的原因)，建立跟踪评估体系，以最大限度地降低明星自身行为给企业品牌带来的风险。

5.4 预算管理

在现代企业广告管理的整个系统中，广告预算的决定是个很重要的因素。广告预算的费用往往在营销费用中占据了较大的比重，因此，广告预算的中心任务是要以尽可能少的经费达到尽可能好的广告效果。

5.4.1 广告预算的基本内容

1. 广告预算与广告费用的基本内涵

广告预算是广告企业或广告部门对广告活动所需费用的计划和匡算。它规定了在一定广告时期，从事广告活动所需的经费总额，以及经费的使用范围和使用方法。广告预算对于实现广告目的具有决定性意义，策划人员对广告预算所做的策划必须合理、明确，容易被接受，便于执行。

企业在市场竞争中必然要投入资金做广告，投入多少资金，怎样分配资金，要求达到什么效果，如何防止资金的不足或浪费等，问题很复杂。因此，广告主要事先制订一个能够表明某段时间内所打算进行的各项广告活动的经费开支的方案。制订这一方案的过程，就是广告预算的过程。广告预算具有计划工具和控制工具的双重功能：它以货币形式说明广告计划；作为控制工具，它通过财务执行来决定广告计划的阶段规模和执行进程。很明显，广告经费是广告策划和广告运动的基础，广告预算的作用不言而喻。

从企业在广告活动中的费用支出情况来看，广告费用可以按照各自不同的用途大致分为以下几类。

(1) 广告调查研究费，包括市场调查费用、广告咨询费用、购买统计部门和调研机构的资料所支付的费用、广告效果的检测费用等。

(2) 广告设计和制作费用，包括设计制作人员的报酬、设计制作材料的费用、设计制作的工艺费用和广告材料的运输费用等。

(3) 广告媒介费用，主要是指购买媒介的时间和空间的费用。

(4) 广告部门行政费用，包括广告人员的工资费用、广告部门的办公费用、广告活动的业务费用和广告活动的公关费用等。

(5) 广告活动的机动费用，这部分经费主要用于应付意外情况，要根据实际或以往的经验，如上年度的广告活动情况来确定。

2. 编制广告预算的意义

在微观经济学理论中，边际效益意味着公司的每一次投入都应该获得与之相应的增加值。当一项投资所获取的市场回报或价值增长减缓或低于投资额时，这就是边际效益大于广告投入，那么公司就应该考虑相应地增加广告费用，以保证边际收益的增长。当由于竞争加剧或其他原因，使公司的广告投入作用在不断减少时，广告投入就应该相应地调减。简言之，广告费用的投入必须有用。

广告的主要工作是对潜在消费者及整个市场传播有关销售信息，这些信息的作用目标促使消费者或潜在消费者在态度和行为上发生能够加以测量的转变，进而选购广告推介的品牌，从而使广告主获得额外的销售增加值。制订广告预算就必须要观察特定的销售广告会产生什么样的结果。美国有关专家曾总结了一个广告投资模式，其基本主张是，对任何一个品牌做广告，只能是在两个销售点之间发生效果。这两个点就是临限与销售极限。临限是指品牌凭借自然销售所达到的一般程度，销售极限是指最大的销售程度。广告促销弹性如图 5-1 所示。

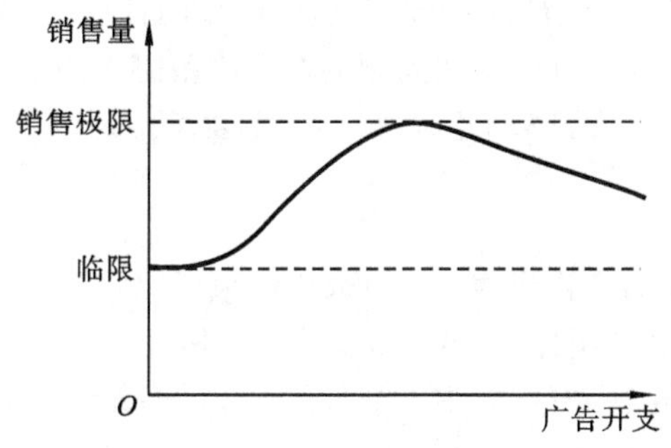

图 5-1 广告促销弹性

在这个模式中，即使放弃了广告，也会有一定的销售产生，与此同时该模式也将达到一个最高销售点，一旦到达此点之后销售就无法再上升了。所以广告效果就是发生在临限与销售极限之间。根据这一模式可以得出结论：广告成功的关键就是以最少的预算投入，产生最大的销售可能。这个结论可通过利润分析加以测定。当

销售金额达到最高时，广告也是处在最大效率状态。虽然在实际计算中，由于边际效应可能并非一般广告计划人员力所能及，但对可达到最大与最小程度的把握，却又得了解广告投资投向何处，这是发展及决定广告预算的重要概念。

编制广告预算是一件非常棘手的工作。广告界盛传"我(广告主)知道广告费有一半是浪费了，但却不知是哪一半"。在广告策划编制一个广告运动计划的所有建议案中，预算常常是最难确认的项目。因此，必须了解任何有关编制预算的问题，尽量用科学和客观的态度来对待并克服这些问题。

1) 预算可作为一种预测

作为预测，广告预算的建议者并不只是提出运用这笔经费做什么，同时也包含对投入这项经费之后会发生何种结果的研究。策划人员要考虑市场及市场之外许多范围中的影响因素。

2) 对结果进行测定

在广告运作中，通常可以参考过去的例子，并了解以往广告的成就和预算结果。这些都有助于对现在的预算给予更好的安排，或者运用结果预测方法，通过对以往广告效果的分析、测定来代替。

3) 计算投资回报

广告预算作为一项投资，必须要有投资回报。但是，由于广告效果并非全都是即时发生的，有时它需要经过一个较长的时期，有一个迟延时间。这就对广告预算提出了一个基本的判断，如何使即时回报与将来的回报能够达到统一。通常在广告预算的实际操作中，广告主会把各种广告开支都记在当年销售和利润的账上，而不论广告效果何时发生。

5.4.2 影响预算编制的因素

广告预算虽然有多种多样的风险和挑战，但在建立预算时仍然要有充分的根据。之所以存在着上述多方面问题，这是因为在编制预算时要受到多种因素的影响。因此，要尽量弄清这些问题是什么，进而摸索产生这些问题的原因，那么在编制预算时，就可以把这些问题列在考虑范围之内。

可以影响广告预算的因素很多，主要总结为以下几方面。

1. 广告预算的组成

一个完整的广告预算，其组成相对来说比较复杂，因为究竟该如何列出广告预算，并不单纯是广告人员可以决定的。例如，广告决策人员决定把某一项公益赞助归于某季度广告预算中，那么在实际广告策划时，在预算中就要除去这些经费。但不论怎样计算，计划者在进行全面预算时，必须清楚明了任何记在广告运动账目上的非广告运动款项，并承认这是广告运动的规划费用之一。只是在评价广告运动效果时，这些费用不应考虑在内。

2. 预算对象是新产品还是既有产品

所要广告的产品是刚刚投入市场，还是在市场上已销售相当一段时间，这些通常对广告预算影响甚大。既存产品一般只需要维持连续性的广告发布，相比之下，新产品或新品牌在启动市场和发起试用时花费更大。

3. 竞争状况和多种干扰

竞争对手在市场上所推行的广告战略直接影响广告预算。如果竞争对手采用比较强劲的广告攻势，或者竞争品牌比较多，那么所要花费的投资就较多。除此之外，广告发布在媒介及市场对象之间还存在大量的“干扰”。但对于某一具体品牌而言，可能采用的媒介资源永远只是有限的，并且有无数的信息可能针对同一位接受对象，同时在信息的传达和接受中，又有可能受到来自不同方向的信息冲击等，对广告主的全体而言，只有有限的广告媒介机会，媒介中因此充满“杂乱”。而杂乱意味着有许多广告信息针对着一位接受对象，虽然这些信息可能并非直接对某品牌竞争，但肯定在竞争这位接受对象的注意力。这同样对信息传播形成了干扰，因此也直接影响了预算。竞争与杂乱不会缓和，在将来极可能对广告计划者造成更大的困扰。如果某品牌选择在广告极为杂乱的电视上竞争，则常比选择同业杂志及产业杂志为主要媒介需要更大的预算。

4. 品牌的消费者基础和市场占有率

一个具体的品牌，如果已经拥有了一定的市场占有率，且其消费者基础较好，那么所需广告费用就较少；反之，广告费用就要高许多。大体上讲，一个产品要保护并提高市场占有率，比从竞争者手上夺取生意来建立市场占有率要花费得少。市场占有率的大小，同时还表明产品目前使用者的数量，即消费者基础。在媒介上确实有经济规模存在。因此，如果产品使用者的基数大，以每一受众印象为基础，送达广告信息的每千个媒介接触者费用要小得多。由此可见，市场占有率和顾客基础的规模大小对广告预算影响甚大。

5. 广告媒介及发布频率

不同的广告媒介购买价格大不相同，有时不同的媒介可以同样达到对某一消费群体的信息传达，但媒介价格却差异甚大。此外，广告在发布中持续的周期长短、发布频率也至关重要。为了传达品牌信息，广告必须要持续一定周期，并要求有一定的重复和强调。一般在大多数消费者中，需要有三次的信息暴露才能产生记忆。然而，这也有很大的差异。同时，计划者必须确认信息的频率，这对广告运动的成功有极大影响。此外，在媒介中广告的销售是以频率、数量为基准的，而折扣有时会影响分配给广告活动的金额。

6. 产品的生命周期

某品牌在其生命周期中的位置，对为其所发展的广告，以及使广告成功所必要花费的程度大有影响。在产品导入时期，广告投量比较大，因为要开发市场，必须通过大量的广告使消费者认识产品。在产品进入成熟期之后，由于市场对产品已比较熟悉，广告的解释性已转变为提示性和重复性，所需广告费用相对较少。

7. 产品风险及可替代性

产品风险是指消费者选择产品所负担的风险，可以用两种方法判断：

(1) 以产品实际花费为准的金钱风险；

(2) 产品购买后能否满足需要或解决问题的风险。

通常低风险产品在市场上都面临着激烈竞争，具有很大的可替代性，为了维持或改善现有地位，广告预算也较高。相反，如果产品在市场上没有其他产品可替代，那么所支付的广告费也就相对较低。

5.4.3 广告预算的一般方法

由于企业及产品类型不同，加上企业决策人员的决策风格各不相同，对广告预算的编制方法也各自不同。另外，需要注意的是，一个整体的品牌或年度广告预算的编制，与某一项广告策划运作的预算编制也大不一样。整体的广告预算往往是对企业长期营销活动中，营销成本与利润收益的综合预算，而某一项广告运动的费用预算，往往是对达到具体目标的经费投入意向。大体而言，由于企业自身原因及对市场预期和风险承受的考虑，编制预算所使用的方法也各有优劣。以下介绍广告预算的一些常用方法。

1. 简单惯用的比率法

比率法通常基于某种可测定的事实或数量的百分比来说明。有代表性的比率基础是销售百分比、毛利百分比、净收入百分比和销售单位法。比率法的最大优点是，使用简单，便于计算，广告投放清楚，量入为出。不足是对广告费用预算比较机械，在实际使用中容易忽略市场和营销形势的变化。

1) 销售百分比法

销售百分比法在现实中使用最为普遍，对于销售比较稳定的公司，运用此种方法较为有利，可以基于过去销售状况，并根据对未来的销售预期加以制订。其计算方法相当简单，以前一年销售的一定比率或预测销售额来确定销售的一定比率为基准，来计算广告费用预算支出。

比如，某公司上年销售额为 1 000 万元，其中广告拨款为 5%，在不变的情况下，广告预算就是 50 万元。如果按照市场发展和企业目标，预计销售额提高到 1 500 万元，为开拓市场，广告比率需提高一个百分点，则广告预算应为 90 万元。

在运用销售百分比法时，要尽量注意避免其先天的缺点：当销售好时，广告费用增加；销售不好时，广告费用反而减少。其在实际中形成了本末倒置，使广告变成了销售的结果，这与“广告应产生销售”的基本信念正好相反。

2) 净收入百分比法

净收入是公司销售的纯利润，以净收入作为确定广告费用的基数，取出其中的固定比例作为广告费用，这一方法被采用得也较多。其最大优点是，可以量入为出，尽量回避风险。

3) 毛利百分比法

毛利百分比法使用得比较普遍，即以公司或品牌的毛利百分比为基准，确认广告费用。所谓毛利，就是销售额减去产品成本的剩余值，以此来计算广告费用所占的比例。这种方法与销售百分比法的不同主要在于基数不同，其他基本接近。

4) 销售单位法

销售单位法是按照一个销售单位(如每件商品)所投入的广告费进行广告预算的方法。其优点是计算简单，容易掌握，一般被价格较高的耐用消费品，如汽车、冰箱等，及销售单位明确的商品，如水果、化妆品等采用。

2. 瞄准对手的竞争对比法

竞争对比法及某品牌所提议的广告支出，与竞争者的广告支出有所关联，因其基本构想是将产品所拥有的市场占有率与广告投资相关联，也与产品类别中全部广告投资的占有率关联。其所运用的假设是，在特定产品类别中的广告，与一般其他广告之间相互排斥。换句话说，某品牌的饮料广告主要是在与其他品牌的饮料广告争夺消费者的注意，它并不与汽车、计算机、白酒类广告形成竞争。因此，某一品牌的广告占有率直接关系着品牌注意力，并最终导致了市场占有率。在此情况下，广告的预算必须要参照竞争对手的情况，以吸引更多的受众注意。这种方法在成熟期产品中运用比较多，它往往是在单纯百分比法之后，再根据竞争程度作出估算。

竞争对比法在操作上也很简单。计划者只要有针对性地了解竞争对手的市场占有和广告投放情况，然后根据自己的市场目标决定本企业广告预算的额度，或者保持现有竞争地位，或者形成某种竞争优势。运用这种方法制订广告预算，要求公司必须具有较为雄厚的实力，财力基础和销售基础良好，可以根据市场变换随时调整预算。其优点是能够充分适应市场，有利于在短期之内达到强有力的市场竞争地位。其明显的不足是，它假定市场竞争是一对一的关系，往往带有很大的盲目性，在操作上容易导致浪费；有时注意了竞争对手情况，却忽略了整个营销环境对销售的制约；另外，要确切掌握竞争对手的广告投入情况也有一定困难。

3. 注重效益的资本投资法

注重效益的资本投资法把广告支出作为公司的一次资本投资，这一观念已受到企业界的相当注意，尤其是在目前经济处于低谷时期更是如此。这种方法的着眼点是，广告是企业的一项投资成本，所以要以投资回收，或者以花费在广告上的资本的某种回收为基准而评估广告预算。这就要求对投资回收能够测定。

资本投资法可以分两步进行。

第一步，为特定广告方案测定资金成本。这里不仅研究金钱成本，也研究其利用价值。

第二步，计算广告投资回收折损率。执行方式是计算未来每一时期的投资回收率，并计入时间因素所造成的损失，直到所投入的资金全部回收为止。这些估计的回收或现金流量均以折损率计算，可知投资经过时间的价值。计算公式如下：

$$PV = \frac{1}{(1+r)^n}$$

式中：PV——现值；

n——在将来的期间；

r——实际利率(或资金成本)。

必须要等一段较长时间才能收回付出资金，其明显效果是减少将来付款的现值。相同的是，当资金成本增加时，未来付款的现值因而降低。

这种方法的最大优点是在与其他资金支出比较时，能使广告主对广告投资回收有正确的看法。缺点是在预算中对广告目的缺少关联，同时在许多情况下，广告主不能正确决定在某一时期中广告的价值所在，甚至无法确定广告应当在多久的时间内加以重视。

4. 经验判断的任意支出法

这种方法又称为武断拨款法。顾名思义，任意支出法就是由广告支出决策人员，借以往的经验和个人对市场的判断来作出广告费用支出预算的方法。这一方法在操作上虽然不甚科学，但许多企业却乐于采用，通常由企业决策人或财务部门经由某种形式的执行判断来确定，主要表现在如下几个方面。

1) 企业决策人决定

由企业决策人确定预算，一般是按照可能取得的金额来进行分配，将其中一部分划为广告经费。这种状况下，广告运动策划人员真正要关心的，只是如何分配金额，并适当地控制广告，而不是决定广告预算。

2) 按承受力支出

采用这样一种预算方法，往往是由于企业决策人相信公司或某一品牌在一定程度上可以负担起一定金额的广告预算。采取这一决策的主要因素，通常是希望并相信广告预算作为对品牌的投资能够回收预期的利润值。

3) 竭尽所能投入

这种预算决策往往出现在某种特别时刻，企业必须依靠广告才能获取市场，或者公司或品牌处于垂亡的边缘，除了广告，其他的拯救方法都已尝试过。当此之际，对广告费用的预算则与销售、利润，甚至投资回收无关联。其基本意图只是保住市场，或者在广告战中压倒竞争对手。这种情况在现实中有很大风险，但运用这种铤而走险的方式出奇制胜的案例也不鲜见。

5. 强调控制的目标达成法

在20世纪60年代目标管理理论成形时，一种旨在更加科学有效地进行预算的方法被提了出来，即目标达成法，又被称为目标与任务法(objective and task approach)。这种方法把预算置之于整个营销计划之中，在营销规划中，在完成了市场分析和研究之后，就要设定营销目标，其中有些目标是广告策划所要达到的目标，这样就自然形成了广告所要完成的任务，而广告预算决定就是执行这些广告任务所需的资金成本。

目标达成法所遵循的基本精神是零基预算。也就是预算的建立从零开始，不必去考虑去年的预算情况。要求每一项预算都要与其所达成的任务密切相关，这是实现目标的必然要求。其预算程序如下。

1) 界定任务

以营销目标为基础，界定广告所要达成的目标及任务。例如，广告目标是把潜在顾客的偏好提高到 20%，而任务则是在有线电视上持续 1 个月的广告播出，并在当地晚报上每周两次共 4 周刊登有关推荐广告。

2) 决定成本

按照执行广告任务的媒介支出和其他费用，计算广告成本金额。

3) 方案排序

实现目标的方案要加以评估和排列，按照其重要程度给予排序。

4) 决定预算

将各项方案的成本加以汇总，然后形成最后预算。

目标达成法的优点显而易见。它配合并实现了营销规划程序的行进方向，具有严密的系统性和逻辑性；同时，它是针对具体任务分配经费，在预算上以零为基点，可以有效回避以往失误的重演，并保障广告费既不会浪费也不至于不足。当然，它也有其必然的缺点，就是没有对每个任务执行的合适程度提出一个指导方针，在以目标作为前提的情况下，广告目标往往难以量化，无法提供准确的依据；另外，由于广告媒介传播中存在着多种偶然性因素，有时很难准确估算广告效果。

本章小结

广告媒介，是指能借以实现广告主与广告对象之间联系的物质或工具，是用于向公众发布广告的传播载体。从功能上来讲，广告媒介是指传播商品或劳务信息所运用的物质与技术手段。它是信息的一种运载工具，广告通过广告媒介进行传播。

常用的广告媒介分类按照媒介的载体与传播途径，将广告媒介分为印刷媒介、电波媒介、户外媒介、邮寄媒介、销售现场媒介、流动媒介和其他媒介。

广告媒介是传播广告信息的一种物质手段，不仅对信息沟通的双方有重要的作用，对广告行业的发展和社会经济等方面也有贡献。

对广告媒介的效果进行评价，有以下一些常用的评价指标：每千个媒介接触者费用/千人成本，观(听)众率/视听率，信息传播平均频率，以及媒介的权威性、覆盖面和连续性等。

广告媒介决策与众多因素密切相关，需要考虑的影响因素包括产品特性、沟通对象的媒介习惯、信息特性、竞争态势和媒介自身的因素。

传统的四大媒介包括报纸、杂志、广播和电视。新兴媒介包括 DM 广告、户外广告、交通广告和 POP 广告等。

为了能够有效地传递信息给广告对象，许多有实力的广告主会请专业的广告公司完成整个广告活动。广告公司则会为客户提供各种媒介服务，包括媒介调查、价格谈判、时间安排、媒介购买和发布核实等。

广告主选择广告公司来进行广告活动，需要考虑的因素包括广告预算、广告公司规模、广

告公司的创意成功率、广告公司对企业产品的熟悉情况、产品的冲突性、企业和产品所处的阶段、广告公司的经营状况和广告公司的地理位置。

广告代言人是指通过在广告中进行陈述或表现行为来支持广告或广告声明的人、物或组织。广告代言人的类型包括人、物、组织或团体。

是否采用代言人策略取决于很多因素，企业要注意：从自身实力及行业特点考虑是否选择广告代言人；广告代言人是否与企业产品的定位、形象相吻合；充分评估广告代言人效应和可预测风险。

广告预算是广告管理中的重要内容之一，以最少的预算达到最好的广告效果是各个企业在广告管理中追求的中心目标。

广告预算的一般方法包括比率法、竞争对比法、资本投资法、任意支出法和目标达成法。

关键术语

广告媒介　　广告媒介策略　　广告公司　　广告代言人　　明星代言人

思考题

1. 什么是广告媒介？有哪些主要的广告媒介？
2. 印刷媒介和电波媒介相比，各自有哪些优缺点？请举例说明。
3. 企业选择广告公司要注意哪些方面的因素？
4. 明星代言人会给企业带来什么影响？
5. 广告预算有哪些常用方法？

参考文献

[1] 周问星，王亚超. 广告预算方法研究[J]. 商场现代化，2006(16).

[2] 夏征宇. 理性的世纪，理性的回归——谈广告投资回报率预测与广告预算制定的模型化方法及应用系统[C]//昝廷全. 中国传媒经济(第二辑). 北京：科学出版社，2005.

[3] 耿成义. 企业形象传播中的媒体选择策略[J]. 现代企业教育，2004(07).

[4] 李红光. 广告的媒体选择[J]. 新闻前哨，2003(08).

[5] 张凌浩. 浅谈产品广告的媒体选择[J]. 江南大学学报(人文社会科学版)，2002(03).

[6] 胡统一，孔力. 企业广告预算多目标决策[J]. 中南工业大学学报(社会科学版)，2002 (01).

[7] 毛淑彦. 用最少投入获最佳效果——谈企业广告预算的财务决策[J]. 辽宁财税，2002(07).

案例研讨

2006 年底，腾讯与国际足联(FIFA)联合宣布，腾讯成为 2007 年中国女足世界杯独家官方互联网服务商及首家官方支持商。

2006年是名副其实的体育年。继德国世界杯足球赛后，亚冬会、欧洲冠军联赛、世界男篮锦标赛、NBA全明星赛及总决赛都相继鸣锣开场。伴随各赛事而起的是各大网站对内容资源的争夺。各大网站纷纷发力搭建专门的媒介平台，力图通过整合各方面的资源为体育营销提供更广阔的舞台。

频繁的赛事拉动了新媒介强力发展的势头，体育借网络大放异彩，网络借体育更是风光大起、获利无数。

广告主总是善于发现那些能够为他们带来营销价值的事件和平台。借体育做营销的方式，能够帮助企业打开竞争局面，为企业赢得更多用户认可和青睐，从而提升品牌影响力和号召力。世界杯足球赛前曾有机构预测，中国市场的网络广告投放量可能会达到1亿元人民币，这个数字着实震撼了许多人。对于互联网作为营销平台能够承载这样的价值期望，置疑声也一直不绝于耳。然而，赛后iResearch发布的《2006年世界杯网站网络广告研究报告》显示，2006年世界杯足球赛期间世界杯网站的网络广告收入达到了1.8亿元人民币，远远高于赛前媒介的估算。由此可见，在体育营销方面，网络是不争的火热阵地，为用户带去源源不断的赛事资讯和运动体验的同时，也营造了一个广阔的营销平台，成为品牌推广的最前线。

越来越多的广告主开始注重互联网平台的营销价值，尤其是投入成本低、互动性强、传播范围广等特性，更吸引很多广告主在世界杯足球赛期间大笔投入广告。博士伦-福瑞达、可口可乐等就不惜重金，投放广告到互联网领域的体育营销频道和内容建设中。联想在世界杯足球赛期间更是斥巨资签下罗纳尔迪尼奥作为其全球品牌形象代言人，并以17个创意组，每次投放111天，位列国内2006年世界杯足球赛网络广告主首位。

女足世界杯——这项每4年举办一次的国际重要赛事，在过去十几年中，现场和电视观众均有持续大幅的增长。1999年，女足世界杯电视转播覆盖67个国家，而在2003年，该项赛事的电视覆盖范围达144个国家和地区，转播时间达3 000小时，全世界电视观众累计总数达5.26亿。

这种情况下，在德国世界杯足球赛期间，用户超过4 300万的腾讯作为2007年女足世界杯的官方互联网服务商，很可能又掀起新一轮的女足旋风，成为被众多广告主所追捧的新营销平台。或者与FIFA的合作，会成为腾讯在2008奥运年大规模爆发体育营销平台潜力的完美前奏。

选择腾讯作为独家官方互联网服务商，即首家官方支持商，FIFA也有其独到的考虑。腾讯在2006年世界杯足球赛中取得的惊人人气显然给FIFA留下了深刻的印象。而结合了门户网站与QQ立体化资源优势的腾讯平台，也为赛事的推广打下了坚实基础。

腾讯作为第一中文门户网站，拥有中国数量最庞大的用户群，而这无疑是体育赛事与网友们最好的互动平台基础，即时性、互动性和权威性都可以得到有力保证和支持。在这次与2007年中国女足世界杯的合作中，不仅旗下的腾讯网会作为门户网站，组织丰富、精彩赛事内容和富媒介网页报道大赛，腾讯还将借助即时通信工具，为中国组委会和志愿者搭建内部沟通平台。而专有QQ群、与足球界名嘴线上交流等互动方式将为赛事提供更多样、更便捷的推广形式。

对于腾讯提供的优势传播平台，国际足联秘书长尤尔斯·林西评价说："腾讯将发挥重要作用，在中国推广和支持女足世界杯及其官方网站FIFA.com。利用其领先的即时通信技术，腾讯还将为2007年女足世界杯中国组委会提供重要的网络沟通服务。我们希望与腾讯建立紧密、互利的合作关系。"

在体育营销这个领域，网络媒介的地位和影响力早已毋庸置疑，这也是所有企业和营销界都已经广泛认同的事情。但是，网络的价值和模式还并没有充分被挖掘，网络营销是以创新为

生存法则，以想象力为最大挑战的。由于起步较晚，网络技术和工具的更新又非常迅速，无论是企业还是网络媒介，都在不断深入地挖掘着网络营销的特质，充分发挥体育营销的独特优势。

而在 2007 年中国女足世界杯中，腾讯充分发挥其独特的多元平台和整合推广优势，为女足世界杯的传播提供丰富的传播形式和强大的技术支持。早在德国世界杯足球赛期间，由于“在线生活”模式的成功打造，腾讯能够依托庞大的互联网社区，通过QQ.com 这一平台，整合无线、游戏等多方面的资源，通过 QQ 电台、QQ 群、QQ 空间、QQ 杂志、QQ 论坛、QQ 彩铃等多种形式与网友、球迷展开线上线下的互动活动，为赛事进行大规模推广，也为广告主们提供了多元化的整合营销平台。

这一点，让已经与腾讯合作的珍视明眼药水感受颇深。作为在世锦赛及斯坦科维奇杯期间官方网站的冠名赞助商，珍视明搭载上体育与网络的双轨列车。比赛期间，在世锦赛及斯坦科维奇杯期间的官方网站页面中，从文字、页面设计到名称都全面体现了珍视明的品牌元素；在比赛期间，腾讯运用其独有资源，给珍视明一次“特殊待遇”，让其冠名的赛事信息在用户的客户端弹出，这样使得信息传达率为 100%，可谓具有超强商业价值的营销利器；腾讯还为珍视明量身定做了特约名家专栏、独家视频、特约有奖调查，以及各种超值的黄金广告位，让珍视明用深度渗透的方式与网民来了个“全接触”。

而随后的调查更证明了腾讯打造的立体化大门户概念网站的推广价值。以品牌 QQ 秀专区为例，单一品牌的流量就达 3 000 万，独立 IP 访问也超过 500 万，无论对用户的传播影响力还是针对性都形成了庞大的规模效应。同时，不少企业客户通过媒介投放检测也发现：生动活泼的 QQ 秀、QQ 表情等宣传极大地引起了用户的参与热情，绝大多数用户都是主动下载、使用这些产品，从而达到品牌希望的传播效果。由此，企业品牌和产品不仅能通过用户的长时间“在线生活”更加友好地展现在用户面前，而且客户的品牌概念也可以深深地植入用户网络生活的方方面面，使用户全方位地感受品牌、消化品牌理念。

迅速壮大的腾讯，作为中国最大的社区化平台，是拥有最庞大的互联网用户，具备丰富的营销形式、有创意的营销组合的立体化网站。腾讯正在传统体育营销的呆板模式中，创出新的推广方式，打造网络体育推广的更大空间；同时，腾讯通过与不同产品的结合，将客户的品牌概念深深地植入用户网络生活的方方面面。

案例思考题

腾讯是如何利用各种媒介造势的？后续效果如何？

第6章　广告实施

本章提要　一个完整的广告实施过程包括广告策划的全过程，即广告调研阶段、广告创作阶段、广告检测阶段和广告运作阶段。本章主要包括广告创作阶段的广告创意、广告创意思维、广告表现，以及广告运作阶段的实施和管理。任何广告作品都有其所要表达的特定思想与观点，但思想和观点是无形的东西，必须借助于有形的载体才能得以表达，也就是说，广告主题需要广告创意和广告表现来执行，而广告的实施和管理正是实现广告主题商业化的必要手段。

本章内容框架

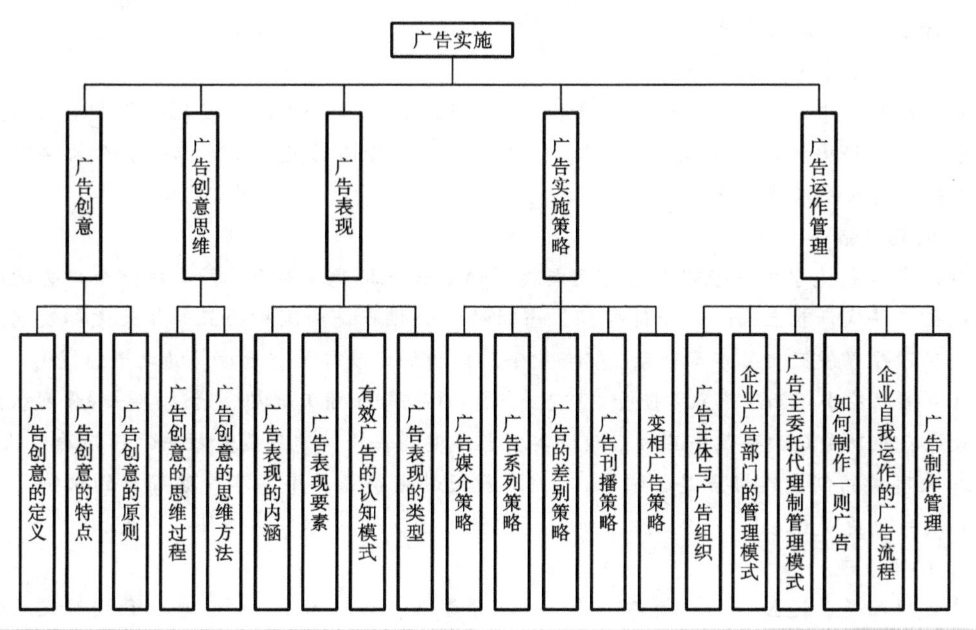

引　　例

2003—2004 年蒙牛广告实施计划

蒙牛乳业自 1999 年 7 月成立到 2002 年，短短不到 4 年时间，在全国乳制品企业中的排名由第 1 116 位上升至第 3 位，年度销售额达到 20 亿。但距离前两位乳业品牌伊利和光明仍存在较大差距，伊利和光明当时的年销售额均在 50 亿以上。按照发展计划，蒙牛乳业 2003 年要完成 40 亿的销售额，2004 年要完成 60 亿的销售额，2006 年销售规模要达到 100 亿。

1. 市场状况

随着人民生活水平及健康意识的逐渐提高，近几年来国内居民的奶制品消费量形成快速增长的趋势，喝牛奶已成为老百姓的日常消费习惯，乳业的市场规模也达到了 200 亿～300 亿元，但随着各大厂家争夺市场份额的推进，价格战成为乳业最常用的竞争手段，且愈演愈烈，甚至出现了牛奶比水便宜的状况。

2. 主要竞争对手

蒙牛的竞争对手主要集中在全国乳业品牌伊利和光明，相对蒙牛来讲，它们的市场与品牌基础更为牢靠，无论是品牌知名度、美誉度、销售额都远远超过蒙牛。而且伊利和光明都是上市公司，资金实力雄厚。特别是同城兄弟“伊利”，在秉承草原概念的基础上将通过前期的“心灵的天然牧场”过渡到了更具传播力的“天天天然”，而且在广告上一直优于蒙牛。

3. 广告运作目标

目标 1：2003 年产品销量比 2002 年提升。

目标 2：品牌知名度第一。

目标 3：品牌美誉度第一。

目标对象：牛奶属于大众化消费产品，是人人可以消费的产品，因此在蒙牛牛奶的广告运动中，我们坚决执行“无差异化营销”，并以家庭为传播的突破点，以一家人为单位，覆盖从小孩到老人所有牛奶消费人群。

4. 创意策略

利用常规的竞争手段很难在短时间内获得销量和抵抗竞争对手。蒙牛把整个广告运动的核心放在了寻找奇胜上面——事件营销。当时的社会热点是中国神舟五号航天飞船发射。

一旦蒙牛跟航天飞船产生联系，整个蒙牛品牌的知名度与美誉度也将随之迅速提升。在受众心目中树立蒙牛正面的形象，使受众产生“蒙牛牛奶等于航天品质”的这样一种强烈认同的心理效应，驱动受众购买蒙牛品牌，最终实现忠诚度的转换，达到提升蒙牛销售额的目的。

本次事件的创意连接点是“强壮”。载人航天的成功是整个中华民族强大的象征，而航天员专用牛奶更是体质强健的保障，所以，也就可以说“一杯牛奶强壮一个民族”。

5. 广告表现

广告画面是表达强壮的最简单手势——握紧拳头，举起右手。创意表现利用航天元素和中国元素。

6. 广告实施

第一阶段，淡化“蒙牛牛奶——中国航天员专用牛奶”这一商业讯息，而更倾向于与全国人民共同欢庆这一历史时刻，宣泄强烈的民族感情。该阶段持续时间 10 天左右。

平面主题：举起你的右手，为中国喝彩。

第二阶段，强化蒙牛牛奶与中国航天的关系，强调“蒙牛牛奶——中国航天员专用牛奶”，将中国民族的强壮和牛奶可以使人强壮联系起来。把航天元素加入产品元素中，促进销售。

平面主题：蒙牛牛奶——强壮中国人。

电视广告：宇宙飞船发射篇——用电视广告的方式将蒙牛牛奶推入牛奶的主力消费人群和消费环境，拉近与他们的距离。

第三阶段，后续表现。在前一阶段宣传中“蒙牛牛奶——航天员专用牛奶”的概念已深入人心，需要进一步阐释蒙牛牛奶成为中国航天员专用牛奶的理由，所以在广告片中，通过希望成为强壮航天员的一个小孩来表现蒙牛草原、工厂、工艺流程等优势。

电视广告：未来希望篇。

广告主题：中国加油，蒙牛牛奶永远支持中国航天事业——淡化事件本身，以一种继续支持的态度面对这样的结果。

公关活动：为 14 名航天员免费终身供奶。北京、上海、天津等大城市采用包楼广告的方式(将整个大楼用有宣传口号的巨大布幅包裹)宣泄民族自豪感的口号：举起你的右手，为中国喝彩!

7. 广告媒介实施策略：快速抢占主流媒介

电视媒介：以感性诉求的品牌形象为主，把航天飞船发射的信息用牛奶产品替代，强化与延续热点。

户外广告：第一阶段以感性诉求的品牌形象为主，第二阶段推出产品。

报纸广告：第一阶段以感性诉求的品牌形象为主，第二阶段推出产品。

网络广告：互动为主，让受众的民族自豪感得以宣泄。

媒介投放

电视广告：第一时间高频次播出，最高峰一天 10 次。

户外媒介：“神舟五号”成功落地的短短 10 分钟内，蒙牛的第一幅候车亭广告就出现在北京新源里的大街上，迅速成为焦点中的焦点。从 2003 年 10 月 16 日 6:43—21:25，共计有 5 000 幅画展现在 26 个城市街头。不到一天的时间，蒙牛航天广告即在全国 26 个城市发布。

广播媒介：选择目标受众经常接触的音乐栏目和新闻栏目。

互动媒介：新浪网、网易等多家门户网站效果证明。

8. 广告效果

目标 1：2003 年产品销量从 2002 年的 21 亿提升到 50.5 亿。

目标 2：品牌知名度第一。

广告投放短短 2 周后，蒙牛牛奶第一提及率：北京高达 140%，稳居首位；上海及广州为 24%及 21%。在广州，蒙牛“神舟五号”候车亭广告投放 2 周后，其蒙牛广告第一提及率上升了 4%，提升极为迅速。

目标 3：品牌美誉度第一。

在上海市场，蒙牛“神舟五号”候车亭广告投放 2 周后，明显地提高了受众心目中的蒙牛品牌形象。蒙牛品牌第一提及率从 12%提升到 17%。其上海主要竞争对手——光明的这一指标却下跌 6%。

6.1 广告创意

詹姆斯·韦伯·扬在《产生创意的方法》中说：创意有着某种神秘的特质，就像传奇小说一般在南海中会出现许多岛屿，古代水手们所说，在航海图上所表示的深海黑水洋某些点上，会在水面上突然出现可爱的环形状珊瑚岛，那里充满了奇幻的气氛；我想许多创意就是如此形成的，它们的出现，好像突然飘浮在脑际表面，接着就是相同的奇幻气氛，并且是一种无法解说的状况。

威廉·伯恩巴克说：一个化学家不必花费太多，就可以用化学物质堆砌成人体，但它还不是真正的人，他还没有被赋予生命力；同样，一个广告如果没有创意就不能称之为广告，只有创意，才赋予广告以精神和生命力。

李奥·贝纳说：真正关键是如何运用有关的、可信的、品调高的方式，与以前无关的事物之间建立一种新的有意义的关系的艺术，而这种新的关系可以把商品某种新鲜的见解表现出来，广告中潜在的戏剧性可以启发出好的创意。

这几位广告大家从不同侧面揭示了广告创意的某种特质、作用及方法手段等，那么到底什么是广告创意呢？

6.1.1 广告创意的定义

在英文里“创造”、“创作”和“创意”都可以是同一个词——create。根据《韦氏大辞典》的解释，“创造”的意思是赋予存在(to bring into existence)，具有“无中生有”、“原创”的意思。在广告世界里，创造意味着产生、构想过去不曾有过的东西或观念。通常，创造就是将过去毫不相干的两件或更多的物体、观念组合成新的东西。在广告中，它附着在一个需要被传播的产品或服务上，具有被广泛宣传和理解的内容和意义。创意理念具有鲜明的感性外化特征——要在创意表现上体现鲜活的视听记忆点。例如，菲亚特轿车广告(见图 6-1)，以天窗

图 6-1 菲亚特轿车广告

的宽大、舒适作为卖点，创造了浪漫而富有诗意的视觉化形象——广告画面正中央，两个大胖子透过天窗正复制着《泰坦尼克号》主人公的快乐，这时的菲亚特轿车天窗因植入“泰坦尼克式爱情”而变得更宽大、更舒适了。

广告创意是广告人通过想象、组合等手法对广告主题进行的创造性思维活动，是把广告对象潜在的抽象价值升华为广告受众所能感受到的视觉化形象的过程。简单地说，广告创意就是视觉形象及各种符号背后的思想，也有人把它称为编故事。

广告创意过程有两个不同的构成部分，一个是广告创意战略，即广告主题的确定，目的是了解广告受众对什么信息感兴趣；一个是执行，即广告应该表现出什么。战略是一个漫长、沉闷的推理和发掘过程，没有捷径可走，没有对广告受众的透彻分析，只能是浪费时间和金钱，即使有一个杰出的创意作品，也挽救不了失败的战略。反之，如果一个理论完美的战略，却用一种毫无新意的方式表达，同样也是浪费时间和金钱，因为广告受众不感兴趣。总之，没有预先明确的广告主题，广告创作人员在进行创意联想时就会缺乏明晰的主线，而不包含受众感兴趣信息的广告创意，即使表现再奇特，也难成为好的创意。一个完整的广告创意，这两部分都缺一不可。广告主题侧重解决广告“说什么”的问题，广告执行重点在“怎么说”的问题。

近年来广告界流行一种新提法——“大创意”。所谓 “大创意”是指广告创意的核心策略在横向和纵向上都具有延展性，用创意和理念引发创意背后的深刻思考。大卫·奥格威在《论广告》中说：“要想吸引受众的注意力并促使他们购买你的商品，那需要一个大创意。除非你的广告有这样的大创意，否则，他们就如夜里行舟一般悄无声息地经过。恐怕大创意难占广告创意的百分之一。”一般认为“大创意”展现的是优秀广告的特殊创意思维。

目前令人叫绝的广告创意都被贴上了“大创意”的标签，有人干脆把它理解为好的创意。例如下面两则大创意广告(见图 6-2、图 6-3)，都是用幽默的手法去展示广告产品无与伦比的利益点。图 6-2 表现了相机的 360º 广角焦距，即使背对背也照拍不误，图 6-3 则表现出该品牌美白霜把黑人国务卿鲍威尔变成白人了。

图 6-2　相机广告

图 6-3　美白霜广告

6.1.2 广告创意的特点

广告创意有两个特点，一个是独创性，一个是促销力。

1. 独创性

独创性首先体现在语言的特立独行上，如“我的地盘我做主”、“不走寻常路”等，因为特立独行而具有开创性，所以有比较强烈的心理突破能力，能在受众的脑海中留下深刻印象，形成与产品或服务相关的长久记忆。其次体现在匠心别具的艺术化语言上。这种语言醒目、超凡脱俗。例如，台湾有一则化妆品的广告只有一句广告词：“你可以靠我近点，你可以再近一点，你还可以再靠我近点。”大家先看到一个快四十岁的女人的皮肤依然十分细致，然后就是成千上万的台湾女性去购买这种化妆品。这是不需要说该品牌有多好的广告，但却抓住了受众的欲望。

为了吸引人们的注意力，独创性广告近年来流行超常规、反趋势、极端化。这就要注意受众的心理感受和社会道德底线，以免弄巧成拙。

2. 促销力

促销力指促进销售的综合能力。企业做广告的原动力是获利，是否具有获利能力已成为商品广告成功与否的主要标志。广告促销力一般表现在以下三个方面。

第一，体现广告主题。主题是创意的核心，创意中的形象载体与表达方式必须同广告主题相互关联，好的创意的标准就是使人突然间产生一种感觉，领悟到一个非买不可的理由，尽管它有时只能意会不能言传，例如图 6-4 所示的霸伏电动车广告，巧妙地借用了公共汽车的轮子，天然地使两车融为一体，广告画面极具动感，使受众心灵产生震撼，对产品刮目相看，还有一种试骑的冲动。广告主题不言自明，产生强大销售力。

图 6-4 霸伏电动车广告

第二，生动形象，简单明了。用最简单直接的语言表达广告主题，优秀的形象广告和促销广告都有这个特点，例如上海光明乳业为美国费城交响乐团访问上海演出而专门制作的一幅企业形象广告(见图 6-5)，大提琴的琴面被白色乳牛的斑纹“置换”，使其具有强烈的“乳牛”的定向联想，广告生动形象，令人回味。还有一则减价销售鞋的广告，由一个英文单词“sale”就完成了广告主题的诉求，如图 6-6 所示。

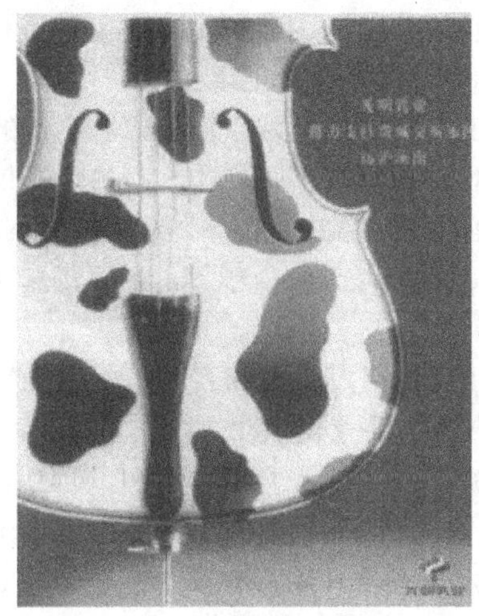

图 6-5　光明乳业与交响乐

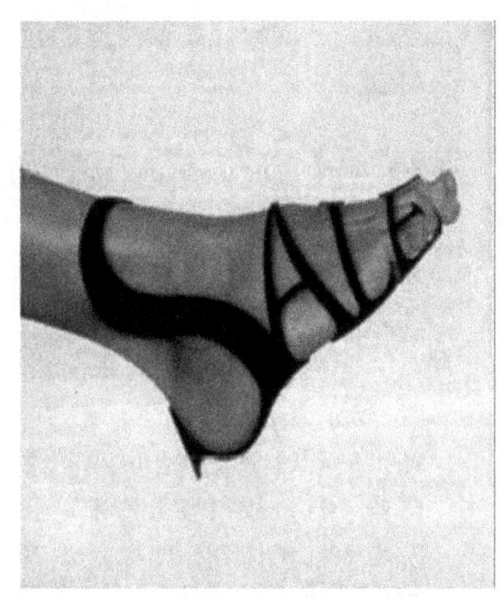

图 6-6　减价销售鞋广告

第三，带给受众行动的力量。广告要容易识别，贴近受众，如麦当劳的“金色拱门”，儿童把它作为好玩和好吃的特定去处，有意无意地就要进去消费。再比如，美国一家报纸曾刊登一则广告：“我处出租 1966 年出厂的完好的机器人，该机器人会打扫房间，遛狗遛猫，能买食品，会干小型家务，具有会话能力，举止端庄，外表喜人。”一对中年夫妇相信了这个诱人的广告，然而，出现在他们面前的却是一个 20 多岁的小伙子。这则广告新颖又通俗易懂，带给了受众行动的欲望和力量。

6.1.3　广告创意的原则

没有规矩，不成方圆，广告创意也有自己的行为规则。围绕广告作品，广告创意的原则主要有以下几点。

1. 内容上遵循 ROI 原则

ROI 原则有两个内涵。一个是由 DDB 公司(美国广告大师威廉·波恩巴克于 1949 年创办)在广告创意中提出的三个独特概念：关联性(relevance)、原创性(originality)和震撼性(impact)。另一个是指广告客户获得最高投资回报(return on investment)。

关联性是指广告的策略信息、创意与产品的关系、与目标对象(受众)的关系、与广告想引起的特别行为的关系。广告若与商品没有关联性，其本身就失去了

意义。

原创性则建立在关联性的基础上，在充满同质化产品的市场上，可以通过策略性诉求提供一个特别的承诺，创造一个新奇的、与众不同的创意题材，使品牌鹤立鸡群。

震撼性是指对承载广告信息的媒介及表现广告信息的结构下工夫，使广告受众耳目一新，打破他们漠视广告的思维习惯。广告没有震撼性，就不会给受众留下深刻的印象。需要注意的是，许多成功广告活动的震撼力来自于整合传播，如将创意、媒介策略与新闻热潮相结合而特别安排的媒介计划。

广告客户获得最高投资回报，最高投资回报是优秀广告和成功广告的标志之一。大卫·奥格威说：我们的目标是销售，否则就不是广告。衡量广告效果最有效的标志是销售效果，因为没有销售额就没有投资回报。另外，每个企业的能力有限，广告是一种付费的传播，创意时还应该考虑广告预算。如果预算不足，再伟大的广告创意也实施不了。

总之，ROI 原则要求广告创意人必须考虑目标受众在看到广告中的销售信息时，会有的反应和行动。广告创意人应给这些反应和行动一个完整、合理的解释。如果解释过于牵强，说明创意提取的消费信息不是受众非买不可的理由，这样的广告一旦投放市场会影响广告目标的达成。广告创意人应该尽量把可能出现的情况事先都预计到，比如受众看了广告后，是不是开始喜欢这个产品了，他们会去商场买这个产品吗，他们会通过网络订购吗？尤其是国际广告更要时刻注意这些，要根据文化的差异性和地区受众的喜好程度进行考虑。比如同为西方文化，在美国奏效的东西在其他地区并不一定管用。例如，耐克这款广告(见图 6-7)，美国人看了不会有多少反应，因为它是专门针对澳大利亚市场制作的，这幅广告所选用的字眼、格调及代言人几乎都符合澳大利亚受众的口味，唯一一致的是耐克的品牌标志——“钩”。

图 6-7　耐克广告图

2. 诉求上围绕3B原则

大卫·奥格威在著名广告书籍《一个广告人的自白》中，从创意入手提出了广告3B原则(beauty——美女、baby——婴儿、beast——动物(野兽))，并解释说以此为表现手段的广告符合人类关注自身生命的天性，最容易赢得受众的注意和喜欢。

(1) 美女。在广告中，美女多半与爱情、友情、亲情和性等诉求相关。例如，下面一组广告图片(见图6-8、图6-9)，反映的就是这方面的主题。

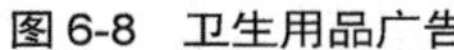
图6-8 卫生用品广告

图6-9 鲜橙多广告

(2) 婴儿。婴儿(小孩)是情感诉求的最好道具。很多广告都选择用婴儿(小孩)来作广告主角，以体现其产品的安全、舒适，如图6-10所示，宝宝在空调下安然入睡。再如奔腾牌剃须刀宝宝、麦当劳宝宝等，天真、可爱、有趣的宝宝为广告产品平添了无数人气。

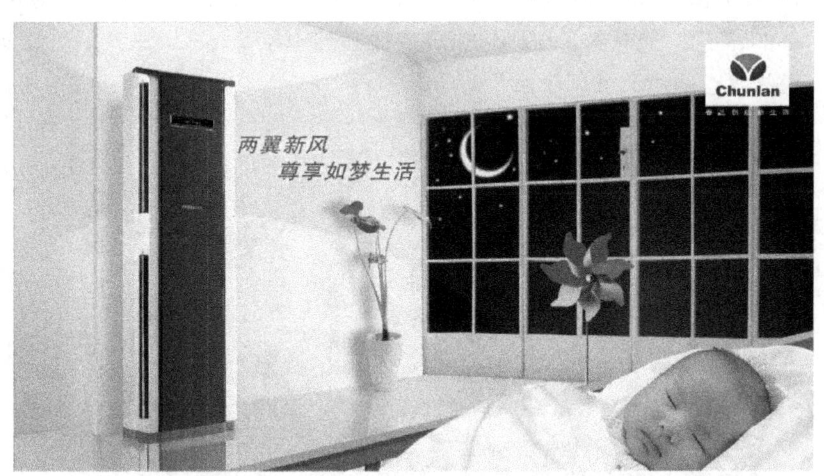

图6-10 空调广告

有些广告主，甚至在产品形状上做文章，以期用宝宝形象带出销量。

(3) 动物。动物是人类的朋友，在搞怪、恐怖等诉求时也显得如鱼得水。有

些广告(见图 6-11、图 6-12)，若将动物换成婴儿不但少了情趣，还会给广告主带来麻烦。

图 6-11 狗与猫

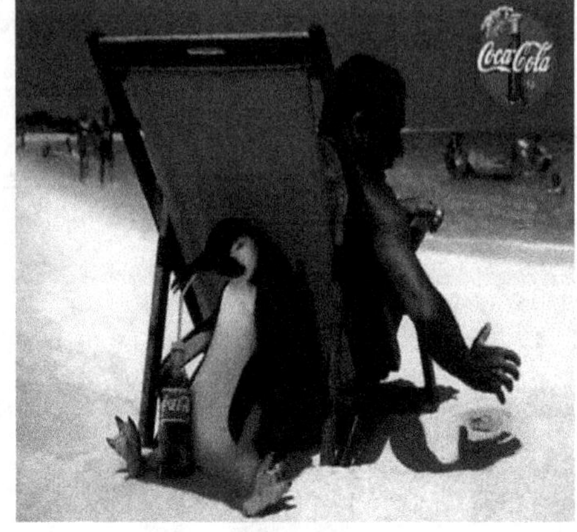

图 6-12 企鹅

3. 表现上参考组合原则

美国广告大师詹姆斯·韦伯·扬认为创意也是有规律可寻的，产生创意的组合原则有两项：一是创意完全是把事物原来的许多旧要素作新的组合；二是用大家熟悉的旧元素组合成有新意义的新生活。如图 6-13 所示，广告把天使与美女组合在一起，表现咖啡的香气与魅力，这体现的是詹姆斯·韦伯·扬提出的第一种组合。如图 6-14 所示，把绳子与香蕉、把苹果与铁轨组合在一起，让香蕉和苹果以一个怨妇的口吻诉说绝望，反衬该饮料受欢迎的程度，香蕉说，“冰箱已是它的地盘，活着还有什么意义”，苹果说，“听到她咕嘟、咕嘟的声音，我的心都碎了”，受众看了这则广告连表情都能想象得出来，这就是詹姆斯·韦伯·扬说的“有新意义的新生活”。

图 6-13 咖啡广告

图 6-14　饮料广告

4. 风格上体现 KISS 原则

所谓 KISS 原则就是“keep it sweet and simple”，甜美加简洁，人们也称此原则为“亲吻原则”。甜美便是使受众感觉到纯净、亲切、永恒的意境；简洁就是指广告语简短、明了。牛顿说：“自然界喜欢简单。”一些揭示自然界普遍规律的表达方式都是异乎寻常的简单。近年来国际上流行的创意风格越来越简单、明快。

体现 KISS 原则的作品要符合三个要求：简练、清晰和结构得当。平中见奇，意料之外，情理之中。简练即表现手法简单、明了，清晰即主题表达准确、到位，结构得当即文案逻辑表达合理，图 6-15 所示的胃药广告，采用夸张想象的手法，胃部胀气被形象地用气球“置换”——外形、光线、肚脐眼、胀气，所有符号都可以天衣无缝地诠释广告的主题。

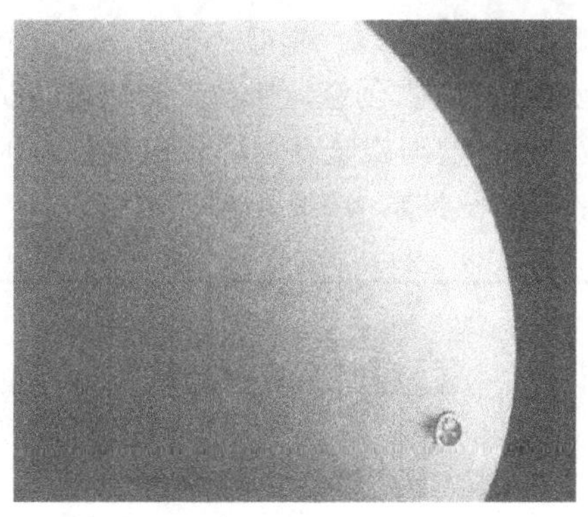

图 6-15　胃药广告

再比如，某杀虫剂广告（见图 6-16），为了表现产品超强的杀虫功效，不得不让没害虫吃的青蛙举起了找工作的招牌。这种暗示简洁明了、幽默风趣，无疑是遵循 KISS 原则的典范。

图 6-16　杀虫剂广告

5. 形式上体现竞争性原则

广告创意时要分析竞争对手的情况，了解其产品或服务的优缺点，尤其要分析竞争对手的广告是如何做的，主题是否突出，创意是否到位，表现是否得体。只有充分了解了对手的信息，分析清楚了对手的情况，才能给自己的创意找一个恰当的方向，选择一种合适的策略，或是正面对抗，或是侧翼进攻，或是另辟蹊径。

有一则奔驰标识的宣传广告，就是这样的。作者发掘出一个天然元素，利用一个西红柿的横切面的中的图片，借果实本身的纹理，以移情指向奔驰的标识。广告将“奔驰是大自然的无私馈赠”这一寓意表露无遗，同时，也更是预示着奔驰独得上帝的眷顾，还有谁能得奔驰如此的霸气？

6. 制作上体现法规原则

广告创意要遵守广告法规，尊重一个国家、一个地区的民族文化。任何大胆冲击法规和当地文化的广告创意，都会受到法律的制裁和公众抛弃。例如，2003 年，丰田的霸道事件，起因就是霸道广告有蔑视中国文化的内涵，最后，丰田不得不道歉，广告不得不停播，产品不得不更名。

案例

广告视点 6-1

霸道广告的危机事件

2003 年 11 月 5 日，一汽丰田的霸道、陆地巡洋舰上市。《汽车之友》在 12 期上刊登了霸道和陆地巡洋舰广告。

霸道广告：画面上，霸道越野车威武地行驶在路上，而两只石狮子蹲坐路旁，一只挺身伸出右爪向霸道车作行礼状，另一只则低头作揖。配图的广告语写道："霸道，你不得不尊敬。"

陆地巡洋舰的广告：画面上，在可可西里无人区的崎岖山路上，一辆丰田陆地巡洋舰迎坡而上，后面的铁链上拉着一辆笨重的、军绿色的、看似"东风"的大卡车。在画面左侧，还挂着追捕盗猎者所用的军大衣、冲锋枪等。

看到这两则广告后，立即有人在网上留言，表示了疑义和愤怒，认为石狮子在我国有着极其重要的象征意义，代表权力和尊严，丰田广告用石狮向霸道车敬礼、作揖，极不严肃。更有网友将石狮联想到卢沟桥的狮子，并认为，"霸道，你不得不尊敬"的广告语太过霸气，有商业征服之嫌，损伤了中华民族的感情。

12月2日，《汽车之友》在自己的网站上向读者致歉。12月3日，国内极具影响力的媒介——新华社对"问题广告"进行了报道，随后，国内的许多媒介都不同程度地对此事进行了追踪。而在日本颇有影响的报纸——《朝日新闻》也用"有两盒香烟大小的版面"报道了此事，并带动了其他日本媒介的关注。工商局也对这两则广告表示关注，并要求投放刊登广告的杂志社提交了书面材料。各方的强烈反应，使整个事件从"问题广告"有向"日资企业在华经营风波"方向转化的趋势。

12月3日晚上9点，丰田公司在紧急磋商之后，启动了危机公关程序，对媒介表示了歉意。12月4日上午，日本丰田联合一汽丰田，在新浪等主要网站上，刊登了道歉信：丰田汽车公司对最近中国国产陆地巡洋舰和霸道的两则广告给读者带来的不愉快情绪表示诚挚的歉意，这两则广告均属纯粹的商品广告，毫无他意。12月4日，这两则广告的制作公司——盛世长城国际广告公司也公开致歉。从12月5日起，丰田在全国30家媒介上刊登致歉信。

2004年底，丰田霸道正式改名为普拉多，一汽丰田方面的解释是：同凌志改名雷克萨斯一样，是为了和国际市场接轨。很显然，霸道的改名有着自己的隐衷，不过是想以此抹去一年来霸道广告风波的负面影响而已。

6.2 广告创意思维

6.2.1 广告创意思维的过程

创意过程是一个发现独特观念并重新进行组合的过程。1986年罗杰·冯·奥克提出了四步创意模式，该创意模式如今被广告公司广泛采用。按照罗杰·冯·奥克的模式，创意人员在创意过程的不同阶段仿佛都在扮演着不同的角色：探险家、艺术家、法官和战士，经历不同的心路历程。探险家的任务是寻找新的信息，关注异常模式；艺术家阶段是试验并实施各种方法，寻找独特创意；法官阶段的使命是评估实验结果，判断哪种方法最实用；到战士阶段时就要克服一切干扰因素，实现创意。

1. 探索历程

在探索历程阶段，创意人员好像探险家一样，需要收集构思创意的素材，凡是可能激发创意人员的灵感，带来意想不到的收获的感性东西都要收集。比如关注生活，在读书、看电影、听音乐、旅游等这些非专业领域的知识启发你的灵感；留意其他领域新的发现，思路越宽，发现独特构思的机会越大。每个问题都具备自己的独特性，答案始终要在问题中寻找。人们如果清楚自己在找什么，那么就会有机会找到它。这就是创意纲要为什么重要的原因，创意人员一般从制订信息战略开始，这有助于他们明确自己的目标。

2. 创造历程

在创造历程中，创意人员扮演艺术家的角色，不断实验并实施各种方法，寻找独特创意构思。这个过程时间最长、也最有收获。创意人员通过回顾所有相关信息，分析问题，确定模式，以及搜寻关键的语言和视觉概念来传递所需表达的意义，也就是说，在撰写文案、设计美术作品之前，先在大脑中形成广告的大致模样。

这一环节又称为形象化环节或概念化环节， 也是寻找大创意的环节。大创意是建立在战略之上的大胆而又富于首创精神的创意，以一种别开生面的方式将产品利益与受众的欲望结合起来，为广告表现对象注入生命活力，使读者或听众忍不住驻足观看和收听。

创新人员激发洞察力的方法主要有意外的并列，使陌生的变得熟悉或者相反，变换上下文，寻找相反的方向，将互不联系的构思结合、比喻、减少或者打破规则等。概括起来就是越界思维和非越界思维。越界思维即冲破人们内心深处的常识和规则，用一种新的不合常规的思路解决问题。非越界思维是指在常理中，用常识和规则去解决问题，例如，使用比喻手法创意时，喻体看得见，如用箭头或者闪电表示“快”，润滑油广告用泥鳅表示“滑”等。越界思维中喻体看不见，有一种“大音希声，大象无形”的化境，需要找到毫不相干的两个商品之间的潜在联系，例如，艾菲尔铁塔嫁接在头发上，以此表现美涛产品的定型作用(见图6-17)，把报纸挤在牙刷上，表示早晨、清新、第一件事(见图6-18)。

图6-17　美涛产品广告

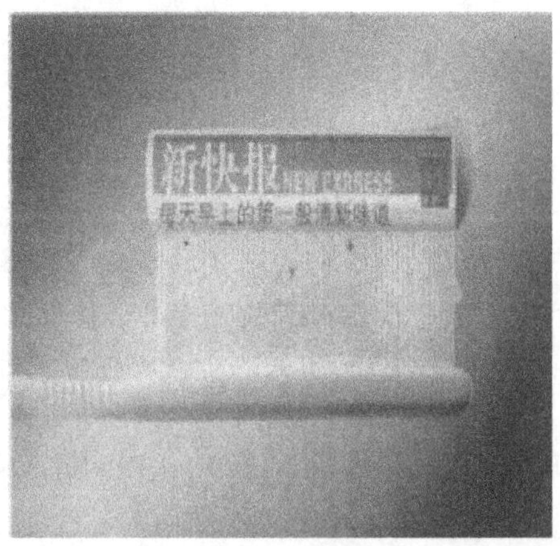

图6-18　晨报广告

这实际上是一种“形象化过程”或“概念化过程”。有人说这是大创意，广告活了——产品利益与受众的欲望巧妙地结合起来，而广告人却“死了”——肉体与精神上受到前所未有的压力，痛苦不堪。为了减轻这份痛苦，可寻求群体思维，它信息量大，联想更加丰富，反馈及时。

3. 评价历程

在评价历程阶段，创意人员充当法官角色，对创意构想进行可行性研究，并决定是否完成、修改或放弃大创意。既要淘汰不可行的，又不能错杀级优的，尤其是天才想象力的。在进行创意构想评估时，决策者要清晰地回答以下问题：这个创意好在哪里？有创新性吗？这个创意点平庸在什么地方？能冒险使用吗？我的偏见同受众的偏见一样吗？什么阻碍着我的思维？

4. 执行历程

创意人员最后要扮演战士角色，保卫胜利果实。首先，创意人员努力推销自己构思的文案并作出合理的解释，以说服公司的客户小组；其次，协助客户小组陈述创意，告之他们这可能是预算内最好的广告作品了，以获得客户认可。如果艺术家和法官的工作做得好，战士的角色相对就要容易得多。即使创意构想得到认可， 还有一系列工作等待着，如制作环节、发布环节，哪一个地方出了问题都会影响大局，不到刊播，战士的角色不能谢幕。

案例

广告视点 6-2

BBDO 创作团队为百事可乐所做的广告创意过程

百事惯用的创意执行概念是用嘲讽竞争对手可口可乐的方式创意。创作团队成员杜恩和麦克携手担任主要工作，他们迅速了解了两大可乐公司竞争的背景与现状。

探索历程

在探索过程中，另一位成员泰德则经常提出建议和贡献想法。有一次，泰德对另两个人说，“安全监视器，我从来不知道它是干什么的，只知道它叫‘安全监视器’”。

创作过程

杜恩和麦克起先觉得这个想法不怎么样，但并没有强烈反对。随后，大家开始从“安全监视器”的视角来思考创意构想。他们设计了一个饮料冷藏柜的场景，并决定把百事可乐和可口可乐的饮料冷藏柜并排摆放。几天以后，他们又想出一个让可口可乐的工作人员喝百事可乐的主意。这个想法被放在一边，沉了 1 周的时间。后来，杜恩画出了一组草图。这组草图描绘了一个可口可乐的送货员正要拿起一罐百事可乐，恰巧被一位也在超市中购物的妇女看见了。送货员有点尴尬，马上走开了。不一会儿，他又转回来，抓起百事可乐，一溜烟儿地跑了。

在执行过程中，广告又增加了一个结尾部分，因为客户认为那样更滑稽一些:可口可乐送货员抓起一罐百事饮料时，整个冷藏柜的百事可乐都压落在他身上了。该片在《今

日美国报》的电视广告年度排名中，获得当年全美橄榄球联赛期间“观众最喜爱”的广告片。

6.2.2 广告创意的思维方法

人类的思维是与生俱来的，但思维的方法却与后天养成关系重大。在刚刚过去的20世纪，人们对思维方法的探讨可谓不遗余力。20世纪初，德国社会学家马克斯·韦伯提出，人类有两种思维方式。一种是客观的、理智的，以事实为依据的，这种思维的特点是把观念分解成细小的部分，然后对背景进行分析，发现解决问题的最佳之道；另一种是定性的、本能的、以价值为依据的，强调技能，如上街购物，就会调集品位、直觉和其他常识，比照其价格、款式作出决定，更善于接受变化、矛盾和冲突，想象力丰富。沿用马克斯·韦伯模式，20世纪50年代后期，人们提出了聚合思维的概念和分散思维的概念，解释人类处理问题时的思维活动。到20世纪70年代后期，研究人员发现人的左脑控制着人的逻辑思维，右脑半球则控制着人的直觉思维。20世纪80年代，又提出了综合型、理想型、实用型、分析家型和唯实论型的五种类型及硬思维与软思维等不同类别。

价值型思维方式的创意人员，创作出的广告轻柔、微妙、天然、抽象，往往不为喜欢事实型思维方式的客户所喜欢，因为“太虚”而感到不安。相反喜欢事实型思维方式的客户会寻找以简洁、直接的布局，理性的诉求和大量数据为特点的坦率的广告作品。一般在进行创作时，创意人员都能做到游刃有余。当他们充当探险家角色时，需要从自己掌握的信息入手，仔细分析广告主题及产品、市场、竞争者状况，这时是事实思维当家的时刻。当进入构思创意阶段时，是价值型思维的天堂，运用自己的想象力，构想出不同的观念，但在选择最佳创意，最终完成作品时，事实型思维又会占上风。

广告创意构思虽然也涉及天赋，但是更需要的是长期的锻炼和经验的积累。人们根据人类智慧的结构及其特点，有针对性地提出了许多行之有效的具体的创意方法。

1. 按传统和非传统可分为垂直思考法和水平思考法

1) 垂直思考法

垂直思考法是以逻辑学和数学为代表的传统思维方法。它强调的是精确、严谨、成序，其思考的路径是线性的，即沿着线性思路一步一步地解析、演绎、推理、立论。垂直思考法的特点是把人们的注意力引向现存事物的问题情境中，从中寻觅事物的错误。挑出事物的错误不能促成旧事物转化为新事物，所以该方法是缺乏建设性的。前文提到的非越界思维就属于垂直思考法。

2) 水平思考法

水平思考法是英国剑桥大学的 E.迪博诺博士所创立的，核心是当人们为创新的目标而进行思考时，有必要离开一贯认为是正确的、无疑的固有概念进行侧面思考。所谓水平思考法是相对垂直思考法而言的，水平思考法的精华在于逆向

地思考问题， 冲破事物原有的框架， 让事物按你的意图去变化、发展。前文提到的越界思维就属于垂直思考法。

国外有一则电视广告的创意是这样的：一个内藏闪光灯的傻瓜照相机在不断地拍照后，突然闪光灯亮不起来了，垂直思维就应该是取出照相机内的四节电池。可广告创作者采用了水平思维——意料不到的画面出现了，主人不是换电池而是将照相机丢掉，重新换一个新相机，再装上原来的电池，闪光灯又重新频频亮起，这说明该电池是如何地耐用。这种突破常规的反向思维， 正是创意所需要的。

E.迪博诺曾做过这样一个试验，他出示由 A 、B 、C 三组图案组成的画板(见图 6-19)。受试者观看 10 秒之后拿开，然后让受试者凭记忆再把三组图案画出来。

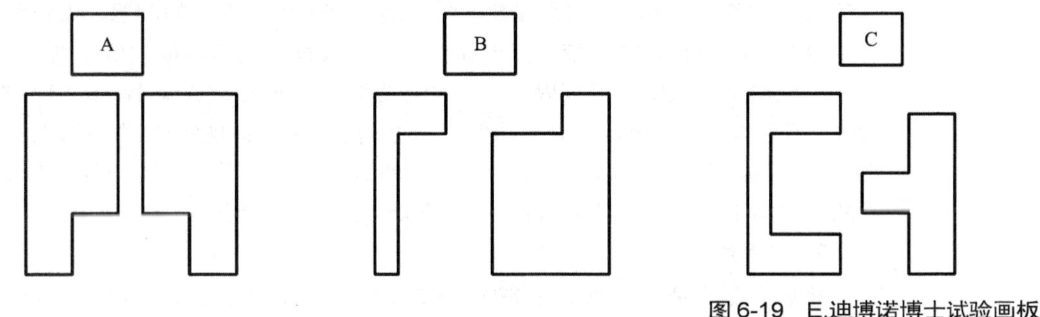

图 6-19 E.迪博诺博士试验画板

结果有 90%的人正确地画出了 A 图，60%的人正确地画出了 B 图，只有 10%的人正确地画出了 C 图。出现这样结果的原因是 A、B 图形基本左右对称，比较便于记忆；而 C 图左右变化比较大难以记忆。这一现象告诉我们：人们在记忆或思考问题时，往往习惯于从事物的外观形状出发，这是常态思维方式，很难产生新的思维成果。E.迪博诺对垂直思考法与水平思考法进行比较，得出以下结论。

第一，垂直思考法是属于选择性的淘汰，注重质量，而水平思考法只管单位时间内的生产数量，不是去选择或淘汰。

第二，垂直思考法只根据一个方向去移动，而水平思考法依据生产出来的方向去移动，而非依据选择性的方向去移动。

第三，垂直思考法是分析式的思考过程，水平思考法属于刺激性的思考过程。

第四，垂直思考法是连续性的，而水平思考法则可用跳跃的方式来思考。

第五，垂直思考法必须在每一个步骤前有被确认的过程，而水平思考法却不必去确认任何一个步骤。

第六，垂直思考法运用否定的结果来解释某些思考过程，而水平思考法在思考过程中，不需要用负面结果来解释。

第七，垂直思考法是集中并排除其他相关因素以外的思考方式，而水平思考法则是接纳各种不同角度共同思考的方式。

第八，垂直思考法不论在种类或分类、分级的设定上都是固定的，水平思考法就没有这些限制。

第九，垂直思考法根据大多数都一样的过程思考，而水平思考法在这一点上和垂直思考完全不同。

第十，垂直思考法在有限的过程中思考， 水平思考法是尽可能朝各种不同方向去思考。

2. 按思考参与者的人数可分为个体思考法和群体思考法

个体思考就是一个人的思考，它的优缺点是有目共睹的，群体思考法中的头脑风暴法、集思广益法和帽子角色法在广告创意中经常使用。

1) 头脑风暴法

头脑风暴法又称为脑力激荡法或 BS 法，1938 年，由阿克列斯·奥斯本首创。其特点是由来自不同领域的 6～12 人组成一个小组，围绕一个议题，共同思索，相互激励和碰撞，填补彼此的知识和经验的空隙，从中引出创造性设想的连锁反应，以产生更多的创造性设想。为了确保产生更多更好的创意，头脑风暴法必须遵循自由畅想原则、禁止批评原则、结合改善原则和以量生质原则。

一些典型的头脑风暴问题是：你能把提到的意见修改、缩小、改编、放大、替代、重新整理、颠倒或综合起来吗？这些问题可以推动整个创作小组人员的思考，并得到新的方向。这种方法的最大好处是可以避免孤军作战，弥补个人思考法的局限与不足，通过团队合作， 集合众人的智慧，创造出大创意。

2) 集思广益法

集思广益法是由威廉·高登提出来的。它与头脑风暴法的不同之处在于，它并不专注于一个明确的问题，而是由大家围绕着一个与最终设定相关的笼统构思展开讨论。比如创意小组集体探求一种果味饮料的沟通文案，但讨论并不局限于这种果味饮料，而是围绕着一个宽泛的饮料主题，由此引发出多种构思。在多种构思产生之后，再由主持人员把讨论引向一个特定主题。这种方法的缺点是在时间花费上比头脑风暴法要长，优点是在疲劳状态下有利于消除彼此之间的戒备。

3) 帽子角色法

帽子角色法由创造学家爱德华·布诺提出并应用。帽子角色法要求在归纳和演绎中合乎逻辑地移动，以及在自由结合的基础上从一种思维向另一种思维跳跃。在爱德华·布诺的工作间里，人们各自分到一顶帽子戴起来，并被要求利用帽子上提供的观点来回答一个创造性的问题，从而产生多种可能性创意构思。例如，黄帽子代表说优点，戴上黄帽子的人要马上寻找这个方案的优点，越多越好；绿帽子表示新方案，戴上绿帽子的与会者要马上集思广益寻找新的解决方案和途径；黑帽子表示找毛病，黑帽子一戴，大家思维跟着换角度，马上从鸡蛋里头挑骨头，一心一意找问题，找缺点。各种帽子具体含义如表 6-1 所示。

表 6-1 爱德华·布诺的帽子角色法

帽子颜色	帽 子 角 色
白色	事实、数据和信息。如：“我们有什么信息？缺少什么？我们希望有什么信息？怎样才能得到？”
红色	感觉、直觉、预感、情感和内心情感。如：“我觉得……”
黄色	乐观主义，对于事物的合理和正面的观点；重点放在益处上。如：“这可能会起作用；益处可能来自于……”

续表

帽子颜色	帽子角色
绿色	新主意，其他选择、可能性。如：“我们需要新的想法！”“有没有其他选择？”“我们能否换一种方法来做这件事？”“有别的解释吗？”
蓝色	正在使用的程序分析、优先性、日程表。如：“谁该负责？”“让我们确定一下优先顺序？”“我们试一下‘蓝色’一栏中的思维方法来多想一点新主意？”
黑色	警告和关键的判断。如：“规则上说……”“我们以前这么做的时候……”“如果……这将是一个错误！”

6.3 广告表现

6.3.1 广告表现的内涵

1. 广告表现的定义

通过前面对广告主题及广告创意的分析，我们了解到主题、创意虽然意境高远，含义深刻，但它们都是务虚的。正如哲人所说的，理论只要通过实践才能发挥出无穷的力量。广告表现就是广告由“虚”向“实”的转变过程，它是各种广告思想的汇集地，也是各路广告精英施展才能的大舞台。李奥·贝纳对这个过程转变好坏的评价就一句话：“好广告会是图片与文字的快乐联姻，而不是它们之间的竞赛。”这句话泄露的另一个天机，就是广告表现的元素和方法。目前广告表现的定义很多，但核心还是李奥·贝纳的那句话。本书认为广告表现就是把有关商品、劳务和企业等方面的信息，通过广告创意，运用各种符号及其组合，以形象的、易于接受的形式表现出来，达到影响受众购买行为的目的。也就是说，广告要表现的主题内容确定后，由表现广告创意的画面、语言文字等元素，创造出一种视觉化、形象化的文案过程。

2. 广告表现的流程

1) 三步骤说

三步骤说是根据确定具体传播时的内容来命名的。广告表现是运用视觉化、形象化的方式将广告要传递的信息表达出来的过程，其最终形式是广告作品，可根据确定具体传播时的内容来确定。第一步，在一个具体的商品信息中，分析商品的诉求点；第二步，筛选出商品概念；第三步，确定表现概念。

2) 四步骤说

根据广告信息的传递交流过程可以把广告表现分为四个步骤。第一步是确定广告表现的基本设想和广告表现的基本方针。它是由广告目标、广告商品的属性、市场竞争状态等因素决定的，具体内容包括对广告商品强调什么特点、信息传递的方法、诱导逻辑及表现技巧等。第二步是按照上述广告基本设想选择最容易被广告受众理解的主题，每一个广告都应有明确的主题。第三步是按照广告主题选定广告表现的基本元素，并将它们整合在一定的空间和时间内。这种把广告设想、

方针或主题“翻译”成形象的工作称为编制程序。第四步是通过编制程序，将原稿与图像转化为符号，形成广告作品。

3) 五要素说

影响广告表现的因素很多，可以把他们分为五个方面：第一，自己公司的资源，主要指商品的质量、销售体制、组织文化等；第二，受众，目标受众的价值观、态度、意见和行为等；第三，路径，广告商品流通情形；第四，竞争，竞争对手所采用的广告战略如何；第五，时代背景，何种想法、感受才能博得受众的共鸣等。

4) 构想模型说

姜智彬在《广告策划与创意》中提出一个广告表现模式。该模式由三部分构成：创意的表现元素、表现方法及表现风格，由此可知，这是根据文案构思过程总结的。广告表现模式如图 6-20 所示。

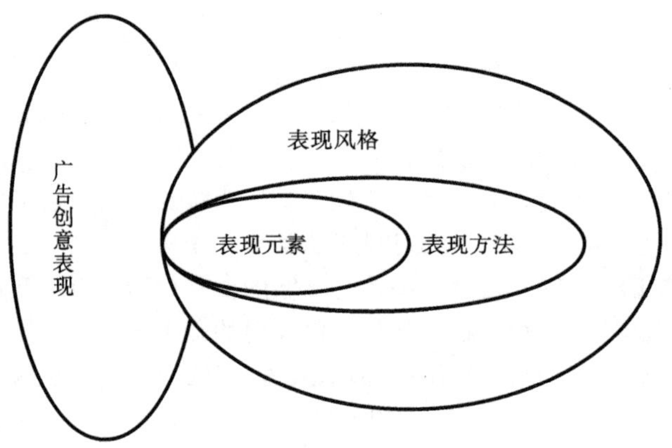

图 6-20 广告表现模式

6.3.2 广告表现要素

广告的表现要素有文字、图、色彩、广告布局和广告音响等相关要素，印刷广告一般要用到前四个要素，电视广告与网络广告则五个要素都要用到，广播广告只使用音响要素。由此可见，广告类型不同，广告的表现要素也不尽然。

1. 文字

广告大师奥格威有句名言：“广告是词语的生涯。”在平面广告中文字占 50%～75%。文字在平面广告中有两个作用：一个直观作用，直接传递广告中商品的相关信息；一个是表意作用，通过文字引导思考。

广告文案的主体部分是文字。文案透过文字的运用，使销售信息带有戏剧性并增强吸引力。例如，“不在乎天长地久，只在乎曾经拥有”——透过反差带出浪漫；“just do it”——透过鼓吹带出运动热情；“钻石恒久远，一颗永流传”——透过向往带出恒久不变；“cancer cures smoking”——透过黑色幽默带出吸烟有害。

1) 文字在广告文案中的表现

文案中的文字一般承担标题、正文、附文、广告语四个部分的内容。这四个部分是文案的构成要素。一个完整的广告通常只包含 2～3 个文案要素。在为某个客户准备广告时，为了传达基本的广告创意，文案往往只需要一个标题。提案时广告公司常常会准备几幅草稿，让客户看标题和插图配合的效果。一旦客户认可广告的创意，文案人员便开始为广告写正文，如果有必要再加上副标题、图片说明或其他所需的元素。平面广告构成及其表现要素，如表 6-2 所示。

表 6-2　平面广告构成及其表现要素

广告文案要素	广告文案要素的表现要求
标题	标题是指能传达出最重要的或最能引起受众兴趣的信息，并在显著位置以醒目字体或特别语气突出表现的一个语句，可以是一句话也可以是一个词。标题的原则有四个，即提供利益点原则、利益点显而易见原则、易懂明了原则、拟人或地方化原则。 标题的功能主要有吸引注意力，传递主要的广告信息，诱导受众继续阅读广告正文。 广告标题通常分为： 直接标题——直接诉求广告主题，可以不要正文，也可以和正文配合； 间接标题——用耐人寻味的语句诱导受众去阅读正文的标题； 复合标题——往往兼具直接标题和间接标题的双重性质，通常由引题、主题和副题构成。 广告标题的表现形式主要有： 新闻性标题——以新的商品信息或市场信息为诉求重点的广告标题； 判断式标题——直接表现商品带给受众的利益和好处，以及直接赞扬商品优点的广告标题； 提问式标题——用直接或间接方式向受众提出问题吸引读者注意的标题； 提倡号召式标题——提出企业主张、建议，号召人们从速购买的标题； 情感式标题——通过诉诸读者的情感，而给受众留下深刻印象的标题； 比较式标题——通过与同类商品相比较，突出本商品的独特之处的标题； 悬念式标题——能使受众产生惊奇、疑惑的广告标题，这类标题有助于受众读完广告作品，并加以思考
	副标题向读者传达一些重要的事实，字号小于标题而大于正文。副标题既可能是位于标题下面的三四行字，也可能是穿插在整个正文或其他地方的特排字句，能迅速让读者了解正文将要提到的内容
正文	正文是广告作品中承接标题，对广告信息进行展开说明、对诉求对象进行说服的语言或文字内容，是诉求的主体部分。 正文常见的形式有： 客观陈述式——这是一种全知全能式的叙述，亦称多点透视式，不受叙述者的限制，是汉语表达中传统、常用的方式。 主观表白式——以商品相关者(如广告主、代言人、代销者、生产者、受众等)的口吻进行陈述，也称单点透视式。这种方式在表述企业观点、态度，以及企业在产品或服务上所做的努力方面有更大的自由

续表

广告文案要素	广告文案要素的表现要求
附文	附文又称随文，一般出现在影视广告的结尾或印刷品的最边角，包括购买产品或获得服务的方法、权威机构的认证标志、与诉求对象联系的电话号码、公司的网址、品牌名称与标志，可能还包括特别说明及意见反馈表格
广告语	广告语又称广告口号、主题句、标题句，是为了加强受众对品牌、企业、产品或服务的印象而在广告中长期、反复使用的简短口号性语句。它基于长远的销售利益，向受众传达一种长期不变的观念，是品牌标志性符号和销售承诺。 广告口号与广告标题的区别在于： (1) 标题可以是一句话、一个词或词组，而广告口号必须是意义完整的一句话； (2) 广告标题的目的是引起受众注意，并进一步阅读广告正文，而广告口号却能使受众确立一种观念，用以指导他们选购商品或劳务； (3) 广告口号可以单独使用，其位置也没有特殊的限制，而广告标题必须与正文放置在一起； (4) 广告标题经常是一次性使用，一则广告只能有一个标题，而广告口号却可以多次重复出现在不同的广告中

2) 字体的运用

在广告中，文字承担着信息传递的主要任务。对于一幅广告作品来说，文字在画面中的安排及布局也十分重要。随着科技的发展，字体的选择，文字的大小、高低、宽窄，角度的变化等都有了无限的可能，设计时要考虑到字词在形态、结构上的协调，使读者流畅阅读并迅速领会视觉语言。

完全用文字来构图的画面，依然具有可识别性及视觉冲击力。这依靠广告制作者对文字的理解，以及排列时的独具匠心。字体的运用如表 6-3 所示。

表 6-3 字体的运用

字 体	运 用
印刷字体	广告文字要素一般都适合于用印刷字体来完成。在这些要素中，正文必须采用印刷体，标题也以印刷体为主，而广告语在一些特定情况下，为适应内容的需要，可适当考虑印刷体以外的其他字体。 如果从印刷体各类字体本身的特点来看，宋体较具有传统的特点，适合表现传统的内容；黑体是最大众化的字体，可表现任何广告内容。而综艺体和圆黑体具有极强的现代感，适合表现现代的广告内容。综艺体由于笔画比较粗，一般只适用于标题等较大文字，而不适用于广告正文等较小文字
装饰文字	装饰文字是在印刷字体标准、规范的基础上，加上适当的艺术化处理，使文字的字体显得更艺术、美观和生动，同时在装饰变化的过程中，可以使文字的造型与广告的内容更加吻合。但由于装饰字体在装饰变化的过程中有可能使字体的可读性降低，所以装饰字体多用于广告标题、广告语的文字使用，而很难用于正文的文字
书法字体	书法字体比装饰字体更具艺术性和生动性。由于不同民族书写习惯、书写方式及书写工具的不同，从书法字体中所体现的民族性差异是十分明显的。如宣传民族文化、地方土特产品，具有民族特色和传统优势的产品的广告，以及文化、艺术、书画展览的广告，利用书法体来表现就极其恰当

续表

字体	运用
字图组合	以图形为主的广告，字体在视觉效果上就应服从于图形，处于从属的地位。字、图要互相穿插重叠，有机结合成一个整体，从而加强广告画面统一的视觉效果；如果以字体为主的广告，字体处于主导地位，任务或商品形象处于从属地位时，就应该注意字体的排列及图形位置的安排
字体对比	字体的对比组合，更能产生强烈的广告效果，更能引人注目。字体的对比主要包括风格各异的字体对比、大小不同的字体对比、笔画粗细字体的对比及文字的明度对比等
字体和谐	广告中和谐的字体组合主要包括相似风格的字体组合、相同大小的字体组合和相同明度的字体组合。字体大小和明度的和谐则主要针对一些具体要素的处理，如同一个标题、同一个广告语在同一段正文中，就必须从字体的大小和明度上接近和谐，以达到同一内容在视觉传达上的整体感
字体排列	在广告的各类文字之间应形成集团式的分组排列方式，标题、广告语和正文之间不要连在一起，应保持一定的距离和空间，形成一定的疏密变化，观看时才主次分明，条理清楚。一般的情况是标题和广告语应疏，正文的排列较密。另外，在一个集团内的文字排列，也同样应具有疏密的变化，以便阅读方便，段落分明。为了使广告画面生动活泼，常将广告文字(特别是标题文字)排列成各种形状，如弧形、斜线、竖排等

案例

广告视点 6-3

DDB 广告公司为 S&W 罐头所做的平面广告

S&W 罐头平面广告文案的标题是：我们添加的唯一的东西就是盐。

正文：(画面为一条大鲑鱼，身上套着 S&W 罐头标签)我们公司的鲑鱼没有必要添加油料以增其汁味，因为它们都是特别肥大的鲑鱼。这些健康的鲑鱼，每年溯游到菩提山之北的长长河川。如果我们在蓝碧河选不出理想的鲑鱼怎么办呢？我们会耐心地等到明年。为什么？因为如果不是完美的，不会被 S&W 装入罐头。

2. 图

广告中的图，包括商标和插图。其中插图包括照片、漫画、彩色的画面等。在平面广告中，除了要运用文字以外，还要运用图片直接刺激视觉。与文字相比，图片更具有视觉冲击力，广告中有句俗语叫“一图值万言”，有时仅仅靠广告图片就能完成广告诉求。例如，拜高杀虫剂广告如图 6-21 所示，画面十分简单，只有厨房门口露出的一只蜘蛛侠的手，外加个产品标识。广告没有文案，但含义一目了然——连蜘蛛侠都难逃它的魔爪，还有什么不可能。

当然，这个广告的成功与当年《蜘蛛侠》全球热是分不开的。2002 年，正值好莱坞大片《蜘蛛侠》全球狂卖 8 亿美元之时，BBDO 把握了这个时机，在杂志、户外广告等媒介上推出这则广告，同时配合一系列营销手段，果然达到了理想的效果。2003 年拜高杀虫剂取得了全球第一的销量，成为全球家用杀虫剂第一品牌。

图6-21 拜高杀虫剂

通常情况下，受众对于图的兴趣优于文字，但每个人对图与背景的感知程度又不同，每个受众都会对画面主题有一定的选择性，因此，在构图中就要加强主题图意味的传递和图的形式感的表达。画面中主题的图与背景间要留有恰当的空间，这样做不但能使主题更加突出，而且使整个画面显得疏密有致。随着网络的普及，充满动感的广告画面，身临其境的人机交互，视觉、听觉、触觉等感官刺激随时扑面而来，网络广告画面又给广告人提出了新的要求。

1) 广告插图的价值

商标的作用是直接传达商品形象，广告插图的作用是加速广告信息的传播。商标是注册的依据，传达出的商品形象是整体的、抽象的。广告插图的价值在于把抽象的概念形象化、具体化，并善于展示商品细节。另外，广告插图运用形状、黑白、大小、虚实、色彩等因素，刺激受众的感官，引起注意。例如，要表现汽车平稳而舒适这个主题，广告创意者使用了插图，插图的内容是：在飞驰的汽车里，一只香烟燃烧后留下很长的烟灰而不下掉，寓意汽车的平稳舒适，说明汽车的质量和性能。

2) 广告插图的表现形式

广告插图的表现形式主要有具象插图、抽象插图和卡通插图。

(1) 具象插图。具象插图是指形象具体写实的插图，它能如实地表现商品及商品的使用情况，具有真实感，容易引起受众感情共鸣。

(2) 抽象插图。抽象插图是用非写实的抽象化视觉语言，来表现广告内容的插图，包括简洁化的图形和几何图形等，追求的是强烈的视觉效果。

(3) 卡通插图。卡通插图是用轻松、幽默或拟人化的手法把形象作卡通式的有趣夸张。这种插图幽默、滑稽，增强了广告的趣味性。

目前流行的构图原则是：主题图形以对角线的形式排列，把画面的背景分割成两个对称的三角形，使整个画面更加活泼，充满动感。点、线、面都是构图中重要的组成元素，人们的视线往往会随着它们流动。

以线为例，表 6-4 说明了线在广告构图中的情感表达。

表 6-4 线在广告构图中的情感表达

线的种类	线的情感表达
水平线	水平的线能表现平稳和宁静，是最静的形式。如果画面中有一条水平的线条，那么它可能会进一步缓和人们的情绪。水平线位置较低时会给人一种开阔的感觉，较高时更会给人亲近的感觉
对角线	对角线很有活力，可以用来表现运动状态
曲线	曲线能表现高雅和优美，会聚的线则能表现深度和空间，在构图时，选择一根突出线条来引导观者的视线会使整个画面由原来的杂乱无章变得简洁有序，也更具节奏感和韵律感
螺旋线	螺旋线用于画面的构图，能产生独特的导向效果。在第一时间吸引观者的注意力
垂线、粗线、细线	垂线强调画面主体的坚实感，常被用来作为封锁画面的坚固屏障；粗线力度强而凝重；细线敏感冲动、尖锐。画面中线的粗细变化，不仅能强调突出某一信息，同时也活跃了画面
线族	单独一条直线显得呆板，而折线或曲线给人一种活泼和富有生气的印象。当几条线会聚的时候，就形成了角度。或者方形，或者三角形，或者多边形。它可以使主体与背景分离，从而达到突出主体的目的

3. 色彩

对色彩的爱好是人类的一种本能。作为第一视觉语言，色彩给人视觉上造成的冲击力是最为直接与迅速的。

1) 色彩的作用

第一，突出体现企业形象，形成企业形象专用色。色彩的识别性、象征性已受到广告设计师与企业的认识和重视。在广告中，反复强调专用色，使之在受众的心中留下深刻的印象，加上产品包装把专用色延伸，使之更加强烈鲜明，形成了广告统一的专用色系统。例如，可口可乐用红色，富士胶卷用绿色，柯达胶卷用黄色。

第二，商品常用色对受众起到了固定的作用。广告的常用色已变成了商品的通用色，不宜更改和随意使用。例如，食品多用暖色，可以引起食欲；化妆品多用柔和、素雅色调，给人温馨美丽的感觉；玩具多用鲜艳的纯色，展示童心和稚气；服装多用典雅和谐的色调，显示其品味和格调；药品多用古朴色调，西药多用冷色。

第三，广告色彩具有联想性和情感性。利用色彩的联想，通过产品色彩设计

和宣传，使人们对自然界和社会中的经验感受产生回忆，从而诱发人们的各种感情，使受众产生共鸣。设计师可以通过色彩明度、纯度、面积、位置、配置等手段，诱发人们的情感联想。

广告设计者要充分利用色彩的色相、纯度、明度、冷暖、节奏等，来达到广告表现的目的。例如，嫩红色在暗蓝色的背景中就会“跳”出来。使用两种颜色，能使沉闷的画面呈现生气。用强烈的刺激视觉的色彩构成的画面，能提高色彩的知觉度，迅速吸引观者的视线等。

2) 色彩的象征意义

对色彩的喜好尽管因民族、地域、宗教、信仰不同而有一定的差异，但色彩给人的感觉是共通的，如暖色调给人温馨、和煦、热情的感觉，而冷色调给人宁静、清凉、高雅的感觉。各种色彩的象征如表 6-5 所示。

表 6-5 各种色彩的象征

色 彩	具体的联想	抽象的情感
红色	火、血、太阳、战争、革命	热情、活泼、热闹、革命、温暖、幸福、吉祥、喜气、祝福、激怒、勇敢、危险等
橙色	秋叶、火焰、橙子、面包	温暖、健康、幸福、正义、警告等
黄色	柠檬、佛光、向日葵、阳光	光明、希望、快乐、注意、嫉妒、欺骗等
绿色	草原、树叶、蔬菜	和平、安全、成长、青春、环保、悠闲等
蓝色	天空、大海、远山	深远、理智、寒冷、优美、灵魂、冷淡等
紫色	葡萄、葬礼、梦	优雅、神秘、高贵、宗教、自傲、幽灵等
黑色	夜晚、墨、炭、丧服	严肃、刚毅、罪恶、恐怖、不祥等
白色	云、雪、日光、砂糖	朴素、神圣、柔弱、纯洁、光明、安静等
灰色	阴天、老朽、水泥	谦虚、平凡、沉默、寂寞、忧郁、消极等

3) 色彩的搭配

颜色是因为光的折射而产生的。红、黄、蓝是三原色，其他的色彩都可以用这三种色彩调和而成。颜色分非彩色和彩色两类。非彩色是指黑、白、灰系统色。彩色是指除了非彩色以外的所有色彩。黑白是最简单的搭配，灰色是万能的搭配色，可以和任何色彩搭配。色彩搭配时尽量控制在三种色彩以内，以保持主基调的调和平衡。主基调是指作品整体色调给人的感受，它决定着广告设计的成败。平衡是指色彩的明暗、轻重，以及面积大小在视觉上给人的感受。比如，冷暖色的平衡就需要冷色块大于暖色块。色块空间位置的平衡靠的是明度高的色彩在上，明度低的色彩在下，否则就会头重脚轻。

调查表明，媒介中彩色的运用可以提高受众认知的质量。美术作品有助于刺激受众的情感并依据自身的文化背景和个人经历采取行动。

4. 广告布局

广告布局又称广告构图，是指在一定规格、尺寸的版面位置内，对广告的插图、文字和商标图案等要素进行的整体安排。广告布局过程一般分为创意布局、粗略布局和最后布局三个阶段。

(1) 创意布局。在头脑风暴会议中，将创意以粗线条勾画出来的设计草图，称为创意布局。一般要画很多幅创意布局，经过反复比较选择最佳布局。

(2) 粗略布局。当广告标题、正文及广告插图等广告元素确定后，对这些元素的位置安排称为粗略布局。粗略布局的作用是征求广告主的初步认可，也用于同上级主管人员磋商定案。

(3) 最后布局。粗略布局被认可后，美工人员再次对版面进行的综合布局，称为最后布局，又称为完稿布局。最后布局要求精密、讲究，注重整体效果。

布局的总原则是优美和条理性。优美是指布局总体平横，比例适中，在视觉上给人以美的感受；条理性是指布局元素的组合有利于读者阅读，能突出重点元素。

案例

广告视点 6-4

雀巢咖啡广告布局赏析

图6-22　别拦着我篇

雀巢咖啡这组广告，通过四幅图画表现了雀巢咖啡的诱惑。雀巢咖啡广告中，咖啡与鱼缸、咖啡与男人、咖啡与花朵、咖啡与常青藤的自然生长习性的矛盾，更加凸显了咖啡的诱惑力与顾客的抵抗力之间的矛盾。

别拦着我篇(见图6-22)。

主色为粉色，辅色为红色。咖啡的香气四溢，金鱼想要突破鱼缸的阻碍，寻得滴滴香浓的雀巢咖啡。

新欢篇(见图6-23)。

主色为红色，辅色为蓝色、黑色。女人、男人构成动态稳定的三角形。在雀巢咖啡面前，男人的吸引力也不过如此。想要留住女人的心，就要先打败雀巢咖啡。

图 6-23 新欢篇

图 6-24 猎艳篇

猎艳篇(见图 6-24)。

主色为黄色，辅色为红色。蝴蝶和杯子构成一条优美的曲线，引导视线停留在主画面——红色咖啡杯上。连喜欢寻花问柳的蝴蝶也抵抗不住雀巢如此的诱惑力。

图 6-25 欢迎光临篇

欢迎光临篇(见图 6-25)。

主色调为整片绿色，一点红的咖啡杯格外醒目。弯弯曲曲的常青藤引导着视线锁定主题，再次向人们暗示着雀巢咖啡强大魅力

——来者都是客，欢迎光临!

5. 广告音响

广告音响是指通过音乐、声响的形式刺激受众的听觉，渲染气氛，烘托广告主题的辅助工具。但在两个广告内容差不多的情况下，广告音响如果个性鲜明且易懂易记，一样可以弥补广告内容平庸的缺陷。广告音响是电子广告最为重要的表现要素。

1) 广告音响的两个功能

一个功能是给受众提供清晰明了的信息展示平台。例如，在公司、商场、餐厅、酒店、连锁门店、促销展示等场所，以高质量的声音和广告画面的形式吸引更多受众注意力，提高商品宣传效果。

另一个功能是直接作为背景音乐播放。一则好的广告作品，如果能搭配好的背景音乐，既可以增加广告的吸引力，又可以提升受众对广告的印象。例如，马自达汽车的十二星座广告系列，就是将广告内容与音乐融为一体，呈现出一种动人之情，也表达出产品的独特性。

2) 广告音响的时代特征

广告音响主要包括广告主题音乐，以及一些广告背景音乐和广告中的吆喝、吟唱、口哨、掌声等声响信息。

广告主题音乐就是把广告文案用广告歌曲的形式唱出来。通常的做法是企业针对该广告的主题诉求找专人写广告歌词，再请广告代言人演唱。例如，芝华士的广告歌《When You Know》，就是由比利时的三人乐队 Hooverphonic 专为芝华士创作的。2007 年雪碧广告歌《透心凉，心飞扬》也属此类。另一种形式是使用获奖歌曲或知名电影主题曲中与广告作品主题有相同意境的歌曲，直接置换。例如，别克汽车的广告歌曲《我相信我能飞翔》(《I Believe I Can Fly》)，原本是美国歌手凯利的一首格莱美获奖歌曲，后来被选为电影《空中大灌篮》的主题曲，因为歌词写得很积极向上，于是就成了别克汽车的广告主题歌。再比如，2010 年的康师傅绿茶广告主题歌《我相信》，是 2009 年杨培安的出道歌曲，经过优酷音乐人翻唱后，迅速成为当代大学生励志歌曲，2010 年杨培安与康师傅绿茶达成合作关系，这首歌摇身一变已成了康师傅绿茶广告主题歌了。

广告主题歌连同广告背景音乐已被提升到音乐营销的高度，成为当今营销的一个潮流。音乐营销专家张志远曾表示：普通的广告是把品牌带到人的眼睛里，而音乐营销是把品牌带到人的心里。例如，在英特尔的电视广告中，英特尔 logo 的出现总是配合着一段简短有力的音乐，人们就算没有在看电视，听到这段标志性的音乐，脑海里也会浮现英特尔的品牌画面。

在 15～35 岁的年轻人中，听音乐是非常普遍的爱好。新生代市场监测机构与热波传媒联合开展的年轻人音乐生活形态调研显示：54.7%的人每天都在听音

乐，接近20%的年轻人每周听5次。音乐营销已经成为打动年轻人的最佳广告传播方式。一些先知先觉的企业已经走在了前面，例如，在1983年，由流行天王迈克尔·杰克逊担任主角并配乐的百事电视广告的播出，让百事可乐“新生代的选择”的口号一炮打响。进入中国之后，百事依然在营销上沿袭了音乐路线，刘德华、王菲、古天乐、蔡依林等一大批受到年轻人追捧的明星成为百事的形象代言人。凭借周杰伦的一首《我的地盘听我的》，中国移动旗下的动感地带品牌迅速攻入年轻人的地盘。

3) 广告音响的调整

广告音响要与广告主题相匹配，不是什么歌曲都能做广告主题歌或广告背景音乐的。有时要根据具体广告的主题表现，突出广告音响；有时要根据广告产品类别和广告对象的差异，调整广告音响；有时要根据特定的广告表现采用特殊的音响技术；有时又要根据不同的媒介，选择、确定音响在广告音响中的地位。

6.3.3 有效广告的认知模式

广告的终极目标是通过某种特殊刺激，让目标受众定向产生购买行为。这一过程表现为认知模式，即认知阶段—体验阶段—情感阶段—行动阶段。受众从接触产品信息到产生购买行为，是由一系列的心理变化过程影响的，这个过程是环环相扣、逐级递进的。怎样实现从注意到行动的转化？传统理论中对购买过程的描述最权威的是AIDMA模式，互联网时代则是AISAS模式，其他几个比较著名的消费者的心理反应模式也从不同侧面对这一过程做了有益探讨。这些表述心理过程的模式如下。

(1) AIDMA模式：注意→兴趣→渴望→记忆→行动。

(2) AISAS模式：注意→兴趣→搜索→行动→分享。

(3) 影响的层次模式：知晓→认识→喜爱→偏好→确信→购买。

(4) 创新的采用模式：知晓→兴趣→评价→试验→采用。

(5) 信息沟通模式：表露→接受→认知反应→态度→意向→行动。

把消费者的心理反应模式放到认知模式中加以考察，进行比较，结果如表6-6所示。

表6-6 认知模式与消费者的心理反应模式对照表

认知模式	认识阶段	体验阶段	情感阶段	行阶阶段	购后体验
AIDMA模式	注意、兴趣	—	渴望、记忆	行动	—
AISAS模式	注意、兴趣	—	搜索	行动	分享
影响的层次模式	知晓、认识	—	喜爱、偏好、确信	购买	—
创新的采用模式	知晓、兴趣	—	评价、试验	采用	—
信息沟通模式	表露、接受	认知反应	态度、意向	行动	—

在表6-6中，前四个模式都没有明确指出体验阶段，在信息沟通的模型中体验阶段被称为“认识反应”，但仔细分析就会发现，前四个模式的体验阶段是隐含的。通过看、听等商品信息体验和使用、参与等商品实物体验，才有可能引起广告受众的兴趣，完成广告的使命，即在情感上使广告受众产生一种认同，促进

销售。也就是说，当广告诉求暗合了受众的某种体验时，下决心购买的动机就成熟了。例如，“霸王防脱，脱发不再来”，这是成龙为霸王国际集团做的广告，成龙献身说法，用自己的体验来诱导消费者产生认同心理和购买行为。成龙亲自试用的体验来源于商品功能上的有形的体验。再比如，雀巢咖啡的广告，率先把高品质、美味的咖啡与咖啡文化带到中国，它通过感性诉求展示了一种新生活的情调：画面上好友聚会，主人拿雀巢咖啡来招待，暗示了它是招待亲友的最佳饮料，这样的语境联想，自然就会构成一种心理上挥之不去的美好的体验。这种体验来源于商品信息上的无形的体验。下面将重点介绍 AIDMA 模式和 AISAS 模式在广告表现中的应用。

1. 引起注意阶段

注意是心理或意识对某一对象的系统选择和对某一目标物的特定集中，按照形式可分为无意注意和有意注意。无意注意是指事先没有选定的目的，也不需要作意志努力的注意。有意注意是指有目的、有意识、有选择地对目标物及其关联事物的关注。由于广告本身不是事件，没有新闻价值和持续的艺术欣赏价值，又由于广告的功利性对人们的心理空间过分侵占，大多数受众对广告存有戒心，因此在总体上，人们对广告的注意基本上是一种无意注意。美国广告专家鲍尔和格雷瑟说：在美国每人每天平均要接触到大约 1 500 个广告，而实际感受到的广告只有 70 个，最终真正留下深刻印象的广告只有 12 个。广告必须“抓住大众的眼睛和耳朵”。

1) 无意注意的刺激方法

无意注意主要发挥视觉本身的作用，方法有增大刺激物的面积、提高广告的刊播频率、突出广告主体与背景的关系等。

(1) 增大刺激物的面积。研究表明，人们的视觉注意总是被更大的图像所吸引，并与图像大小成正比。因此，广告主最常用的方法就是设计出超大规模的广告画面或实物广告，吸引视觉注意。图 6-26 所示的为发现频道户外广告。一只大鲨鱼破楼而出，刺激着每一个观者的视觉神经，让人过目难忘。

图 6-26 户外广告

印刷广告在这方面的研究最有成就。1922年，日本一份地方报纸《福岛新闻》就曾推出一本厚达250页的广告研究书刊，其中专门介绍了当时美国广告界的一项研究成果，即认为一次性的版面比分割并多次刊出的版面效果更佳。以杂志为例，“跨页广告一次”与“四分之一页八次”的版面大小虽然相同，但前者的广告效果却为后者的四倍半。“全页广告刊登一次”的广告效果亦为“四分之一页刊登四次”的两倍半。报纸广告也遵循这一规律，即广告所占版面的大小对注目率有决定性影响。日本经济新闻社曾对报纸广告的注目率做过一项调查，他们将影响广告注目率的各种要素总括为16个项目，如表6-7所示。结果发现，不管男性还是女性都将版面的大小列为影响注目率的第一要素。当然，其他的刺激要素同样也值得关注。

表6-7 男女注目率排序

男 性	女 性
(1) 版面大小	(1) 版面大小
(2) 业种	(2) 非商品照片
(3) 刊载版面	(3) 业种
(4) 非商品照片	(4) 刊载版面
(5) 位置(上、中、下)	(5) 日期(星期)
(6) 日期(星期)	(6) 文字
(7) 位置A(左、右两侧)	(7) 位置B(上、中、下)
(8) 文字	(8) 广告类别
(9) 商品照片	(9) 位置A(左、右两侧)
(10) 插图	(10) 比率
(11) 广告类别	(11) 商品照片
(12) 比率	(12) 相关位置
(13) 标题	(13) 插图
(14) 诉求对象数	(14) 广告内容
(15) 广告内容	(15) 诉求对象数
(16) 相关位置	(16) 标题

(2) 提高广告的刊播频率。广告没有一定的暴露度就不可能引起人们的注意。这里所说的暴露度由广告刊播的时空密度决定，时空密度包括时间密度和空间密度。时间密度是指广告在一个相对定量的时间内重复出现的频率，如连续刊播同一广告的次数最少不能低于三次。空间密度是指同一广告覆盖的报纸种类、电台数量等。

(3) 突出广告主体与背景的关系。突出广告主体与背景的关系就是在广告创意中有针对性地制造反差，使自己的广告从背景中脱颖而出。通常彩色与单色，清晰与朦胧，微小与巨大等可以构成形式上的对比和反差，使人感觉鲜明强烈。如图6-27所示的动感地带的广告，通过底图关系的对比，突出了动感地带的主题诉求。

图 6-27　动感地带广告

2) 有意注意的刺激方法

有意注意取决于受众想看到什么和不想看到什么，它在很大程度上受动机的影响。曾经有一个这样的实验：把一张印有帽子、面包、汽车、香烟、玩具等 10 种实物的广告图片，拿给贫困和富裕两组孩子各看数秒钟后，要求他们尽可能地回忆并说出看到的东西，结果绝大多数贫穷孩子看到了面包，有的还能准确地描绘出面包的形状和色泽，富孩子那组则更多地看到了新奇的玩具。可见，有意注意受动机影响有着明确的选择性。在研究动机与需要方面，马斯洛的需要层次理论一直为世人所推崇。他把人的需要依次分生理需要、安全需要、社交需要、尊重需要和自我实现需要，广告在有意注意方面也依据这一理论。

(1) 刺激生理需要。

食物、水、空气、住房、睡眠、性等需求都是生理需求。这是维持自身生存的最基本要求，马斯洛认为，只有这些最基本的需要满足到维持生存所必需的程度后，其他的需要才能成为新的激励因素。在这个意义上说，生理需要是推动人们行动的最强大的动力。如图 6-28 所示，假如用新鲜的萝卜招揽顾客，这种实物广告对生理需要的刺激是有限的，但图 6-28 的广告创意，却让广告“活”了起来。一只可爱的小老鼠跳入视线，透着可爱、灵气，广告画面吊足了购买者的胃口。

图 6-28　老鼠状萝卜

(2) 展示安全需要。

安全需要是人类要求保障自身安全、避免职业病的侵袭、接触严酷的监督等方面的需要。如图 6-29 所示的平安保险公司的广告和图 6-30 所示的奔驰汽车的气囊广告都是在向广告受众展示安全的绝佳创意。

图 6-29 平安保险公司的广告

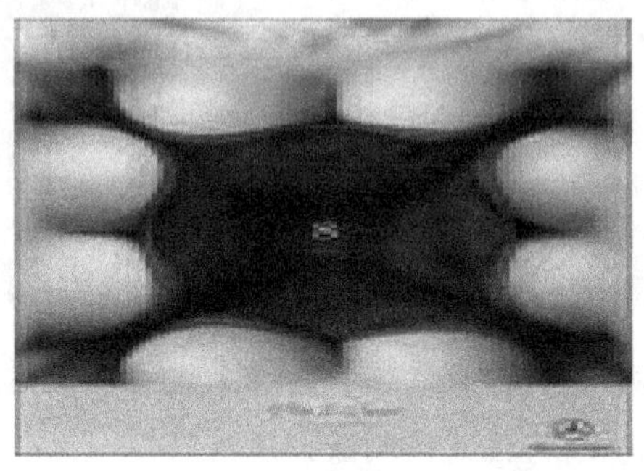

图 6-30 奔驰汽车的气囊广告

(3) 表现社交需要。

社交需要主要是归属与爱。归属与爱包括两部分：一是友爱的需要，伙伴间、同事间的关系融洽、友谊、忠诚和爱情；二是归属的需要，即归属于一个群体的感情，它和一个人的生理特性、经历、教育、宗教信仰都有关系。归属与爱表现范围非常广泛，公益广告和形象广告通常都喜欢把它作为诉求主题。如图 6-31 所示的为中国移动的一则公益广告，画面由通信信号、绿草地、太阳、女童背影构成，表达了社会对女童群体的关爱。而图 6-32 所示的为别克轿车的广告，用一条围巾诠释了该品牌的人文关怀。

图 6-31 中国移动公益广告

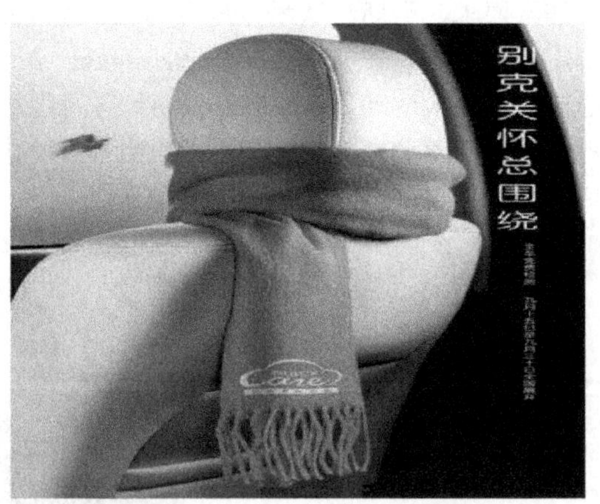

图 6-32 别克轿车广告

(4) 体现尊重的需要。

尊重体现在人的自尊及社会地位、威信等受到别人的尊重、信赖和高度评价上。马斯洛认为，尊重需要得到满足，能使人对自己充满信心，对社会满腔热情，

体验到自己活着的用处和价值。

(5) 自我实现需求。

自我实现是指发挥自己的潜力，表现自己才能的一种满足状态。不同的职业，不同的性别，以及社会对某一群体的预期都会影响到自我实现的标准。例如，时尚杂志倡导的新型女性价值观念为现代的、个体的、浪漫的、消费的。在建构女性自我实现的标准时，时尚杂志频繁地将女性的自我实现与消费联系起来，于是在女性中与其价值观相一致的消费行为被理所当然地认可为是自我实现。如图6-33所示为徐静蕾代言的立顿红茶广告，图6-34所示的为杂志的封面广告，无不向女性诉求“消费是女性解放自我的手段”。

图6-33 立顿红茶广告

图6-34 杂志封面广告

2. 唤起兴趣的常见策略

促成消费者购买行为的发生，仅靠受众短暂的注意是不够的。广告必须能引起受众的兴趣。一则广告在传播时通常会引起受众两种反应：一种是认知反应，一种是情感反应。认知反应能增强受众对信息的了解程度，因为广告的闯入而显现一种被动状态的学习；情感反应表现为广告在受众心里所引起的情感体验。

唤起广告受众兴趣的策略有以下几方面。

(1) 用充满情感的语言、形象、背景气氛作用于消费者需求的兴奋点。

商品的利益点是客观存在的，当这一利益点与消费者的需求同步时，很容易引起消费者的共鸣。广告制作者必须从消费者的利益着想，并且抓住消费者需求的兴奋点。一旦触发了他的需求兴奋点，其情绪必然高涨，而情绪高涨则满足需要的行为也将更快、更强烈地出现。例如，图6-35的百事可乐柠檬口味的平面广告，广告中充分体现了产品的独特卖点，即新鲜柠檬口味。画面向消费者保证：可乐中添加了新鲜的柠檬汁。年轻一代厌烦定律而不断追求新鲜和刺激，作为“年轻一代的选择”的百事可乐，针对目标受众群体率先推出新口味、动感刺激，代

图 6-35 百事可乐广告

图 6-36 骑士风范

表了年轻一代的百事可乐广告。

(2) 增加品牌的心理附加值。

品牌的心理附加值是主观形成的，多为精神上的需要，体现为超值。通过适当的广告宣传，这种心理附加值便会油然而生。消费者通常更愿意购买超值的产品，因为他们会觉得花一样的钱得到物质和精神上双份的满足。图 6-36 为 2008 芝华士骑士风范户外广告，这则广告对现代“骑士风范”进行了精彩演绎，诠释了现代人应具有的荣耀、勇气、手足情义、绅士风度四个价值观。在当今社会拥有骑士风范者更具人格魅力，它让令世界变得更为美好，同时它也将成为衡量这个时代男人的标准。芝华士通过“活出骑士风范”系列活动，鼓励人们去体验自信乐观、豁达睿智的生活方式，体现出芝华士品牌的优秀传承。

3. 刺激需求反应的情感体验策略

1) 幽默诉求策略

幽默诉求是指通过比喻、夸张、象征、寓意、双关、谐音、谐意等手法，运用机智、风趣、凝练的语言对社会生活中不合理、自相矛盾的事物或现象作轻微含蓄的揭露、批评和嘲笑，使广告受众在轻松的微笑中对广告信息过目不忘、留下鲜明持久记忆的一种广告诉求方式。广告心理学家戴维·刘易斯认为：“幽默被惊人地用于众多领域。幽默是一把锋利的利器，广告商可以用它瞄准严格确定的人口群体和态度群体；又因它的普遍性，可以作为万金油，对每个人都讨巧。”目前，15%～20%的发达国家电视广告包含某些幽默因素，而在英国大约三分之一以上的广告选择了幽默的形式。有研究显示，喜剧情节对大脑的效果与催眠很相似，在这种状态中，受众的注意力变得相当精准、热烈。例如，2005 年 6 月法国著名的雷诺汽车广告中，车库里的雷诺车“异现”成了一只活泼的“宠物狗”，那摇着后雨刷器的“尾巴”令观众忍俊不禁，拍案叫绝。风趣幽默的广告能够缓解受众精神上的压抑情绪，排除其对广告所持的逆反心理，进而提高广告收视率和感染力，提高产品和企业在公众中的形象。

幽默广告的表现方式有三种。

第一种是广告故事情节幽默。有这样一则广告：一个小男孩拿了一块巧克力去逗引小象，小象受到诱惑走过来要吃，小孩却自己吞了下去，小象非常委屈；小男孩成为青年后，在一次狂欢节上依然嚼着那种巧克力，突然，一只大象将他打翻在地。原来小象长大了，但它仍然记着数年前小孩对它的嘲弄。在轻松的笑声中消费者仿佛闻到了巧克力那诱人的香味，该广告也有趣、有效地完成了诱发其受众购买广告产品的欲望。

第二种是使用“请求”、“保证”之类的语言，借助“言外之意”使广告文字变得很含蓄、幽默。例如，荷兰一家旅行社的广告是“请飞往北极度蜜月吧，当地夜长 24 小时”。又如，法国香水制造公司推销某一新产品的广告词是“我们的新产品极易吸引异性，因此随瓶奉送自卫教材一份”。再如某饭店的广告为“请到这里用餐，否则你我都要挨饿了”。

第三种是使用“警告”一类的带有哲理性语句，表达广告的深刻性。例如，法国交通警察给一辆满载复印机的大型货车上贴的告示是：“小心驾驶，阁下无法复印！”它既传达出警察维护交通安全的职业道德，又传达出一种深沉的热爱生活的生命意识。又如，英国伦敦某无人售票地铁站入口处有这样一广告：“如果您无票乘车，我们保证免费将您送到终点——伦敦治安院下车。”

2) 恐惧诉求策略

研究显示，人类摆脱痛苦的动力是追求利益的动力的四倍，逃避痛苦比追求幸福更容易让人卖力。这说明“压力驱动”总比“利益拉动”来得更直接、更强大。根据人类的这个共有的特点，恐惧诉求就成了最有效的广告诉求之一。恐惧诉求就是展现不行动的弊端，描述某些使人不安、焦虑、担忧、害怕的事件，引起广告受众对广告内容特别关注的一种广告诉求方式。恐怖诉求广告的主要目的是唤起受众对某种特定事物的恐惧，使其因为恐惧而产生害怕及相关的情绪体验，促使其产生购买行为以完成广告主所期望的经济目的。广告界普遍认为，恐怖诉求广告能改变人们的行为模式和思想观念。

恐惧诉求在公益广告领域应用最广。公益广告是为公益事业、公益活动提供服务的，它是以推广有利于社会的道德观念、行为规范和思想意识为目的的广告宣传活动。例如戒烟，虽然“吸烟有害健康”的道理人人都懂，可是并不一定能引起人们对生命的关注。有一则运用恐惧诉求传播戒烟的公益广告可以说是比较成功的：随着香烟的燃烧，鲜红肺部逐渐变黑，把死亡的恐惧呈现给人们看。此广告用真实的客观的事实说明了吸烟对人体造成的危害，一经播出，反映强烈，效果非同寻常。再如，2009 年 11 月台湾地区交通安全部门在岛内各大媒介投放了新一辑的交通宣传广告片：用监控探头拍摄到的车祸瞬间剪辑，包括骑车男子被卡车碾压，横穿马路行人被撞飞等不加修饰的真实场景。血腥而震撼地将生死瞬间展现于受众面前，结果台湾当月的交通事故发生率同比降低了两成。

医药保健品广告也适合利用恐怖诉求。医药保健品广告几乎都是在告知广告受众不吃药有多么痛苦，利用一系列疾病的痛苦，来逼迫其追逐购买广告药品和保健品，而且屡试不爽。

3) 悬念诉求策略

悬念广告是指广告信息不是一次性的，而是通过系列广告，逐渐完善，如同文学中的悬念“到了某个关头，故意停住”，通过设悬，激发起消费者的关注情绪，通过解悬，使消费者记住了商品或劳务信息。例如，深圳电视台播放的一则马来西亚石油公司为其润滑油品牌“马石油”进入中国而量身定做的“马师傅”的广告就颇具悬念味道。

“马石油”的电视广告由一系列广告组成：①荒漠篇，在荒凉的公路上，一个野外旅行的小伙子欲搭顺风车，司机问：“你知道马师傅吗？”小伙子满脸疑惑，过路车拒载；②明星篇，一位女明星在耀眼的灯光下坐进轿车后座，司机扭头发问：“你知道马师傅吗？”女明星左思右想，忽然举牌，上面写着“谁是马师傅”；③雪山篇，在冰天雪地的山上，一老汉的车被陷在深雪里，旁边有一小伙子光着上身打坐，老汉俯身于其耳畔神秘问道：“你知道马师傅吗？”小伙子不知，向老汉询问：“谁是马师傅？”

经过大约两个星期，电视广告的答案通过电视、收音机、互联网、室外平面广告等媒介公布出来。充满好奇心的观众得到了满足：“哦！马师傅原来是这啊！”使“马师傅”在观众中留下了很深的印象。

悬念广告延长了人们对广告的感受时间。通过悬念，使原来呈纷乱状态的顾客心理指向，在一定时间内围绕特定对象集中起来，并为接受广告内容创造了比较好的感受环境和心理准备。

4. 诉求内容符合记忆规律

能够被记住的广告信息，才可能在受众购买过程中发挥作用。因此，广告的主要内容要鲜明、醒目、易懂、易记。

1) 受众对广告的记忆主要是短时记忆

实验表明，短时记忆的容量大约为 7±2 个，即在短暂呈现的条件下，大脑能接受的数量至少 5 个，至多 9 个，平均 7 个。也就是说，当广告这种刺激物的数目超过 7 个时，大脑短时记忆会对多出的信号进行排斥而只保留 7 个左右。

2) 记忆内容的多寡影响到记忆效率

国外广告心理学家研究发现，广告标题在 6 个字以下，读者的回忆率为 34%，在 6 个字以上，回忆率只有 13%，广告字数超过 12 个字，受众对它的记忆力就会降低 50%。户外广告的字数大多遵守这一规律，电视广告的口号以朗朗上口为第一要义。有些广告语超过了 12 字，例如脑白金的广告语：今年过节不收礼，收礼只收脑白金。虽然它极其令人讨厌，但是它成功地被受众记住了。

3) 恰当地使用重复

消费者信息行为中的“傻瓜”理论，假设消费者是健忘的。艾宾浩斯的记忆曲线从理论上证实了“傻瓜”理论的正确性及广告重复的必要性。这种重复既表现在时间的延伸上，也反映在空间的相互关联上，只有这样，才能挖掘出市场的最大潜能。例如，“温迪汉堡——牛肉在哪里篇”。一位认真好斗、喜爱挑剔的老太太(著名影星克拉拉扮演)，撕开面前硕大的麦当劳汉堡包，发现里面的牛肉馅竟只有指甲片大小，不由得恼羞成怒，对着镜头大嚷：“牛肉在哪里？”旁白：

"在温迪是不会有这种事情发生的！"这则广告辛辣地讽刺了"麦当劳叔叔"缺斤少两，引起消费者强烈的反响，不仅大大地提高了温迪汉堡的知名度与美誉度，还喜获Clio广告大奖。第二年，温迪又不失时机地推出了系列广告：还是那位挑剔的老太太，从墨西哥旅游回国，海关人员检查证件，老太太突然发现证件丢了，情急之下为了证明自己身份，她大吼一声"牛肉在哪里"，海关人员笑着放行。已经快要淡忘的观众又一次重温了温迪的幽默绝技，当然温迪也创下了市场销售新高。

5. 引起消费行为

美国广告大师大卫•奥格威曾经说过，你的广告是要销售量，还是掌声，答案是前者。广告创作必须与销售、利润、品牌密切联系在一起，其艺术性才有价值。前面介绍的幽默、恐惧等广告表现手法，正是为了使受众产生联想，影响其购买行为。例如，由美国西海岸 Wieden&Kennedy 公司为 Nike 集团公司创作的一幅单页、四色的印刷广告，这个广告全幅刊登了体育界著名人士卡尔顿·费斯克的头像，并在版面的左侧以左边对齐的方式从上到下排列文案。文案每一行的长度都不一样，长的可占画面横向的三分之一，短的只有两个单词。文案在画面上的视觉效果类似于电视广告的话外音，相当引人注目。

在画面的右下方，是一句对卡尔顿的介绍：Carlton Fisk，到目前为止，已在主联盟效力 21 年。

此广告的目标群体是运动员和运动爱好者、崇尚者，运动员中的佼佼者卡尔顿在此广告中既是一个舆论领导者又是一个示范性的消费者，引起目标消费者的高度注意和引导其自觉的跟从。人们在崇拜心理和共同心态的作用下，也会产生跟从消费。

目前，营销方式正从传统的 AIDMA 营销法则逐渐向含有网络特质的 AISAS 模式的转变。电通广告集团创造的 AISAS，有两个网络特质的"s"——search(搜索)、share(分享)，充分体现了互联网对于人们生活方式和消费行为的影响与改变。

如图 6-37 所示，AIDMA 为漏斗型，形象地说明关注的消费者是最后购买者的几倍甚至几百倍，大量的广告费浪费在无效的关注者身上。AISAS 是沙漏型，通过搜索、分享，广告的关注者绝大部分转化为购买者，广告效率很高。

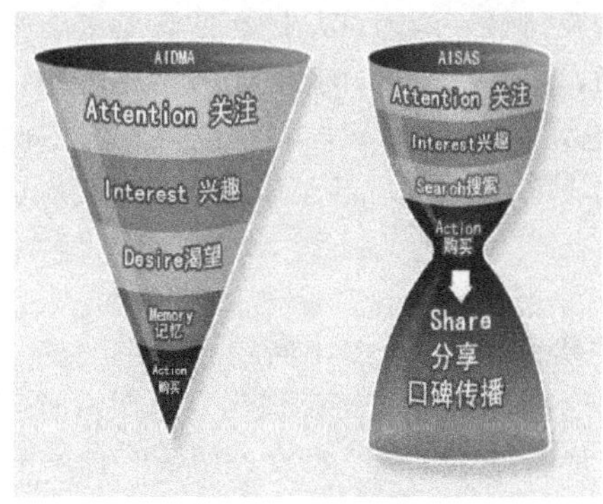

图 6-37 漏斗型 AIDMA 和沙漏型 AISAS

例如VANCL(凡客诚品)在CEO陈年的带领下，由默默无名的跟随者，成为中国目前网络直销行业的领军之师。VANCL以68元体验营销的方式让很多消费者怦然心动，它所提倡的口碑宣传和AISAS模式中的share(分享)不谋而合。创办于2007年10月的VANCL，在创立不足1年的时间里实现每天约2万件衬衫的销售量，已经超越包括PPG、Bono在内的主要竞争对手。

再比如开心网，初创时期的“种子用户”多来自于程炳皓的老东家新浪的300多名员工，那是程炳皓亲自去发动的。从当初的300个种子用户到如今的3 000万用户，开心网只用了15个月。在没有任何广告宣传的情况下，出现如此爆炸式的增长，靠的完全是朋友间的主动分享。主动的前提是它满足了白领间社交和休闲的需求。

开心网现有的广告形式有常规类、植入类和活动类。必胜客在开心网登录界面投放的“必胜客商务套餐28元起”就是一种常规网络条幅广告。除常规类广告外，各类形式的植入性广告巧妙地融入组件的各个角落，如“赠送礼物”环节，可以选择“碧欧泉修颜隔离霜”赠与好友，并可进入产品群链接。中粮“悦活”开展的种植大赛、兰蔻“粉领丽人”大赛等灵活多样的活动类广告更是吸引了大批用户。

6.3.4 广告表现的类型

1. 故事型

广告通过故事情节的发展来吸引受众。有的采用对话的形式讲述一个故事，有的采用连环画的形式描述一个故事。此类广告能创造出一种轻松的氛围，吸引力和记忆度较强。例如，金莎巧克力在香港推广时，独特而富于戏剧性的故事，差点招致香港电检处的禁映。

这个故事与严肃的教会开了一个小小的玩笑。在寂静空旷的教堂里，一面孔清纯的少女低头走进忏悔室，画面显示少女期期艾艾地向神父坦白，说因抵挡不住诱惑发生了第一次！观众免不了想到了少男少女最不该犯的错误。但画面一转，少女竟解释为抵挡不了金莎独特口味的诱惑，第一次将整盒金莎吃光。此刻观众从少女向神父忏悔所营造的令人窒息的气氛中豁然解脱，不禁发笑。少女继续描述金莎产品结构及特性，认为这是挡不住诱惑的主要理由。观众通过故事认识了金莎独特的品质，留下深刻的印象。广告到尾声时，画面突然出现刚才聆听少女忏悔的神父(在吃完金莎后)，又向另一位神父坦白他的第一次……观众又因为这一小转折而露出会心的微笑，甚至乐不可支。

2. 解决问题型

据奥格威的研究结果，先提出问题然后再解决问题的广告比其他类型广告宣传效果好四倍。这种方式看似平凡通俗，但在富有创作力的人员手中，把问题戏剧化了，反而更加有助于销售。社交产品、医疗产品和个人卫生用品经常采用解决问题型的焦虑式(恐怖式)诉求。宝洁(P&G)长期以来一直依赖这种手段推广自家个人卫生产品，以致人们把焦虑策略就称为“宝洁法”。当海飞丝去头屑洗发香波用“你决不会有第二次机会给人留下第一印象”这个主题进行广告诉求时，受众便认识到了海飞丝可以使自己免除因头屑而引起的尴尬。

3. 生活形态型

生活形态型广告的表现切入点不是商品，而是商品的使用者， 表现他们渴望好吃的食物、漂亮的衣服、方便的服务等，让人觉得商品是现实生活中的一部分。例如章子怡在 2001 年末为 VISA 信用卡拍摄的“餐馆篇”电视广告。场景是章子怡来到餐馆喝了一碗汤后皱起眉头，大声地说：“The soup is too salty！”(这汤太咸！)由此激怒主厨及侍应，结果双方展开大战。章子怡以一敌众，大获全胜，把餐馆打了个稀巴烂，最后，章子怡豪气地拿出写着她名字的 VISA 金卡买单，包赔一切。餐馆侍者笑着连声说 OK！

4. 名人推荐型

名人推荐型广告是选择与商品有某种关联性的知名人士做代言人推销商品。如图 6-38 所示的“Got milk?”公益活动。该活动总会邀请一些有影响力的娱乐界、体育界的明星拍摄长了“牛奶胡子”的照片，向大众宣传喝牛奶的好处。谁要是上了“Got milk？”的榜单，那可是意味着打上了一线巨星的记号！

图 6-38　“Got milk?”公益活动图片

5. 实证型

在广告正文中，直接阐述自己的观念和希望，以此来影响受众的心理。实证型广告的先决条件是让观众对商品的验证方式产生兴趣，也就是要有话题性，这

样才能加深人们对商品的印象。威廉·伯恩巴克的广告文案杰作之一——“慷慨的旧货换新”即为典型的实证型。

标题：慷慨的旧货换新

副标题：带来你的太太只要几块钱……我们将给你一位新的女人

文案正文：为什么你硬是欺骗自己，认为你买不起最新的与最好的东西？在奥尔巴克百货公司，你不必为买美丽的东西而付高价。有无数种衣物供你选择——一切全新，一切使你兴奋。把你的太太带给我们，我们会把她换成可爱的新女人——仅只花几块钱而已。这将是你有生以来最轻松愉快的付款。

——奥尔巴克 纽约·纽渥克·洛杉矶

广告口号：做千百万的生意 赚几分钱的利润

6. 广告歌曲型

广告歌曲出现的形式有多种，或是歌唱，或是演奏，或是又歌又舞。如果商品的目标消费群年龄层很多，这种表现形式也许是恰当的选择。

例如麦当劳的一则电视广告是利用歌曲来做煽情促销的。当你每天经过麦当劳门前时，都会飘来一阵歌声，那么优美熟悉。

当生活节奏
由麦当劳早晨协奏曲开始
各款烘酥饼、鲜橙汁
还有热咖啡或奶茶
和谐组合，人人共鸣
麦当劳早晨协奏曲
为每个人带来轻松节奏
……

电视画面上首先出现了蓝天白云上的五线谱，伴以轻快、跳跃的音乐。随着云雀翻飞，五线谱上的音符相继“脱落”，代替这些音符的是麦当劳提供的全套早餐实物。

7. 比较型

比较类型的广告构架有点类似实证型的构架，最大的差别在于，实证型的广告只表现本身的优点，而比较型的广告是要证明其本身优于同类竞争商品。由于这种表现方式常令观众觉得有贬低其他商品之嫌，国内还不允许做这类广告，在美国比较型广告是被允许的。

8. 动画与电脑绘画型

最早出现的动画影片，是美国迪士尼公司制作的，因为活泼、风趣，特别适合年龄层较低的观众，所以长盛不衰。后来动画的手法被广告所借鉴。20 世纪 70 年代末期，电脑科技的日新月异，使广告片的创作有了更大的发展空间。电脑制作的广告可提升其趣味性与可视性，容易表现出抽象的概念和复杂的影像变化，其表现力常常令观众惊讶不已。

9. 幽默型

广告利用幽默诉求，拉近了受众与商品的距离，无形中使受众对商品产生了好感。常见的有喜剧演员表演的方式、比喻的方式，还有情节设置等。

有广告大师说“巧用幽默，就没有卖不出去的东西”，这话虽夸张，但幽默广告确实能更多地吸引受众注意，让人在心情轻松的情况下对产品有正面认知，并保持印象深刻，增强广告效果。

10. 虚构型

虚构型的广告类型是一种超现实的表现方式，它将日常生活中不可能发生的事，通过丰富的想象力表达出来，用刺激和夸张的画面来吸引观众的注意力，使观众对商品产生较深刻的印象。图 6-39 所示的是一则心理医生诊疗所的广告，上面写着：把这张图放在地板上，站在虚线框里，如果工作的压力把你逼到了这个地步，请考虑本诊疗所。

图 6-39 心理医生诊疗所广告

6.4 广告实施策略

广告实施就是把纸面上的广告计划变成现实的行动方案。广告实施的核心是制订实施细则，即把策划方案中观念形态的东西变成具体的操作策略与方法。由于广告在实施过程中，与广告媒介、广告产品、广告市场密切相关，因而广告实施策略与以上三种策略有许多交叉的地方，必须按照竞争制胜的总体原则，合理科学地策划并实施，才能发挥最佳效应。作为广告推进程序最后阶段的广告实施一般包括广告媒介策略、广告系列策略、广告差别策略、广告刊播策略、变相广告策略等，本节将以案例为主说明其内涵。

6.4.1 广告媒介策略

广告在媒介上的刊播发布用掉了广告费用的 80%以上，因而选择相对经济

的媒介组合达到高质量的投放效果是广告实施中最为关键的一步。

1. 媒介选择策略

根据广告费用，媒介可分为高价媒介和低廉媒介。电视属于高价媒介，户外广告、POP广告、直邮广告、礼品广告、黄页广告(电话簿广告)等非大众传媒属于低价媒介。根据传播范围，媒介可分为大众传媒和专门化媒介。广告公司通常会建议企业加强在低价媒介和专门化媒介上的投入。因为增大低廉媒介的使用量，能有效地增加媒介组合的数量，同时广告的市场攻击范围更窄，指向性更强。

例如，在1999年蒙牛乳业创业初期，孙先红受命以100万广告费，在最短的时间把“蒙牛”的知名度打出去。原来做电视广告策划，深谙电视传播之道的孙先红明白，区区100万根本无法承担电视广告的巨额开支，因此决定暂时放弃电视广告这种形式，但是哪种形式才能达到最好的效果呢？他陷入了深深的思索。

1999年3月的一天，刚下飞机的他，忽然发现呼和浩特市内机动车和人行道之间的广告牌很醒目，一米多的高度正好是市民目光平视的区间，深受启发的孙先红，专门借了一辆自行车，骑在大街上，看看这些户外广告牌对于骑车人的感觉怎么样。一打听，几百块广告牌就可以覆盖整个呼市。当时的户外广告还处于起步阶段，并没有引起多少广告商的关注，市场反应平平。直觉告诉他，这些户外广告效果好，成本还很低。蒙牛很快与户外广告商签了3个月的合同，并且还约定使用期结束后没有客户就不能把广告撤下来。很多广告牌一做便做了1年多的时间。

1999年4月1日凌晨，500多块户外广告牌连夜安装完毕。等到呼市市民清晨上班，这些广告牌就会如“天降神兵”产生强烈震撼。所有主街道都戴上了“红帽子”——广告牌，上面几个金黄大字：“蒙牛乳业，创内蒙古乳业第二品牌。”“蒙牛”这个名字一下子家喻户晓。

2. 媒介发布策略

除了沿袭传统的黄金时段或版面的利用外，一些企业将广告在非黄金时段或版面里组合发布，往往能显示不俗效果。此外，配合“反季节营销”，企业利用媒介广告发布的淡季补充广告也是节省开支的发布策略。媒介策略是否能达到节省成本的目的，需要考察企业在此期间能耗比的高低。

国际性大集团对媒介组合研究都很到位，例如百威啤酒进军日本市场就是媒介组合的优秀案例：百威在日本市场上将年轻人作为目标市场，刚一开始重点做媒介杂志广告，以海报配合，使之成为年轻人时尚消费和身份、地位的象征，后来报纸广告和促销活动跟进，3年后才开始运作电视广告。

再比如“酷儿”的广告投放策略。“酷儿”定位为儿童果汁饮料，目标人群为5～12岁的儿童和他们的母亲。产品的USP不是产品本身的功能、利益，而是文化和性格，是人为赋予的概念“乐趣、口感、营养”，这也是“酷儿”品牌的核心价值。乐趣是一种感觉，需要一种物化的载体，于是蓝色大脑袋卡通人物“酷儿”，令我们回到纯真的童话世界。

可口可乐公司于 1997 年推出“酷儿”果汁饮料，首先在日本上市，便获得巨大成功，其后产品迅速在东南亚地区走红，成为新加坡、韩国，以及我国台湾、香港等地饮料行业的新秀。2001 年 12 月，“酷儿”正式在中国上市，虽市场价格比竞争对手高出 20%，但一上市，便稳稳当当地占据了当地果汁饮料市场的头号位置，将果汁饮料行业其他品牌远远甩在后面。

以北京市场为例，“酷儿”上市全年的市场费用不足 450 万元，其中：47%用于 3 个月电视广告；10%用于刺激通路和铺货，如进店费和通路的进货奖励促销，业务员进货和陈列奖励，价格补助，全体员工参加的沿街铺货促销活动等；8%用于公共关系活动，如新闻发布会，软文撰写，儿童参观厂房过程中的直效营销、节假日的路演等；35%用于陈列和赠饮类的受众促销活动。

对于电视广告的媒介选择，由于目标人群相对较窄，“酷儿”只选择了北京地方台儿童节目和少量的电视剧时段。经过计算，北京地区只有 25%的儿童看过广告片三次以上，更多的传播工夫用在了 POP 广告上，如促销活动现场、终端陈列展示、酷儿玩偶等方面。

6.4.2 广告系列策略

系列广告是比较全面的广告活动，它是企业在一定时期内，有计划、分阶段、有目的地连续发布的、既有关联性又寓于变化的一组广告，目的是增强广告的完整性和加深广告印象。广告系列策略主要有主题系列策略、产品系列策略、广告形式系列策略和功效系列策略四种。

1. 主题系列策略

主题系列策略具体运用中有两种表现形式：第一，围绕基本不变的一个宣传主题，从不同角度、不同层次，以不同体裁或不同表现手法，设计、制作一组广告，在相对固定版位上连续刊出；第二，允许在较长一段时间内发布系列广告，有主题诉求上的变化，以适应市场营销策略和不同广告对象的心理需求。

2. 产品系列策略

产品系列策略是为了适应和配合企业系列产品的经营要求而实施的广告策略。产品系列策略密切结合系列产品的营销特点进行，由于系列产品具有种类多、声势大、连带性强的特点，因而在广告中可以灵活运用。

3. 广告形式系列策略

广告形式系列策略是指在一定时期内有计划地发布数则设计形式相同，但内容有所改变的广告的策略。例如，绿色食品系列广告，各个广告内容不同，但绿色标志应贯穿系列广告始终，这可以给受众以统一的视觉形象，提高系列产品的分辨率，提高企业的知名度。

4. 功效系列策略

功效系列策略是通过多则广告逐步深入强调商品功效的广告策略。这种策略

或是运用不同的商品观念来体现商品的多种用途，或是在多则广告中的每一则都强调一种功效，使消费者易于理解和记忆，或者结合市场形式的变化在不同时期突出宣传商品的某一用途，起立竿见影的促销作用。

6.4.3 广告的差别策略

广告的差别策略是以发现差别和突出差别为手段，充分显示广告主企业和产品特点的一种宣传策略，包括产品差别策略、劳务差别策略和企业差别策略三方面的主要内容。

1. 产品差别策略

产品差别策略是指同类产品在功能、品质、价格、品种、包装及售后服务等诸多方面存在的差别。产品差别广告策略的目的就是要努力发现存在于产品间的差别，将它充分反映在广告作品中，让消费者一目了然自己产品的优点及带给消费者的实惠，加深消费者对广告产品的印象。例如，2000 年 10 月武汉市场上的浴霸，打起了价格战。某竞品以奥普浴霸一半的低价进行倾销，而且选择了一款同奥普浴霸畅销机型一模一样的产品。于是奥普浴霸的销售急速下滑，为此公司进行了为期 2 个月的针对性反击。这次广告活动中，奥普浴霸的广告口号是“看看差不多，其实不一样！”语句朗朗上口又很有力度，直接把竞争的焦点从奥普浴霸的价格劣势转移到品质优势上来。在终端鼓励消费者自己动手进行喷水试验，也就是用喷壶对着点亮的取暖泡喷水，检验取暖泡高温遇水时的抗爆裂性能。由于对手不敢冒险应战，结果在活动开始后第 3 天就见分晓了，奥普浴霸的销量迅速止跌反弹，经销商开始担心断货的问题了。奥普浴霸运用产品差别广告，不但收复了失地，还彻底占领了武汉浴霸市场的品牌至高点。

2. 劳务差别策略

劳务差别即劳动力的素质也就是人的素质方面的差别，主要体现在劳动者的知识水平、专业技能及操作的熟练程度上。劳务差别直接制约着产品内在质量、花色品种、包装、售后服务等方面的差别。

3. 企业差别策略

企业差别广告策略是指能代表企业特色，反映企业水平的各种差别，包括设备等“硬件”差别和技术、管理水平、服务措施、环境等“软件”差别。

6.4.4 广告刊播策略

广告刊播策略主要是对广告发布的时间和频度作出统一、合理的安排的策略。通常，即效性广告要求发布时间集中、时限性强、频度起伏大；迟效性广告则要求广告时间发布均衡、时限从容、频度波动小。

1. 广告的时间策略

广告的时间策略是指在一定时间内，广告信息发布在时限上如何运用的策略，一般分为集中时间策略、均衡时间策略、季节时间策略、节假日时间策略。

1) 集中时间策略

集中时间策略主要是集中力量在短时期内对目标市场进行突击性的广告攻势。

2) 均衡时间策略

均衡时间策略是有计划地反复对目标市场刊播广告的策略。

3) 季节时间策略

季节时间广告策略主要适用于季节性强的商品广告。例如羽绒服等，一般在销售季节到来之前，展开广告活动，旺季时广告活动达到高峰，旺季过后收缩广告，销售季节末期停止广告。

4) 节假日时间策略

节假日时间策略是各大卖场和服务业常用的广告策略。通常在节假日之前，开展广告活动，节假日一到，便立即停止广告。

2. 广告频度策略

广告频度指在一定时期内发布广告的次数。正常的广告频度策略有三种形式：一是固定频度策略；二是变动频度策略；三是套播策略。

1) 固定频度策略

固定频度策略是指单位时间内广告发布的次数固定的策略。固定频度策略有两种时间序列，即均匀时间序列和延长时间序列。

均匀时间序列广告的时间按时限周期平均使用。若时间周期为 3 天，则每 3 天刊播广告一次，以此类推。延长时间序列是根据人的遗忘规律来设计，广告的频度固定，但设计间隔越来越长。如时间周期为 5 天，则每 5 天刊播广告一次，若为 10 天，则每 10 天刊播广告一次。

2) 变化频度策略

变化频度策略是指在单位时间内广告发布的次数随机变化的策略，可采取波浪序列型、递升序列型和递减序列型。

波浪序列型是广告频度从递增到递减，又由递减到递增的变化过程；这一过程使广告周期内的频度由少到多，又由多到少，适用于季节性和流行性产品的广告宣传；递升序列型则是频度由少到多，至高峰时戛然而止的过程，适用于节日性产品广告；递减序列型是广告频度由多到少，由广告高峰跌到低谷，在最低潮时停止的过程，它适用于绿色产品生产企业新开业或新产品上市广告等。

3) 套播策略

套播策略就是媒介将各个频道的垃圾时段组合起来，打包销售给企业的策略。套播策略的特点是曝光频次多、长度极短、价格便宜、覆盖面广。例如，安踏投放中央 5 套，采取“明星代言+中央 5 套”的策略，抗干扰度高，注意力被高度集中，投资回报率高。大量的重复性套播使安踏品牌在极短的时间内成为运动鞋类知名品牌。中央 5 套也因安踏品牌的成功而成为鞋服品牌包装最有效的电视媒介，以致晋江运动鞋、服装企业争相在中央 5 套投放大量广告，并涌现出众

多的如特步、匹克、七匹狼、富贵鸟、劲霸、利郎等知名运动鞋及服装品牌。

6.4.5 变相广告策略

商业广告过于同质化的内容、形式和策略，已经引发了受众的“审美疲劳”。受众对广告的无情“封杀”使广告效果大打折扣。为了在竞争中脱颖而出，企业不得不寻找新的方式来发布他们的广告，于是变相广告成为他们的推介企业形象和产品品牌形象的又一策略。

变相广告策略是指企业不直接利用媒介发布硬性的打断式广告，而是采用间接的软性的营销方式达到宣传企业和产品的目的。新闻报道和公共关系是最典型的变相广告策略。那些不露痕迹却又不被忽视的情节植入广告也可以划归此列，因为它们使广告成为情节必不可少的组成部分，甚至产品成为塑造角色性格的必要道具。例如，当消费者在玩赛车游戏时，会看到路旁有麦当劳的广告看板，宠物王 online 是宏基的一款在线 RPG 游戏。在游戏中打中怪物，就有机会从怪物身上获得必胜客的餐券。这两个植入广告都是很成功的，但现在大部分的影视植入广告太多、太烂、太直白，已经失去了变相广告的身份。消费者对它们也很敏感，甚至比硬广告还令人不悦，“强烈抗议广告时间插播春晚”就是最好的证据。当我国的植入式广告被贴上“烂得没救了”的标签之时，我们更需要揣摩把它运作得出神入化的经典操作。

宝马公司为其 Mini Cooper 推广所进行的植入式广告，堪称经典。2003 年上演的美国大片《偷天换日》中令人印象深刻的是三辆宝马的 Mini Cooper 车。而影片中的植入式广告是宝马公司在2002年冬为Mini Cooper推出而进行的全球性营销活动 Mission Mini 的活动延续。宝马公司事先请了侦探小说家为 Mini Cooper 创作了一部没有结尾的小说《Mission Mini》。小说描述一位纽约当代著名艺术家存放于巴塞罗那的 6 幅拼贴式艺术作品突然失踪，当地警方对案件束手无策，名侦探 Sam Cooper 与其最佳拍档 Mini Cooper 穿行于巴塞罗那的大街小巷，调查案件，找出窃贼。来自全球的 90 位参赛者，在这个名为“Mission Mini”的比赛中，与 Sam Cooper 联手合作当侦探，驾驶 Mini Cooper 破案，为这本小说写下真正的结局。2003 年影片上映后，宝马公司组织全球车主和车迷观看这部同样以寻宝为主题的植入式广告影片。整个操作滴水不漏，车、人、故事环环相扣，想不对 Mini Cooper 来电、生情都难。

6.5 广告运作管理

6.5.1 广告主体与广告组织

1. 广告主体

广告运作阶段共同传播广告信息的所有参与者，即广告活动的发起者、策划者、创意者和实施者统称为广告主体。按照参与者的角色，广告主体可分为三类，即广告主、广告经营者和广告发布者。广告主是指广告活动的发起者，是在网下或网上销售或宣传自己产品和服务的商家。广告经营者包括专门从事广告业务的广告公司、利用本身媒介经营广告的媒介单位及个体广告经营户，他们是广告活动的策划者和创意者。广告发布者是指发布广告信息的相关组织和个人，他们是广告活动的实施者，包括广告主或者广告主委托的广告经营者及其他经济组织，其中媒介代理商和广告经营者是广告发布者的主要群体，又被称为广告商。

2. 广告组织

从事广告活动的各种类型的企业和组织统称为广告组织。广告组织承担着制订和实施广告计划的职能，此职能同广告主体的职能完全一致，所以广告主体在管理层面也称为广告组织，不过广告组织这个概念内涵要大一些，通常意义上的广告组织还包括广告行业组织，即广告学会、协会或广告团体。其中，广告团体主要由从事广告业务、广告研究、广告教育或与广告业有密切关系的组织和人员自愿组成。国际性的广告行业组织主要有国际广告协会、世界广告营销公司等。它的出现，对于协调、促进各国广告界的交流与合作，提高广告业务水平作出了重要贡献。

3. 广告主体之间的关系

在广告市场上，广告主是广告需要的产生者，这个需求、选择和投资等决定了广告市场的规模和景气程度。广告主是个多元集合体，企业、政府机构、事业单位及个人都可以成为广告主，其中企业是广告主的核心力量。大型企业广告主掌控着的数额巨大的广告资金和选择代理公司、发布媒介的权利，是广告市场的主导性力量，处于最强势地位。

在广告市场上，媒介不是完全竞争市场，而是属于寡头竞争市场。由于受到地域因素及自身规模等限制，广告主选择播出平台的时候，只会在有限的几家媒介中作出选择。各个媒介之间就有可能达成协议，将价格维持在高于边际成本的水平，获得垄断利润。资金实力有限的广告主选择费用较低的地方性媒介做广告，可能更为经济。还要选择适当的播出时段、播出栏目或刊登版面等。比如，招商银行在凤凰卫视做广告，曾选择“新闻直通车”这个播出栏目，该播出栏目的主要观众为城市的白领以上阶层，他们也将是招商银行最主要的客户。

广告代理商可以帮助广告主量身定制一套合适的广告营销策略，包括选择投放的媒介，投放的时间、频率、播出时段、播出栏目或刊登版面等，保证广告主的广告投入得到最大回报。广告发布者通过租售媒介资源发布广告而获取经济效益。媒介是发送广告信息的载体，媒介的传播特性、传播力、受众特点等直接影响传播效果，因此，是广告市场中不可或缺的角色。

4. 广告运作管理的核心定位

广告活动是企业的商业行为，任何企业在市场中运作都会有广告业务产生，但广告活动在不同的运作阶段的定位却不尽相同，例如，在广告创意阶段其核心定位就是促销，没有促销功能，再好的创意也没有价值；在广告刊播阶段其核心定位就是传播，向广告受众传递企业和产品的信息；在广告运作阶段，其核心定

位就是交换。广告主需要广告传播服务和广告传播资源，并愿意也有能力付费购买，在这场交易活动中，广告主是买方，也是广告活动的发起者。广告公司是广告的经营者，通过双重代理服务获取经济效益，是广告市场中的卖方。广告发布者通过租售媒介资源发布广告而获取经济效益，也是广告市场中的卖方。

广告市场也是因需求而产生的。广告主需要通过广告的方式发布信息、促销商品、推广品牌或观点主张，专业的广告公司更有效地设计制作了广告作品，媒介把广告信息送达到受众那里，由此可见，广告市场的交易比较复杂，不是一次完成的，简单地说是双重交换和双重代理。广告主通过支付费用从广告公司那里得到广告产品，再通过广告公司或直接从媒介拥有者那里购买必需的传播资源发布广告产品。只有完成这样的双重交换，广告主发布的信息才能成为真正的广告。广告作品的制作让广告主与广告公司有了第一次交换，形成了第一重代理关系；广告作品的刊播让广告主与广告公司或媒介代理商形成了第二重代理关系。

6.5.2 企业广告部门的管理模式

《广告法》第二十二条规定广告主自行或者委托他人设计、制作、发布广告，所推销的商品或者服务应当符合广告主的经营范围。这一条明确规定了广告主对自身的广告业务既可以自己经营，也可以委托他人代理经营。

企业的广告部门的管理模式受制于企业对广告的认识，也从属于企业的整体管理与组织形式。从我国企业的广告管理现状来看，其广告管理组织大致可分为自建广告公司型、部门所属型和部门并列型。

1. 自建广告公司型

自建广告公司型是指依照广告公司的建制和人员配置建立一个综合性的广告部门，负责企业广告业务的全盘打理。通常都由公司高级主管出任公司负责人。这种模式的优势主要体现在以下几点。

(1) 节省广告费用，根据我国《广告管理条例》的规定，广告代理收费标准为广告费的15%，企业自己建立广告公司可以在费用上节省很多。

(2) 更容易沟通，广告公司存在的价值就在于它比广告主和媒介更了解消费者。在高度专业化的行业中，自建广告公司的负责人很多在企业市场部或广告部任职过，因此在沟通上比较容易，对企业高层的需求也能心领神会，再加上对公司所在行业状况及企业产品信息的熟悉，制订的广告传播计划，更容易切中要害。

(3) 保密性强，广告公司在为企业服务时都会签署保密协议，但由于广告从业人员跳槽频繁，同一广告公司往往代理竞争对手的业务等，企业商业机密外泄的风险始终存在。一些广告主出于对广告公司不信任或担心商业机密外泄等原因，更愿意把业务交给自建的广告公司。

2. 部门所属型

部门所属型是目前国内外采用较多的一种模式，企业的广告组织从属于企业的销售部门，其主要作用在于销售配合，也就是企业的广告组织在营销主管的管理下，与企业的其他部门一起，共同为企业营销服务。在实际操作中，部门所属型又可以分为以市场为基础的和以产品为基础的两种组织管理类型。

比如，在美国，大部分消费品营销组织实行的“品牌经理制”就是以产品为基础的组织管理类型，它最早始于 1929 年的美国 P&G 公司。而目前国内企业较多采用的是以市场为基础的广告管理组织模式。其广告的管理与执行表现出明显的层级性，企业的广告部门既是企业的广告管理部门，又是企业的广告执行与营销服务机构。销售配合型的广告管理模式能更好地发挥广告的直接销售效果，但因过分强调广告对销售的配合，影响了企业对广告的长期规划管理，并且由于管理与执行层次繁多，也影响了广告传播的整体效果。

3. 部门并列型

部门并列型即企业广告部门从具体的销售层次中分离出来，提升为与其他职能部门并列的独立机构，是企业营销的重要推广组织和企业实施整体发展战略的重要组成部分。它注重将企业广告的宏观决策、组织管理和具体实施结合起来，减少了企业广告的管理层次，加强了企业广告的统一管理和长远规划，有利于企业广告资源的充分开发与合理调配。

6.5.3　广告主委托代理制管理模式

广告代理制的完善及企业内部广告公司的弊端，促使大多数广告主选择委托代理的形式，将广告传播业务交给具有专业能力和丰富经验的广告公司，或直接与媒介沟通，从而成为广告公司和媒介的客户。医药、数码、PC、房地产、汽车、化妆品等行业的大型广告主，成了 4A 广告公司的衣食父母，中小广告主们则成就了中小型广告公司腾飞的支柱。

1. 广告代理制的定义

广告代理制是指广告代理方(广告经营者)在广告被代理方(广告客户)所授予的权限范围内来开展一系列的广告活动，主要包括提供以市场调查为基础、广告策划为主导、创意为中心、媒介发布为手段，同时辅以其他促销手段的全面性服务。

广告代理制起源于美国，在成熟的市场，广告代理制在明确分工、平衡关系、保护各方利益、保障广告业等方面发挥了积极作用。按照广告代理制，广告主应委托具有经营资格的广告公司代理实施广告计划，而不是直接找媒介发布广告。媒介同样应委托广告公司承揽广告，而不是直接与广告主交易。这种代理制的运行方式是市场的选择，以广告公司为代理也是市场的选择。委托代理是因为代理者能够做得更专业、更好，成本更低。

实行广告代理制，可以使广告业内部形成良性运行秩序，最大限度地发挥广告主、广告公司与广告媒介的长处。在广告客户、广告公司与广告媒介三者之间，确立以广告公司为核心和中介的广告运作机制。广告代理制是国际通行的广告经营与运作机制，是广告业现代化的主要标志之一。

我国的广告代理制仍处于起步阶段，远没有建立广告代理公司的中心地位。在整个广告产业结构中，媒介处于中心和强势地位，有“强媒介弱公司”的说法。

随着广告业竞争的加剧和广告主认识水平的提高，我国广告业今后发展的方向和基本趋势，依旧是确立与实施广告代理制模式，最终实现广告公司在广告产业中的中心地位。令人惊喜的是我国各行业的产业精英们在广告代理方面一直与国际紧密接轨，绝少发生“肥水不流外人田”的短视行为。

例如，蒙牛公司于 2010 年 3 月初为其冰淇淋创意业务展开了招标活动。好几家机构参与了此次竞标，包括两家现任机构——ADK 北京和广东广告公司。蒙牛的冰淇淋产品分为随变、绿色心情、蒂兰圣雪、趣仔和冰+五大系列。达彼思 141 赢得了冰+和蒂兰圣雪两个品牌，而在过去 3 年中一直担任蒙牛冰淇淋创意账户代理机构的 ADK 北京得以保留随变、绿色心情和趣仔账户。

2. 广告公司的类别

广告代理业一般以其所经办的业务类型或以其提供的服务范围来划分类别。在我国，也以所有制的性质来划分。广告代理业类型总的趋势是越来越细，越来越专业化。按照广告代理业的功能和业务内容，主要类型有以下几个。

1) 全面服务型广告代理公司

全面服务型广告代理公司也称营销导向型代理公司或综合型代理公司，能够为广告主提供广告活动全过程和全方位的服务。综合型代理公司是广告代理业的主体，4A 公司一般都是综合型的公司。日本前 10 名广告公司的营业额占全国总额的 50%以上。这种广告业务的集中性，说明了全面服务型广告代理的强大实力。

2) 专业型广告代理公司

专业型广告代理公司主要提供某些方面的特定服务，或者专营某类媒介的广告，前者如营销策划公司、广告制作公司、媒介策划公司等主营每类媒介的广告，后者如户外广告公司、直销广告公司、地铁交通广告公司等，此类公司以专业特色见长。

3) 设计服务型广告代理公司

设计服务型广告代理公司是创作导向型的，以设计制作广告为主要业务。它将事先制订好的营销计划发展为广告计划，并进行创作。这些代理业不负责媒介购买，不需要媒介认可，直接向客户收费。但它也可受客户委托向媒介代理购买媒介的时间或版面。这些创作型的代理公司，往往召集兼职的或自由职业的撰稿人、设计师、电视制作人员来完成定单。

6.5.4 如何制作一则广告

1. 制订广告规划步骤

第一步，制订广告目标——界定需求、评估问题和制订策略、形成报告。

(1) 广告以满足需要为目标。多数情况下广告是解决问题的一种工具。

(2) 制订目标就是评估真实存在的问题。

(3) 制订策略，即广告目标要达到的整体方针，包括具体的行动和此次行动的关键点。

(4) 确定广告目标的报告就是一份简报，主要是列出广告需求及当前广告目标即可。这份简报供企业(广告主)内部使用，或交给广告代理商作为指令。

第二步，确定目标受众——决定诉求对象。

主要目标是将适当的信息用适当的方式传递给适当的人。

(1) 谁是目标受众？

(2) 使用STP确定细分市场，确定受众。

第三步，媒介选择——确定广告费花得值不值。

媒介策划和媒介选择花费了大部分广告费，媒介选择就是确定一个标准来判断这笔钱花得的值不值。

(1) 媒介策划包括两个阶段：一是策划并开展有效的媒介选择；二是购买所选择的媒介。

(2) 媒介选择有三个因素：一是确定那些媒介能更好地接近目标受众；二是确定媒介组合使用；三是确保预算用得合理。

第四步，媒介购买。

第五步，创意。

第六步，广告制作。

2. 选择执行方案

1) 企业自己制作广告并执行

在如何制作一则广告的问题上，企业(广告主)在广告的制作方式上必须作出选择。自行制作，利用媒介制作，还是将其交给专业的广告代理商制作。

企业配置了功能齐全的广告部门，承担了企业广告运作的一切工作和职责。下列有一个或几个情况发生时，企业都有可能启动自我制作执行程序。

(1) 发生的条件。

① 企业领导者的对广告自我执行感兴趣。

② 广告主可以内部完成广告工作。

③ 企业想节省广告费用；时间紧、需要保密、工作量不大、缺乏资源或当时没有合适的服务，以及当工作非常简单没必要请人帮忙时。

④ 广告主请不起顾问，或者由于预算太少使得请顾问很不现实。

⑤ 不熟悉广告代理制度。

⑥ 工作量和广告主的规模都很小，没必要将广告工作外包出去。

例如，恒源祥集团老总刘瑞旗就是这样一位对广告自我执行非常执着的董事长。1991年他力排众议，确定了化繁为简的广告策略，即尽力压缩成本，创造“令人记住”的传播效果，重复、持续，宁愿被骂也不能被忘记。他找来几块纸板，剪了代表恒源祥形象的小囡头和“恒源祥，羊羊羊”六个字，制作成简单的动画。而正是这则简单的广告，挽救了一个有着80年历史的老字号。恒源祥的广告一经发布就被广告界冠之以“恒源祥模式”，因为以前的广告都没有如此重复诉求过。很快一些在广告投资上精打细算的企业也学到了“恒源祥模式”的精华。17年后，作为奥运会赞助商的恒源祥，仍然沿用了这一广告思想，创作了从鼠到猪的十二生肖广告。正应了那句古语“成也萧何，败也萧何”。

(2) 广告本身的因素。

① 当广告主只是发布临时性广告。

② 预算较低。

③ 时间较紧且应用范围不广。

广告主自己制作广告是明智的选择，同时还应该遵循下面这些原则：分类广告、非常简单和明了的声明，使用文本格式；对于简单、快捷和低成本的广告制作，例如横幅、标语、广告牌等可使用媒介、广告主自己的内部设备、打字室等。

2) 利用媒介制作

以下广告可利用媒介来制作。

(1) 报纸上的分类广告，以及杂志和报纸上的软性广告，媒介视其为正常排版工序的一部分，进行正常排版就行了(文本广告)。

(2) 广播电台能使用内部演播室播的广播广告。

(3) 广告代理商不愿受理而媒介乐意接受的广告。

(4) 对于不太复杂的需求，可直接利用电视或电台制作机构制作广告。

对于追求完美的视觉效果和高水平的广告制作，可采用本地工作室或求助设计师等方法制作。

3) 利用代理商制作广告产品

利用代理商制作广告产品的大致流程有以下几点。

(1) 客户总监和客户经理开始搜集产品资料、竞争对手资料、行业资料等，同时，媒介部通过购买等手段搜集竞争对手的广告投放情况(近年来投放地区、金额、媒介种类)，以及竞争对手的广告表现。

(2) 有需要的话，还可以委托市场调查公司，进行定量和定性的市场调查。

(3) 客户总监将所有资料整理，提交给客户经理、客户总监，策划总监、策划经理(很多公司没有策划部，策划工作由客户部完成)，大家消化资料。

(4) 客户经理、客户总监，策划总监、策划经理会进行几次会议，讨论各自的一些看法和思路，正常时间为 1 周左右，当大家就某一策略思路达成共识后，再由客户经理和策划经理整理细化，并形成文字(策略思路)。

(5) 客户经理和策划经理开始讨论策划方案的框架和细节，两人合作或者指定其中一人完成整个提案的撰写。

同时，向媒介部讲明策略思路，由媒介部完成媒介方案，并填写创意简报，经客户总监和创意总监签字后，召开创意简报会议。参加者为客户总监、客户经理、创意总监、文案、美术指导。会上客户经理向创意部讲解创意简报，并就创意部的疑问进行解答。

(6) 创意部开始工作。文案和美术指导开始发想创意概念(或叫点子)，总监负责把关。创意部有了几套比较满意的方案后(只是想法，并没有做出来，也可能画有草稿)，会向客户部进行一次非正式的提案，一般这种提案会有几次，双方达成共识后，开始正式作创意表现。文案撰写标题和内文，以及影视脚本，美术指导开始做表现稿，创意总监把关。同时，完成的策略方案也会提交给客户总监和策略总监，请他们给予修改意见。

(7) 客户经理根据进度，制订内部提案时间，到时进行内部正式提案，不断完善提案，一般会进行一到两次。

(8) 内部提案通过后，跟企业约定时间，进行正式提案(一般是策划总监负责提案)。提案通过后，根据方案开始执行；不通过，一切重新来过或者被客户解约；基本通过，做部分修改，再进行二次提案。

案例

广告视点 6-5

广告公司电视广告制作流程

(1) 创意部将创意的文案、脚本说明及提案给客户的故事板呈递给制作部或其他制作公司。

广告主参与以下工作。

① 脚本说明，帮助制作部理解该广告片的创意背景、目标对象、创意原点及表现风格等，具体包括广告片的长度、规格、交片日期、目的、任务、情节、创意点、气氛和禁忌等。

② 故事板，故事板是目前沟通创意最主要和最常见的方式之一，因为图文并茂，能够缩短相互之间理解上的差距。

③ 要求制作部在限定的时间里呈递估价和制作日程表以供选择。

在这一阶段，广告主可就故事板情节、风格及与相关产品的关联性与广告公司讨论，直到企业有关领导认可为止。这是广告公司风格与企业风格碰撞的过程，需要双方深入沟通，达成共识。

(2) 制作部将自己对创意的理解预估变成制作方案及相应的价格呈报给客户部。

① 一般而言，一份合理的估价应将拍摄器材、拍摄道具、拍摄服装、剪辑、三维制作、配音及合成等制作费、制作公司利润、税金等广告影片制作中的全部方面一一列出，越详细越好。

② 附制作日程表。制作日程表甚至可以包含具体的选择方案。

在这一阶段，广告主有两个任务：一是核实制作费用，了解制作公司的平均利润及税金情况，要明明白白付费；二是确定制作预算估值。这个预算一般是播出费用的 10%左右，以这个估价为基准的制作方案才是值得考虑的，把这些具体情况向主管领导回报。

(3) 由客户部将制作部的估价呈报给客户，当客户确认后，由客户、客户部、制作部签立具体的制作合同。然后，根据合同和最后确认的制作日程表，制作部会在规定的时间内准备接下来的第一次制作准备会。

广告主作为客户方签订制作合同时，需要认真阅读制作部的估价单。从上下的浮动空间可以判断估价单的透明性，在制作部的估价单是能够看到制作部的利润和所缴纳的税款的。当然，如果能有一份拍片量大的制作公司估价单，那就最好不过了。

(4) 制作部准备广告片拍摄的所有细节以寻求将广告创意呈现为广告影片的最佳方式。

此阶段广告主最好就是耐心等待，给制作部留下足够的时间，以期提升广告制作品质。这个阶段的工作做得越是精细，越是能制作出高质量的广告片。

(5) PPM 是英文 Pre-Product Meeting 的缩写。在 PPM 上，将由制作部就广告影片拍摄中的各个细节向客户呈报，并说明理由。

① 通常制作部会提报两套以上的广告片拍摄细节计划，供客户选择。

② 如果某些部分在此次会议上无法确认，则在时间允许的前提下，安排另一次制作准备会直到最终确认。制作准备会召开的次数通常是不确定的，但如果三次都没有让广告主满意，则会影响广告主对广告公司的评价。

(6) 如果在最后的PPM上，还有分歧，那么广告主、客户部和制作部必须共同协商出可以执行的方案，待三方确认后，作为之后拍片的基础依据。

(7) 在进入正式拍摄之前，制作部的制片人员对最终制作准备会上确定的各个细节，进行最后的确认和检视，以杜绝任何细节在拍片现场发生状况。

① 尤其需要注意的是场地、置景、演员、特殊镜头等。

② 在正式拍片之前，制作部会向包括客户、客户部、摄制组相关人员在内的各个方面，以书面形式的“拍摄通告”告知拍摄地点、拍摄时间、摄制组人员及联络方式等。

(8) 拍摄工作在安排好的时间、地点由摄制组按照拍摄脚本进行拍摄工作。

① 摄制现场要有制作部成员，广告主方人员和客户代表共同参加。

② 根据经验和作业习惯，会将机位、景深相同或相近的镜头一起拍摄。儿童、动物等拍摄难度较高的镜头通常会最先拍摄。静物、特写及产品镜头通常会安排在最后拍摄。

(9) 所谓A拷贝，就是经过电脑初剪的那个没有视觉特效、没有音乐和旁白的版本。这个版本是将要提供给客户以进行视觉部分的修正的。

广告主在这一阶段，第一次看到制作的成果。根据广告主题和故事板信息对照制作的A拷贝，看看广告表现是否深刻反映了广告主题，广告诉求是否到位。有些广告公司，完成了特技和音效以后再给客户看片。

(10) 在客户认可了A拷贝后，就进入了精剪阶段。

根据客户对A拷贝的意见进行修改，将特技部分合成到广告片中。

(11) 为广告片添加声响效果。

① 作曲或选曲。作曲，广告片将拥有独一无二的音乐，而且音乐能和画面有完美的结合，但添加音响效果价钱会比较高。选曲，在成本方面会比较经济，但别的广告片也可能会用到这个音乐。

② 旁白和对白。在旁白和对白完成以后，且音乐完成以后，音效剪辑师会为广告片配上各种不同的声音效果。将各自音量调整至适合的位置，并合成在一起。

(12) 经过广告主认可的完成片，以合同约定的形式按时地交到广告主手中，是为交片。

6.5.5 企业自我运作的广告流程

不论是自己经营，还是委托他人代理经营，广告运作一般都要经过以下流程：

(1) 广告决策——确立企业广告基本战略思想和总体战略目标；

(2) 广告计划——确立并制订出切实可行的具体广告计划；

(3) 广告执行——广告计划的具体实施。

1. 平面广告制作

(1) 报纸和杂志需要广告主提供广告素材，这可以通过以下两种途径实现：

① 提供广告最初完稿或最初完稿的复制品用于印刷；

② 利用ISDN或ADSL等电子手段直接将作品下载到出版者的印刷设备中。

(2) 制成后的广告交付出版。

① 黑白广告。广告包括两个要素：文字(正文)和图片。必须对正文进行专业的排版。首先要迅速印出正文的校样，进行浏览和校对，也可一次印出文字与插图混排的校样。其次要正文和图片的合成校样，要从三个方面进行认真核对：图文的最佳比例；插图的清晰度和复制效果；其他辅助性图片，如标识、产品照片、位置图解等。

② 彩色广告。彩色广告主要是杂志及设有彩色版面的报纸。提供原始的广告作品或提供复制品，并与媒介方进行核对，确保媒介方可以接受四色、五色或六色印刷。

2. 电视广告制作

广告主可采用两种方式自行制作电视广告。

(1) 可以先准备好文本，再让拥有相关设备的制作公司制作。

(2) 用自己的内部设备。

电视广告的制作有三种制作途径，广告主可任选其一。

① 使用电视台的制作设备。

这种做法比较简单，也可节省时间和资金，但无法满足那些要求制作精细或长期在广大地区播放的广告的需要。对于本地广告主、预算有限、大减价公告、特殊事件或特殊促销活动等，最好选择此方式。

② 直接使用专业的电视广告制作公司。

大多数电视广告都出自电视广告制作公司。广告主直接找到这些公司，省掉了高昂的代理费，同时也节省了时间。如果代理商曾参与过广告的创意工作，也许让其从始至终介入制作更为稳妥。

③ 通过广告代理商。

广告代理商可以发挥很好的监督指导作用，且能节省广告主的时间和管理费用。大量的电视广告都是通过广告代理商制作的。

3. 发布

户外广告的发布直接向县级以上工商行政管理机关申请登记，取得有关部门的设置批准文件即可。报纸广告和电视广告的发布可直接与广告媒介联系，或者也可向媒介代理商咨询。

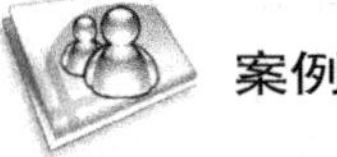

案例

广告视点 6-6

电视、广播制作流程

1. 电视广告制作的流程

电视广告播放的制作流程通常可以分为前期准备、广告拍摄和后期制作三个阶段。

具体流程有以下几点。

(1) 确定广告脚本。

(2) 选择制作公司，通常以相对成本为依据。

(3) 就制作费用达成协议。

(4) 试妆挑选演员。

(5) 由专业作曲人员创作音乐。包括谱曲、制作试音带、在录音棚里制作正式带(租用录音棚，请音乐人或乐队，请一名或数名歌手)。

(6) 拍摄前的最后准备工作，包括请导演、订服装和场景等。

(7) 拍摄。拍摄主要包括：租用摄影棚，或找到合适的外景拍摄地；将不同专业的电影人员集中起来。拍摄可能需要几天的时间。

(8) 后期制作。后期制作主要包括配音、添加音效或特殊效果。

(9) 配乐。如需配音，还得单独进行录制。

(10) 合成。将所有的元素编辑在一起。

(11) 广告主审查编辑后的广告作品。

(12) 可在剪辑和配音等方面进行修改。

(13) 广告制作完毕并获得广告主认可后，将录像带送至各个电视台(它们会收取手续费)。

2. 广播广告制作流程

广播广告的制作流程与电视广告的大体相同，只不过要便宜和简单得多。广播广告的制作流程包括以下几个步骤。

(1) 确定广告脚本。

(2) 选择制作公司，或直接使用广播电台。

(3) 选择制作人。

(4) 挑选一个或数个配音演员。

(5) 委托一名作曲家谱曲，制作试音带，再完整录音等。或者使用现成音乐(需根据相关著作权缴纳背景音乐费用)。许多广播广告都使用现成音乐，因为这样做更快捷、便宜和简便。

(6) 租用录音棚进行录音。

(7) 向客户展示作品并获得认可。

(8) 将录音带送至各个广播电台。

6.5.6 广告制作管理

1. 成本控制

广告的制作过程可能会引起许多麻烦，从而带来经济损失。因此，必须建立坚定和明确的成本控制方针。通常情况下，广告内容越简单，成本越低。尤其对电视广告来说，如果预算有限的话，就只能考虑采用简单的脚本、较小的演员阵容和简单的场景了。

(1) 使用可靠的合作商。多数广告的制作都需要各种合作商的参与。客户必须确定哪些合作商的服务更可靠、更负责任、更经济实惠。

(2) 预先就预算达成协议。

(3) 使用现有材料。应该使用现有材料(如照片、录音或为宣传产品而专门创作的艺术作品等)，也应考虑现有素材库、图片库或音乐库。

(4) 对比招标报价单。大型广告的制作(如海报印刷、小册子、电视广告等)需要进行竞标。当然，广告主必须为此提出一份标准的招标公告。

(5) 选择合适的方法。要想最经济地制作出最高质量的作品，需要根据不同的工作选择最合适的方法。大多数情况下，可供选择的方法有很多。在计划阶段就决定好合适的方法是非常重要的。明智的计划可以为以后的工作节省资金。

2. 时间控制

要安排好时间，时间越匆忙，成本越高。

3. 质量控制

许多广告主会对其广告作品的质量感到失望，因为最终效果可能不如预期的好。制作标准的高低将直接影响到广告活动的成功与失败。因此，质量原则与成本原则具有相同的重要性。广告主必须对制作全程实施有效的控制。

1) 创意阶段

自广告创意形成之日起，就要对作品再三斟酌，并及时达成一致意见。只有好的创意才能产生高质量的作品。

2) 供应商

供应商的水平必须与广告的质量相匹配。就电视广告来说，制作机构的选择是至关重要的。

3) 支出

高投入并非总是意味着高质量。小预算也可以制作出高质量的广告作品。

本章小结

本章是广告活动的核心，涉及的内容广，知识点多，从广告观念的形成到广告作品的出炉一应俱全。本章共分两个大的阶段，即广告创作阶段和广告运作阶段。在广告创作阶段涉及两方面问题，一个是广告创意，一个是创意表现。

广告创意是广告人通过想象、组合等手法对广告主题进行的创造性思维活动，是把广告对象潜在的抽象价值升华为广告受众所能感受到的视觉化形象的过程。简单地说，广告创意就是视觉形象及各种符号背后的思想，也有人把它称为编故事。令人叫绝的广告创意都被贴上了“大创意”的标签，有人干脆把它理解为“好的创意”。广告创意的特点有两个：独创性和促销力。广告创意原则有六个，即 ROI 原则、3B 原则、组合原则、KISS 原则、竞争原则和法规原则。创意思维的来源是水平思考和垂直思考，或者越界思维和非越界思维，大创意都来源于越界思维。集体思维是个出成效的好方法，头脑风暴法、集思广益法和帽了角色法是最常使用的。

广告表现是把创意的构想形象化的过程，其中广告表现要素及广告认知模式是这一部分的重点。表现要素有文字、图、色彩、布局和音响。认知模式有两个，传统的是 AIDMA，网络时代是 AISAS 模式。

广告运作阶段包括实施策略和制作管理。实施策略有五个，包括媒介策略、系列策略、差别策略、刊播策略和变相广告策略。制作管理包括广告作品不同阶段的制作管理，平面媒介以报纸为主，电子媒介以电视为主。

关键术语

广告创意	大创意	垂直思维	越界思维
广告表现	广告表现要素	有意注意	幽默诉求
恐怖诉求	认知模式	广告刊播策略	变相广告策略

思考题

1. 什么是广告创意？与广告主题什么关系？
2. 广告创意有哪些表现形式？
3. 集体思考的优势体现在哪些方面？
4. 如何刺激无意注意？
5. 何为幽默广告？
6. 恐惧诉求为什么有效？体现了人性的什么弱点？
7. 广告实施策略有哪些？
8. 什么是广告频率策略？此策略有哪些基本类型?其特点是什么？
9. 简述广告定位与产品定位的异同点。
10. 广告客户在广告制作流程中处于何种角色？

参考文献

[1] A D Farbey. 赢在简单[M]. 戴冰，等，译. 北京：中国水利水电出版社，2004.
[2] 张金海，龚轶白，吴俐萍. 广告运动策划教程[M]. 北京：北京大学出版社，2006.
[3] 威廉·阿伦斯. 当代广告学[M]. 第七版. 丁俊杰，程坪，等，译. 北京：华夏出版社，2000.
[4] 宋玉书. 广告经营谋略[M]. 长沙：中南大学出版社，2007.
[5] 陈培爱. 广告策划与策划书撰写[M]. 厦门：厦门大学出版社，1993.
[6] 赵海风，安杰. 如何选择广告代理商[M]. 北京：中国商业出版社，2007.
[7] 叶茂中. 叶茂中策划[M]. 北京：机械工业出版社，2007.
[8] 蔡嘉清. 广告学教程[M]. 北京：北京大学出版社，2004.
[9] 唐锐涛，劳双恩. 智威汤逊的智[M]. 北京：机械工业出版社，2004.
[10] 余明扬，陈先红. 广告策划创意学[M]. 上海：复旦大学出版社，2004.
[11] 李惠然. 新“战场”挑战企业传播观[J]. 市场观察，2004(8).

案例研讨

房产系列报广创意设计

某公司开发的楼盘系列广告创意设计，淡雅清新的色彩在夏季给人带来清亮的视觉感官体验。以蓝色配合暗红为主色调，主体分明，一目了然；以水花的滴落为主题展开创意和联想，配合莲花、马蹄莲及竹子的不同代表性来展现更美、更深刻的含义。

系列一：only in full bloom for you 盛开——只为你。

花语展现的美：莲花圣洁高贵的植物；清水出芙蓉，天然去雕饰；凡物先华而后实，独此华实齐生；百节疏通，万窍玲珑，亭亭物华，出淤泥而不染，花中之君子也，如图6-40所示。

图6-40 系列一

系列二：blooming just for you 绽放——只为你。

花语展现的美：马蹄莲(观音莲、慈姑花)，幸福的花语；象征“圣法虔诚，永结同心，吉祥如意”；正如爱的小巢，是幸福的、虔诚的、吉祥的，如图6-41所示。

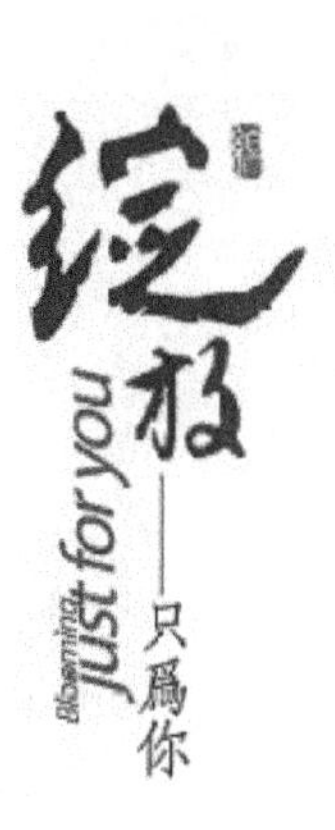

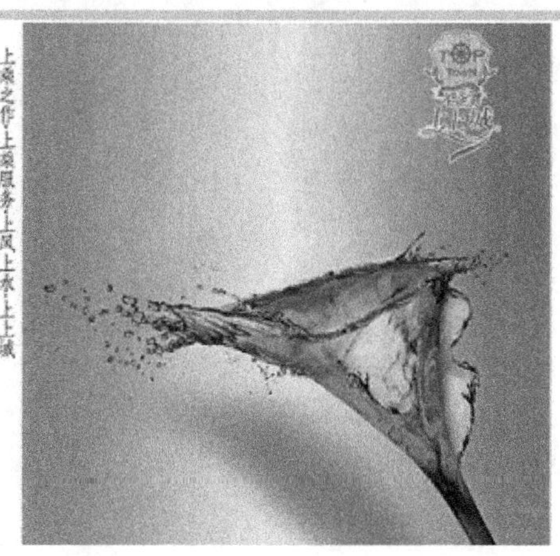

图6-41 系列二

系列三：noble just for you 尊贵——只为你。

竹子：绿竹半含箨，新梢才出墙。雨洗娟娟净，风吹细细香。(唐·杜甫《咏竹》)人对竹子本就有一种深深的喜爱，它象征着生命的弹力、长寿、幸福和精神真理，如图 6-42 所示。

皇冠：尊贵、权力的象征。

图 6-42 系列三

案例思考题

1. 该系列广告的主题象征意义是什么？
2. 分析这则系列广告的目标受众。
3. 该系列广告在创意中使用了哪些表现手法？

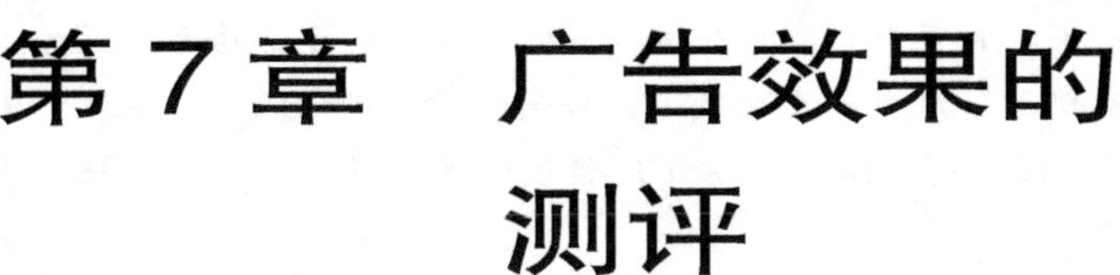

第 7 章　广告效果的测评

本章提要　本章首先阐述了广告效果及广告效果测评的概念，并对与之相关的内容作了一个介绍。在此基础上，本章进一步列举了广告效果测评的关键技术指标，并结合广告文案测评、广告媒介监测和广告费用监测三方面具体详尽地介绍了广告效果测评。通过研究发现，广告效果测评的难点在于如何在广告投放的不同阶段选择恰当的媒介以实现最大的广告效果，本章将采用定性和定量两种方法对广告效果进行分析。

本章内容框架

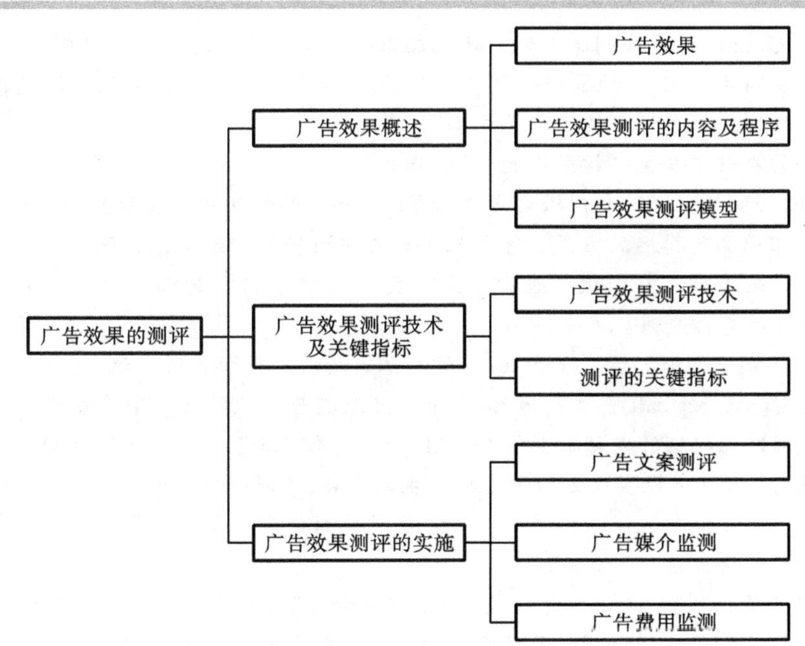

引　　例

浪淘金：让广告效果更彻底

19 世纪美国零售巨头约翰· 沃纳梅克有句著名的悲叹：我花在广告上的钱有一半被浪费掉了，糟糕的是，我不清楚是哪一半。时至今日，广告投入的效果仍然是令广告客户最为关心也最为头疼的问题之一。经济危机了，广告支出削减了，公司的营销部门还在“浪费一半的广告费”，但没办法。不过，周杰说他有办法。他承诺广告按效果收费，可以帮你把花钱的部门变成赚钱的部门。

出生于 1978 年的周杰，有着“Google 历史上最年轻的华人总监”这个令众多同龄人艳羡的光环。目前，周杰是浪淘金(北京)科技有限责任公司(以下简称“浪淘金”)的创始人。浪淘金正在致力于帮助企业最大限度地提高广告效率、增强广告效果、减少广告风险，周杰认为“企业应该只为有效果的广告付费”。

事实上，周杰不是第一个有这种想法的人，他只是众多致力效果广告的人之一。

2002 年，周杰加入 Google，成为 Google 广告团队最早的成员之一。那一年，Google 正好刚开始组建一个 10 多个人的广告团队，周杰是成员之一，他全程参与了 Google 广告平台的研发。

eMarketer 的数据显示，2004 年 Google 在美国网络广告市场的收入为 12.6 亿美元，而 2006 年则达到 41 亿美元。到了 2007 年上半年，Google 在美国网络广告市场的份额已经接近 40%。

2003 年，Google 的广告团队发现，他们想象的竞争对手，包括雅虎、微软、AOL 等的广告份额并没有因为 Google 的暴涨而萎缩。“这时候我们才意识到，我们可能是正好打开了一个新的行业的门，这个行业就是效果广告”，周杰说。

效果广告旨在让广告主“按效果付费”，点击是其中一种模式。

2002 年起，Google 通过竞价排名点击付费(pay per click)的模式受到广大中小企业欢迎。

百度同样推出竞价排名的方式，客户只需为点击付费。但后来，无论是 Google 还是百度，都不同程度地遭到客户以被“恶意点击”或 “点击欺诈”为由进行的反抗或诉讼，尽管他们都推出了反欺诈手段。

据报道，在点击付费之后，Google 也曾有推出新的收费模式的尝试。2005 年，Google 推出来电话付费(pay per call)模式：顾客在 Google 或其合作伙伴网站中看到广告后拨打广告商电话，广告商依据接到的电话数量给 Google 付费。但 2007 年，Google 的这一计划搁浅。有分析人士认为，来电付费模式更趋向于广告主的利益，但会对 Google 的核心模式点击付费带来冲击。“对于 Google 这样的公司来讲，它要考虑到自己已有的业务，所以它在效果广告方面的步子不能迈得太快”，周杰说。

周杰始终认为，“整个广告付费方式，无论 Google 还是百度，抑或其他任何媒介，最终他向广告主收费的方式一定会朝效果越来越彻底化方向发展，这是大趋势”。

浪淘金的营销平台如何能与百度、Google 的广告联盟相抗衡?

“我不认为它和百度、Google 广告联盟有直接竞争”，周杰表示。针对与百度、Google

广告联盟的主要区别，浪淘金方面表示，“我们的系统最核心的是精准匹配”，“要精准匹配，就要依靠很好的数据挖掘和技术分析能力来判断哪种网站适合投哪种类型的广告”。

浪淘金自主研发了包括智能广告投放系统、用户行为分析系统、广告渠道监测系统等一整套互联网营销工具，通过数据挖掘、人工智能、信息整合和流量分析等技术，使每个人看到的广告是不同的，只给每个人看他感兴趣的。

周杰称，浪淘金之所以推行按广告效果付费，也正是基于对自身技术的强烈信心。2008 年初，浪淘金首先从家教行业入手，试验来电付费广告，后又经过半年多的运作，覆盖到北京地区涉及家政、汽车、母婴在内的约 80 个行业，商户达万家。

根据浪淘金对教育、家政、装修等服务行业初期合作商家的追踪调查，约 83%的商家在转向效果广告模式后，其每单业务所分担的广告费用支出控制在原来的 1/3 以内。

目前，浪淘金的付费客户达几百家，分布在房产、汽车、婚嫁、母婴、教育等 10 个大的行业里。周杰表示，现在浪淘金已经度过“烧钱”期，略有赢利了。浪淘金能在 2008 年迅速赢得客户，与经济危机不无关系。“在金融危机的时点上，广告主的预算和预期可能更向效果广告这方面转移”，周杰说。

7.1　广告效果概述

7.1.1　广告效果

1. 什么是广告效果

广告作为一种信息传播与促销的手段，已越来越多地为企业重视与应用，然而，我们经常听一些企业主说：“我做了这么多的广告，但不知如何确定评判效果，更不知什么时候、什么样的广告起了作用。”我们也常常听到一些人议论说：某一广告有效，某一广告无效。到底什么是广告效果？

简单地说，广告效果就是广告对其接受者所产生的影响及由于人际传播所达到的综合效应。比如，新产品广告，通过广告活动促使消费者了解本品牌优点，从而改变已有品牌消费习惯；企业形象广告，通过广告活动宣传企业独特的形象，从而在公众心目中建立良好的企业形象，使消费者对本企业及其各种产品产生亲近感、认同感，最终促进产品销售。

在广告活动中，人们对广告效果的内涵理解不一。一般来说，可从不同角度来给广告效果进行分类：从宏观角度，广告效果可分为经济效果和社会效果；从表现形式，广告效果可分为销售效果和心理效果；从时间角度，广告效果可分为即时效果和潜在效果。

1) 广告的经济效果

广告的经济效果是指广告对社会经济生活，包括生产、流通、分配、消费产生的影响，特别是指由于广告活动而造成的产品和劳务销售及利润的变化，既包括广告活动引起自身产品的销售及利润的变化，也包括由此引发的同类产品的销售、竞争情况的变化。

2) 广告的社会效果

广告的社会效果是指广告活动不仅对人们的消费行为、消费观念的变化起作用，也会对整个社会的文化、道德伦理等方面造成影响，即广告对社会精神文化生活产生的影响。

3) 广告的销售效果

以销售情况的好坏直接判定广告效果的优劣，称为广告的销售效果。这种观点认为广告是促进产品销售的一种手段，认为产品既然做了广告，销售情况必须改善，否则该广告就是白做了。

4) 广告的心理效果

广告的心理效果即广告的接触效果，是指广告发布后，对接受者产生的各种心理效应，包括对受众在知觉、记忆、理解、情绪情感、行为欲求等诸多心理特征方面的影响。这是广告效果最核心的部分。它不是直接以销售情况的好坏作为评断广告效果优劣的依据，而是以广告的收视率、收听率、产品知名度等间接促进产品销售的因素为根据的。

5) 广告的即时效果

广告的即时效果是指广告活动在广告传播地区所产生的即时性反应，主要是指即时的促销效果。

6) 广告的潜在效果

广告的潜在效果是指广告在消费者心目中产生的长远影响、对受众的观念上的冲击，如消费者对产品及企业的印象的变化。

2. 广告效果测评

广告效果怎样测评呢？简单地说，测评就是根据一定的法则用数字对事物加以确定。对于这个概念，需要从如下三个方面进行分析。

1) 一定的法则

一定的法则是指在测量时所采用的规则或方法。例如，用秤测物体的重量，依据的是杠杆原理；用湿度计测物体的湿度，依据的是热胀冷缩规律；测量人的智力，是根据智力理论编制测验，看被测者在测验上的得分；测量广告的销售效果，是根据销售量增加额与广告费增加额的比值。

2) 事物

事物是指人们所感兴趣的东西，说得更明确些，是引起人们兴趣的事物的属性或特征，测评就是确定这些属性或特征的差异。同一页杂志上的广告，引起受众的注意程度是不一样的，即使一些广告同时都引起了受众的注意，受众对这些广告的记忆程度也是不同的。注意度、记忆度就是测评的对象。

3) 数字

数字是个比数值意义更广泛的概念，可以表示数量，也可以不表示数量。通常人们说的测评，是指前一种情况，即根据特定的法则，采用一定的操作程序，给事物确定一种数量化的价值。

3. 广告效果测评的特征及作用

广告效果既体现于广告整体运作进程中，又存在于广告表现的实施过程中，更显露于广告活动告一阶段之后，这就决定了广告效果的复杂性。因此，在进行广告效果测评之前必须了解广告效果的相关性质。

1) 复合性

广告效果是经济效果、心理效果和社会效果的统一。

2) 累积性

广告活动是一个连续、动态的过程，消费者接收信息的过程也是一个动态的过程。

3) 迟效性

广告效果的发生，受多种因素的影响，广告效果不是一个立竿见影的简单过程。

4) 间接性

广告接收者虽然接收到广告信息，并对广告商品建立了深刻认识，但本人由于某种原因而未实现购买行为，却介绍他人购买，这就是广告效果的间接性的表现。

基于这些特点，在进行广告效果测评的时候需要遵循以下要求，如表 7-1 所示。

表 7-1　广告效果特性

广告效果特性	广告测试要求
复合性	恰当地确定广告目标
累积性	坚持定量与定性相结合的原则
迟效性	测评手段科学化
间接性	建立完善的评价系统

现代广告已步入整合营销传播时代，广告活动不只是单纯的设计制作、简单的发布，而是建立在全面广告测评基础上的整合营销传播，广告效果测评的重要作用日益凸显，主要表现在如下三个方面。

(1) 检验决策。通过效果调查，可以检验广告目标是否正确，媒介是否运用得当，广告发布时间和频率是否合适，广告费用投入是否恰当，从而提高广告水平，调整广告计划，节约广告费用，取得较好的广告效益。

(2) 改进作品。通过广告效果测评，广告主能够了解广大消费者对广告的反应，从而鉴定广告主题是否突出，广告诉求是否准确，广告创意是否有新意，是否能摄取消费者的目光。这些资料将是广告部门改进作品强有力的参考，从而可以及时地修正改进计划，保证广告活动取得最佳效果。

(3) 调控管理。为了广告管理，从事必要的测评，提供所测评的资料，这是广告测评的基本任务。这样有利于及时掌握广告活动的变化，全盘掌握广告活动的成功与不足，找出问题点与机会点，随时调整广告策略，以使广告活动始终沿着正确轨道进行。

7.1.2 广告效果测评的内容及程序

1. 广告效果测评的内容

广告效果测评涉及广告活动的各个环节，它贯穿广告活动的全过程。广告效果测评的内容包括广告信息测评、广告媒介测评、广告活动效果测评三个方面，如图 7-1 所示。

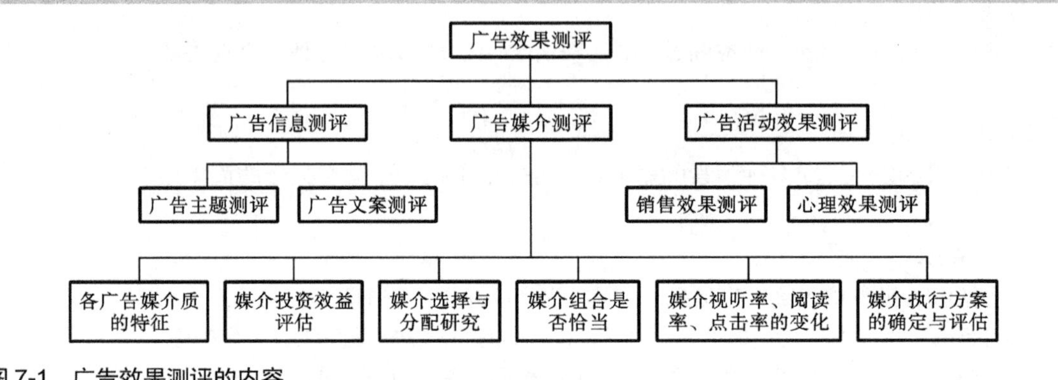

图 7-1 广告效果测评的内容

1) 广告信息测评

广告信息测评是对广告作品传播的各方面的信息进行全面的检测和评定，要在广告作品发布之前检验广告作品定位是否准确，广告创意是否引人入胜，广告作品是否具有冲击力和感染力，广告能不能满足目标消费者的需要、激发起消费者的购买欲望。广告信息测评可分为广告主题测评和广告文案测评两种。

(1) 广告主题测评是广告效果测评的第一个环节，也是最重要的一个环节。它直接关系到广告作品有没有把广告主想传播的信息告之其消费者，有没有真正地满足消费者的需求。它要求针对目标消费者，了解他们对广告主题的看法，看看他们是否认可广告主题，接受广告主题，看看广告有没有充足的论据来凸显这一主题，有没有充分的感情来渲染这一主题。

(2) 广告文案测评是对广告文案，以及广播、电视广告，网络广告所做测评的总称。从其历史看，首先是报纸、杂志广告文案测评比较发达，其后随着电波媒介的发展，文案测评逐步应用于 CM 测评中。近年来，随着网络广告的兴起，文案测评也相应地应用于网络广告中。

2) 广告媒介测评

在广告活动中，绝大部分费用是用来购买媒介、时间和空间。如果媒介选择不当或组合不当都会造成广告费用的极大浪费。广告媒介测评是对报纸、杂志、广播、电视、户外广告等大众媒介及网络广告等其他媒介的测评，测评各媒介的特征及消费者如何接触各种媒介。广告媒介测评的具体内容有以下几点。

(1) 各广告媒介质的特征。

(2) 媒介投资效益评估。

(3) 媒介选择与分配研究。

(4) 媒介组合是否恰当。

(5) 媒介近期视听率、阅读率、点击率是否有变化。

(6) 媒介执行方案的确定与评估。

3) 广告活动效果测评

广告活动效果测评是对某一产品推广所有广告活动的测定。它全面评估广告活动效果，并为新的广告活动提供资料，指导以后的广告活动。广告活动效果测评应包括销售效果测评和心理效果测评。因为广告活动目标不外两方面：一是提高商品的销售额，增加利润，使企业获得经济效益；二是使商品或企业在消费者心目中树立良好的形象，为企业长远的发展奠定良好的基础。

(1) 销售效果测评。销售效果是企业主和广告商最关心的效果指标。它是人们评价广告活动成败最先想到的，也是最直观的评价指标。奥格威说，我们做广告就是为了销售产品，否则就不是做广告。销售效果测评基本上是根据广告宣传的商品在市场上的占有率、销售量、消费者使用情况等统计资料，结合同期广告量进行分析比较，把握广告的总体效果。

(2) 心理效果测评。从广告主的角度来说，最关心的是广告的销售效果。但广告效果的复杂性，要求我们必须从广告的传播角度入手测定广告的传播效果，即广告的心理效果，这样才能更客观地把握、衡量广告效果的优劣。

2. 广告效果测评程序

广告效果测评是一个有计划、有步骤的管理控制过程。广告测评，都应包括的程序如图 7-2 所示。

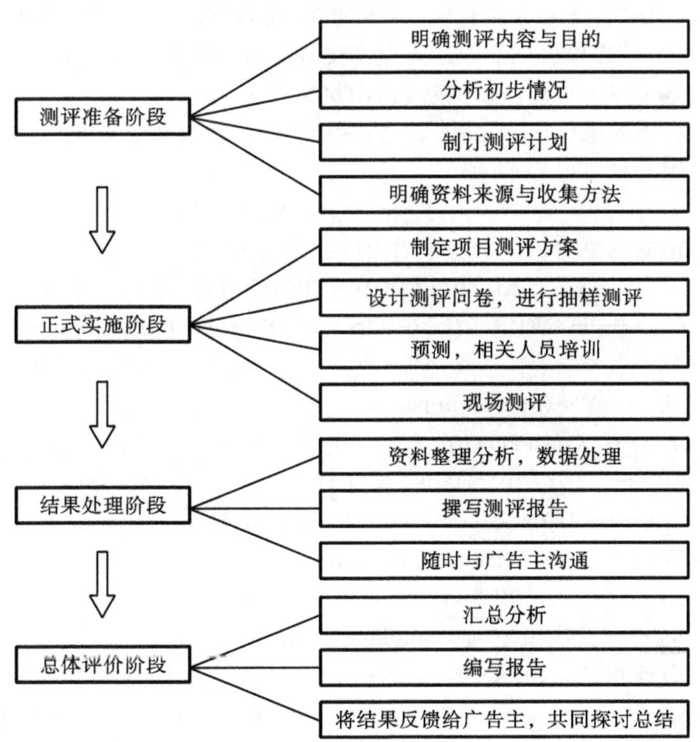

图 7-2　广告效果测评程序

7.1.3 广告效果测评模型

广告效果测评是建立在一定的理论基础之上的，不同的理论指导下，确立的测评标志也是不同的，测评的结论也会有所不同。正确认识和掌握这些理论分析模型，可以让我们更加深刻地认识广告运动，了解每种指标体系设计的基础，认清各种指标的局限，以便正确运用各种评价指标。常见的广告效果测评模型有如下四种具体模式。

1. AIDAS 模式

这一理论由美国广告顾问白德尔提出。白德尔认为广告之所以有效是广告有关因素共同作用的结果，而这种作用过程正是通过强有力的刺激，引起消费者注意，激发购买欲望，最终发生购买行为，并从中得到满足的过程，广告的效果就在于促使这一过程的顺利完成。

注意(attention) → 兴趣(interest) → 欲望(desire) → 行动(action) → 满足(satisfaction)，这就是我们所说的广告因果理论，即 AIDAS 理论。

在 AIDAS 理论中，白德尔认为广告的效果是由广告主体、广告活动、广告以外其他影响因素共同作用的结果。

(1) 广告主体因素是广告活动开始前就需具备的。影响广告主体的有产品个性特征、价格诉求和名称诉求三个方面。

(2) 广告活动中同时也存在许多外部影响因素和内部影响因素：外界影响因素包括广告时机、广告后的销售策略、外界的刺激或抑制；广告活动本身的影响因素包括广告作品本身是否有趣、易于阅读，是否有说服力，是否具有易于沟通的品质。

(3) 广告以外的影响因素包括受众心理、宏观和微观政策环境等。

基于以上三点，白德尔的 AIDAS 理论可以简述为

广告效果＝广告主题×广告活动×其他外界因素影响

用符号可以表示为

$$\mathrm{AE}=P\times\mathrm{AD}\times\mathrm{IOTA}$$

根据白德尔的分析，最后可以将其写为

$$\mathrm{AE}=P\times 3\mathrm{A}\{(\mathrm{II}\times\mathrm{PP}\times\mathrm{CQ})A\}\mathrm{TF}\times\mathrm{FT}\times\mathrm{S.D}$$

式中：3A——本质诉求(item appeal)、价值诉求(value appeal)、名称诉求(name appeal)；

II——趣味(interest impact)；

A——受众(audience)；

PP——说服力(persuasive power)；

CQ——沟通能力(communication quality)；

TF——广告时机(timing factor)；

FT——广告后政策(follow through)；

S.D——刺激或抑制(stimulants or depressants)。

白德尔的 AIDAS 理论提供了一种评价广告效果的思维方式。白德尔的 AIDAS 理论针对广告效果各要素采用了乘法模式，这就意味着广告活动最终效果是产品、广告活动及广告本身之外因素共同协作的结果，任何一个部门的不配

合、不努力都有可能让广告努力付诸东流。只要其中一项为零，广告效果也就为零。这就提醒我们，广告效果是各部门通力合作的结果，没有各环节各部门的配合，广告投入就不可能有预期的效果。

2. DAGMAR 模式

美国企业管理顾问、广告学者罗塞尔·科利在 1961 年为全美广告主协会撰写了《制定广告目标以及测定广告效果》(简称 DAGMAR)一文时，首先提出了“广告心理效果”的系列指标。

科利在文中极力主张用广告传播效果作为广告目标及测定广告的基础，以传播效果作为衡量广告合理性的基础。科利的广告传播四阶段理论，即 DAGMAR 传播阶梯如图 7-3 所示，其核心是广告目标，也就是沟通目标，而不是营业额目标。广告目标应该是既明确又能测定的，而测定广告效果的关键就是要确定广告目标。这一目标是根据消费者从知晓、态度到行动的改变来界定的。

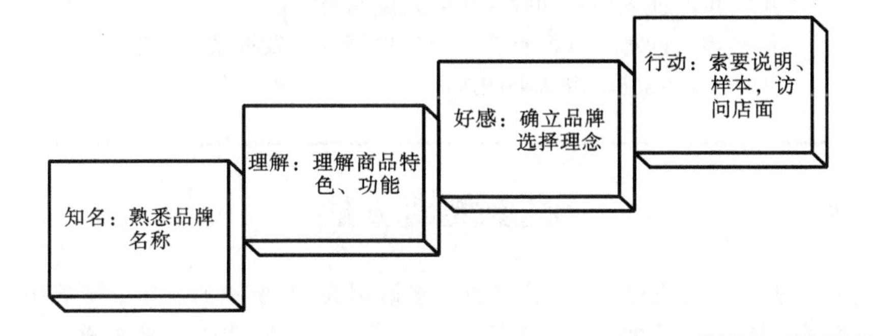

图 7-3　DAGMAR 传播阶梯

1) 科利的主要观点

广告在传播信息时，是逐步深入人们的头脑中的，人们接受信息分若干层次，每一个层次都做成相应的反应，又通向下一个层次。要使广告达到说服购买的目的，广告信息传播一般要经历如下五个阶段。

(1) 未知。对某一产品而言，消费者处于未知的状态，这一阶段的重点在于媒介普及。

(2) 知晓。消费者首先要知道某种品牌或某个企业的存在，并表示关心，这时就涉及媒介接触问题。

(3) 理解。消费者一定要了解这个产品是什么，能带给他什么利益，这时重点转变为广告接触。

(4) 确信。消费者一定要达到某一心理倾向，对这种产品建立信息，这就是广告认知阶段。

(5) 行动。最后消费者一定要采取购买行动。这个阶段就产生了消费者与广告信息的交流，进一步说就是广告产生了销售效果。

DAGMAR 理论的结构如图 7-4 所示。

2) DAGMAR 理论的实施步骤

DAGMAR 理论需要应用在广告策划的全过程中，其具体的实施步骤如下。

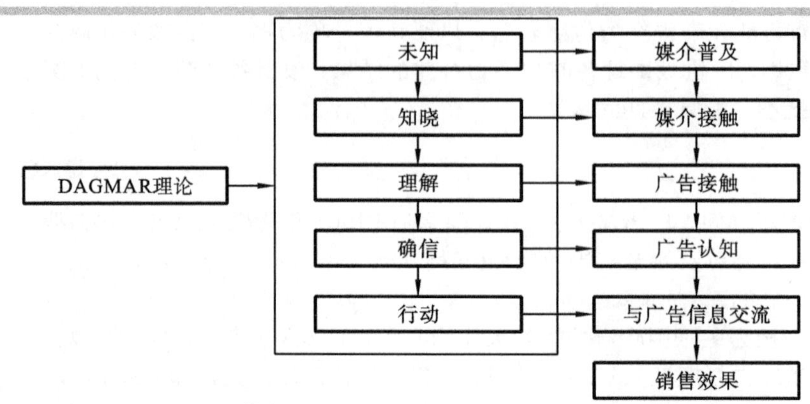

图 7-4　DAGMAR 理论的结构图

第一步，调查基准点，决定目标。

第二步，使关系者彻底实施既定的目标。

第三步，针对目标，整合所有辅助活动，发挥统合功能。

第四步，实施广告效果测定。

案例

广告视点 7-1

某公司在广告活动实施前，开展了广告的事前调查，即所谓的基准点调查(bench mark survey)，得到的结果是：不知道广告产品者占消费者全体的 20%，已知道广告产品而尚未达到理解阶段者占消费者全体的 50%，已理解广告产品但尚未达到确信阶段者占消费者全体的 20%，已达到确信阶段而未采取购买行动者占消费者全体的 10%。

通过实施广告活动，继续进行广告效果的调查。根据广告活动事后调查的结果，不知道广告产品者占 0，已知道广告产品而尚未达到理解阶段者占 10%，已理解广告产品但尚未达到确信阶段者占 20%，已达到确信阶段而未采取购买行动者占 30%，而列入行动阶段者竟高达 40%。因此，广告的效果就可以从事前调查与事后调查之差显示出来，如表 7-2 所示。

表 7-2　某公司广告活动调查结果

	未知阶段	认知阶段	理解阶段	确信阶段	行动阶段
基准点调查	20%	50%	20%	10%	0
广告事后调查	0	10%	20%	30%	40%
广告效果数字	−20%	−40%	0	20%	40%

可以看出行动阶段的广告效果数字 40%，就是广告的效果之一；广告的效果之二是将 20%的不知道者改变为理解阶段以上；广告效果三是在确信阶段的数字从 10%增加为 30%。

DAGMAR 理论的中心在于广告目标，也就是沟通的目标，而不是营业额的目标。换言之，营业额目标是否能达成，并不是广告的目标；而是否能够达到信息传达的目标，则为广告的任务。

DAGMAR 理论以传播扩散理论为基础，以传播的效果为评定的中心，对广告管理和随时监控是非常有用的。同时，这种方法使得广告的目标更明确化。明确的目标至少可以产生如下优点。

(1) 减少浪费，排除不必要的信息。

(2) 使广告制作有一定的方向，有助于思考及创作。

(3) 量化目标，在大多数情况下，我们可以用现有的调查研究工具及方法来测定受众对传播的反应。

但是该理论美中不足的是在研究广告传播时，将消费者心态的变化全归功于广告传播，而忽视了其他传播，如 SP 传播、PR 传播、营业推广等，在传达信息上的作用。这一理论虽有此不足，但广告毕竟是传播中最主要的工具，即使结果有不实之处，仍是有相当程度的准确性。DAGMAR 理论在实务操作中具有极好的操作能力，在广告界是一种切实可行的评价方法。

3. 广告评价系统

广告评价系统是对广告活动的全过程进行测定，并将其反应结果作为修正作业方向，使其始终朝着广告目标方向发展，实质上就是以广告决策过程为对象，将其中每一阶段所必须具备的资料加以测定的方法。

以美国奥美广告公司的广告评价系统为例，将广告评价系统分为主题测定、文案测定和广告活动效果测定三个基本程序。

关于主题测定调查，首先找出影响消费者购买的主要因素，加以评价分析，然后决定各主要品牌选择偏好得分，了解使用习惯和使用者的社会阶层，在此基础上形成不同主题。按测量尺度对主题意向进行评定打分，筛选主题。

再就是文案测定，包括说服力和吸引力测定，奥美广告公司一般利用公司编辑的杂志进行。

最后是对广告活动效果进行定期评价，主要检查广告活动是否达成预先设定的目标，基本做法是消费者调查，态度测试。

广告评价系统最关键的一点就是强调了动态跟踪，强调了广告活动测试必须从整个广告运动系统出发加以评估，单纯的传播效果或销售效果评估在理论上都存在一定的缺陷。譬如，将所有传播功效都归结于广告，将广告视做销售变化中的唯一变量等，这都将使得测定和评价结果有自身不可克服的缺陷。而广告评价系统以决策过程为评价对象，一方面为决策搜集和提供必需资料，另一方面又利用资料调整和修正决策方案，将测定与决策联系在一起，从而有效地保证广告投入的正常合理使用。

4. 新广告运动的效果测评

所谓新广告运动是相对于传统广告而言的，它们之间的差别主要体现在传播媒介和传播方式的改变上。典型的新广告媒介形式包括商业楼宇视频媒介、卖场终端视频媒介、公寓电梯平面媒介(框架媒介)、户外大型 LED 彩屏媒介、手机无线广告媒介、互联网广告平台等。

在运行理念方面，新广告运动是建立在对推销主义广告的批判和超越上的。

推销主义广告主要强调广告的推销功能与原则，而忽视了广告在社会价值观、社会风气，对消费观念、消费精神文化层面上的影响，致使现实营销活动中存在一个普遍现象，就是广告主片面追求经济效益，忽视广告对消费者其他方面的影响，导致了很多恶意炒作、恶俗广告的出现，它们对受众尤其是信息识别能力差的青少年群体产生了很大的危害，滋长了铺张浪费、享乐主义等坏风气。这种广告虽然能暂时引起关注和注意力，但是在提高其销售力上并不会起到很大作用，甚至还会导致品牌形象的恶化。

新广告运动倡导将广告的商业行为与人性导向相结合，重视广告对于消费者的人性关怀，致力于广告的销售效果和社会效果的结合。这种结合抛弃广告单一商业行为的缺陷性，而是寻找广告商业行为和人文精神的交汇。这种交汇非常重视广告促进销售、提升品牌形象等对企业的积极作用，非常关切广告主的利益回报，同时又相当重视广告对于人们消费生活和人文精神、人性、价值观、人生意义等一系列问题的积极导向作用。企业只有在广告和营销中做到让顾客满意，又给他们以终极关怀，才能长久下去。

基于新广告运动效果观念，公益营销在企业推广宣传上有不可忽视的作用。公益营销正是将商业行为与社会效果相结合做好的例子。近年来随着公益活动越来越受到人们的关注，赞助公益活动已经成为了“活广告”，而且在赞助公益事业的同时，可以为企业树立一个负责任、积极的社会公民形象，是提升企业品牌形象和品牌价值的主要途径。这种方法通过将企业对社会、大众的关心表现出来，从而在受众心目中树立起一个负责任的企业公民形象，以达到增强企业品牌知名度、美誉度、满意度和忠诚度的目的。

在整合营销时代，市场和消费者日益成熟，消费者对广告的敏感程度日益加强，一旦企业棋差一步，就很有可能落入消费者的舆论压力之下，不可自救。所以，企业更需苦练内功，营销和广告真正能得到消费者的认同和接受，才能使企业品牌长远。

案例

广告视点 7-2

可口可乐：奉献奥运圣火传递

在公益营销方面做得出色的企业不可绕过可口可乐。2007 年 6 月 24 日，北京奥运会火炬接力全球合作伙伴可口可乐公布向全国公众提供 1 188 个火炬手(其中 250 名护跑手)，可口可乐奥运圣火传递海报如图 7-5 所示。此后，可口可乐通过一系列公益活动面向公众选拔火炬手，包括提倡健康生活方式的“快乐课间”活动、推广绿色奥运的“留住一桶水，花儿也微笑”环保活动等，目的是通过多种多样的活动，让社会各界人士都有机会参与到可口可乐火炬手选拔中来。对于护跑手，可口可乐公司在 2007 年 9 月启动针对各地高校的美汁源奥运火炬护跑手选拔活动，以健康和运动为主题，选拔同样光荣护卫圣火的护跑手。这些活动在产生 1 188 名可口可乐火炬手(其中 250 名护跑手)的同时，也使可口可乐的品牌价值和品牌理念得到广泛的传播。

图7-5 可口可乐奥运圣火传递海报

7.2 广告效果测评技术及关键指标

7.2.1 广告效果测评技术

广告效果测评技术是在有关广告效果理论的基础上发展起来的，同时，广告效果测评借助广告调查技术，形成一整套成型的广告效果测评技术。

1. 定量研究技术

定量研究是针对市场或构成市场的消费者人口等方面的测评，这包括消费者态度之类的软指标，以及诸如市场规模、品牌份额、购买频率、收视率、点击率等硬指标。广告效果测评的定量研究设计所涉及的所有重要因素包括抽样理论与技术、问卷设计、测评的信度与测评的效度分析等。

1) 抽样理论与技术

广告效果的定量研究是建立在抽样理论基础之上的，这里，将详细介绍制订抽样计划的步骤。

开发一个具有可操作性的样本计划大致需要七个步骤，如图7-6所示。

2) 测评的信度和效度

(1) 信度。在测量学中，信度被定义为一组测量分数的真变异数与总变异数(实得变异数)的比率，即

$$r_{X_1X_2}=\frac{S_T^2}{S_X^2}$$

式中的r称作信度系数。在实际测量中，因为真值是未知的，故信度系数不能由上式直接求出，而只能根据一组实得分数作出估计。

由于测验分数的误差来源不同，估计信度的方法也有所不同。常用的三种方法分别为重测信度、副本信度和评分者信度，表7-3是对这三种信度作的一个比较。

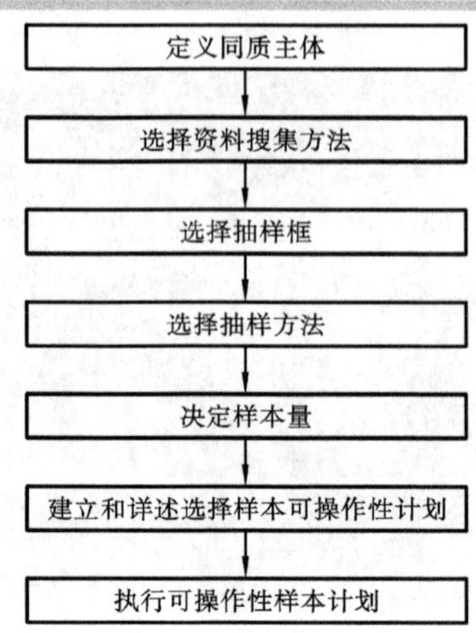

图 7-6　抽样计划步骤

表 7-3　信度分类表

信度类别	含　　义	公　　式	优　　点	缺　　点
重测信度	用同一个测验，对同一组被试前后两次施测，两次测验分数所得的相关系数	$r_{X_1X_2}=\dfrac{\sum X_1X_2/N-X_1X_2}{S_{X_1}S_{X_2}}$ X_1、X_2为两次实验分数，其余相关量分别为两次实验的总体均值、方差和样本容量	(1) 采用重复测量，数据精度高； (2) 操作简单，易于实施	(1) 实验时间间隔难以控制； (2) 被测试者积极性难以维持，重测效果难以保证
副本信度	根据一组被试在两个平行(等值)测验上的得分计算的相关系数		(1) 实验时间易于控制，既可连续实验，也不排斥间断点实验； (2) 一定程度上排除记忆的影响	(1) 不能完全排除记忆的影响； (2) 副本本身是个难题
评分者信度	随机抽取部分试卷，由两个或多个评分者独立按评分标准打分，然后求其间的相关系数。如有多个评分者，则需采用和谐系数来估计信度	$W=\dfrac{\sum R_i^2-\dfrac{(\sum R_i)^2}{N}}{\dfrac{1}{12}K^2(N^3-N)}$ K为被评对象数，N为评分者人数，R是每一对象被评的等级总和	可以全面对比多位评分者的意见，可信度高	(1) 操作烦琐，成本高； (2) 评分者差别不能太大，否则影响最终效果

(2) 效度。在测量学中，效度被定义为与测量目的有关的变异(有效变异)与实测值变异之比。

效度的种类很多，目前最流行的分类法是由弗兰士和米希尔提出的三分类法，即内容效度、构想效度和效标效度三种。表 7-4 对这三种效度作了一个简要的对比。

表 7-4 效度分类表

效度类别	含　义	确定效度的方法	优　点	缺　点
内容效度	项目对预测的内容或行为范围取样的适当程度	(1) 专家判定法； (2) 复本法； (3) 再测法； (4) 经验法	(1) 适用于评价教育成就测验和职业选拔测验； (2) 操作简单，易于实施	缺乏可靠的数量指标，因而妨碍了各测验间的相互比较
构想效度	测验对理论上的构想或特质的测量程度	(1) 测验内法； (2) 测验间法； (3) 效标关联法； (4) 实验操作法	使效度检验不再拘泥于实际操作，成为理论研究的重要工具	(1) 概念模糊，没有一致定义； (2) 缺乏明确步骤； (3) 不能用单一的有效指标来描述有效程度
效标效度	考查测验分数与效标的关系，看测验对人们感兴趣的行为预测得如何	(1) 相关法； (2) 分组法； (3) 预期表法； (4) 功利率法	设定效标，对比明显	(1) 需要大量采集样本，成本高； (2) 实际统计分析数据与理论值往往难以切合

影响测验效度的因素很多，除了表 7-4 提到的影响信度的因素以外，测验本身、测验的实施和被试对象等都会对效度产生影响，因此在实际操作过程中，务必权衡各种因素，合理使用。

2. 定性研究技术

定性研究是与定量研究相对而言的，它是对不能量化的现象系统化理性认识的研究，其方法依据是科学的哲学观点、逻辑判断及推论，其结论是对事物的本质、趋势及规律的性质方面的认识。

定性研究的方法可分为特殊访谈法和投射法两种。特殊访谈法分为深度访谈法和焦点小组访谈法，投射法又可细分为第三人称法、叙述故事法、词语联想法、句子和故事完成法、漫画测试法、照片归类法和消费者绘图法等。定性测评技术的层次如图 7-7 所示。

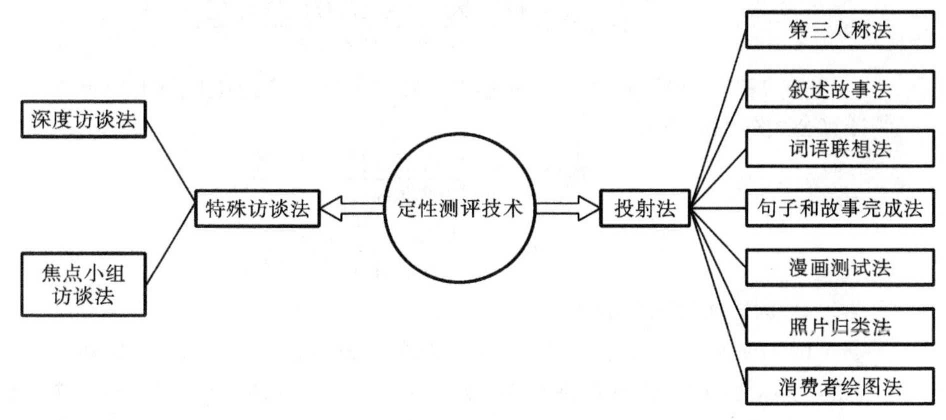

图 7-7 定性测评技术

7.2.2 测评的关键指标

广告效果一般可以分为传播效果、经济效果和社会效果三种，因此，在考量广告效果时就应该从这三个方面展开。在这三个层面中，针对每个层面，我们都有不同的考查指标，如图 7-8 所示。

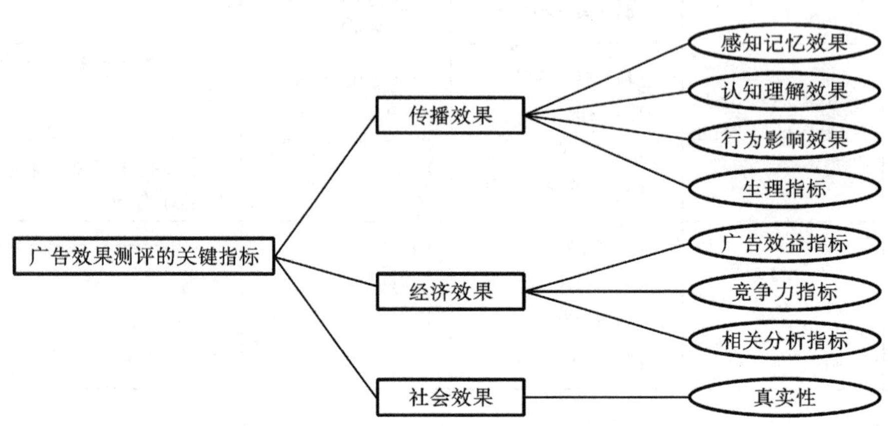

图 7-8 广告效果关键指标

1. 传播效果指标

1) 感知记忆效果指标

感知记忆效果指标用于测定广告内容，即广告主及其商品、商标品牌的认知度，主要由注意率、阅读率、视听率和记忆程度等指标来反映。

(1) 注意率。注意率即声称见过广告的人数在目标受众中所占的百分比。其计算公式如下：

$$注意率=\frac{被调查者中看过广告的人数}{被调查者总数}$$

(2) 阅读率。阅读率即认真阅读广告的人数占被调查者总数的百分比。其计算公式如下：

$$阅读率=\frac{被调查者中认真阅读广告的人数}{被调查者总数}$$

(3) 视听率和认知率。视听率和认知率是针对广播电视媒介的两个指标。其计算公式分别如下：

$$视听率=\frac{广告节目视听用户数}{电视或收音机的拥有户数}$$

$$认知率=\frac{认知广告名称的户数}{广告节目视听用户数}$$

2) 认知理解效果指标

认知理解效果指标是对广告所传达的信息和观念的认知、理解程度及思维状态的反映，如对广告是否感兴趣，是否有好感等。领悟和联想率是一个比较有代表性的指标，它是指能正确将广告作品与广告主对上号的人在受众中的比例。其计算公式如下：

$$领悟和联想率=\frac{被调者中能准确叙述广告内容的人数}{被调查者总人数}$$

3) 行为影响效果指标

行为影响效果指标要从购买动机和购买行为两个方面来衡量。购买动机是指所测定广告对消费者购买行为的影响程度，购买行为指标则是指广告引起立即购买行为的发生率和普遍程度。

4) 生理指标

生理指标主要是指视觉反应测试指标，这是通过视向测试仪测定观众接受广告信息的顺序、时间长短及由此产生的瞳孔变化，以此来判断广告的视觉冲击力。其主要指标有眼动轨迹描记图视觉反应时间和瞳孔直径变化等指标。

从实践的角度来看，这些生理指标的应用范围不大，应用前景也不是太广，原因是研究这些生理指标需要昂贵的仪器和设备，而且对研究人员的要求很高，应用不太方便。

2. 经济效果指标

广告经济效果是广告活动的最佳效果体现，它是广告活动的中心环节。在进行广告评估时，常用的经济效果指标有广告效益指标、竞争力指标和相关分析指标三大类。

1) 广告效益指标

(1) 广告费用率。

广告费用率是一个重要的广告效益指标，它表明广告费支出与销售额之间的对比关系，公式如下：

$$广告费用率=\frac{本期广告费用总额}{本期广告后销售总额}$$

取这个指标的倒数，也就得到了单位广告费用销售额，广告的作用就显得更直观了，公式如下：

$$单位广告费用销售额=\frac{本期广告后销售总额}{本期广告费用总额}$$

(2) 单位广告费用销售增加率。

单位广告费用销售增加率是对单位广告费用销售额所做的一个改进，公式如下：

$$单位广告费用销售增加率=\frac{本期广告后销售额-本期广告前销售额}{本期广告费用总额}$$

(3) 广告效果比率。

广告效果比率包括广告销售利润效率比率和广告销售利润效果比率两个指标，公式分别如下：

$$广告销售利润效率比率=\frac{本期销售额增长率}{本期广告费用增长率}$$

$$广告销售利润效果比率=\frac{本期销售利润增长率}{本期广告费用增长率}$$

(4) 综合指标。

用如下三个更细的指标来对广告效益进行综合考量。

$$广告费用利润率=\frac{广告利润}{广告费用总额}$$

$$单位广告费用利润率=\frac{本期广告后利润总额}{本期广告费用总额}$$

$$广告费用利润增加额=\frac{本期广告后利润总额-本期广告前利润总额}{本期广告费用总额}$$

2) 竞争力指标

(1) 市场占有率。

市场占有率是指某品牌产品在一定时期，一定市场上的销售额占同类产品销售总额的比例。公式如下：

$$市场占有率=\frac{某产品销售额}{同类产品市场销售总额}$$

$$市场占有提高率=\frac{单位广告费用销售增加额}{同类产品市场销售总额}$$

$$市场扩大率=\frac{本期广告后市场占有率}{本期广告前市场占有率}$$

(2) 声音占有率。

声音占有率是指广告费用投入占广告市场的比例。比较理想的状态为：

$$市场占有率\geqslant广告声音占有率$$

这样，我们所做的广告就是物超所值的。但是实际情况往往并非我们所愿，更多的时候，广告的声音占用率大于产品市场占有率。通过广告有效率，我们可以清楚地判断两者大小。

$$广告有效率=\frac{市场占有率}{声音占用率}$$

当这个广告有效率大于或等于 1 时，就认为广告是有效率的。

3) 相关分析指标

一个广告做出来了，我们既要关注销售效果，同时还要分析投入产出比是否可观，找出广告投入的盈亏临界点是至关重要的。确定广告投入的盈亏临界点的关键就是确定平均销售广告费用率，其公式如下：

$$平均销售广告费用率=\frac{广告费用额}{产品销售额}$$

企业要将平均销售广告费用率控制在一个合理的范围内。

3. 社会效果指标

广告的社会效果主要是指广告对消费者产生的社会影响，对于它的测定，我们要从伦理、法律、文艺、宗教等多方面来综合考虑。

对广告社会效果的测定主要还是集中在定性分析上，这其中，真实性是对广告社会效果的最基本，也是最重要的要求。广告宣传的真实性，从侧面反映了一个国家的社会伦理和文明建设水平。真实性是广告的灵魂，在商品经济高速发展的今天，这一点显得更加弥足珍贵。广告的产品或服务应该是实事求是的，企业只有为消费者提供完美的商品，消费者才会给予企业源源不断的回报。

广告产品务求真实，这既是企业生存之本，也是社会立业之基，我们的企业主要牢牢守住这条底线。

7.3 广告效果测评的实施

7.3.1 广告文案测评

企业在进行广告宣传的过程中通常会遇到这样的状况，一个广告往往投入巨大，但是到头来收效却相当有限，巨大的投入就这么白白浪费了。究其原因，很可能就是在广告策划的源头出了问题。那么有没有一种方法可以在广告正式投放之前来测评这种风险损失大小呢？ 在广告文案测试中，这样一些问题都会被提出来。广告文案测评就是一种预先检测广告效果的评测方法。

1. 文案测评的内容

根据测量时间的不同，广告效果测量可分为广告前测、广告中测及广告后测。而文案测评的内容有些必须是在广告正式推出前测试，有些则在广告刊播过程中或广告宣传结束之后进行测评。测试者可以根据文案测试目的来选择进行测量的时间。表 7-5 向我们介绍了三种不同测试时段的详细内容。

表 7-5 文案测评

测试类别	定 义	作 用	优 点	缺 点	测 试 原 则
广告前测	在广告草案制订后，广告正式播出前对广告进行测验	(1) 诊断广告方案中的问题，避免推出无效，甚至有害而无益的广告； (2) 比较、评价候选方案，以便找出最有效的广告方案	(1) 成本低廉； (2) 可预测广告目标的实现程度	(1) 对整个营销推广过程的效果难以把握； (2) 广告主面临更大的机会成本； (3) 事前测验效果与实际效果往往不一致	(1) 能提供与广告目标密切相关的量度； (2) 要保证在测试开始之前，就在如何使用测试结果上达成一致意见； (3) 要提供多个测量值，全面评价广告的效果； (4) 文案测试系统应在人类反应模型基础上接受刺激、识别刺激和对刺激产生反应； (5) 确定广告播放次数； (6) 使用与广告完成程度一致的测试模型； (7) 尽量避免因观看环境的不同而产生的偏见效果； (8) 合理抽样； (9) 同时具备可靠性和有效性
广告中测	在广告运动进行的同时，对广告效果进行测量	测量广告前测中未能发现或确定的问题，以便尽早发现问题，及时加以解决	(1) 深入实地，比前测更具实用价值； (2) 能起到查缺补漏的作用	会增加测量成本和工作量	
广告后测	在整个广告运动结束后对广告文案加以评估	(1) 评价广告运动是否达到了预定的目标； (2) 为今后的广告运动提供借鉴； (3) 可对不同广告方案的效果进行比较	评价广告刊播后的效果，为今后的广告活动提供一定的借鉴	只能评价，无法预测	

关于表 7-5 的九条测试原则，我们在进行文案测试时要灵活运用，针对不同的测试方法选择合适的测试原则。

在测试原则中进行选择的关键问题是：在当前市场营销活动中，有关此品牌或此广告活动的广告效果根据什么来测量。前面说到每一品牌通常在认知、偏好、尝试、重购这个等级层次中有广告问题，而且诊断性消费者数据可用来确定某一广告或广告活动的具体目标。正如前面提到的那样，“回忆(及认知)”在低度参与的情况下一般是比较重要的目标，而“说服”在高度参与的情况下比较重要。因此，每个广告在文案测试之前，应确定自己的有效性准则。

但是，一般不会只有一种测试原则评价广告的有效性，通常需要涉及几个测试原则。例如，人们经常根据一则广告的认知或回忆分数来评价它的广度，因为这些得分说明有多少人看到了这个广告；而广告的说服或购买意图分数可用来评价它的深度，这些得分说明广告影响受众的程度，他们是否更喜爱这种品牌，以及他们是否愿意尝试它。

2. 文案测评的方法

文案测评主要有两种方法，即实验室测评法和实地访问调查法。

实验室测评法是让被测评者进入实验室小组面谈室，提示广告给他们看，以测试其反应。实地访问调查法是由测评员访问样本户，以获得其对广告的反应。图 7-9 所示的是对这两种方法优缺点的一个对比。

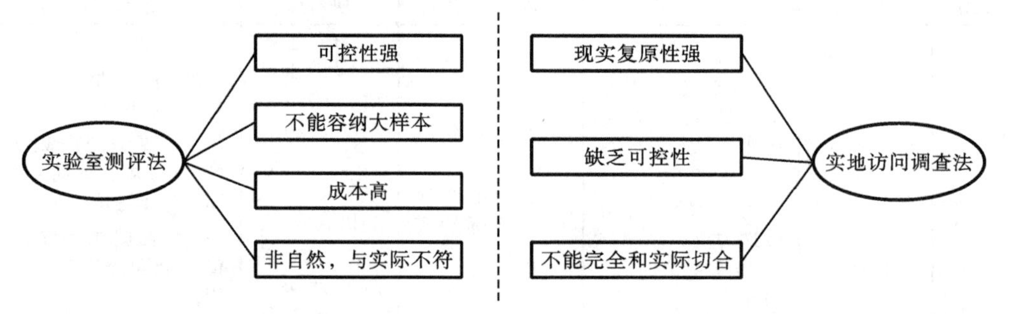

图 7-9 文案测评方法比较

鉴于这两种方法自身运用条件的限制，学者们陆续开发出了综合两种方法优点的新方法，这些新方法，一方面可以满足控制性，同时也兼备现实复原性，例如，市场实验法、实际刊播实验法及移动的实验巴士等。

广告主在广告上支付了巨额的费用，他们所期望的是在低风险的情况下获得稳定的广告效果，因此在选择文案测试方法时应综合权衡如下问题。

1) 选用合适的文案测试方法

评价文案测试准确度的首要问题是：必须根据广告目标来评价文案测试中不同测试原则的有用性。很明显，某种文案测试的准确度取决于广告期望激起何种反应。一个期望产生识别效果的广告不能采用强调即时行为反应的测试方法。一个试图创造一种形象或酿造一种温馨氛围的广告可能需要反复播放的评价方法和比较细致的评价方法。

此外，对文案测试方法的选择还必须考虑广告决策的风险性。如果一个全新的广告涉及高风险的战略决策，那么，必须要对上述各方面进行全面评价。

2) 最佳尺度：ARF研究

一旦广告目标已经确定，针对各个目标采取哪种文案测试的方法最好呢？在广告研究基金会(advertising research foundation，简称ARF)指导进行的一项使用分线测试的研究中，涉及六种文案测试方法、对包装产品的广告和超过1年的销售数据，最终形成如下结论。

(1) 测试说服力的最佳方法采用从最差到最好品牌的排列，这通常在广告展示后获得。

(2) 测量文案特色的最佳方法是无辅助认知情况下首先提到被测品牌的次数。

(3) 测试广告沟通(信息传递)能力的最佳方法是考虑“除了劝你买这种产品外，广告还告诉你什么了”这样一些问题。

(4) 销量的最佳预测是根据对“这则广告是最近我见过的广告中最好的一个”这句话同意或不同意的数量比来判定的。

(5) 如果广告给人的印象是“告诉我很多关于产品如何工作的知识”，或是“这个广告很有趣”，那么产品销量就会增加；如果广告给人的印象是“我觉得这是个很有艺术性的广告”，或是“这个广告没有提供任何信息，只是创造了一个形象”，那么这个广告对销售的作用可能微乎其微。

3) 注意竞争环境

受测试的广告最终是要进入竞争环境中的，而且这种竞争会降低广告的有效性，所以，只有在竞争环境中进行测试才能检验一个广告是否成功。

4) 确定目标市场

广告活动必须有的放矢，因此文案测试一个重要的前提就是有确定的目标市场，在目标市场确定后，广告人员才可能针对不同市场设计出合适的广告方案。

如果大致知道目标市场的大小，那么受测试者们就应代表这个目标市场。最好是进行随机抽样，并且抽样人数要具有统计意义。当然，也应根据实际情况灵活处理，有时候取得数目较大的随机样本在经费上不可行，特别是在有个别采访的情况下更是如此。还有一个问题是：在一个城市甚至三四个城市抽样能否代表整个目标市场。若不能的话，测试结果就很难作为决策的依据。

5) 注重受试者反应

研究表明，那些希望接受广告回忆或认知效果测试的消费者比没有这种愿望的消费者表现得更好。有些技术可减少这种偏见效果。一种是在测试前向受试者隐瞒测试的真实目的，而只告诉他们：你正在评价一个电视节目而不是其中的广告。然而，这种方法，也不能完全消除所有的偏见反应，而且，这种方法存在严重的伦理和道德缺陷，受试者因为被欺骗而产生的愤怒往往是可怕的。另一种方法是邮寄测试。这是一种非反应的测量方式，受试者可以不受情绪干扰而作出回答。

6) 其他注意事项

首先，广告展示的频数对文案测试效果有显著的影响，多次测试会降低测试误差，但在成本方面要加以权衡。

其次，自然观看和强迫观看对测试结果影响巨大，自然观看比强迫观看更能真实地反应受试者对产品的态度。

7.3.2 广告媒介监测

在日常生活中，常常会看到这样的情形：当和好友们一起去 KTV 唱歌时，你的第一个动作往往是敲打麦克风，这时你就是下意识地测试声音的传播渠道是否畅通。在广告活动中，媒介作为信息传递的主要通道，是否通畅、到位，决定着广告信息传递效果的优劣。

针对广告目的，运用适当的媒介，这是发挥广告效果的途径，因此在选择媒介时，必须取得各种媒介的详尽测评资料。为了获得这些资料，对报纸、杂志、广播、电视及其他各种媒介所做的测评，就是所谓媒介测评。

1. 媒介的特征

报纸、杂志、广播、电视、户外招牌等，都是向消费者传播广告信息的媒介，这些媒介分别具有各种特性。在这些特性之中，有量的特性，数量的特性能明显把握，但也有不易把握的，不易把握的只有依赖经验，这就是所谓质的特性。

1) 量的特性

对广告媒介进行一次测评，我们往往会经历如下三个阶段(见图 7-10)。

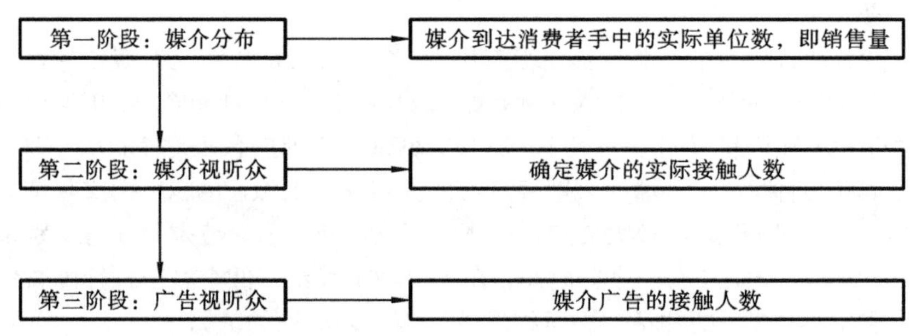

图 7-10 广告测评的三个阶段

第一个阶段，我们要清楚各种媒介到达消费者手中的实际单位数，即销售量或收视量。

第二个阶段，我们要确认媒介的实际接触人数。一份报纸可能买了也没人看，也有可能会有很多实际读者，同样的，一台电视机也很可能不止一个人看。通常，我们认为媒介的实际接触人数应该是媒介数的几倍。

第三个阶段，我们要确认媒介接触者中接触具体广告的人数。

广告媒介测评，就是针对各媒介以上三个阶段的测定标准进行测定。

2) 质的特性

质的特性往往是不容易把握的，以目前的测定技术还不能对各广告媒介进行精确测定，但质的特性却是选择媒介的主要标准。

各种媒介及其广告单位，各自具有不同的广告实际效果，例如，视觉化、说明、信赖、色彩、印象等。这些效果为广告表现的潜在力，各媒介的广告实际效果有很大的差异。此处所指广告单位，是指一定大小的广告或一定长度的CM(commercial message，简称CM，电视广播广告)。就是同一种媒介，譬如报纸广告的全页、电视的60秒CM和15秒CM，虽然不是异种媒介，但其间不仅传达给广告接受者的传播的量不同，就是质的方面也有很大的差异。把以上所说的各种媒介、各种广告单位所具有的广告表现潜力，称为各媒介、各广告单位的冲击力。将这种质的特性，作为媒介选择的标准，即所谓冲击力标准。

消费者购买动机可以决定广告表现的方向。为了将广告信息充分地传达给消费者，首先考虑怎样将报纸、杂志、广播、电视、户外广告及其他主要媒介组合最为适当；再者，还要考虑用什么样的广告单位、什么样的广告单位组合最为适当，循着此顺序进行作业。此时，各种媒介的各广告单位的广告表现潜力，即冲击力的问题，相当重要。

所谓媒介的质，是指不能根据统计加以量化，但实际影响媒介投资效果的因素。质化因素和量化因素最大的差异是，量化因素计算的是广度及成本效率，而质化因素是指说服的深度及效果。

2. 媒介监测的内容

1) 媒介量的测评

针对广告目的运用适当的媒介，是发挥广告效果的途径。因此在选择媒介时，要有各种媒介的详尽测评资料。为获得这些资料，对报纸、杂志、广播、电视及其他各种媒介所做的定量测评，就是所谓媒介量的测评。

透过不同的媒介，我们可以获得不同的资料，表7-6描述了几种主要媒介的监测点。

表7-6　主要媒介监测对比

媒介类型	测评点	测评方法
电波媒介	(1) 开机率； (2) 收视人口与收视率； (3) 观众组合； (4) 媒介区域分布分析	(1) 日记法； (2) 个人收视记录器法； (3) 被动式记录器法
印刷媒介	(1) 发行量； (2) 发行地区； (3) 行业覆盖； (4) 阅读人口； (5) 阅读率； (6) 广告到达率	(1) 回忆法； (2) 日记法； (3) 阅读程度测评法； (4) 征询测评法

续表

媒介类型	测评点	测评方法
户外媒介	(1) 接触人口。 (2) 媒介本身的特性： ① 高度指数， ② 尺寸指数， ③ 能见指数， ④ 材质指数	(1) 摄像记录； (2) 区域划分； (3) 指数设定
新媒介	(1) 网络媒介： ① 广告曝光次数， ② 点击率， ③ 转化率， ④ 千人成本。 (2) 手机媒介： ① 信息反馈率， ② 反馈频次， ③ 意愿购买率， ④ 实际成交率	(1) 认知测定法； (2) 实验法； (3) 软件法； (4) 第三方监测

(1) 电波媒介测评。

电视媒介与广播媒介同是电波媒介，但广播媒介的投资规模远小于电视媒介，导致市场对广播媒介收听测评资讯的提供不如电视媒介的完整。至于在电波媒介的评估与计算方式方面，两种媒介基本是一样的，因此以下的说明即以电视媒介为主。

①电视媒介测评指标。

A. 开机率。开机率即所有有电视机的家庭或人口中，在特定时间段里，暴露于任何频道的家庭或人口的集合。

依不同的计算单位，开机率可以分为家庭开机率与个人开机率。家庭开机率是指在特定时段里暴露于任何频道的家庭数占所有拥有电视机家庭数的比例。由于家庭开机率是特定时段所有频道开机的总和，因此只分时段而不分频道。个人开机率是指在特定时段里暴露于任何频道的人口数占所有拥有电视机人口数的比例。个人开机率和家庭开机率一样，只分时段而不分频道。

B. 收视人口与收视率。收视人口是指暴露于一个特定电视节目的人口数。而收视率是指暴露于一个特定电视节目的人口数占拥有电视人口总数的比例。收视率依计算单位的不同可以分为家庭收视率与个人收视率。家庭收视率是指暴露于一个特定电视节目的家庭数占所有拥有电视家庭数的比例。个人收视率是指一个特定电视节目的人群中，暴露于一个特定电视节目的人口数。

C. 观众组合。观众组合是指一个电视节目的各阶层观众占所有该节目观众的比例。在媒介经营方面，观众的组成可以提供对原目标阶层准确度的评估，从经济的角度，了解一个节目既有的观众组成状况，也可以提供节目制作修正方向，以加强吸引目标收视层。

D. 媒介区域分布分析。通过媒介区域分析，可以了解跨区域媒介在各区域的分布状况，对跨区域营销的品牌提供媒介整合及提高购买效率的机会评估。

a. 在设定对象的比较上，可以选择品牌对象阶层，也可以选择全人口。

b. 在跨地区的收视率比较上，必须考虑区域人口基数的差异。同样的收视率，在不同区域，代表不同的收视绝对人数。

c. 可以选择以节目为单位去比较节目在各地区的收视状况，也可以以频道为单位去比较频道间的差异。

d. 统计变项可以依各变项对品牌的重要性加以选择，如对高单价商品，收入是极为重要的变项，如铺货地区偏向在某些特定地区，区域即为重要变量。

② 电视媒介评估方法。

电视媒介在量上的评估主要根据收视行为测评测得。收视行为测评是通过抽样取得足够的样本数及合理的样本分布，即由样本户收视行为取得，推估整体收视状况。针对前面的测评指标，电视媒介评估主要包括以下几种固定方法。

A. 日记法。在各样本户留置收视日记，以人工填写方式，记录样本户家庭成员每天的收视情况。

B. 个人收视记录器法。在各样本户外装置收视记录器，记录器上设有代表各收视者的按键，收视者在收看及离开时以按键方式按下代表个人按键的开和关，以记录样本户家庭成员每天的收视情况。

C. 被动式记录器法。在各样本户装置收视记录器，先将样本户中成员容貌扫描到记录器中，当收视者在使用中的电视机前出现时，记录器即自动辨认收视者并记录其收视情况，收视者收视时不必再按任何按键。

在三种收视率测评方式中，日记法为传统测评方法，个人收视记录器法则因准确率较高且资讯提供速度较快而逐渐被广泛使用，这两种方式经常合并使用，成为收视率测评的主流。至于被动式记录器法则因成本太高及个人隐私顾虑等因素，尚未被普遍使用。

(2) 印刷媒介测评。

① 印刷媒介测评指标。

印刷媒介广告效果测评指标主要集中在三个方面：一是发行量，二是受众成分，三是阅读状况。印刷媒介测评具体包括如下一些指标。

A. 发行量。发行量是指报刊等发行并到达读者手中的数量，包括宣称发行量、稽核发行量、订阅量、零售发行量和赠阅量。

B. 发行地区。不同刊物有不同的覆盖范围，可以从地理和行业两个方面来进行考察。

C. 行业覆盖。一些专业性报刊以满足某些专业人员的阅读需要为主，与此相匹配的就应该是一些专业性的广告，如《计算机报》等。

D. 阅读人口。付费阅读人口，即购买者；传阅人口，即非购买而阅读者；传阅率，即报刊被传阅的次数，一份报刊往往被多人阅读。

E. 阅读人口构成。这是从人口学角度分析特定刊物的人口特征，是指报刊读者中，具有不同特征的读者相对集中的程度。通常以整份报刊为单位来分析读者结构，也可以根据报刊中的具体版面来分析。

F. 阅读率。阅读率是测评特定刊物吸引读者数量的指标，是指刊物阅读人数占特定基数的比例。根据报刊阅读率可以准确推算阅读人口，阅读率是广告媒介组合必须参照的指标。在计算阅读率时，人口基数是可以变换的。不同的人口基数得出不同的阅读率，如总人口阅读率、目标消费者阅读率等。

G. 广告到达率。广告到达率也就是刊物中广告阅读人数占特定基数的比例。与阅读率相似，不同的基数产生不同的广告到达率，如总人口广告到达率、读者广告到达率等。

在进行媒介测评时，关注的核心是广告信息在目标消费者中的到达率。在选择刊物时，通常采用刊物阅读率来估算广告到达率，一般情况下，刊物阅读率是高于广告到达率的。

② 印刷媒介测评方法。

根据测量目标的不同，要选择不同的报刊广告效果测评工具。几种常见的测评工具如下。

A. 回忆法。回忆法是指通过让读者回忆来确定最近所阅读过的报刊的方法。此法通过面对面的访问，在不加提示和提示两种情况下调查各种刊物的“未提示知名度”、“提示知名度”，以及相应的到达率。

B. 日记法。日记法是指根据被测量对象对每天阅读情况的记录来收集报刊阅读调查资料的方法。调查人员事先把设计好的表格或问卷送到被测试对象手中，被测试对象根据每天的实际阅读情况来填写问卷，通常以一周为单位，调查活动结束，调查人员收回表格进行统计分析。

C. 阅读程度测评法。这种方法基于这样一个假设：广告对消费者吸引力越大，促销力也越大。通过对阅读对象关于刊物内容的提问及其反应加以记录、分析，算出广告的注意率、联想率及精读率等指标。这种方法可以用于不同刊物的比较，也可用于同一刊物不同时期的比较。

D. 征询测评法。征询测评法的基本模式就是在广告中加入吸引人的一些利好消息，例如，有奖阅读、有奖征答等，如果消费者前来索取奖品或参加答题，就说明他们看过广告并受之影响。回复率越高，广告效果越好。这种方法还适用于电波媒介等。

(3)户外媒介测评。

与前面所讲述的电波媒介和印刷媒介相比，户外媒介绝大多数为原来并不存在的，而是新创造出来并具有广告功能的媒介，因此很少有资讯可用来参考利用；同时户外媒介的载体形式太过纷杂，这就更增加了评估的困难度。

① 户外媒介测评指标。

A. 接触人口。户外媒介为地区性媒介，因此其广告效果受媒介形式和受众结构的影响巨大。跨区域的评估意义不大。

从受众的角度接触人口是指设定目标对象在活动路线所可能接触到户外广告的地缘位置价值，即户外载体所可能接触目标消费者的数量。评估的方式是在户外载体所在地，以摄像机从能见的各角度在载体露出时间摄下经过的人群面孔正面朝向户外载体的总人数，即为该载体的接触人口，接触人口组合分析可以由街头抽样测评方式取得，也可以以外观判断取得。

B. 媒介的角度是指户外载体本身的形式及大小，即载体本身被注意的能力。在评估上可以从高度、尺寸、能见角度、材质及露出时间等要项检视。

a. 高度。在高度的评估上，一般认为高度越高的户外载体价值较高。而事实上，依照受众行为习惯分析，载体高度评估应以平视能见为最佳高度。

b. 户外媒介的尺寸是指受众看到的尺寸，并不是载体实际丈量的尺寸，载体与受众距离越远，所呈现的尺寸即越小，在评估上可以把受众在不同的接触距离接受载体所呈现的尺寸大小加以分级评分。

c. 能见角度。能见角度即在载体所有可以被看到的角度中，对各接触角度的效果评估。正面角度接触效果最为完整，侧面效果较差；受人潮流向的影响，来向具有较佳效果，去向则效果不如来向；单面载体只有单向接触面，四面载体则有四个方向接触面。载体的能见角度会受到遮拦，所以在评估上要以各角度的显示效果加以分级评分。

d. 材质。户外载体材质所涉及的是呈现创意的能力及载体本身的吸引力，包括呈现精致创意的能力、载体的亮度及声音等。

② 户外媒介测评方法。户外载体所接触的是流动的受众，受众从各个不同的距离、角度接触不同高度与材质的载体，所产生的效果有所不同。因此，为使评估具有量化客观的标准，首先是将整个接触面分隔为数个区域，各区域拥有不同的受众人数；再依各区域在上述评估项目上的指数计算出各载体的价值。指数的设定可以依照如下方式加以量化。

A. 高度指数。设定平视高度(10～20 米的高度)为 100，以载体高度的中心点为准，往上(或下)每提高(或降低)10 米则递减 10。

B. 尺寸指数。以载体面积计算，以所有备选载体中具有最大面积的为 100，然后依各载体在不同距离所见尺寸大小比例定出各载体在分隔区域中的指数。

C. 能见指数。以对向载体正面且距离最近的区域为 100，距离增加则指数递减；载体侧面角度指数，则以侧面角度观察的载体尺寸比例为指数，距离较远指数同时递减。

D. 材质指数。材质指数为较难量化项目，由于材质种类繁多，对各广告商品及活动的要求所提供的价值不一，因此一般以主观认定为主，在作业时仍可以先设定一个最符合要求的材质为 100 ，再根据各不同材质相对于最佳材质的价值制订指数。

(4) 新媒介测评。

随着信息技术的飞速发展，人们的个性心理和消费需求都呈现出多样化和差异化的趋势。各种新兴的传播媒介，特别是针对狭窄目标受众、将信息精准投放的分众媒介应运而生。

各种商业楼宇视频媒介、卖场终端视频媒介、公寓电梯平面媒介、互联网广告平台等都是针对特定受众的媒介网络。分众媒介呈现出图 7-11 所示的特性。

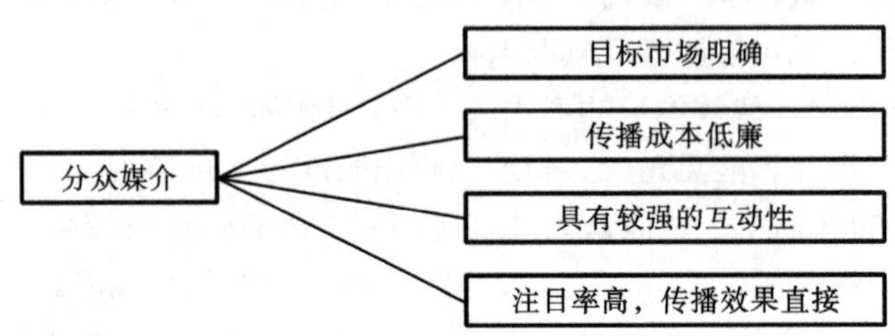

图 7-11　分众媒介的特征

通过分众的传播策略，可以最大限度地满足目标群体的需求，以实现价值和利益最大化的目标。

从传播类型来看，分众传播属于群体传播和大众传播相交的一个领域。分众传播的传播者多为专业化的媒介组织，并采用先进的传播技术和产业化手段，而受众则为相似度很高的、规模较小的一个群体。相对于大众传播的“一点到多点”，分众传播更讲求“多点到多点”，体现出承认差异、尊重个体的诉求，这是社会进步的一种具体体现。

下面着重介绍一下网络媒介和手机媒介。

① 网络媒介测评。

A. 特点。网络广告测评与传统的广告测评有明显的不同，它有自己独特的手段和技术，广告效果也有别于传统形式。网络广告具有以下一些特点。

a. 及时性。网络具有很强的互动性，这种互动性表现在当受众登录网页时，广告商就可以通过网络监测系统了解各个网页的点击率，可谓相当及时。

b. 易统计性。不论采取何种指标测量，一个适当的软件工具就可以解决问题，这是传统广告测评所无法比拟的。

c. 广泛性。通过无所不在的互联网，现在的网络广告可以到达世界的每一个角落，而且在时间上是全天候的，这种广泛性令传统广告只能望其项背。

d. 高技术性。网络广告测评比传统的广告更依赖技术的发展，只有网络技术达到一定的水平，这种测评技术才能达到其最大效用。

e. 经济性。当网络技术得到广泛应用时，规模经济效应就显现出来了，这在网络广告测评中也有所体现。网络广告测评需要的只是一台计算机和很少的人力，这可以大大地降低广告成本，使广告宣传更具经济性。

B. 评价指标及方法。网络广告测评需要依据的指标包括广告曝光次数 、点击率、转化率和每千个媒介接触者费用。根据这些指标，学者们设计出了许多测评方法，下面介绍几种比较常见的方法。

a. 认知测定法。该方法主要用于测量网络广告的点击率和浏览量。计算公式如下：

$$浏览率=\frac{看过但未点击人数}{网站访客总数}$$

$$点击率=\frac{广告点击人数}{网站访客总数}$$

b. 实验法。实验法即将广告在指定时间内投放到相关网站，并进行譬如到达率、点击率等相关指标的测试，测试结束之后将广告撤除。这一过程只是实验，只有效果满意的广告才会被进行长期的刊播。

c. 软件法。软件法就是通过软件来对网络广告的效果进行测定的方法。这里的关键问题是软件的来源，实际情况下，广告主可以自行购买测试软件，也可以通过第三方调查公司来进行测试，这就要看广告主自身的实力及实际需要了。

② 手机广告媒介。

手机作为新时代高科技的产物，是在电信网与计算机网融合的基础上发展起来的，它是最新移动增值业务与传统媒介相融合的结晶，被称为第五媒介。除了通话功能，手机还可以接收邮件、游戏娱乐、订购商品等，特别是 3G 手机出现以后，手机开始逐渐向智能化发展，信息传播功能进一步强化，现时的手机俨然已经成了一种有效的广告传播工具，并且随着技术的发展，这一功能还会不断强化。

A. 手机广告媒介测评指标。

与网络传播相比，手机还有移动性强的优势。鉴于此，手机广告效果测评也呈现出自己的特点。手机媒介测评主要考查如下几个指标。

a. 信息反馈率，即信息反馈量占收到广告信息人数的比例。

b. 反馈频次，即目标对象接到某一广告信息后反馈的次数。

c. 意愿购买率，即接受手机广告信息后购买产品人数占信息接受总人数的比例。

d. 实际成交率，即购买人数占信息反馈人数的比例。

B. 手机媒介广告测评方法。

首先，传统的方法对手机媒介广告测评依然有效。

其次，第三方监测也是一种测评方式。为了防止手机网站虚报手机网络广告的浏览和点击率，需要一个中立的第三方对手机广告效果进行测量。

2000 年 11 月美国网络广告商 Double Click 和无线网络服务商 Omnisky 率先在手机设备上推出测试性广告，主要目的就是要检测在缓慢的数据传输速度下，小屏幕上广告的使用效果。手机网络广告被浏览的次数，可以通过网络广告监测系统监测。通过这个系统，可以分析无线手机广告的点击率，以及多种手机广告给广告主的无线网站带来的访问量。

第三方的网络广告监测系统可提供每个广告主单独的监测账号和密码。根据广告主的要求，这个系统可以提供多种数据报告生成形式：可以按天、周、月查询；不仅记录广告的流量、点击数，还可以记录访问者的来源、访问时间和停留的时间。

案例

广告视点 7-3

分众的蓝海

分众传媒(focus media)是中国围绕都市主流消费人群的生活轨迹打造的无时不在、无处不在的数字化媒介平台，是中国最大的数字化媒介集团。

分众传媒旗下拥有商业楼宇视频媒介、卖场终端视频媒介、公寓电梯平面媒介(框架媒介)、户外大型 LED 彩屏媒介、手机无线广告媒介、互联网广告平台(好耶广告网络)、分众直效商务 DM 媒介及数据库营销渠道等多个针对特征受众、并可以相互有机整合的媒介网络。分众传媒以独创的商业模式，以及媒介传播的分众性、生动性及强制性赢得了业界的高度认同。2005 年 7 月，分众传媒成功登陆美国纳斯达克(股票代码 FMCN)，成为海外上市的中国纯广告传媒第一股(见图 7-12)，并以 1.72 亿美元的募资额创造了当时的 IPO 纪录，市值超过 70 亿美元，是纳斯达克中国上市公司龙头股。

图 7-12 分众传媒在美上市

2003 年，分众传媒首创中国户外视频广告联播网络，以精准的受众定位和传播效果赢得了消费者和广告客户的肯定。2006 年 1 月，分众传媒合并中国楼宇视频媒介第二大运营商聚众传媒(target media)，覆盖全国 100 多个城市，以约 98%的市场占有率进一步巩固了在这一领域的领导地位。

2004 年底，分众传媒全面推出中国卖场终端联播网，锁定快速消费品的主要购买决策人群，影响终端购物中的品牌选择和消费决策，填补了全国性终端媒介的空缺，2007 年 12 月，分众传媒并购领先的卖场视频广告运营商玺诚传媒，将在卖场终端视频领域的市场占有率提高到 95%以上。

2005 年 10 月，分众传媒收购占据全国电梯平面媒介市场 90%份额的公寓电梯平面媒介，进入社区平面媒介领域，这一网络成为分众数字户外的重要组成部分。

2006 年 3 月，分众传媒全资收购北京凯威广告公司，启动“分众无线”手机广告媒介品牌。

2006 年 4 月底，分众传媒正式推出户外 LED 彩屏媒介，覆盖都市中心商务区的行进路途。

2007年3月，分众传媒斥资2.25亿～3亿美元并购中国最大的互联网广告及互动营销服务提供商好耶广告网络，全面进军网络广告营销市场，借力好耶广告网络的技术与营销平台，分众传媒将触及更广泛、更细分的受众市场，而其所能影响的受众注意力时间也大大增加。

分众传媒所打造的数字户外广告、互联网广告及手机广告整合数字化传播网络正日益成为中国都市生活中最具商业影响力的主流传播平台。

2008年12月22日，新浪网相关人士确认将收购分众传媒，最大的互联网广告公司与最大的楼宇广告的组合，将会成为一家真正的广告媒介巨头。知情人士称，此次新浪将增发4 700万股，以约10亿美元收购分众传媒的商业楼宇电视、公寓电梯平面及卖场电视三大业务板块。新浪和分众传媒这两个重量级的战略合作伙伴，力求通过资本和业务实现双重整合。

2009年9月28日，新浪与分众传媒同时宣布，将不再延长2008年12月宣布的新浪与分众传媒合并交易的截止日。"既然资本层面无法整合，那我们只能在业务领域推进合作。放弃合并不会影响双方业务合作。"江南春表示，目前新浪、分众已经尝试了业务层面的合作，将来双方将继续深化合作，以获得更深层面的整合效果。

2) 媒介质的评估

媒介评估在一般的作业上大多偏向上述数量评估，即媒介单位数、接触人数、每千个媒介接触者费用等，看重的是人数或人头数等媒介效率上的评估。由于量化评估是假设各媒介载体为等值，因此在评估上忽略品牌及活动的个别性，而以固定的评估项目评估所有媒介，如收视率、阅读率、每千个媒介接触者费用等固定评估项目。但质化评估所看重的是针对个别品牌及活动媒介所能提供的价值，所以在评估项上表现为个别性较高，也较为主观和不固定。一般较常使用的媒介质的评估项目如下。

(1) 接触关注度。接触关注度是指消费者接触媒介时的质量，基本的假设是：消费者专注地接触媒介时的广告效果比漫不经心接触时高。这里的广告效果是指广告被理解及记忆的程度。奥美广告公司的一项研究报告指出：关注度较高的节目相对一般节目，消费者收看的意愿要提高49%，广告记忆度则提高30%，这证实了媒介接触量对广告效果的影响。事实上，在传统的收视率资料上加入质指数能更准确地评估媒介效果，在一些先进地区已经发展为固定的作业系统，在操作上主要是以问卷测评消费者对各节目的收看频率及连续性、主动性，被动参与收看节目的喜欢程度及错过节目的失望程度等来测定各节目的关注度。

(2) 干扰度。干扰度是指消费者在接触媒介时受广告干扰的程度。如前所述，广告接触对消费者而言并非最终目的，即观众收看电视的目的是电视节目，并非电视广告，阅读报纸的目的是新闻或娱乐，也并非广告。因此广告所占有媒介载体的时间或版面的比例将影响广告效果，广告所占有比例越高，表示受众所受干扰度越高，效果越低。干扰的现象就如同在房间里讲话，媒介载体有如房间，每个广告代表一个声音，当只有一个声音时，消费者可以仔细听清楚，而当众多人一起出声时，则会互相干扰，各种信息模糊不清，广告效果也因而降低。媒介干扰度的评估，以计算广告占有媒介比例为经常使用的方式。

在计算干扰度时，同品类竞争品牌的干扰对广告影响较其他品类广告高。为真实反应此种现象，在分析上，可以将直接竞争品牌广告页数(或秒数)进行加权，以计算加权干扰度。

(3) 编辑环境。编辑环境是指媒介载体所提供的编辑内容对品牌及广告创意的适切性。这种适切性可以分载体形象和载体地位两方面进行说明。

① 载体形象。载体本身存在于市场上一段时间后，在消费者心目中会形成一定的形象，例如，权威的或轻松的、高级的或大众化的、前卫的或包罗万象的。载体本身的形象将吸引具有相同心理倾向的视听众，对于具有类似形象的品牌或创意调性，也提供较为适当的媒介舞台，因此具有较高媒介价值。反之，品牌或创意表现如果呈现在互不搭调的媒介舞台上，或许在接触人口的数值上差异不大，但所获得的媒介价值则相对降低。例如，以前卫诉求的品牌广告刊登在传统保守形象的杂志上，其媒介价值将大打折扣。

② 载体地位。载体地位是指特定媒介载体在其类别里所占有的地位，如妇女类杂志、体育类报纸或新闻类电视节目在其同类中的领导地位排名。地位排名与视听众多少相关，但并不一定就是视听众多，载体的地位排名就靠前，反之亦然。载体地位对广告效果的意义是，领导地位的载体对其视听众具有较大的影响力，将连带使在该载体出现的广告具有较大说服效果。

(4) 广告环境。广告环境是指载体承载其他广告所呈现的媒介环境。它与干扰度不同，干扰度是计算载体内广告的量，而广告环境则是指载体内广告的质。对广告环境进行评估的意义在于，如果载体所承载的其他广告都是形象较佳的品牌或品类，受连带影响，本品牌也会被消费者归类为同等形象的品牌。反之，如果载体内其他广告皆为吹嘘不实、制作粗劣的广告，则受其拖累，本品牌广告也将被归为此类型品牌。

(5) 相关性。相关性是指产品类别或创意内容与载体本身在主题上的相关性。例如，运动类商品刊登在体育类刊物上、婴儿用品出现在教育母亲如何育婴的节目上、股票分析软件广告刊登在股票版上、以高科技为创意诉求的商品出现在介绍科技新知的载体上。相关性意义在于，消费者对于该类型内容的载体有较高的兴趣，因此他们选择接触该载体，品牌依此线索可以接触到对本品类或创意表现方式具有较高兴趣的群体，其产出效果也将较出现在毫不相干的载体上好。

7.3.3 广告费用监测

1. 广告费用项目

广告费用一般包括开展广告活动所需的广告调研费、广告设计费、广告制作费、广告媒介费、广告机构办公费与人员工资等项目。美国《Printer's Ink》杂志，将广告费用单分为白、灰、黑三色，白色单系可支出的广告费用，灰色单系考虑是否支出的广告费用，黑色单系不得支出的广告费用，此部分内容在第1章的表1-1中已经进行详细的阐述，请参见第1章的表1-1。

2. 广告费用分配监测

1) 最优广告费用

对于第 1 章表 1-1 中所列的费用，我们应该怎样分配呢？应该遵循什么原则来分配呢？

广告作为一种促销方式，是以赢利为目的。广告是采用一定的媒介，以支付费用的方式向目标市场传播有关产品的具有说服力的信息的传播活动。在营销的 4P 组合中，广告是企业的一项重要支出成本，因此，需要考虑的是如何分配广告费用才是最优的。

朗曼(K.Longman)建立起一个涉及销售量与广告费用支出关系的模型(见图 7-13)。朗曼认为，在不做任何广告的情况下，产品也有一定的销量，这是最低销售量。同时，每种产品都有一个最高销量，最高销量是由企业的生产能力、市场情况等因素决定的。在最低销量与最高销量之间，广告是有作用的。

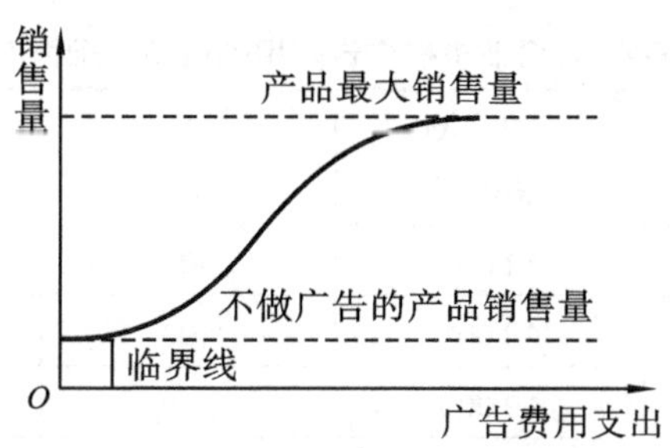

图 7-13　广告投入与销售关系

注：引自丹・E. 舒尔茨《广告运动策略新论》。

广告支出对销售量的影响为一条 S 形曲线，表示销售量随着广告费用支出的增长，先以递增的速率上升，然后以递减速率上升，最后达到一个极限。这是因为在广告预算很低时，企业无力购买足够的媒介版面或花费更多的时间，故促销强度不够，产品在目标顾客中的知名度不够，因此，广告对销售增长的促进有限。当广告预算达到一定水平后，目标顾客对该企业及其产品的知晓度和兴趣迅速上升，销售也迅速上升，但无限制地增加广告预算并不总是能带来销售的相应增长，因为市场需求客观上存在一个极限，促销费用增长带来边际收益变小。也就是说，能够引起消费者足够注意的促销费用，就是广告的规模经济这种最低数量的广告成本，属于固定成本，与企业的产量无关。

朗曼认为，广告成功的关键在于用尽可能少的费用达到最大销售量。广告目标在广告分配过程中就是通过投资与销售比较而体现出来的。只承认广告效用，而不管广告投入的边际产出，在实际工作中是一种愚蠢的表现。合理分配广告费用，既是广告运动的经济性原则的要求，也是广告运动科学性原则的要求。

2) 广告费用分配

企业在确定了广告费用总额之后，就可以根据朗曼模型的要求，按照广告计划的具体安排将广告费用分摊到各个广告活动项目上，使广告策划工作有序地展

开。广告策划者在分配企业的广告费用时，可以按时间分配、按地理区域分配、按产品分配、按媒介分配。

(1) 按时间分配。

按时间分配是指广告策划者根据广告刊播的不同时段，来具体分配广告费用。根据时间来分配广告费用是为了取得理想的广告效果，因为在不同时间里，媒介受众的人数和生活习惯是不同的。

(2) 按地理区域分配。

地理分配策略是指广告策划者根据消费者的某一特征将目标市场分割成若干个地理区域，再将广告费用在各个区域市场上进行分配。广告策划者可以根据不同区域市场上的销售额指标，来制订有效的视听众暴露度，最终确定所要投入的广告费用额。假如 X 企业在全国销售 Y 品牌产品，根据产品销售情况可以将全国市场划分为 A、B、C 三个区域市场，X 企业计划投入的电视广告费用为 3 500 万元，X 企业电视广告费用的区域分配情况如表 7-7 所示。

表 7-7　X 企业电视广告费用的区域分配情况

市场名称	占销售总额的比例/(%)	视听众暴露度/千次	每千人成本/元	广告费用/万元	费用比例/(%)
A 区域	50	32 000	500	1 600	45.71
B 区域	30	28 000	500	1 400	40.00
C 区域	20	10 000	500	500	14.29
总计	100	70 000	500	3 500	100

表 7-7 就是 X 企业根据产品在不同区域市场上的销售比例，制定了有效的视听众暴露次数标准，再据引分配不同数额的广告费用。A 市场的产品销售份额为 50%，其广告投入为 1 600 万元，占总投入的 45.71%；在 B 市场上，Y 品牌产品的销售份额为 30%，计划投入广告费用为 1 400 万元，占广告预算总额的 40%；C 市场上 Y 品牌产品的销售占总销售额的比例最小，所以计划只投入 500 万元的资金进行广告宣传。

按地理区域分配看起来简便易行，但操作起来很难兼顾各个市场的实际情况，通常的做法是：广告主将几个区域市场的广告费用拨付给某个选定的广告代理商，再由广告代理商根据各个市场的特点进行重新分配，以确保广告投资的效果。

(3) 按产品分配。

按产品分配与按区域市场分配在本质上是相同的，是指广告策划者根据不同产品在企业经营中的地位，有所侧重地分配广告费用。这种分配策略使产品的广告投入与销售额密切联系在一起，贯彻了重点产品投入的经营方针。分配广告费用的依据可以是产品的销售比例、产品处在不同的生命周期的阶段和产品的潜在购买力等。

(4) 按媒介分配。

按媒介分配是指根据目标市场的媒介习惯，将广告预算有所侧重地分配在不

同媒介上的一种分配方法。在运用这种方法时，首先要考虑产品品牌的特性，其次要考虑目标市场的媒介习惯，使所选用的媒介能够充分展现广告产品的个性，针对这种媒介，广告策划者要进行较多的广告投入。

3. 广告费用执行监测

从某种意义上讲，广告预算实际上就是一个行动方案，而广告费用执行监测就是对这个方案的执行度进行检测。广告预算方案一旦制订、确定，那各个环节均应照此办理。在企业中，每一个管理层次都应在广告预算的有效期限之内严格按照广告预算的各个项目、数额负责具体实施。但是，由于各种不可预测性因素的制约，也许在将广告预算付诸实施进程中出现一些偏差，这就是广告费用执行监测存在的必要性。

对广告费用执行进行监测，要求各个环节严格按照广告预算计划的内容开展工作，而且要经常性地对广告预算实施进行监测。有关部门在具体确定的时间段(无论是以周、月或其他形式出现的时间段)结束之后，都要将广告预算实施情况进行整理，并将各项实施情况与广告预算中各项具体要求加以对比。同广告预算的实施相类似，各个时间段的具体实施情况也允许出现一些差异。那么，多大的差异在允许范围之内呢？一般来说，差异幅度在5%之内即属正常，但这要视具体情况而定。

广告预算的职能作用在于起草计划与管理的宏观作用。为了使广告活动能取得预定的成效，广告费用执行监测就要充分发挥其应有的监督管理职能作用。许多广告主(特别是小企业)在拟定广告预算之后便以为完事大吉、放任自流，缺乏为保证广告预算顺利实施而进行的必要跟踪调查，这样就使广告预算没有能够发挥出其管理的职能作用。如此一来，对广告活动进行科学化管理就会成为一纸空谈。广告费用执行监测的作用不仅仅是要在本广告预算有效期限内对广告活动开展提供必要的监督和管理。通过如此循环往复的评估，广告主可以不断丰富经验，并在此基础上使广告日臻完善。

本章小结

新推的广告是否足够吸引人？吸引人的广告是否确实提升了购买率？广告主的投入是否得到了合理的回报？这些都是广告效果测评要回答的问题。

本章分为三个部分。第一个部分是关于广告效果的一个概述。这部分首先对什么是广告效果作了一个简要的论述，包括广告效果和广告效果测评的含义、测评的程序和特性，以及测评的作用；然后列举了广告效果测评的内容，包括广告信息测评、广告媒介测评、广告活动效果测评三个方面内容，同时还列出了广告测评的一般程序；最后，介绍了几种常用的广告效果测评模型。第二个部分介绍的是广告效果测评技术及关键指标。在测评技术方面，本书从定性和定量两个方面来作了详细的论述。关于测评指标，本书则分传播效果、经济效果和社会效果三个方面进行了归纳。最后一个部分讲述的是广告效果测评的实施，包括文案测评、媒介测评及广告费用监测三个方面，其中文案测评和媒介测评是广告效果测评的核心，在狠抓这两个方面

的同时，广告费用监测也不可忽视，合理的广告费用带来最大的广告效果才是广告主最希望达到的目标。

关键术语

广告效果　广告效果测评　DAGMAR 模型　文案测评
媒介测评　分众媒介　广告费用率　声音占有率
收视率　点击率　朗曼模型

思考题

1. 什么是广告效果，主要包括哪些内容?
2. 广告效果有何特性?
3. 广告经济效果的测定主要从哪些方面进行?
4. 广告社会效果测定的关注点是什么?
5. 如何理解广告效果的信度和效度?
6. 简述分众媒介的特性。
7. 在安排广告投入时为什么要注意广告费用的合理性?
8. 介绍一下朗曼模型。

参考文献

[1] 江波. 广告效果测评[M]. 北京：中国广播电视出版社，2002.
[2] 余序洲. 广告理论与实务[M]. 北京：企业管理出版社，1996.
[3] 吕巍. 广告学[M]. 北京：北京师范大学出版社，2007.
[4] 樊志育. 广告效果研究[M]. 北京：中国友谊出版公司，1995.
[5] 蔡嘉清. 广告学教程[M]. 北京：北京大学出版社，2009.

案例研讨

凭什么每年“收礼只收脑白金”？

“今年过节不收礼，收礼只收脑白金”可以说已经成为现如今荧屏上最闹的一个广告了。在保健品史上刮起阵阵旋风的脑白金，在两至三年内即创造了十几亿元的销售奇迹。脑白金的营销策划，完全遵循了北派营销的“追踪消费”模式：一切以消费者为中心，把消费者的欲望放在第一位，在战略上实行“卖方市场”向“买方市场”转移。当业内人士在惊叹脑白金策划成功的同时，心里也更添许多的疑问：脑白金的营销真的那么神奇、那么完美?

1. 概念诉求前后矛盾

脑白金的知名度能迅速提高，其个性化、高档次的商业命名功不可没。脑白金是一个令人产生极好联想的名字，“大脑的核心是脑白金体，其分泌的脑白金掌管人体衰老”，这种诉求可谓绝无仅有，脑白金的神秘与科技感一下子就跳了出来，区分于所有其他类别的保健品。

这种特殊的差异化命名，在商业法则中的确胜人一筹。更令人惊叹不已的是策划人员将脑白金的理念紧紧与睡眠、肠道、衰老、美容、性等巧妙融于一体，统统归根于大脑脑白金体掌管。这样，理论上讲似乎顺理成章，脑白金的理念体系也基本具备。

但这种策划营销人员一厢情愿的解释，很快就引起学术界的争论，“脑白金体”遭到了不少学者的责问，脑白金体实质上就是松果体，这是一种偷换概念的做法！由于专家的言辞过于激烈，在去年保健品淡季，脑白金被迫不再使用“脑白金体”一说，连其分泌的“脑白金”也被改写为“大脑因子”与“肠道因子”。这种无奈之举对销售产生了极为不利的影响。

许多消费者认为这不可思议，将肠道与大脑联系在一起，似乎风马牛不相及。无论广告原文如何解释说理，总感到太牵强，一些消费者纷纷放弃脑白金而选择了其他保健品。在某些区域市场，脑白金反给新上市的脑轻松做了嫁衣。

从常识上看大脑与肠道并无直接关系，甚至与睡眠也有些勉强。毕竟脑白金被审批的功能不是“改善记忆”，也非“延缓衰老、美容”功效，脑白金的回头客减少也在情理之中。但从间接效果上看，脑白金的“润肠通便、改善睡眠”功能，的确可以起到美容、延缓衰老的作用，但这些研究还仅限于学术界课题，还无法作为广告的佐证，但在现有的广告法中，是不允许存在的。否则，保健品广告公说公有理，婆说婆有理，无统一规范，消费权益如何保护?

在国内，大部分消费者是不会去深刻了解保健品的机理，他们只相信广告和宣传中的最直白的东西，而且总是越容易理解越好，概念越新越好。他们中的大部分不具备医学知识，广告怎么做，他们怎么走，但这是在广告手段被接受的前提下。脑白金给他们的最初印象就是“补脑”的，后来广告多了，也就渐渐地知道了它的其他直接或间接的效果。但知道得越多，就越发现脑白金概念诉求有偏离，有偏离就有疑惑，甚至产生信任危机。

值得庆幸的是，脑白金在改善睡眠与润肠通便方面确有显著效果，虽没有分别成为这两大功效类产品的领头羊，但至少也拥有相当多的忠实消费者，回头率仍然较高。

在营销策划界还有一个令人称道的策略，即脑白金的礼品概念，虽然与产品本身关联性不大，但因为“定位第一法则”，而且辅以高频率的广告推动，致使脑白金成为一种时尚礼品，为脑白金带来了比功效市场更为可观的利润。

作为职业策划人，有一点需要提醒脑白金的就是：如果脑白金是补脑的，在概念诉求与功效诉求上就会更统一，它的市场前景肯定会更加美好！

2. 电视广告投放失误

脑白金在市场推广时，以报纸、电视、书摘与户外四种媒介相配合，组成了强势的宣传阵营。其报媒和书摘较富有经验，运作得很成功，但电视与户外广告并不顺利，特别是电视广告，始终难以把握要领。

自 1999 年 9 月以来，脑白金开始投放电视广告，初期小试牛刀，很快就见了效益。尝到甜头的营销人员乘胜追加，持续跟进。甚至在 3—6 月的保健品淡季，也加大电视投入，广告费花了 1.8 亿元，占总广告费的 48%，营销成本相对猛涨，投入产出比仅为 1∶1.5。

而与此同时，以电视广告为主要手段、霸行天下的哈药集团，尽管引起了许多媒介的非议，但其在电视媒介方面的丰富运作经验，使哈药集团虽然 1999 年的广告投入为 6.19 亿元，主营

业务收入竟然达到了44.9亿，其投入产出比为1：7.25。其2000年的广告投入计划为10个亿，主营业务收入预估为75亿～80亿元。而脑白金即便在经验十足的报媒配合下，其投入产出比也无法与哈药相比。

应该说，不科学地投放电视广告，营销人员违背市场规律操作，是脑白金受挫的直接导火线。冷静分析一下，就会发现其受挫的根源。

首先，前期央视基本未上广告，而有“小央视”之称、全国70%城市能收到的四大卫视，脑白金的投放量也不是很多，仅在湖南卫视投有少量广告；各区域收视率高的省级台也基本放弃，仅有个别省投有少许广告，频率也低，不能形成气候。脑白金选择的频道，几乎全为地市台。据了解，各地级市能收到的电视台达15个以上，脑白金仅投放一至两个收视率并不高的电视台，尽管播出的频率高，密度大，但效果仍不理想，大量的广告白白流失，投入与产出比失衡。

其次，作为一个全国性品牌，脑白金仅上地市台，无法树立高档次、好口碑的品牌形象。脑白金在地方台的广告铺天盖地，造成泛滥，虽打出了名气，但由于部分地方台广告操作不规范，可信度低，会牵连到脑白金，使其信誉大打折扣，影响了产品的可信度。

最后，只集中在极少数电视台，高密度地轰炸“今年过节不收礼，收礼只收脑白金”被重复多次，且没有创意，容易引起受众的反感，其广告只注重了知名度，但美誉度却在消费者心中大打了折扣。消费者产生了厌烦情绪，为回避脑白金，便频繁更换频道。更严重的是，给竞争对手抓到了把柄，借机攻击脑白金为“暴利产品”。

脑白金的电视媒介计划，过度强调价扣，一味追求低折扣率，表面上看，似乎占了便宜，但实际上，忽视重点电视频道的收视效益，千人成本会增高，广告流失严重，品牌形象也会受损。特别是省级电视台，收视率相对较高，但脑白金的广告却上不去，营销人员进一步拓展市场、开发周边的难度自然加大。从这一点上说，电视广告因小失大，脑白金真是赔了夫人又折兵！

造成电视广告失误的主要原因据传是总部政策太严，特别是折扣要求太高，各子公司为不偏离计划任务量，控制投入产出比，尽量节省电视广告，因此只好放弃省级电视台或卫视台。

电视广告的选择与合理投放，其实是一门很深的学问，需要实践上的积累，理论上的完善，才能应用自如，游刃有余。以报媒广告运作娴熟的脑白金，在电视投放上，并非那么得心应手。就像耍惯了刀的人，让他立刻使剑，多少有些不习惯，至少需要一定的时间去磨合。广告大师奥格威曾说过，在广告的投放中，总有一半是浪费的，但他不知到底浪费在哪里。作为职业策划人，从脑白金的电视媒介中，似乎可以找出广告浪费的根源。

案例思考题

1. 脑白金广告成功的关键何在？
2. 在广告文案设计方面，脑白金广告存在哪些缺陷？
3. 对于广告投入和广告效果产出两个方面，脑白金应如何权衡？
4. 如何提高电视广告投放的技巧？

第 8 章　广告发展趋势

本章提要　本章主要介绍了新兴广告形式的现状及广告发展的趋势。近年来，随着经济的发展，媒介的种类越来越多，表现形式也越来越丰富，传统广告的传播效果和影响力等方面在很大程度上受到挑战，广告的发展出现了新空间。广告在传播方式上的发展主要是以植入式广告为具体表现，而在新媒介的运用上，以网络广告为代表。网络广告发展迅猛、势头强劲，借由互联网跨时空、跨地域、图文并茂的双向传播特性，迅速渗透到现代生活的各个方面。传统广告并未被完全取代，多种广告形式并用、多种广告媒介并用已经成为现代广告活动的一大特点。

本章内容框架

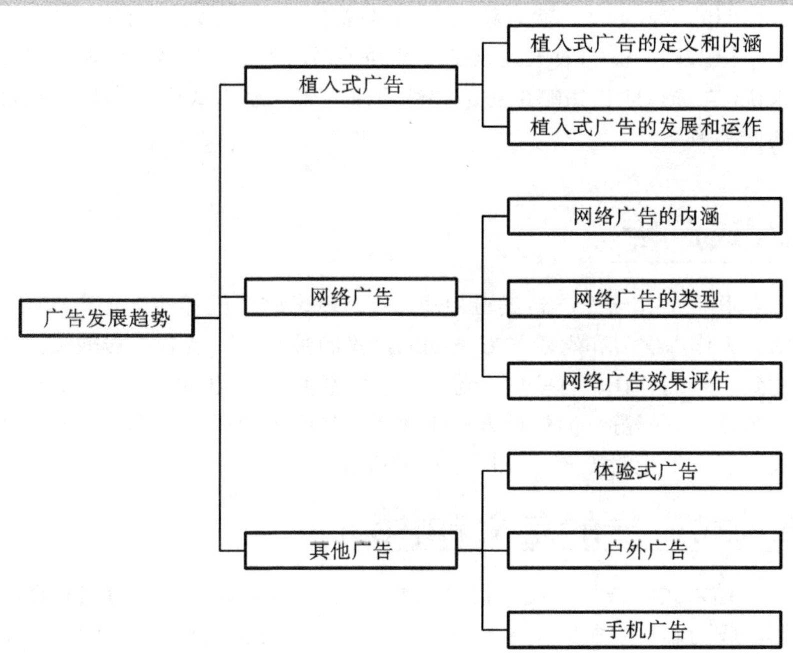

引 例

巴黎欧莱雅“植入”《创智赢家》

《创智赢家》是东方卫视推出的一档大型创业体验式真人秀节目，2006年12月9日，第五期的比赛任务是为巴黎欧莱雅男士护肤系列度身策划一场路演，整期比赛内容以巴黎欧莱雅为核心展开推进。从产品的受众来看主要面向中等以上收入水平的年轻白领人士，这一人群处于事业蒸蒸日上之际，面临残酷的竞争，生活在梦想与压力之间的挣扎中。而《创智赢家》宣扬的则是一种用智慧创造财富的现代人之拼搏精神。将巴黎欧莱雅作为比赛的题目，使得植入品牌高度卷入比赛情节中，属于焦点植入。

通过定量的方式去测量这一植入式广告合作的传播效果。该期节目历时1个半小时左右，其中巴黎欧莱雅的实际曝光时长为379.5秒，经过PVI值的计算修正，折合广告秒长为531.9秒。

市场竞争的升级催生了植入式广告的出现。从长远的发展来看，虽然媒介形式正在不断发生变革，但驱动新媒介发展的根本动力之一正是“注意力经济”的繁荣。无论新媒介平台演化成什么样，只要能够抓住受众的眼球，那么就有人愿意为此买单。媒介的演变催生了广告形式的升级，植入式广告成为了其中一个典型代表。而植入式广告是创意产业，植入的方式随着创意人员的灵机妙想而不断给人惊喜，这在一定程度上增加了为其作效果评估的难度。因此，在开发植入式广告效果评估体系的过程中，需要不断观察搜集广告的植入形式，抓住各类植入形式的规律从中找出关键维度作精确度量。当然，新的广告形式出现并不意味着取代旧的广告形式，就像新媒介的出现并不会让旧媒介消失一样。传统的时段广告与植入式广告的效果应该是互补的关系，尤其对于那些品牌知名度较低的企业来说，在选择广告策略上更应该注重硬广告和植入式广告的相互结合以达到最佳的传播效果。

8.1 植入式广告

我们活在一个广告的世界里，广告就像这个世界的一个个细胞，植入我们生活、工作、学习和娱乐的方方面面，我们甚至可以嗅到广告散发出来的气息，感觉到广告的存在。有些广告像轰炸机，总是在耳边嗡嗡，让人厌让人烦；有些广告却是安安静静，但却使人乐于接受，其广告效果反而卓越不凡。植入式广告就属于后者，无时无刻、无所不在地进行着。

8.1.1 植入式广告的定义和内涵

植入式广告是影视广告发展的必然趋势。BMW汽车付权利金给007系列电影，成为影片中詹姆士·邦德的专用座车赞助商。007电影中不断出现的概念型手机、手表或饮料等，也都是运用植入式广告的手法，结合剧情来引出产品或强化品牌形象，在不知不觉中，悄悄地向电影观众，同时也是其目标消费者，传递着产品信息、品牌形象，增加消费者对产品或品牌的偏好度，从而提高其产品销售量。

1. 植入式广告的定义

植入式广告这种行为表现称为“product placement”，国外学者将其定义为整合营销传播的手法之一，是指将产品、品牌名称及识别商标等，植入任何形式的娱乐商品之中。国内同样存在多种定义和翻译方式，有些译成植入式广告、置入式广告、嵌入式广告、隐性广告或软广告。《中国经贸新词典》对隐性广告的界定为：隐性广告是指一种与显性广告(在媒介中位置固定、自成体系、与媒介的正常内容界限清晰、容易分辨的广告)有着很大不同的商业宣传，它表现出很强的渗透性，有的还与媒介内容互为一体，其功能与目的和广告并无两样，但其间接效用较广告更胜一筹。

植入式广告又称为植入式营销(product placement marketing)或置入式广告，是广告主通过付费的形式，将自己的产品或品牌相关信息(产品实体、品牌名称、商标等识别信息)及其代表性的视觉符号，甚至服务内容，融入任何可利用的媒介载体内容中(如电影、电视、报纸、杂志、游戏、手机短信、歌曲，甚至小说之中)，使消费者在无意识的状态下接受这些信息，通过场景的再现，让观众对产品及品牌留下印象，试图影响并改变消费者对产品的态度及日后购买行为。它是一种始于 20 世纪 40 年代末的营销手段，植入式广告不仅运用于电影、电视，而且被“植入”各种媒介，如报纸、杂志、电视节目、游戏、手机短信，甚至小说之中，例如，央视 2010 年春节晚会中，“国窖 1573”、“鲁花花生油”、“汇源果汁”被当成道具。

2. 植入式广告的兴起和现状

有据可查的最早的植入式广告出现在 1951 年由凯瑟林·赫本和亨莱福·鲍嘉主演的《非洲皇后号》，影片当中明显地出现了戈登杜松子酒的商标镜头。1982 年，美国导演史蒂芬·斯皮尔伯格执导的《外星人》中，小主人公用“里斯”巧克力吸引外星人的画面已成为植入式广告的一座里程碑。其后 007 系列电影对欧米茄手表、宝马汽车的宣传，《黑客帝国》对三星手机、喜力啤酒、凯迪拉克汽车的推广，无一不显现出植入式广告的异军突起。

植入式广告在中国内地的初露端倪是 20 世纪 90 年代家喻户晓的室内情景喜剧《编辑部的故事》。该剧首次采用了类似植入式广告的表现形式，当时在剧中播出了百龙矿泉壶的随片广告，剧中道具“百龙矿泉壶”一时之间也声名鹊起。片尾还出现“百龙矿泉壶特约录制”等字样。结果“百龙矿泉壶”热销一时，曾有一家公司愿意以巨资买断该商标的使用权。1992 年，这部电视剧尚未播完，要求订购百龙矿泉壶的订单已如雪片一般飞来。

近几年，植入式广告在国内得到了长足的发展，作为全新的广告形态为国人所熟知，始于电影《天下无贼》。作为一种适应潮流的新型营销模式，它并没有

局限在影视剧当中，例如，湖南卫视《超级女声》与“蒙牛酸酸乳”的强强联合。在这种合作中，媒介赚到了广告主的钱，广告主利用品牌形象的提升赚到了消费者的钱，是名副其实的“双赢”。电影《手机》中，剧中演员全部使用摩托罗拉手机，而宝马汽车也伴随剧中主演常常出镜。《天下无贼》中，惠普、佳能、诺基亚、宝马、中国移动、长城润滑油等 12 个赞助商都在影片里得到了品牌展示的机会。事实表明，植入式广告形式已经为越来越多的制片方和商家所青睐，而商业大片无疑是实现双方互利共赢的一个崭新平台。

许多广告集团也纷纷涉足此业务，成立专门的公司，例如，WPP 的 Mindshare Entertainment、Publicis 集团 Zenith Optimedia、WPP's MindShare 和奥姆尼康集团的 Full Circle Entertainment。2002 年，澳大利亚人安东尼•迪佛创办了植入式广告奖，每年举办一次。2004 年百事可乐获此大奖，根据全球著名网络杂志品牌频道统计，在 2004 年荣登美国电影排行的 37 部影片中，有 7 部加入了百事可乐的广告，紧随其后的有可口可乐、摩托罗拉和耐克等。

联合利华作为电视剧《丑女无敌》的首席赞助商，参加了该剧开机仪式当天的签约仪式，这一行为宣告中国营销传播界迄今为止最大手笔的一次植入性广告进入正式运营阶段。联合利华麾下多芬、清扬、立顿三个品牌将以不同形式植入《丑女无敌》。

在新的社会和经济环境下，随着大众消费的符号化趋势，“产品的植入”渐渐演变为“品牌的植入”，因而在营销界已逐渐使用“branded content”或“branded entertainment”，来代替“product placement”。这种用语的变动，凸显了新时代这一传统营销方式新的内涵。2003 年全球品牌内容营销协会(Branded Content Marketing Association)在伦敦成立，有 100 多个会员，澳大利亚、德国、荷兰、美国等国均成立了分会。会员包括全球性的广告集团、制造商，以及其他广告代理商、游戏发展商、电影工作者、电视节目制作与出版商等。其美国分会主席 Cindy Callop 认为，这一协会的诞生预示着我们正从一个营销沟通的打扰时代(age of interruption)，进入一个植入时代(age of engagement)。

美国西北大学教授舒尔茨创立的整合营销传播理论，已成为传媒和企业在营销活动中的主要指导思想。所谓整合营销传播，就是综合、协调地使用各种形式的传播方式，传递本质一致的信息，以达到宣传目的的一种营销手段。整合营销传播的内涵包括以消费者为核心，建立消费者和品牌之间的关系，以及整合运用各种传播媒介等诸多方面，其主旨是以最佳的组合谋取最大的利益。而商家和电影的联姻，正是遵循这一模式的积极尝试。以《天下无贼》为例，影片中共出现了中国移动、佳能等 12 家全程赞助商，广告投入 2 400 多万元，加上荣誉赞助等其他项目，该片广告收入已达 4 000 万元，而《天下无贼》投资成本为 3 000 多万元，宣传费用约为 2 000 多万元。影片上映后票房成绩为 8 000 万元。同样，好莱坞大片《少数派报告》中使用了 15 个品牌，为影片节省了 2 500 万美元。由此可见，植入式广告对于电影成本的节约作用是显而易见的。

中国的传统广告在经历多年的高速发展后增幅趋缓，CTR 媒介智讯最新的中国广告数据显示：2006 年第一季度广告花费总额达 742 亿人民币，较 2005 年同期增长 21%，低于 2005 年第一季度 27%的同期增长水平。中国广告市场进入低速增长期，传统广告的发展开始显现出瓶颈，而植入式广告异军突起，将会成为广告业的新宠和关注的焦点。

植入式广告近年的异军突起，有其必然的原因。

第一，媒介环境复杂，且投放成本加大，使得广告的效益呈下降趋势。以国内电视媒介的情况为例，从 1978 年的 32 家电视台，到 2002 年的 330 多家电视台、2 200 多个电视频道，电视频道和节目播出时间的剧增加速了信息受众的分化。而且电视媒介赢利模式单一，90%以上的收入来自于广告，于是各电视频道纷纷以增加广告时长的方式维持收入增长，广告发布环境日趋复杂、环境噪音增大、广告接触率严重下降，形成了广告拥堵的局面。因此，广告主急需找到新的优质传播渠道。在广告边际效益递减的情况下，广告主开始倾向于植入式广告的传播。

第二，受众的信息选择能力不断加强。与媒介环境的复杂相适应，信息受众在广告轰炸下，显示出愈来愈明显的离心倾向和逆反心理，充满对广告的不信任，对各种营销信息表现得越发麻木和冷漠。具体表现为对广告的逃避和不专注。电视甚至呈现出类似于广播的“伴随化接收”倾向；报纸出现了“读报读半截”现象；而有些网络广告一方面没有发挥其互动的特性，一方面又受到技术性和习惯性的阻截，这使得大量的广告媒介投入都被浪费了。广告的强制力与吸引力优势逐渐丧失了，而大多数情况的品牌与消费者之间的有效接触依赖于轰炸式投放，因此，这再次使信息受众的拒绝与逃避行为愈演愈烈，形成一个恶性循环的怪圈。

第三，收费电视的发展也对广告的表现形式产生了很大影响。收费频道声称传输节目不插播广告。但广告并未真的消失在银屏上，而是将广告的表现形式从“显性”向“隐性”转变。这是由于一方面广告主不会轻易放弃电视媒介这一受众面最广、传播方式生动的信息渠道；另一方面，电视媒介也不会轻易放弃平均每年 200 多亿的广告收益。因此可以认为，收费电视如果真能成为电视业的主流，植入式广告必将大行其道。

第四，植入式广告和众多的新媒介形式有关。新兴媒介的出现对传统媒介产生了影响和冲击，如数字电视、移动电视、互联网、手机等新媒介的大量涌现，促使媒介的细分越来越深入，挤占了传统媒介在广告方面的承担份额，并且对于广告信息的传播来说，其传播的渠道变得多而繁杂，广告主的预算被分流。植入式广告作为相对有效的传播形式，必然会在某种程度上取代一部分传统广告的职能。

第五，植入式广告的盛行还有品牌管理方面的原因。一方面，广告投入的持续增加，并不能使品牌价值同比例增加；另一方面，处于成熟期的品牌需要以提醒的方式保持品牌的活力，但硬性的品牌形象广告难以持续地激发消费者的热情，连续的广告投放可能造成消费者的麻木，品牌联想缺少有效的更新，品牌容易被视为“老迈品牌”，失去年轻的消费群。因此，植入式广告是品牌和消费者建立联系的一个有效方式。

第六，特殊行业和人群的广告限制也促进了植入式广告的发展。国家政策法规对烟草、酒类等特殊行业的广告实行的限制，以及对某些特定人群，例如，对少年儿童的广告限制，也使越来越多的广告主寻找机会，加大品牌植入式广告的投入。例如，国内外法律对于烟草广告的播放均有严格的规定：法国 1993 年颁

布了烟草广告禁令，烟草公司不得以任何方式赞助体育比赛，其他公共场所也禁止烟草广告宣传；我国的《广告法》规定，禁止利用广播、电影、电视、报纸、期刊发布烟草广告，禁止在各类等候室、影剧院、会议厅堂、体育比赛场馆等公共场所设置烟草广告；许多国家规定，烟草广告必须出示“吸烟有害健康”的警告。这就必须避免采用显性广告的方式，而植入式广告是比较合适的。

综合来看，植入式广告既是广告主的需要，同时也是节目或影视内容提供商的现实需要。越来越多的广告主加大品牌植入式广告的投入，例如，2005 年 1 月，福特公司在好莱坞成立了专门的代理公司，其职责就是为公司品牌植入寻找机会。通过广告主和载体提供商双方的有效合作，达到共赢的局面。

3. 植入式广告的优势和劣势

和传统式广告比较而言，植入式广告是一种相对更加深入的、灵活的、渗透式的营销方式，能较快提升品牌的知名度和品牌价值，迅速传达产品的核心功能和相关新信息。广告对品牌和节目本身几乎没有造成任何干扰，而且广告味淡化，受众易于接受。

植入式广告具有独特的传播优势，能够形成强大的品牌渗透力。

首先，植入式广告的受众数量庞大。有报道称，只有上映 2 万场，上座率在 70%以上的影片才能吸引电影广告(包括贴片广告和植入式广告)。这也说明，能够承载植入式广告的影视作品，其受众数量极为可观。以《手机》为例，其受众包括影院观众、VCD 观众(甚至包括数量庞大的盗版市场)、电影频道观众和相关新闻报道的信息受众等，品牌与受众的接触率是极为可观的，其每千个媒介接触者费用可以控制在一个合理的水平，甚至可以低于某些大众传媒。

其次，除了接触数量之外，植入式广告更大的优势在于其接触质量。品牌可以争取到现有媒介状况下的稀缺资源，即高度专注状况下的受众注意力，其隐性的特点体现在广告出现的不规律性，以及广告与情节的高度相关性，因此很少会遭到受众的直接抵触。正如业内人士指出的那样，“当观众坐进黑漆漆的电影院时，就不能不接受你的广告”，从这个角度来看，植入式广告在本质上也可认为是一种强制性广告。

最后，从消费行为的角度考察，植入式广告对受众的消费行为会产生一种“光晕式”的影响，尤其是在电视、电影这样视听感官全面受到刺激的媒介中，强烈的现场感很容易对消费者形成一种行为示范。例如，成龙主演的功夫片中曾出现的三菱汽车，被认为是与“勇气与冒险”联系在一起的，企业在深化品牌影响力的基础上，让受众获得了丰富的品牌联想，最终赢得广泛的认同与品牌价值的提升。这种潜移默化的影响力正是广告主梦寐以求的。

当然，植入式广告也存在着不容忽视的劣势。

首先，能够采取植入形式来做广告的品牌范围较小，大多数情况下，植入式广告只适用于知名品牌，这是因为受众需要在相当短暂的时间内准确识别出商品的包装、品牌或产品外形等。因此，品牌有较高的知名度和认知度会提高植入式广告的有效性，这是企业投入植入式广告的第一道门槛。相对而言，综艺类节目更有可能利用植入式广告提高某些处于产品生命周期导入期阶段的新产品或新进入品牌的知名度。

其次，植入式广告不适于深度说服。植入式广告由于受到其承载体在时间和情节方面的限制，尤其不适合进行直接的理性诉求或功能诉求。例如，香港电影《难得有情人》中就出现过反面的效果。剧中有这样一个情节：舒淇借用吴大维的阿尔卡特手机与前男友联系，不巧手机缺电，吴大维便借此介绍了该手机的优越性能，说道："因为最近我们公司正在设计这种手机的广告，所以我比较了解它的功能，可以用普通电池替代锂电池，换上干电池——行了。"吴大维一边熟练地讲解，一边熟练地拆装着手机电池。这种强行植入方式被评论为"俨然和电视直销现场一样"，让观众感到生硬和不自然，反而是剧情的一种破坏，造成了相反的效果。

再次，一些前卫产品或新升级产品的功能性诉求也有可能会被受众认为是影片为了情节需要所虚构的。因此，企业通过植入的方式所进行的品牌诉求一般都停留在简单告知与提高特性认知度方面，这也构成了植入式广告的一道门槛。

最后，在影视剧或节目中，可供植入的广告的容量有限，过度使用会引起受众反感。在现实情况中，受众对于广告的敏感度较高，当植入式广告表现出相对明显的劝说性信息，或是过多地传递出产品或品牌的相关信息，受众就容易产生条件反射，产生反感，而且会将这种态度泛化延伸到相应的影视剧载体上。完美的植入式广告，产品应该与电影、电视情节浑然一体。

植入式广告不可能完全取代传统广告的功能，隐性和显性是共存的。实际操作中，广告主可以考虑在同一档期发布传统广告，和植入式广告互相配合，及时将潜在消费者的兴趣转化为欲望，进而发展成购买行动力。

案例

广告视点 8-1

从《丑女无敌》看植入式营销

与其他隐性广告一样，植入式广告不具有可识别性，是一种使消费者难以辨明其为广告的营销传播形式。近年来，植入式广告因其强劲的传播渗透力，在世界范围内悄然兴起，受到营销界的关注与广告主的青睐。2008年金融危机带给文艺圈影视剧最大的冲击波就是植入式广告。

2009年是影视剧植入式广告的井喷年，《丑女无敌》第二季已于2009年1月中旬开始播出，坊间有传言称其广告植入已达1亿3千万元。这里不能不提到Acer准备在这一轮播出中要重点打造的Aspireone迷你笔记本电脑，这款只有8.9英寸(1英寸≈2.54厘米，下同)、不到1千克的小巧电脑将在剧中大量展现其机灵、时尚、快捷的优点，而且还专门为女一号林无敌量身打造了一个精美的30秒贴片广告，可以说是真正把产品紧密融入电视剧中了。编剧的巧妙设计使Aspireone真正产生了无处不在的效应，但又不会让观众反感，费用却又低廉得多。这位在荧屏上装扮邋遢老土，梳着两根麻花辫子，戴着一副大黑框眼镜，箍着牙套，看似与时尚完全不搭边的林无敌却有着智慧、坚强、乐观与善良、向上的精神内涵。而这一特性却与Acer的品牌诉求有着惊人的一致性，Acer中国公

司因此甚至在2月11日专门为Aspireone与《丑女无敌》的紧密合作举行了一个公开的发布会。在发布会上，Acer还特邀林无敌的扮演者李欣汝小姐，担任Aspireone系列携笔记本电脑的形象代言人。正如林无敌一般拥有“无敌魅力”的Aspireone系列笔记本在2008年便成为全球迷你笔记本电脑的璀璨之星，受到全球消费者的热捧，当年9月单月销量就达到了150万台。

借此东风，Acer在搜狐网举行的代言人发布会上还为消费者带来了10.1寸的新款Aspireone，而早在此款笔记本正式发布之前，它已经受到消费者和业内人士的关注。此次发布会的正式亮相，更使它成为大家关注的焦点。

必须指出，金融危机下，商家会寻求性价比更高的营销策略。而植入式广告费用相对低廉，且天生具有更好的话题性。Acer不惜逆市而动，在一个热播电视剧中这样大规模地推广一款中低端产品，与他们在特殊时期的市场策略密切相关。

据Aspireone项目营销策略公关机构——澳卫国际传媒负责人介绍，按照一般的规律，经济萧条时期人们对娱乐的需求会有所提高，但又不愿支付太多的费用，而影视剧是最为重要的娱乐方式，广告商在其中投入植入性广告可以获得更多的受众。此次对Aspireone在《丑女无敌》中的成功植入，就是基于这样的思维模式进行策划的。

据统计，在2008年，中国的综艺娱乐节目中植入式广告产值已超过10亿元，影视剧的植入式广告也愈加受到商家宠爱。在《丑女无敌》里，作为主赞助商的Acer笔记本广告无处不在，可以毫不忌讳地说，《丑女无敌》真正的价值，不在于“翻版山寨”的概念，而在于电视剧掘金模式的出路探索——广告植入。正是商家看到了巨大的品牌提升空间，才愿意掏钱做植入性广告。

事实上，2008年世界性金融危机的蔓延使人们的心理承受能力无一不在经受强力的考验，失业、减薪、破产等不愉快的因素让大家都在寻找能够使心情放松的东西。于是，几乎在每个经济危机的周期似乎都能出现一些轻松诙谐的文艺作品和人物，最典型的例子莫过于1928年美国大萧条期间几乎成了全美国人民精神偶像的小童星秀兰·邓波儿，这个清纯可爱而又逗人发笑的小女孩在那个让人跳楼上吊的绝望时代，绝对是一剂可口良药。

于是，当《丑女无敌》中那个聪明却又丑陋的林无敌在概念广告公司那种紧张乏味的工作环境中虽然搞笑，又如鱼得水的时候，相信很多都市白领阶层在捧腹之余，肯定会有很强的认同感。从这个角度看来，在经济危机时代，影视艺术、健身娱乐产业的积极作用是不容置疑的——那就是为人们减压。

其实植入式广告的方式很多，其手段和效果也是多种多样的，但与传统广告比较，植入式广告具备了传统广告没有的魅力：投资少、曝光率高、打动人、润物细无声。这些特点在经济危机时代，对企业主来说无疑具有强大的吸引力。

以Acer的8.9英寸Aspireone为例，Acer将在《丑女无敌》第二季播出的40天中连续插播40天的30秒广告，并把这款产品通过林无敌的表演和场景设置很深入地植入剧情之中。在澳卫国际传媒创意人员的巧妙设计下，Acer产品被有机融入剧中，而不会使观众对广告，甚至对电视剧产生逆反心理。贴片广告由于与电视剧的人物和情节联系密切，更容易使观众产生亲切感和认同感。这样一个集贴片广告、产品植入、平面广告植入、情节植入于一体的大包，其价值还不及传统硬广告的一半，但效果却远远超过后者。

8.1.2 植入式广告的发展和运作

1. 植入式广告的发展层次

随着媒介环境和营销方式的深入变化，植入式广告从最初单一与节目建立简单关联的方式，逐步发展到品牌与节目紧密结合的更高层次。从渐进过程来看，到现阶段，植入式广告大致经历了如下三个发展层次。

1) 简单植入

广告主通过冠名电视剧场、精彩剧情坊、设置电影场景等特殊形式，将产品广告与节目建立相关性，实现产品、品牌与消费者的互动，以期提高产品销售和提升品牌形象，这是植入式广告发展的初级层次，也是一种比较简单、被广告主广为接受的植入方式。例如，新华电脑教育连续几年都与安徽电视台建立广告合作协议，通过剧场冠名、醒目广告等方式，全面提升新华电脑教育的知名度和品牌内涵，为新华电脑教育成为电脑教育“第一品牌”打下了坚实的基础。

2) 整合植入

将品牌在节目、电影、电视剧中，通过各种植入方式，在不影响节目进行的同时，迅速传递品牌形式，从而达到吸引观众注意力、传播品牌的效果，这种将品牌与广告整合植入的方式，是植入式广告的中级层次，也是一种比较含蓄、潜在的广告方式。例如：湖南卫视和蒙牛合作的“超级女生”，通过海选现场“蒙牛”广告牌、背景灯，跳动“蒙牛”logo和评委席上的产品特写等方式，全面传播“蒙牛”形象，使“蒙牛”更具有自然吸引力。

3) 焦点植入

在电影、电视剧中，灵活地将产品的特性和诉求点，融入整个节目中，使品牌内容成为节目的焦点或情节开展的主线，达到“广告不像广告”的最佳境界，这种广告形式属于较高层次的植入式广告，深受广告主的青睐。例如，在2006年新上映的法国电影《快速极限》中，男主角的坐驾——奥迪轿车，在故事情节中发挥着很大的作用，通过多方场景展示了该车的性能，间接提升了“奥迪”的品牌价值。

2. 植入式广告的运作模式

从目前所见各种媒介内容的植入方式来看，植入式广告可以分为四种运作模式，即场景植入、对白植入、情节植入和形象植入。

1) 场景植入

场景植入主要是指品牌视觉符号或商品本身作为媒介内容中故事发生的场景或场景组成的一部分出现。比如，在《天下无贼》影片开头，一对贼男女为了勒索一位富翁，刘德华扮演的男贼用佳能摄像机摄下富翁对女贼的不轨举动；在西藏的寺庙，男贼窃得一大袋手机，镜头扫过，品牌全都是诺基亚；男女主角互发短信时，特写镜头手机屏幕上滚过中国移动“全球通”的巨大logo；火车上张贴在车厢内的《北京晨报》，随着剧情的展开，宝马汽车、惠普电脑、淘宝网、长城润滑油等也不时地进入镜头，不下数十个品牌，在电影的场景中出现。

需要说明的是，品牌或产品的场景植入是一种相对比较消极的信息传播方式，镜头一闪而过，其展示的时间短暂有限。因此，只有成熟的品牌才比较适合通过这种方式将品牌印迹一次次地“植入”观众的头脑。

2) 对白植入

对白植入是指在电影、电视剧、小说等中通过人物的对话巧妙地将品牌植入其中。《阿甘正传》里有一句经典台词：“见美国总统最美的几件事之一是可以畅饮‘彭泉’汽水。”在《一声叹息》里，徐帆时刻不忘提醒亲朋好友：“我家特好找，就在欧陆经典。”在《我的希腊婚礼》中，女主角说：“我老爸只相信两件事，第一件事是要教育美国人，第二件事是任何身体上的问题，不管是红疹或是鸡眼，只要喷稳洁就会好了……”

3) 情节植入

情节植入是指某一品牌的商品成为推动整个故事情节的有机组成部分，品牌或商品不再仅仅是在生活场景或人物对白中出现，而是几乎贯穿于整个故事。例如，好莱坞电影《一线声机》，瑞恩有天突然接到一个名为杰茜卡的陌生女人的电话，声称她被绑架了，绑匪下一个目标是她的儿子，请求他不要挂断手机，去警察局报案。影片自始至终无法离开手机，最后手机内置的摄像功能，保存了罪犯们的犯罪证据，得以将之绳之以法。一部电影，几乎是手机品牌诺基亚的“广告片”。而国内影片《手机》，几乎是摩托罗拉手机的品牌秀场。要注意的是，这种纯粹的情节植入，容易忽略电影情节与品牌形象及个性内在的契合性，虽增加了摩托罗拉品牌的暴露度，但无助于其品牌形象的提升。

4) 形象植入

形象植入是指根据品牌所具有的符号意义，将某一品牌商品或服务，植入电影、电视或其他媒介之中，成为故事主人公个性和内涵的外在表现形式，同时通过故事情节或生活细节，不断演绎品牌原有的意义，丰富品牌内涵，增强品牌的个性，进一步提升品牌形象。例如，影片《电子情书》中，女主角每天清晨自信地走在纽约上西区的街头，总会先去星巴克咖啡店外带一杯咖啡，而每天晚上，会打开她的苹果电脑，进入 AOL.com 开始收发 e-mail。星巴克咖啡、苹果电脑和 AOL.com 网站，这些品牌的形象、个性及其所具有的社会象征意义，已经成为女主人公角色演绎的道具，同时影片中剧情，以及女主角的形象、气质，又在不断地强化着这些品牌所具有的符号意义。电影《007》中，邦德又酷又帅，智慧、勇敢的英雄形象，其实离不开邦德所驾驶的同样又酷又帅的各种汽车，虽然影片中未刻意突出品牌，但汽车厂商的线下宣传，已巧妙地将电影故事演化成为品牌故事，主人公邦德俨然成为汽车品牌的形象代言人。

从受众接受信息的角度，可以将植入式广告分为听觉植入、视觉植入和视听觉植入三种形式。听觉植入是以口头方式提及产品之品牌名称；视觉植入则需要配合剧情，在镜头中露出产品、品牌或商标；视听觉植入则注重脚本对白与画面的缜密设计，除在画面中展示产品外，还要口头提及产品的品牌名称，加深观众对产品的印象。

尽管植入式广告是未来影视广告的发展趋势之一，但如何运营将是对广告媒介经营方，尤其是电视媒介的战略思维的考验。结合植入式广告的特点和广告媒介的自身经营状况，经营中首要思考的关键在于以下几方面。

(1) 品牌与节目内容要最大化整合。

作为完美的植入式广告，其产品、品牌应该与节目、电影、电视剧融为一体，这需要媒介自身精心组织和策划，需要媒介经营单位具有敏锐感觉、高超的企划能力和对社会生活中各种新生事物和流行时尚的高度敏感与关注。同时，媒介需要与广告主、专业制作公司等广泛接触，根据产品、品牌和广告主的市场需求，综合考虑、量身定做，使产品、品牌和节目相吻合，并兼顾“市场取向”和“社会取向”双丰收。要使品牌与节目内容实现最大化整合，必须具备两个基础：一是节目诉求的价值观与品牌的价值尽量一致，二是目标观众和产品的目标消费者要有共同点。具备这两个基础才能取得植入式广告的最佳效益。

(2) 多方协作和配合，打造团队竞争力。

在实施植入式广告的过程中，不仅广告主、中介公司和媒介通力合作，而且媒介经营单位内部的广告销售部门、策划部门、节目研发和推广部门也要全面配合。只有将某一植入式广告作为一段时间内媒介的整体项目，才能凝聚媒介自身的力量，制作高水平、高影响力的节目，而不仅仅是广告销售部门或节目研发部门的事情。作为媒介经营单位，要充分发挥人才、技术和制作优势，凝结团队力量，打造团结竞争力文化。

(3) 有效实现植入式广告的“软着陆”。

植入式广告讲求以不露声色的“润物细无声”方式，巧妙地将广告融入节目中，让观众不知不觉接受产品信息。应该避免将与情景、道具、场景无关的广告生硬地植入到节目中，以及避免一味地追求品牌出现的频次而忽略观众注意力的“抗体”，以免造成观众心理上的反感，从而对品牌形成负面影响。

(4) 建立植入式广告的检验和评估体系。

一个好的植入式广告的执行，不仅应在事前和广告主沟通，事中根据市场和节目适时调整，而且事后还需要进行评估。这个检验和评估体系，需要媒介经营单位有个综合衡量的标准，例如，对植入式广告的价值、画面的听觉视觉、市场效果、品牌提升度、影响力的量化等。这不仅能对植入式广告提供一个综合的考量指标，明确广告主的投资透明度，同时对媒介的定价、科学评判、经验吸取也提供了参考依据。当然，检验和评估体系的建立并非简易之事，需要媒介在综合各方的意见和经验的基础之上，逐步建立起来。

另外，运用植入式广告进行品牌传播还应重点注意如下一些环节。

(1) 要充分考虑目标人群。

要分析广告主的目标消费者与影视剧或节目的目标受众是否存在着交集，这是广告主采用植入式广告时优先考虑的问题。例如，在一部以家庭主妇为目标受众的电视剧中植入最前沿 IT 类产品就比较不合适。植入式广告及其载体的目标受众群的分离将会造成广告的无效或低效投放。

(2) 要考虑品牌或产品自身的特点。

虽然植入式广告是一种有效的信息传递方式，但是并非任何一种产品使用此

种方式都会取得良好的信息传播效果。因此，要先从产品自身的特点出发，来判断其是否适合于植入式广告。因为植入式广告首先是一种较隐蔽的信息传播方式，这种方式比较适合那些处在企业产品生命周期阶段的中期及以后的产品或品牌，这些产品或品牌已经建立了一定的知名度，而不太适合那些处在导入期的新产品或新品牌。当产品或品牌处在导入期的时候，消费者对该产品或品牌相对比较陌生，可能不会注意到被植入的该种品牌产品；而当品牌处在品牌生命周期的中后期时，品牌已经深入消费者内心，通过植入式广告可以巩固消费者对该品牌产品的记忆和认识，延续其品牌价值。

运营植入式广告的关键在于，如何同时满足剧情和营销传播的要求。如果过分迁就剧情传播，可能会影响广告的传播质量，导致信息偏离营销传播的协调性，与整合营销传播的要求相悖；反之，过度强调营销信息又可能影响剧情，甚至引起目标受众的反感。因此，信息的整合是成功的关键所在，广告主作为赞助商应与编剧、导演充分沟通，广告植入的痕迹越少，与剧情结合得越自然，传播的效果也就越好。另外，植入式广告也必须注重广告伦理，虽然目前这方面的相关研究不多，但在影视剧或节目内容中也应限制植入式广告的数量，防止过度商品化的倾向，这有利于避免各种广告的相互干扰，以及避免引起观众的逆反心理。

在实际操作中，为了扩大影响或强化品牌形象，植入式广告可以与显性广告、软性广告相结合。例如，在电影《双雄》和《手机》中，赞助商品牌出现在电影海报上，广告主作为赞助商参加剧组组织的观众见面会，使观众在入场前就有所期许，可以加深观众对影片中出现的商品的印象，形成一种呼应。此外，植入式广告同时还可以配合SP(sales promotion)活动进行，例如，在放映现场(特别是首映式现场)赠送纪念品或试用装，以期强化品牌接触和形成试用。

3. 植入式广告的发展趋势

植入式广告具有可观的发展前景。ITVx公司执行总裁Frank Zazza认为，植入式广告发展迅猛，就如同20世纪90年代末的网络公司，娱乐与广告的界限还没有消失，但它正朝着这个方向发展。全球品牌内容营销协会公布的数据显示：2003年品牌内容营销的市场产值，美国为17亿美元；英国为5.5亿美元；澳大利亚还处在初级阶段，为1亿美元。CBS主席曾说，在2005年随后的季节，美国主要电视网的电视剧将有75%的资金来源于植入式广告。

植入式广告的发展主要呈现如下趋势。

1) 发展全球化

随着经济全球化的发展，尤其电影、娱乐、传媒产业的全球化发展，植入式广告从欧美正迅速向全球蔓延。作为一种营销方式，植入式广告随着好莱坞大片而进入中国，并向世界蔓延。

2) 涉及领域广泛化

尽管欧美的电视产业最早开始运用植入式广告，然而是好莱坞的电影产业使其成为一种令人注目的成功商务运作模式。这种商务运作模式正从传统的电影、电视、出版等领域，扩展至其他领域，包括游戏、体育、音乐、数据库等，乃至人们的生活形态和日常活动项目，比如夏令营。

3) 媒介运用多样化

随着新媒介、新技术的发展，植入式广告运用所涉及的媒介几乎无所不包，从传统的媒介，到互联网、手机乃至直邮和户外媒介，只要是能传递信息的介质，就可以成为植入式广告的载体。

4) 模式复杂化

具体运作植入式广告的活动中，许多公司已突破单纯的在某一媒介或领域中的内容植入，而是进行更加复杂的交互式植入，或者将隐性的植入式广告与显性的广告活动相结合，使广告效果最大化。

例如，金山公司先在影片《功夫》DVD 做贴片广告，随后在其推出的游戏《封神榜》中植入《功夫》影片中“猪笼城”全景和部分影片人物，逼真地再现了电影中那个发生精彩故事的地方，并在全国 1 035 家大小网吧张贴印有周星驰形象的《封神榜》海报，而《功夫》则在全国 120 家一线影院打出“有《功夫》就上《封神榜》”的宣传牌。

案例

广告视点 8-2

宝马的植入式营销

2003 年上演的美国大片《偷天换日》中，令人印象深刻的是三辆 Mini Cooper。而影片中的植入式广告是宝马公司在 2002 年冬为 Mini Cooper 推出而进行的全球性营销活动“Mission Mini”的延续。宝马公司事先请了侦探小说家为 Mini Cooper 创作了一部没有结尾的小说《Mission Mini》，小说描述一位纽约当代著名艺术家存放于巴塞罗那的六幅拼贴式艺术作品突然失踪，当地警方对案件束手无策，名侦探 Sam Cooper 与其最佳拍档 Mini Cooper 穿行于巴塞罗那的大街小巷，查实案件，找出窃贼。来自全球的 90 位参赛者，在这个名为“Mission Mini”的比赛中，与 Sam Cooper 联手合作当侦探，驾驶 Mini Cooper 破案，为这本小说写下真正的结局。2003 年影片上映后，宝马公司组织全球车主和车迷观看这部同样以寻宝为主题的植入式广告影片。宝马公司为其 Mini Cooper 推广所进行的植入式广告运作真可谓出神入化。

8.2 网络广告

8.2.1 网络广告的内涵

1. 网络广告的起源和发展

追本溯源，网络广告最早出现于 1994 年的美国。1994 年 10 月 14 日，美国著名的《Wired》杂志推出了网络版的 Hotwired(www.hotwired.com)，其主页上开始有 AT&T 等 14 个客户的广告 banner。这是广告史上里程碑式的一个标志，同时也让网络开发商与服务商看到了一条光明的道路。

从 1994 年的商业化运作开始，Internet 就以非常规的速度发展，它只用 4 年

时间就成为拥有 5 000 万用户的新兴“第四类媒介”，而报纸达到同样规模却用了 1 个世纪，无线广播经过 38 年发展才有同样规模，连现代的电视媒介也经历了 13 年发展才达到拥有 5 000 万用户的规模。Internet 的媒介特性推动了网络广告(Internet advertisement)的诞生和发展，而且从一开始就成为广告业的奇葩。根据 IAB(Internet Advertising Bureau)的统计，1997 年的网络广告收入达到 9.06 亿美元，在 1998 年，网络广告的收入就翻番增长到 19.6 亿美元，并一举超过户外广告收入，占当年总广告收入的 4%，其中消费品类占 27%，计算机类占 23%，金融类占 16%，电信类占 11%，媒介类占 7%。但是，2000 年网络经济泡沫破裂之后，2002 年网络广告跌入最低潮。美国网络咨询公司 eMarketer 预计，从 2003—2005 年的网络广告收入分别为 63 亿美元、68 亿美元和 72 亿美元，到 2006 年，广告市场才能恢复到 2000 年 81 亿美元的水平。网络经济经过适应期后，已经踏入稳步增长的境界。

我国 Internet 发展较晚，网络广告从 1997 年起步，传播网站是 Chinabyte，广告主是 Intel，广告表现形式为 468 像素×60 像素的动画旗帜广告。Intel 和 IBM 是国内最早在互联网上投放广告的广告主。1998 年，我国网络广告收入就达到 1 800 万元，虽然仅占全年广告收入总额 520 亿元很少的比例，但惊人的增长速度足以证明其巨大的发展潜力。

1997 年后，经过短短 3 年的发展，我国的网络广告的形式就已被许多企业接受和采纳，而且取得较好的广告效果。例如，方正科技电脑系统有限公司在雅虎、搜狐、ZDNet 中文网站和新浪上全面投放了广告后，访问公司站点人数由原来 2 年内总计访问量不过 2 万多人迅速增加，现在一直稳定在每天 3 000 多人的访问量，极大提高了方正电脑的知名度。

网络广告是伴随着 ISP/ICP 的成长而发展的，ISP(Internet Service Provider)/ICP(Internet Content Provider)的网站是网络广告发布的主要渠道。而且网络广告的发展也已经成为推动 ISP/ICP 发展的巨大动力。许多 ISP/ICP 的网站通过广告收入开始赢利，并推动了 ISP/ICP 不断丰富信息和增加服务以求吸引更多网民，网站的媒介价值得以提高从而吸引更多的网络广告。1998 年是我国 ISP/ICP 和网络广告共同壮大发展的一年，许多 ISP/ICP 从提供“免费午餐”中寻求到了商机，网络广告成为推动 ISP/ICP 发展的动力，反过来 ISP/ICP 发展带动了网络广告的发展，网络广告的发展与 ISP/ICP 的发展形成互相推动的良性循环发展格局。

根据 iResearch 的调研数据显示，2006 年中国网络广告市场规模为 46.6 亿元，比 2005 年增长 48.9%。2006 年中国网络营销市场规模为 60.1 亿元，其中，品牌图形类广告占整个网络营销市场比例为 49.6%，其次为竞价排名广告，占网络营销市场的 22.5%，固定文字链广告占 7.8%，分类广告占 5.8%，富媒介广告占 4.2%，邮件营销占 2.8%。根据 iResearch 对中国网络广告不同载体的调研数据显示，在 2006 年 46.6 亿元网络广告市场规模中，网站媒介以 40.5 亿元占 86.9%比重，邮件营销占 3.6%，网络游戏内置广告占 2.6%，数字杂志占 1.9%，在线影视广告占 1.7%。

2. 网络广告的定义与特点

从媒介的意义上说，网络广告就是在网络上做的广告。通俗地讲，网络广告是指广告主利用一些受众密集或有特征的网站以图片、文字、动画、视频或与网站内容相结合的方式传播自身的商业信息，并设置链接到某目的网页的过程。

与传统的四大传播媒介(报纸、杂志、电视、广播)广告及近来备受垂青的户外广告相比，网络广告具有得天独厚的优势，是实施现代营销媒介战略的重要一部分。Internet 是一个全新的广告媒介，速度最快，效果很理想，是中小企业扩展壮大的很好途径，对于广泛开展国际业务的公司更是如此。

凭借互联网具有的不同于传统媒介的交互、多媒介和高效的独有特性，网络广告呈现出不同于传统媒介广告的特点。

1) 传播范围广

网络广告的传播范围极其广泛，不受时间和空间的限制，可以通过国际互联网把广告信息 24 小时不间断地传播到世界各地。如今，互联网已经连通了 160 多个国家，全球网民已超过 1 亿多，中国也超过了 800 万，并且这些用户群正不断加速发展壮大。作为网络广告的受众，只要具备上网条件，任何人在任何地点都可以随时随意浏览广告信息。

2) 交互性强

传统媒介广告的信息沟通是单向的，受众只能被动接受和选择信息。而网络广告是一种交互式的与受众进行双向沟通的“活”广告，受众可以对感兴趣的广告通过 Internet 深入了解更多信息，甚至可以直接与商家进行建议咨询和交易洽谈，受众是广告的主人，而厂商也可以随时得到宝贵的用户反馈信息，它是一对一的直接沟通。因此，网络广告主要通过“pull” (拉)的方法吸引受众注意，受众可自由查询，可避免传统“push”(推)式广告中受众注意力集中的无效性和被动性。

3) 针对性明确

网络广告目标群确定，由于点阅信息者即为有兴趣者，所以可以直接命中有可能用户，并可以为不同的受众推出不同的广告内容。尤其是垂直类电子商务网站，浏览用户大都是企业界人士，网上广告就更具针对性了。

4) 受众数量可准确统计

利用传统媒介做广告，很难准确地知道有多少人接收到广告信息，而在互联网上可通过权威公正的访客流量统计系统精确统计出每个广告主的广告被多少个用户看过，以及这些用户查阅的时间分布和地域分布。这样，借助分析工具，成效易体现，客户群体清晰易辨，广告行为收益也能准确计量，有助于广告主正确评估广告效果，制订广告投放策略，对广告目标更有把握。

5) 灵活、成本低

在传统媒介上做广告，发布后很难更改，即使可改动往往也须付出很大的经济代价。而在 Internet 上做广告能按照需要及时变更广告内容，当然包括改正错误。这就使经营决策的变化可以及时地实施和推广。作为新兴的媒介，网络媒介的收费也远低于传统媒介。若能直接利用网络广告进行产品销售，则可节省更多

销售成本。

6) 感官性强

传统广告由于受媒介的时间和版面的限制，其内容只能删繁就简，突出重点；而网络广告则基本不受这样的限制，可以将广告做得十分详尽，以满足想进一步详细了解有关情况的用户的需要。网络广告的载体基本上是多媒介、超文本格式文件，可以使消费者能亲身体验产品、服务与品牌。其表现形式可以采用动态影像、文字、声音、图像、表格、动画、三维空间、虚拟现实等，创作人员可以根据广告创意的需要进行任意的组合创作，从而有助于最大限度地调动各种艺术表现手段，制作出形式多样、生动活泼，能够激发消费者购买欲望的广告，传送多感官的信息，让消费者如身临其境般感受商品或服务。

7) 可控性强

运用传统媒介发布广告，广告的评价与控制比较困难，因为无法确切地知道有多少人接收到了你所发布的广告信息和反馈情况。而发布的网络广告就能很容易地及时统计每条广告被多少用户看过，以及这些用户浏览这些广告的时间分布、地理分布等反映情况，广告主和广告商可以实时评估广告效果，进而审定他们的广告策略合理性和进行相应调整。另外，网络广告收费可根据有效访问量进行计费，广告发布者可以有效评估广告效果并按效果付费，避免过去传统广告的失控性和无效性。

案例

广告视点 8-3

阿迪达斯的互动广告

1. 广告背景

阿迪达斯在2007年末推出一辑广告，囊括了足球、跳水、篮球、排球四个项目。这几个项目在世界性范围内的影响力很强，要远远大于中国其他的传统强项。阿迪达斯作为奥运合作伙伴的地位，可以从一口气抬出这几项运动的霸气和规模上得到彰显。

2. 广告设计

打开网页，页面两边的对联第一时间进入用户眼帘，两名女排选手振臂扣球，你来我挡，趣味多多。鼠标轻轻滑过，对联中间主画面瞬间呈现，女排选手们争先跳起拦网，而身后是无数的手臂、无数的人。这样的场面只有一个词来形容，国人与运动员一起，众志成城，这样的防守有谁能突破呢?

广告主画面里有统一的"没有不可能，一起2008"的广告语。在对联画面上有显眼的阿迪达斯logo与北京奥运logo并列的北京2008年的奥运会合作伙伴大标志。整则广告以比赛形式展现，互动性强，表现出不一样的视觉冲击力，有效突出了阿迪达斯的品牌内涵!

3. 广告点评

1) 创意表现：★★★★

一种氛围、一份激情、一种胜利、一片欢呼，沙滩中滋生出来的年轻活力一派，在飞跃中展现实力，拼搏中夺取尊贵。“没有不可能，一起 2008”口号在模拟场景中分外夺目，将用户眼球充分聚焦。广告场景的精妙布局，人物动作设计的逼真，对联与主画面的完美互动……都充分加深了受众对品牌的认知度。

2) 互动性：★★★★

广告最抢眼之处就是对联与主画面之间的巧妙互动，让人身临其境、乐趣无穷，这正是网络广告的精髓及富媒介魅力所在!

3) 总体评价：★★★

众望就是希望，扣出你的热情，中国女排在飞跃中展现实力，在互动通富媒介技术支撑和阿迪达斯生生不息的体育精神烘托下，平添了更多伟大的期望。

8.2.2 网络广告的类型

1. 网络广告的类型划分

网络广告的形式充分利用了互联网的两大应用：E-mail 和网络媒介本身。因此，实际上网络广告有很多表现形式，主要有两大类。一是基于 E-mail 的网络广告形式，包括直接电子邮件广告、邮件列表广告和新闻讨论组等。这种广告形式按照 CPM 计价相对很便宜，但因为它通常是未经用户的允许而进行的，容易引起用户的反感和抵触心理。二是基于网络媒介的网络广告，包括网幅广告、文本链接广告、电子邮件广告、主页型广告、赞助式广告、插播式广告、富媒介广告和其他广告。具体来看，有如下几种表现形式。

1) 网幅广告

网幅广告是最早的网络广告形式，包含 button、banner、通栏、竖边、巨幅等，是以 GIF、JPG、Flash 等格式建立的图像文件，定位在网页中大多用来表现广告内容，同时还可使用 Java 等语言使其产生交互性，用 Shockwave 等插件工具增强表现力。以下介绍 button 和 banner 两种网幅广告。

(1) button。button 即按钮型广告，这是网络广告最早的和常见的形式。通常是一个链接着公司的主页或站点的公司标志(logo)，并注明“click me”字样，希望网络浏览者主动来点击。button 的不足在于其被动性和有限性，它要求浏览者主动点选，这样才能了解有关企业或产品的更为详尽的信息。

(2) banner。网络媒介者在自己网站的页面中分割出一定大小的一个画面(视各媒介的版面规划而定)发布广告，因其像一面旗帜，故也称为旗帜型广告。它通常有四种形式：全幅，尺寸为 468 像素×60 像素；全幅加直式导航条，尺寸为 392 像素×72 像素；半幅，尺寸为 234 像素×60 像素；直幅，尺寸为 120 像素×240 像素。banner 允许客户用极简练的语言、图片介绍企业的产品或宣传企业形象。它又分为非链接型 banner 和链接型 banner 两种。非链接型 banner 不与广告主的主页或网站相链接，浏览者可以点选，进而看到广告主想要传递的更详细信息。链接型 banner 与广告主的主页或网站相链接，浏览者直接点击相应按钮即可浏览信息。为了吸引更多的浏览者注意并点选，banner 通常利用多种多样的艺术形式进行处理，如做成动画跳动效果、霓虹灯的闪烁效果等。

2) 文本链接广告

文本链接广告是一种对浏览者干扰最少，但却最有效果的网络广告形式。整个网络广告界都在寻找新的宽带广告形式，但某些情况下，最小带宽、最简单的广告形式，其效果反而更好。实际操作中，可以在热门站点的 web 页上放置可以直接访问其他站点的链接，通过热门站点的访问，吸引一部分流量对链接的站点进行访问。

3) 电子邮件广告

调查表明，电子邮件是网民最经常使用的 Internet 工具。只有不到 30%的网民每天上网浏览信息，但却有超过 70%的网民每天使用电子邮件。企业管理人员尤其如此。

电子邮件广告具有针对性强(除非肆意滥发)、费用低廉的特点，且广告内容不受限制。它可以针对具体某一个人发送特定的广告，为其他网上广告方式所不及。

电子邮件广告一般采用文本格式或 html 格式。通常采用的是文本格式，就是把一段广告性的文字放置在新闻邮件或经许可的 E-mail 中间，也可以设置一个 URL，链接到广告主公司主页，或者提供产品或服务的特定页面。html 格式的电子邮件广告可以插入图片，和网页上的网幅广告没有什么区别，但是因为许多电子邮件的系统是不兼容的，html 格式的电子邮件广告并不是每个人都能完整地看到的，因此把邮件广告做得越简单越好，文本格式的电子邮件广告兼容性最好。

电子邮件广告在直复营销方面的应用最为广泛。提及电子邮件广告，人们往往容易联想到垃圾邮件。垃圾邮件就是，相同的信息在互联网中被复制了无数遍，并且一直试图将其强加给那些不乐意接受它们的人群。大部分垃圾邮件是商业广告，关乎一些可疑的产品、“迅速发财”诀窍或准合法性质的服务。发送垃圾邮件会引起收件者的不满，这是一种极其危险的市场策略。

4) 主页型广告

对于大多数企业来说，进入网络广告领域的第一步就是建立自己的企业网站。这些网站的建立仅仅是因为这些企业认为有一个网站是一件很酷的事情，使公司看起来比较新潮，也担心因为没有网站而在竞争中处于劣势。这种网站的雏形就是企业宣传用小册子的在线版。

但是，广告主慢慢会发现，简单的在线版小册子并不能把产品描述清楚，这样的网站无法体现网络的优越性。广告主开始把所有的关于产品的信息搬到网上来，让潜在的消费者通过网络知道尽可能多的信息。与此同时，广告主开始注重网站的趣味性与知识性，这样可以吸引更多的浏览者。当然，也不能本末倒置，企业网站还是要以产品为中心。

主页型广告就是将企业所要发布的信息内容分门别类制作成主页，置放在网络服务商的站点或企业自己建立的站点上。主页型广告可以详细地介绍企业的相关信息，如发展规划、主要产品与技术、产品订单、售后服务、战略联盟、年度经营报告、主要经营业绩、联系办法等，从而让用户全面地了解企业及企业的产

品和服务。

最重要的一点，企业网站必须要有能把作为潜在消费者的浏览者变为最终消费者的能力。举例来说，在凯迪拉克公司的网站(www.cadillac.com)上，每一个浏览者都可以定制自己所要购买的汽车。在网上的陈列室里，顾客可以选择自己中意的汽车型号，屏幕上就会显示出该型汽车的图片，接下来，顾客可以选择他所想要的附件，从车身颜色到内部装潢都可以。顾客每选择一次，屏幕上的图片就会作出相应的改变。当顾客把整辆车拼装完成后，网页上会显示最终的价格，并可以让顾客选择最近的供货商，便于顾客交易。这一切顾客都可在家中完成，随意舒适、方便快捷，这一切都是互联网带来的。

5) 赞助式广告

赞助式广告的形式多种多样，在传统的网幅广告之外，给予广告主更多的选择。赞助式广告的定义至今仍未有明确划分，Double Click Asia 台湾区营销总监伍臻祥则提出，凡是所有非旗帜形式的网络广告，都可算作是赞助式广告。这种概念下的赞助式广告其实可分为广告置放点的植入，以及广告内容与频道信息的结合形式。

广告与内容的结合可以说是赞助式广告的一种，从表面上看起来它们更像网页上的内容而并非广告。在传统的印刷媒介上，这类广告都会有明显的标示，指出这是广告，而在网页上通常没有清楚的界限。

这种广告以网页内容的形式出现，所以它们的点击率往往会比普通的广告高一些。然而，广告主在做这种广告的时候需要非常小心，如果让浏览者有受骗上当的感觉，就会对品牌造成负面的影响。与内容结合式的广告最引人争议之处在于，商业利益与媒介内容混淆不清。国外常见的浏览整合的广告方式，将广告主的网站链接或图像整合在网站首页的功能表中，虽然可以降低受众对广告的抗拒，但可能引发他们对网站产生排斥与不信任。值得注意的是，广告主可能为了广告的诉求而提供偏颇的信息，受众通常也难以分辨其中的真假，这对网络媒介的资讯内容也可能造成冲突。

6) 插播式广告

插播式广告的英文名称为 interstitial，不同的机构对此的定义可能有一定的差别。在中国互联网络信息中心(www.CNNIC.cn)关于网站流量术语的解释中，将 interstitial 定义为空隙页面，描述为："空隙页面是一个在访问者和网站间内容正常递送之中插入的页面。空隙页面被递送给访问者，但实际上并没有被访问者明确请求过。"好耶广告网(www.allyes.com)在"网络广告术语库"中对 interstitial 的解释为弹出式广告，即访客在请求登录网页时强制插入一个广告页面或弹出广告窗口。全球网络经济资讯网(http://www.itbase.com.tw)对 interstitial 的定义为插入式广告，即在等待网页下载的空档期间出现，以另开一个浏览视窗的形式的网络广告。不过，在台湾的一些专业文章中，也常用"插播式广告"这一概念。有时也常将 interstitial 和 pop-up 统称为插播式广告。虽然一些网站或机构对弹出式广告和插播式广告的理解有一定的差别，但基本上也可以将两者理解为同一类型，或者说，弹出式广告是插播式广告的一个类别。

这种形式有些类似于电视广告，都是打断正常节目的播放，强迫观看。插播式广告有各种尺寸，包括全屏和小窗口的，而且互动的程度也不同，包括静态的和全动态的。浏览者可以通过关闭窗口不看广告(电视广告是无法做到的)，但是它们的出现没有任何征兆。广告主很喜欢这种广告形式，因为它们肯定会被浏览者看到。只要网络带宽足够，广告主完全可以使用全屏动画的插播式广告，这样屏幕上就没有什么能与广告主的信息“竞争”了。

插播式广告的缺点就是可能引起浏览者的反感。互联网是一个免费的信息交换媒介。大多数的普通网民有自己的浏览习惯，选择自己要看的网站，点击他们想点的东西。当网站或广告主强迫他们浏览广告时，往往会使他们反感。为避免这种情况的发生，许多网站都使用了弹出窗口式广告，而且只有 1/8 屏幕的大小，这样可以不影响正常的浏览。

7) 富媒介广告

富媒介广告一般指综合运用了 FLASH、视频和 Javascript 等脚本语言技术制作的，具有复杂视觉效果和交互功能的网络广告。

富媒介广告的特点在于以下几点。

(1) 富媒介广告通常尺寸比较大，通过视频或交互的内容播放可以容纳更多的广告信息，甚至可以让受众不需要点击到广告主网站上即可了解广告主的企业及产品的详细内容。

(2) 富媒介广告自身通过程序语言设计就可以实现游戏、调查、竞赛等相对复杂的用户交互功能，可以为广告主与受众之间搭建一个沟通交流平台。

8) 其他网络广告

网络广告还包括如下一些表现形式。

(1) 列表分类播发型广告。列表分类播发型广告即利用电子邮件列表和新闻组(专题讨论组)列表，将客户的广告信息按信息类别发向相应的邮件地址和新闻组。

(2) 电子杂志广告。利用免费订阅的电子杂志发布广告，电子杂志的版面与一般的 web 页广告类似，广告形式可以是文字或图片。

(3) 新闻式广告。新闻式广告利用网上虚拟社区或公告栏 BBS 发布有关产品、企业的广告信息，但不以直接广告的形式发布，而是以新闻形式，以免引起反感。

(4) 关键字广告。关键字广告主要是在关键字搜索引擎上，当用户搜索有关的关键字时，网页在出现检索的内容同时，还出现投放广告企业的链接。

(5) 屏保广告。屏保能在计算机空闲时以全屏的方式播放动画，并且能配上声音，可以说屏保是 PC 上最好的广告载体。许多知名品牌都制作了自己的屏保程序放在网上供用户下载，而且用户也会使用 E-mail 来传递屏保程序。好的屏保可以得到相当广的流传，制作公司可以用很小的投入换来极佳的宣传效果。

(6) 书签和工具栏广告。浏览器的收藏夹和工具栏现在也成了广告的载体。某些软件会在用户安装的同时，在用户的浏览器工具栏上生成广告的按钮。

(7) 指针广告。在网页上的每一样东西都有可能成为广告的载体，甚至鼠标指针也能成为品牌宣传的工具。Comet Systems 公司(网址为 www.cometsystems.com)开了指针广告之先河，通过使用他们的软件，用户可以指定任何图片成为鼠标的指针，用户所浏览的网页也可指定特定的图片成为指针的形状。比如，一家网上花店，可以把鼠标设定成一朵花，当用户点击他所要订购的花卉时，鼠标指针又变成“打 x 折”的字样。当然，要使用这种可变化的鼠标，用户一定要下载并安装 Comet Systems 软件，虽然这是一个极其简单的过程，但也会成为用户使用它的一个障碍，除非今后的 Internet Explorer 或 Netscape 内置这种功能，否则用户的数量将会非常有限。

广告主也会采用综合型广告，即同时采用上述广告方式中的几种，以求达到更好的广告目的和营销效果。

2. 网络广告的发布途径

广告主如何通过 Internet 发布企业的广告，从目前来看，一般有如下几种方式。企业可以根据自身的需求，从中选择一种或几种方式。

1) 主页形式

建立自己的主页，对于大公司来说，是一种必然的趋势。这不但是一种企业形象的树立，也是宣传产品的良好工具。实际上，在互联网上做广告，归根结底要设立公司自己的主页。其他的网络广告形式，无论是黄页、工业名录、免费的 Internet 服务广告，还是网上报纸、新闻组，都是提供了一种快速链接至公司主页的形式。所以说，在 Internet 上做广告，建立公司的 web 主页是最根本的。主页形式是公司在 Internet 进行广告宣传的主要形式。按照今后的发展趋势，一个公司的主页地址也会像公司的地址、名称、标志、电话、传真一样，是独有的，是公司的标志，将成为公司的无形资产。

2) 网络内容服务商

网络内容服务商(ICP)由于提供了大量的互联网用户需要的、感兴趣的免费信息服务，因此网站的访问量非常大，是网上最引人关注的站点。国内有许多这样的 ICP，如新浪、搜狐、网易、Chinabyte 等都提供大量的新闻、评论、生活常识、财经等内容的信息。目前这些网站是网络广告发布的主要阵地，2001 年以前这些网站上发布的网络广告形式还主要是 banner。到了现在，随着网络技术的发展和完善，都开始推出全新的专业性的网络广告来适应企业的不同要求。

3) 专类销售网

这是一种专类产品直接在 Internet 上进行营销售的方式。现在有越来越多的这样的网络出现，著名的如 Automobile Buyer's Network、AutoBytel 等。以 Automobile Buyer's Network 为例，消费者只要在一张表中填上自己所需汽车的类型、价位、制造者、型号等信息，然后轻轻按一下“Search”(搜索)键，计算机屏幕上就可以马上出现完全满足消费者需要的汽车的各种细节，当然还包括何处可以购买到此种汽车的信息。另外，消费者考虑购买汽车时，很有可能首先通过此类网络进行查询，所以，对于汽车代理商和销售商来说，这是一种很有效的互联网广告方式。汽车代理商只要在网上注册，那么其所销售汽车的细节就进入了网络的数据库中，也就有可能被消费者查询到。与汽车销售网类似，其他类别

产品的代理商和销售商也可以连入相应的销售网络，从而无须付出太大的代价就可以将公司的产品及时地呈现在世界各地的用户面前。

4) 免费的互联网服务

在互联网上有许多免费的服务，如国外的 http://www.hotmail.com，以及国内的 http://www.163.net、http://www.eyou.com、http://www.126.com 等都提供免费的 E-mail 服务，很多用户都喜欢使用。由于 Internet 上广告内容繁多，即使公司建有自己的 web 页面，还是需要用户主动通过大量的搜索查询工作，才能看到广告的内容。而这些免费的 Internet 服务就不同，它能帮助公司将广告主动送至既使用该免费 E-mail 服务，又想查询此方面内容的用户手中。

5) 黄页形式

在 Internet 上有一些专门的用于查询检索服务的网络服务商的站点，如 Yahoo、Infoseek、Excite 等。这些站点就如同电话黄页一样，按类别划分，便于用户进行站点的查询。在其页面上，都会留出一定的位置给企业做广告。比如在 Excite 上，你在“Search”一栏中填入关键字“automobile”，Excite 页面的中上部就会出现某汽车公司的广告图标。在这些页面上做广告的好处如下：一是针对性强，在查询的过程中一般都是以关键字区分的，所以广告的针对性较强；二是醒目，广告处于页面的明显处，较易为正在查询相关问题的用户所注意，容易成为用户浏览的首选。

6) 企业名录

一些 Internet 服务提供者(ISP)或政府机构会将一些企业信息融入其主页中。如香港贸易发展局(Hong Kong Trade Development Council)的主页中就融有汽车代理商、汽车配件商的名录。只要用户感兴趣，就可以直接通过链接，进入相应行业代理商(或配件商)的主页上。

7) 网上报纸或杂志

在 Internet 日益发展的今天，新闻界也不落人后，一些世界著名的报纸和杂志，如美国的《华尔街日报》、《商业周刊》，国内的如《人民日报》、《文汇报》、《中国日报》等，纷纷将触角伸向了 Internet，在 Internet 上建立自己的 web 主页。而更有一些新兴的报纸和杂志，干脆脱离了传统的“纸”的媒介，完完全全地成为一种“网上报纸或杂志”，反响非常好，每天访问的人数不断上升。可以预计，随着计算机的普及与网络的发展，网上报纸与杂志将如同今天的报纸与杂志一般，成为人们必不可少的生活伴侣。对于注重广告宣传的公司，在这些网上杂志或报纸上做广告也是一个较好的传播渠道。

8) 虚拟社区和公告栏

虚拟社区和公告栏(BBS)是网上比较流行的交流沟通渠道，任何用户只要遵循一定礼仪都可以成为其成员。任何成员都可以在上面发表自己的观点和看法，因此发表与公司产品相关的评论和建议，可以起到非常好的口碑宣传作用。这种方式的好处是宣传免费，但要注意遵循网络礼仪，否则适得其反。

9) 新闻组

新闻组(newsgroup)也是一种常见的互联网服务，它与公告牌相似。人人都可以订阅它，成为新闻组的一员。成员可以在其上阅读大量的公告，也可以发表自己的公告，或者回复他人的公告。新闻组是一种很好的讨论与分享信息的方式。对于一个公司来说，选择在与本公司产品相关的新闻组上发表自己的公告将是一种非常有效的、传播自己信息的渠道。与 BBS 一样，新闻组发布信息也是免费的，同样也要遵守相应的网络礼仪。

10) 搜索引擎

搜索引擎(search)是互联网 2003 年以来发展较快的一种网络信息获取方式，因此基于搜索引擎投放的广告增长非常迅速，如 Google、百度等公司提供的关键字广告。

在以上几种通过 Internet 做广告的方式中，以第一种即公司主页方式为主，其他皆为次要方式，但这并不意味着公司只应取第一种方式而放弃其他方式。虽说建立公司主页是一种相对比较完备的 Internet 广告形式，但是如果将其他几种方式有效地进行组合，将是对公司主页的一个必要补充，并将获得比仅仅采用公司主页形式更好的效果。因此，公司在决定通过 Internet 做广告之前，必须认真分析自己的整体经营策略、企业文化和广告需求，将其从整体上进行融合，真正发挥 Internet 的优势。

根据 CNNIC 的调查显示，用户点击网上广告，有 45%的用户是因为广告做得好看、有意思；20%的用户是因为广告注明有奖；另有 20%的用户是因为广告登载在自己喜欢或信任的网站上；有 8%的用户是因为广告发到个人邮箱里；其他情况占 7%。因此，要有效地发挥网络广告的作用，必须让广告具有强烈的动感。网络广告都是被动传播的，不是主动展现在用户面前的，这意味着用户接触广告具有选择性。网络广告要寻找能争取用户的武器，这就是创意。网络广告要吸引用户，它们应是生动的、能够抓住人们视线的、邀请人们参与、有趣味的并且让人无法拒绝的。网络广告形成突破，必须依靠卓越的创意。如麦氏咖啡的互动广告就别具创意。它让访问者浏览《纽约时报》上的“咖啡早餐”故事，而不仅仅是宣传麦氏咖啡，其广告效果极佳，许多广告专家评价：“它充分利用了 Internet 的优势，使信息传播个人化，让每个接触广告的人感到，这种产品是专门为我准备的。”

8.2.3 网络广告效果评估

广告作为一种有偿的信息传播形式，它与媒介的发展是紧密相连的。网络作为一种正在兴起并发展的媒介，对于广告的发展作出了巨大的贡献，网络广告作为一种特殊形式的广告，也会产生多方面的效果。

广告效果包含广告作品发布后所产生的各类经济作用和社会作用。网络广告效果，即网络广告作品通过网络媒介刊登后所产生的作用和影响，或者说，目标受众对广告宣传的结果性反应。网络广告效果同传统广告效果一样具有复合性，包括传播效果、经济效果和社会效果。而对网络广告效果的评估就是利用一定的指标、方法和技术对网络广告效果进行综合衡量和评定的活动，相应地，网络广告效果的评估也应该包括传播效果评估、经济效果评估和社会效果评估。

1. 网络广告的传播效果评估的内容及指标

1) 广告曝光次数

广告曝光次数是指网络广告所在的网页被访问的次数，这一数字通常用Counter(计数器)来进行统计。假如广告刊登在网页的固定位置，那么在刊登期间获得的曝光次数越高，表示该广告被看到的次数越多，获得的注意力就越多。但是，在运用广告曝光次数这一指标时，应该注意如下问题。

首先，广告曝光次数并不等于实际浏览广告的人数。在广告刊登期间，同一个网民可能光顾几次刊登同一则网络广告的同一网站，这样他就可能看到了这则广告不止一次，此时广告曝光次数应该大于实际浏览的人数，两者并不相等；另一种情况是，当网民偶尔打开某个刊登网络广告的网页后，也许根本就没有看上面的内容就将网页关闭了，此时的广告曝光次数与实际阅读次数也不相等。

其次，广告刊登位置的不同，每个广告曝光次数的实际价值也不相同。通常情况下，首页比内页得到的曝光次数多，但不一定是针对目标群体的曝光。相反，内页的曝光次数虽然较少，但目标受众的针对性更强，实际意义更大。

再次，通常情况下，一个网页中很少刊登一则广告，更多情况下会刊登几则广告。在这种情形下，当网民浏览该网页时，他会将自己的注意力分散到几则广告中，这样对于广告主的广告曝光的实际价值到底有多大无从知道。

总地来说，得到一个广告曝光次数，并不等于得到一个广告受众的注意，只可以从大体上来反映。

2) 点击次数与点击率

网民点击网络广告的次数就称为点击次数。点击次数可以客观准确地反映广告效果。而点击次数除以广告曝光次数，就可得到点击率(CTR)，这项指标也可以用来评估网络广告效果，是广告吸引力的一个指标。例如，刊登这则广告的网页的曝光次数是5 000，而网页上的广告的点击次数为500，那么点击率是10%。

点击率是网络广告最基本的评价指标，也是反映网络广告最直接、最有说服力的量化指标，因为一旦浏览者点击了某个网络广告，说明他已经对广告中的产品产生了兴趣，与曝光次数相比，这个指标对广告主的意义更大。不过，随着人们对网络广告的深入了解，点击率这个数字越来越低。因此，在某种程度上，单纯的点击率已经不能充分反映网络广告的真正效果。

3) 网页阅读次数

浏览者在对广告中的产品产生了一定的兴趣之后进入广告主的网站，在了解产品的详细信息后，可能会产生购买的欲望。当浏览者点击网络广告之后即进入了介绍产品信息的主页或广告主的网站，浏览者对该页面的一次浏览阅读称为一次网页阅读。而所有浏览者对这一页面的总的阅读次数就称为网页阅读次数(page view)。这个指标也可以用来衡量网络广告效果，它从侧面反映了网络广告的吸引力。广告主网页的阅读次数与网络广告的点击次数事实上是存在差异的，这种差异是由于浏览者点击了网络广告而没有去浏览阅读点击这则广告所打开的网页所造成的。目前由于技术的限制，很难精确地对网页阅读次数进行统计。在很多情况下，假定浏览者打开广告主的网站后都进行了浏览阅读，这样的话，网页阅读次数就可以用点击次数来估算。

4) 转化次数与转化率

网络广告的最终目的是促进产品的销售，而点击次数与点击率指标并不能真正反映网络广告对产品销售情况的影响，于是，引入了转化次数(conversion)与转化率(conversion rate)的指标。

转化率最早是由美国的网络调查公司 AdKnowledge 在《2000 年第三季度网络广告调查报告》中提出的。“转化”被定义为受网络广告影响而形成的购买、注册或信息需求。因此，可以推断转化次数就是由于受网络广告影响所产生的购买、注册或信息需求行为的次数，而转化次数除以广告曝光次数，即得到转化率。

网络广告的转化次数包括两部分：一部分是浏览并且点击了网络广告所产生的转化行为的次数，另一部分是仅仅浏览而没有点击网络广告所产生的转化行为的次数。由此可见，转化次数与转化率可以反映那些浏览而没有点击广告所产生的效果，同时，点击率与转化率不存在明显的线性关系，所以出现转化率高于点击率的情况是不足为奇的。

但是，目前转化次数与转化率如何来监测，在实际操作中还有一定的难度。通常情况下，将受网络广告的影响所产生的购买行为的次数看做转化次数。

2. 网络广告经济效果评估的内容及指标

网络广告的最终目的是促成产品的销售，因此广告主最关注的是由于网络广告的影响而得到的收益。而收益是广告收入与广告成本之差，因此，网络广告经济效果评估的内容及指标可以概括如下。

1) 网络广告收入

网络广告收入就是指消费者受网络广告刊登的影响，产生购买，而给广告主带来的销售收入。这一方法看似很简单，但是要得到准确的统计数字，还是具有相当大的难度，主要原因如下。

(1) 产品销售因素的复杂性。网络广告只是影响产品销售的一个因素，产品的销售是诸多因素共同作用的结果，其中有产品的质量、价格等，还涉及很多难以统计计算的消费者消费习惯等因素，甚至还要受到其他广告形式的促销作用的影响，因此很难界定多少销售收入的变化是由于网络广告引起的。

(2) 网络广告效果的长期性。网络广告对产品销售的影响是长期的，有些网络广告的影响要经过一段时间才能体现出来。如果不考虑网络广告的这个特点，只通过产品销售的数据来评估网络广告的效果，这种评估就是不科学、不准确的测定。

(3) 电子交易手段的落后性。电子商务在我国的发展比较滞后的现状，在很大程度上成为影响网络广告经济效果评估的障碍。网民在网上浏览后决定要购买产品时，由于电子支付手段的限制，不得不转到现实购买场所去实现。这样在效果评估时，就很难弄清楚网络广告所产生的购买数量。

2) 网络广告成本

有关网络广告成本的计算，已经在第 7 章的广告效果测评当中进行了详细的阐述，因此在本节就不再赘述。网络广告成本的计算，主要从千人印象成本

(CPM)、每点击成本(CPC)、每行动成本(CPA)角度结合实例进行讲述。

例如，一定时期内一个广告主投入某产品的网络广告的费用是 6 000 美元，这则网络广告的曝光次数为 600 000，点击次数为 60 000，转化数为 1 200。那么这个网络广告的千人印象成本为

CPM=6 000 美元/600 000 次×1 000=10 美元

这个网络广告的每点击成本为

CPC=6 000 美元/60 000 次=0.1 美元

这个网络广告的每行动成本为

CPA=6 000 美元/1 200=5 美元

CPM 是目前应用最广，也是使用起来最简单的指标。广告主投放网络广告的费用是一个明确的数字，而广告曝光次数是由 ISP 或 ICP 直接提供的，所以 CPM 能够很容易地计算出来。然而 CPM 的真实性要受到质疑，这是因为广告曝光数字是由 ISP 或 ICP 提供的，它们为了宣传其网站经营效益，极有可能会夸大曝光数字。这样，网络广告的 CPM 的客观性就会降低，不能真实地反映网络广告的成本。

CPC 也是目前常用的指标，这一数据的产生是基于点击次数计算出来的，而点击次数除了 ISP 或 ICP 提供外，广告主是可以自己来进行统计的。所以利用 CPC 在一定程度上限制了网站作弊的可能，在很大程度上提高了评估的准确性。但是，如果一个浏览者点击了广告而没有进行下一步的行动就关闭了浏览器，那么广告效果只是停留在曝光上，CPC 的数值就比实际情况偏小，这是不科学的。

由于 CPM 和 CPC 这两个指标都存在一定的局限性，所以有研究者提出了 CPA 指标。CPA 指标对于广告主是最有借鉴意义的，因为网络广告的最终目的就是促进产品的销售，这是通过消费者的行动来实现的。但是由于目前技术的限制，很难将那些在网络广告的影响下产生实际行动的数字准确地统计出来，所以这个指标在应用方面受到了很大的限制。

3. 网络广告社会效果的评估内容及指标

网络广告的社会效果主要是对广告活动所引起的社会文化、教育等方面的作用。无论是广告构思、广告语言，还是广告表现，都要受到社会伦理道德的约束。评估网络广告的社会效果，受一定的社会意识形态下的政治观点、法律规范、伦理道德和文化艺术标准的约束。意识形态不同，约束的标准也不同，甚至相反。

对网络广告社会效果的评估，很难用具体指标来衡量，因为网络广告的社会影响涉及整个社会的政治、法律、艺术、道德伦理等上层建筑和社会意识形态。所以，网络广告社会效果只能用法律规范标准、伦理道德标准和文化艺术标准来衡量。

8.3 其他广告

广告的发展势头迅猛，多种表现形式和新兴媒介的使用促进了广告的发展和渗透。传统媒介和传统形式的广告已渐渐不能完全满足广告主和受众的需求，许

多新形式的广告层出不穷。以下将对一些表现突出的新兴广告作简单说明。

8.3.1　体验式广告

现代社会消费需求逐步走向自我实现阶段，消费者深层次的体验需求日益凸显。应运而生的体验式广告以软广告的形式，让消费者自身去感受，去参与，在不知不觉中接受这个品牌。形成了品牌爱好和品牌认同之后，消费者自然会去购买该品牌的产品。这种广告形态比较适应于互动性强的新兴媒介，特别是网络，从以体验为核心价值诉求的广告作品中充分地感知品牌能够带来的各种利益。如时下的旗舰店、体验店，甚至是网站的淘宝店都开设了“试衣”功能，大大满足了消费者的体验心理，用现实的体验替代了传统的“观看”。

本节主要从传统的体验式广告，如 POP，这一现场展示模式出发，阐述 POP 广告给大众带来的心理等各方面满足，进而阐述伴随经济发展、人们消费水平提高、消费需求上升趋势下形成的其他广告模式，如户外广告、手机广告等。

1. POP 广告

POP 广告是许多广告形式中的一种，它是英文 point of purchase advertising 的缩写，又称为售卖场所广告。point 是“点”的意思，purchase 是“购买”的意思，point of purchase 即“购买点”。因此，POP 广告的具体含义就是在购买时和购买地点出现的广告。具体来说，POP 广告是在有利的时间和有效的空间位置上，为宣传商品，吸引顾客、引导顾客了解商品内容或商业性事件，从而诱导顾客产生参与动机及购买欲望的商业广告，简称“售点广告”，是在一切购物场所内外(百货公司、购物中心、商场、超市、便利店)所做的现场广告的总称。有效的 POP 广告，能激发顾客的随机购买(或称为冲动购买)，也能有效地促使计划性购买的顾客果断决策，实现即时即地的购买。POP 广告对消费者、零售商、厂家都有重要的促销作用。POP 广告是在一般广告形式的基础上发展起来的一种新型的商业广告形式。与一般的广告相比，其特点主要体现在广告展示和陈列的方式、地点和时间等方面。

POP 广告的概念有广义的和狭义的两种。广义的 POP 广告的概念，是指在商业空间、购买场所、零售商店的周围和内部，以及在商品陈设的地方所设置的广告物。例如，商店的牌匾，店面的装潢和橱窗摆设，店外悬挂的充气广告、条幅，商店内部的装饰、陈设、招贴广告、服务指示，店内发放的广告刊物，进行的广告表演，以及广播、录像电子广告牌广告等。狭义的 POP 广告概念，仅指在购买场所和零售店内部设置的展销专柜，以及在商品周围悬挂、摆放、陈设的可以促进商品销售的广告媒介。

2. POP 广告的功能

POP 广告是在一般广告形式的基础上发展起来的　种新型的商业广告形式，主要具有如下功能。

1) 新产品告知

大部分的 POP 广告都属于新产品的告知广告。当新产品出售之时，配合其

他大众宣传媒介，在销售场所使用 POP 广告进行促销活动，可以吸引消费者视线，刺激其购买欲望。

2) 吸引顾客进店

在实际购买中有三分之二的人是临时作出购买决策的，很显然，零售店的销售与其顾客流量成正比，因此 POP 广告促销的第一步就是要引人入店。

3) 引顾客驻足

如何吸引顾客注意商品并引发兴趣？POP 广告可以凭借其新颖的图案、绚丽的色彩、独特的构思等形式引起顾客注意，使之驻足停留，进而对广告中的商品产生兴趣。 别出心裁、引人注目的 POP 广告往往能起到意想不到的效果。另外，现场操作、试用样品、免费品尝等店内活广告形式，也能极大地调动顾客的兴趣，诱发购买动机。

4) 促使最终购买

激发顾客最终购买是 POP 广告的核心功效。为此，必须抓住顾客的关注点和兴奋点。其实前面的诱导工作是促使顾客最终购买的基础，顾客的购买决定是经过了一个过程的，只要做足了过程中的促进工作，结果也就自然产生了。

5) 取代售货员

POP 广告具有“无声的售货员”和“最忠实的推销员”的美名。POP 广告经常使用的环境是超市，顾客基本都采用自选购买方式。在超市中，当消费者面对诸多商品而无从下手时，摆放在商品周围的一则杰出的 POP 广告，忠实地、不断地向消费者提供商品信息，能够起到吸引消费者、促成其购买决心的作用。

6) 营造销售气氛

利用 POP 广告强烈的色彩、美丽的图案、突出的造型、准确而生动的广告语言，可以创造强烈的销售气氛，吸引消费者的视线，使其产生购买冲动。

7) 提升企业形象

POP 广告同其他广告一样，在销售环境中可以起到树立和提升企业形象，进而保持与消费者的良好关系的作用。POP 广告是企业视觉识别中的一项重要内容。零售企业可将商店的标识、标准字、标准色、企业形象图案、宣传标语、口号等制成各种形式的 POP 广告，以塑造富有特色的企业形象。

8) 假日促销

POP 广告是配合节假日促销的一个重要手段。在各种传统和现代节日中，POP 广告都能营造出一种欢乐的气氛。POP 广告为节假日销售旺季起到了推波助澜的作用。

3. POP 广告的分类

POP 广告分为室外 POP 广告和室内 POP 广告两大系统。室外 POP 广告包括购物场所外的一切广告形式，如条幅、灯箱、招贴、海报、门面装饰、橱窗布置等。室内 POP 广告包括购物场所内的一切广告形式，如柜台陈列、柜台广告、空中悬挂广告、模特广告等。

1) 按时间性分类

POP 广告在使用过程中的时间性及周期性很强。按照不同的使用周期，可把 POP 广告分为三大类型，即长期 POP 广告、中期 POP 广告和短期 POP 广告。

(1) 长期 POP 广告。长期 POP 广告是指使用周期在 1 年以上的 POP 广告类型，包括门招牌 POP 广告、柜台及货架 POP 广告和企业形象 POP 广告等。

(2) 中期 POP 广告。中期 POP 广告是指使用周期为 1 个季度左右的 POP 广告类型。中期 POP 广告主要包括季节性商品的广告，如服装、空调等产品的 POP 广告。因使用时间上的限制等，这类 POP 广告的使用周期也必然在 1 个季度左右。中期 POP 广告的设计与投资，可以在长期 POP 广告的档次下，作适当的考虑。

(3) 短期 POP 广告。短期 POP 广告是指使用周期在 1 个季度以内的 POP 广告。如柜台展示的 POP 展示卡、展示架，以及商店的大减价、大甩卖招牌等。由于这类广告的存在都是随着商店某类商品的存在而存在的，只要商品一售卖完，该商品的广告也就无存在的价值了。特别是有些商品因为进货的数量和销售的情况(可能在 1 周甚至 1 天或几小时就可售完)的原因，相应的广告的周期也可能极其短暂。对于这类 POP 广告的投资一般都比较低，设计也相对地不太讲究。当然就设计本身而言，应尽可能做到符合商品品味。

2) 按材料的不同分类

POP 广告所使用的材料也多种多样，根据产品不同的档次，可使用高档到低档的各种不同材料。就一般常用的材料而言，主要有金属材料、木料、塑料、纺织面料、人工仿皮、真皮和各种纸材等。其中金属材料、真皮等多用于高档商品的 POP 广告。塑料、纺织面料、人工仿皮等材料多用于中档商品的 POP 广告。而纸材一般都用于中、低档商品和短期的 POP 广告材料。

3) 按陈列位置和陈列方式的不同分类

POP 广告除使用时间的特殊性外，其另一特点就在于陈列空间和陈列方式上。陈列的位置和方式不同，将对 POP 广告的设计产生很大的影响。

按陈列位置和陈列方式不同，可把 POP 广告分为柜台展示 POP、壁面 POP、天花板 POP、柜台 POP 和地面立式 POP 五种类型。

4. POP 广告的创意技巧

在商业活动中，POP 广告是一种极为活跃的促销形式，它以多种手段将各种大众信息传播媒介的集成效果浓缩在销售场所中，能够把商品的优点、内容、质量和使用方法清晰明确地再传达给消费者，提高商品的注目率，使消费者对各种广告媒介所做的宣传产生一种联想，或者通过有针对性的、简明扼要的说明，使消费者对不熟悉的商品产生好感，从而促进销售。这也正是 POP 广告的魅力所在。POP 广告的运用能否成功，关键在于广告画面的设计能否简洁鲜明地传达信息，塑造优美的形象，使之富有动人的感染力。POP 广告是直接沟通顾客和商品的小型广告，在设计技巧上与其他广告有如下不同之处。

(1) POP 广告必须特别注重现场广告的心理攻势。因 POP 广告具有直接促销的作用，设计者必须着力于研究店铺环境与商品的性质，以及顾客的需求和心理，

以求有的放矢地表现最能打动顾客的内容。POP 广告的图文必须有针对性地、简明扼要地表现出商品的优点等内容。

(2) POP 广告造型简练，设计醒目。因 POP 广告体积小，容量有限，要想将其置于琳琅满目的各种商品之中而不致被忽略，且又不显得花哨低俗，其造型应该简练，画面设计应该醒目，版面设计应突出而抢眼，便于阅读，重点鲜明，有美感，有特色，和谐而统一。

(3) POP 广告注重陈列设计。POP 广告并非像节日点缀一样越热闹越好，而应将其视为构成商店形象的一部分，故其设计与陈列应从加强商店形象的总体出发，加强和渲染商店的艺术气氛。室外 POP 广告包括广告牌、霓虹灯、灯箱、电子闪示牌、光纤广告、商店招牌、门角装饰、橱窗布置和商品陈列等。其主要功能是引导消费者作出走进商店的选择。室外 POP 还可起到美化城市的作用。

(4) 从广告造型的角度看，POP 广告与一般广告一样，包括文字、图形和色彩三大平面广告构成要素。但是，由于 POP 广告的特殊方式和地点，从视觉的角度出发，为了适应商场内顾客的流动视线，POP 广告多以立体的方式出现，所以在平面广告造型基础上，还得增加立体造型的因素。

(5) POP 广告最重要的是确立整个促销计划。设计师面临着市场商品的多元化和大量生产，因而研究和分析消费者的购买心理和消费心态的变化，以及特定店铺与商品的性质，是设计 POP 广告的基本要素。

(6) POP 广告的设计既要具有鲜明的个性，同时还要与企业的形象相符合，要从企业和商品的主体出发，站在广告活动的立场上，全盘考虑。POP 广告设计的全部秘诀在于强调购买的时间与地点，在特定的销售环境中，提供给消费者一个面对具体商品作出选择的最后机会。

(7) 顾客产生购物犹豫心理的原因是他们对所需商品尚存有疑虑，有效的 POP 广告应针对顾客的关心点进行诉求和解答。价格是顾客所关心的重点，所以价目卡应置于醒目位置；商品说明书、精美商品传单等资料应置于取阅方便的 POP 展示架上；对新产品，最好采用口语推荐的广告形式，说明解释，诱导购买。

(8) POP 广告的设计总体要求就是独特。不论采用何种形式，POP 广告的设计都必须新颖独特，能够很快地引起顾客的注意，激发他们“想了解”、“想购买”的欲望。

(9) POP 广告强调现场广告效果。应根据零售店经营商品的特色，如经营档次、零售店的知名度、各种服务状况、顾客的心理特征与购买习惯，力求设计出最能打动消费者的广告。

(10) POP 广告以形象为主导。POP 广告的最终目的是把商品卖出去，所以常见的 POP 海报大多以减价、打折、优惠销售等为主，借价格差价吸引顾客购买。以价格为主导的 POP 广告，的确能在一段时期内产生激励、诱导大量顾客购买的作用，但时间一久，则会由于过度刺激而失去功效。

5. POP 广告的发展趋势

近年来，POP 广告呈现如下发展趋势。

1) 系列 POP 广告

为了有效地配合促销活动，在短期内形成一个强劲的销售气氛，单一的 POP 广告已经不能胜任。为此，多种类型的系列 POP 广告媒介同时使用，可以使营业额急速升高，所以，现在 POP 广告已从单一向系列发展。尽管我国的 POP 广告尚处于初级阶段，但是我们仍应该注意这一特点。

2) 新技术的吸收与综合

随着科学技术的发展，新技术、新工艺、新材料不断涌现，将声、光、电、激光、电脑、自动控制等技术与 POP 广告相结合，产生一批全新的 POP 广告形式。运用高科技制作 POP 广告，虽然成本较高，但是其效果却是普通 POP 广告所无法比拟的。

3) 手绘式 POP 广告

手绘式 POP 广告，顾名思义，以手绘的办法来制作 POP 广告。制作 POP 广告的方法很多，大致可分为手绘的和机械处理的两种。20 世纪 60 年代以后，日本以超级市场为中心，开始大量应用手绘式 POP 广告来标示商品的品名与价格。麦克笔的出现与应用，更促使手绘式 POP 广告快速发展，并传向其他国家。手绘式 POP 广告是商场内 POP 广告的一种，它不需花费太多制作经费，不需精美的印刷加工，只需少许创意和一些简单的工具，就可以随手绘写出漂亮的 POP 广告。其特点是可以迅速提供商品情报，与顾客沟通情感，其效果有时会超过机械制作的 POP 广告。

8.3.2 户外广告

1. 户外广告的内涵

一般把设置在户外的广告称为户外广告。常见的户外广告有路边广告牌、高立柱广告牌、灯箱、霓虹灯广告牌、LED 看板、户外电视墙等，现在甚至有升空气球、飞艇等户外广告形式。凡是能在露天或公共场合通过广告表现形式同时向许多消费者进行诉求，能达到推销商品目的物质都可称为户外广告媒介。

户外广告可分为平面户外广告和立体户外广告两大类：平面户外广告有路牌广告、招贴广告、壁墙广告、海报和条幅等，立体户外广告包括霓虹灯、广告柱和广告塔灯箱广告等。在户外广告中，路牌、招贴是最为重要的两种形式，影响甚大。

2. 户外广告的主要特征

(1) 户外广告对地区和消费者的选择性强，但覆盖面较小。一方面，户外广告可以根据地区的特点选择广告形式，如在商业街、广场、公园、交通工具上选择不同的广告表现形式，也可以根据某地区消费者的共同心理特点、风俗习惯来设置；另一方面，户外广告可为经常在此区域内活动的固定消费者提供反复的宣传，使其印象强烈。但由于大多数情况下，户外广告的位置是固定不动的，所以覆盖面不会很大，宣传区域小。因此设置户外广告时，应特别注意地点的选择。比如，广告牌一般设立在人口密度大、流动性强的地方，机场、火车站、轮船码

头南来北往的流动人口多，可以做全国性广告。

(2) 户外广告可以较好地利用消费者的零散时间进行信息传递。比如，消费者在散步游览时，或是在上班途中时，一些设计精美的广告、霓虹灯多彩变化的光芒常能给人留下非常深刻的印象，能引起较高的注意率，更易使人接受广告。

(3) 户外广告具有一定的强迫诉求性质，即使匆匆赶路的消费者也可能因对广告的随意一瞥而留下一定的印象，并通过多次反复而对某些商品留下较深印象。

(4) 户外广告表现形式丰富多彩。特别是高空气球广告、灯箱广告的发展，使得户外广告更具有自己的特色，而且这类精美的户外广告还有美化市容的作用。广告与市容浑然一体的效果，往往能降低消费者的抵触意识，非常自然地接受了广告。

(5) 户外广告内容单纯，能避免其他内容及竞争广告的干扰，而且广告费用相对较低。

(6) 户外广告的效果难以测评。由于户外广告的受众都是在户外活动的人，这些人具有流动的性质，因此其接受率很难估计。人们总是在进行某些活动时接触到户外广告的，因此注视时间比较短，甚至只有几秒，而且人们在同一时间可能接触到许多户外广告，因此效果难以测评。如果要取得较好的广告效果，就要尽量做到让人们视觉暂留，比如，采用精美的制作、独特的创意等方式。

3. 户外广告的创新思考

在户外广告数量急剧增加的情况下，广告的创意问题、传播的效果问题也越来越多地受到业界的关注。

首先，是表现形式的创新。每年各种户外广告的参评作品，大都是平面作品和移植，只是用了更大字体的广告语、更加明显的品牌标记，再就是加一幅醒目的图片。无论是看板还是大立柱，都是四四方方的图形设计。而欧洲许多国家的街道上，在街边和拐角处都有许多广告立柱，一般为 2～3 米高，有圆柱形、三菱形和四面形等各种形状，顶部的设计更是花样众多，与周围的建筑风格相得益彰。还有一些广告利用载体的特性，使广告作品具有动感，甚至广告物品或代表物伸出广告牌以外，造成立体效果。这类户外广告就非常能吸引过客的目光。在某年中国广告节广告作品评比中，唯一的户外广告金奖得主是伟海拉链，这则广告也是突破了高立柱路牌广告千篇一律的长方形设计，根据商品本身(拉链)的特点，在广告牌上部，从中间向两边拉开，运用夸张的对比手法，制作一个人或吊在拉链的拉环上，或站在上面把拉链向上拉，生动展现了拉链的可靠性，在众多的路牌广告中脱颖而出，具有极强的视觉冲击力。

其次，是表现内容的创新。创新是创意的本质，也是几乎所有广告人的追求。问题是大多数人在考虑户外广告的创意时，更多看到的是它的局限性：受发布空间和地点的限制，传达的信息量有限，很难引起受众的主动关心等。因此，实际人们看到的大多数户外广告，形式千篇一律，内容枯燥单一。表面上看这是强化品牌形象，追求视觉效果统一，但有时忽视了户外广告的环境因素。而环境因素恰恰是户外广告区别于其他媒介广告的根本所在。在一个只有 5 秒钟停留的和一个 5 分钟停留的环境中，在一个拥挤嘈杂的和一个清静优雅的环境中，坐在行进的车辆上和站在购物场所前，人们的心境是完全不同的，对广告的关注程度也有着巨大的差别。因此，在广告的诉求上应该有的放矢，有简有繁。有的只能用大字标语强化品牌，有的则可以图文并茂介绍产品，有的还可以详细诉求加深理解。这需要广告人深刻理解广告产品的特性，揣摩受众的接受心态。

再次，是表现手法的创新。高新科技的发展给户外广告的表现手法提供了空间，光电艺术的巧妙结合，使户外广告的视觉冲击力发挥得淋漓尽致。在我国的许多大城市，霓虹灯和电子广告牌使用很多，装点着城市的夜空，但表现手法相对来说比较陈旧和呆板。而矗立在伦敦街头的健力士啤酒广告，则利用昼夜交替，使两面上的啤酒杯，由空杯变满杯，充满诱惑，让人遐想，在啤酒消费的黄金时段起到推波助澜的作用。创新的表现手法，应该借助于各种环境因素，使广告活起来。如香草口味的可口可乐在台湾上市的户外广告，将此类户外广告的“震撼力”推到了极致。一个巨大的香草口味可口可乐易拉罐，架在街边的一台自动售货机上，在紧靠的墙壁上张贴着一幅巨大的广告招贴画，画中的形象代言人——香港影帝黄秋生，把一个年轻人拎了起来，而年轻人口中的吸管却牢牢地插在易拉罐中。因为“好奇”，只要有可乐喝，年轻人什么也不顾了。这一奇妙的表现手法，把户外看版、立体模型的零售终端完美地组合在一起，其传播效果是可想而知的。

最后，是媒介运用上的创新。户外广告是一个很大的概念，常见的有灯箱、路牌、霓虹灯、招贴，交通工具和橱窗等，包括前文谈及的 POP 广告中也有户外的表现形式。不同的户外媒介，有不同的表现风格和特点，应该创造性地加以利用，整合各种媒介的优势。有许多城市的广告牌越做越大、密度越来越高，破坏了城市的空间感和协调性，污染了城市的环境。而在另一些城市，户外广告的设置地点、间隔密度、大小比例，似乎都考虑到城市的周围环境和行人密度，使人感觉到温馨和舒适，起到了美化和装点城市的作用。无论是在城区内，或是在高速公路两侧，都见不到“霸气十足”的大型户外广告牌，倒是设置在城市建筑物维修围蔽上的大型喷绘广告，令人印象深刻。为了确保安全，减少污染和不影响整体环境，建筑物维修期间，必须用围蔽将修缮的部分整个遮挡起来。在围蔽上，有的用电脑绘制方法按原艺术建筑整个喷绘出来，不认真看，几乎可乱真；其中也有喷绘的广告作品，并且可以喷得很大。这不仅是一种极其文明的实施方式，也提供了一个巨大的户外广告空间，非常值得借鉴。

8.3.3 手机广告

随着我国手机用户普及率的逐渐提高，手机作为一种新型媒介的应用价值也日益凸现。手机是目前为止所有媒介形式中最具普及性、最快捷、最为方便，并具有一定强制性的媒介平台。

随着 3G 时代的日益临近，各种多媒介形式也将充分体现在手机上，这将给广告主更大的发挥空间。计世资讯认为，在 3G 手机普及之后，手机媒介将成为普通人在日常生活中获得信息的重要手段。

1. 手机广告的定义与特点

手机广告是一种移动广告，是通过手机这种移动媒介进行传播的付费信息，旨在通过这些商业信息影响受传者的态度、意图和行为。移动传播的广告实际上就是互动式网络广告的一种形式，它由移动通信网承载，具有网络媒介的一切特征，同时比互联网更具优势，因为移动性使用户能够随时随地接受信息。

随着移动通信技术的发展，3G 服务模式的不断明朗化，衍生出的服务模式进入推陈出新的高速发展阶段。借助被称为“第五媒介”的手机，“手机广告”一词开始频繁曝光。2006 年初，中国移动等运营商就已尝试开展手机互动营销，开始试点手机广告业务。

相比其他形式的广告而言，手机广告具有更好的互动性和可跟踪性，可以针对分众目标，提供特定地理区域的直接的、个性化的广告定向发布，可通过手机短信、彩信、WAP、声讯等多种手机增值服务平台来实现，发布效果可以通过互动的量化跟踪和统计得到评估。手机广告可以利用手机用户数据库，对目标对象进行分众，定向地发送广告，同时利用手机的互动性，判断量化广告的有效到达率。

手机广告具有如下优势。

(1) 手机拥有庞大的受众群体，可及时传播，市场规模潜力巨大。截至 2006 年底，中国手机用户为 4.6 亿，手机网民近 1.15 亿。

(2) 手机具有贴身性。手机是与受众 24 小时亲密接触的媒介平台。手机不离身，信息不共享；可以在合适的时间，将合适的有价值广告信息传输给合适的人。

(3) 手机广告具有再传播性，可以极大程度上降低广告的运营成本。

(4) 手机广告能吸引几种注意力，到达阅读率高。

(5) 手机广告可测量，能够确保精准营销的进行，具有定向、精准、定点、高效的特点。每个手机广告的受众，都可以被清晰准确地锁定。手机这一私人媒介平台的价值被挖掘后，实现了精准营销。与传统媒介的广告相比，手机广告可以实现精确投放和后续营销。最大特点是以用户数据库为基础，广告客户可以根据年龄、性别，甚至位置来发布特定的广告。同时，广告主可以借助精确统计出来的数据评价广告效果，来进一步审定广告投放策略。正是由于手机广告具有可精确测量性，可以便捷地实现数据库营销与精准营销。

从现阶段的发展情况来看，手机广告具有如下劣势。

(1) 产业链及商业模式不够成熟。

(2) 现有的手机广告表现手段相对比较单一。这一方面也受到手机本身的技术发展因素限制。

(3) 手机广告收入的细分市场中，以短信为主，赢利渠道单一。

(4) WAP 流量的收费，现阶段制约了手机广告的发展。

(5) 对于广告信息、广告形式等方面，由于缺乏专业的第三方监控，因此目前来看，手机广告市场仍不够规范。

2. 手机广告的表现形式

目前的手机广告主要是点告(主要是 SMS/MMS)和直告(WAP 网站的图片和文字链接广告)两种。

1) SMS/MMS(短信息)广告

SMS/MMS 广告在用户到达率上太过强大，这属于一种高侵入性的广告形式，如果过度使用，很可能引起受众的反感，受众会抱怨收到太多的垃圾短信。要解决这个问题，关键是要让广告内容和用户相关起来。首先是许可营销，即不向用户发送未经许可的广告信息；其次是精确定位，即要获得手机用户的个人资料和偏好，以发送用户感兴趣的信息。重点是如何在保护用户隐私和精确定位之间取得平衡，而拥有细分和接受许可营销的手机用户数据库，将是短信或彩信广告领域内最珍贵的资源。

移动互联网的特色在移动，即能够根据用户手机的 IP 地址识别用户所在的地区，并显示相应的广告，提高针对性。定位到最后一千米的小区短信广告则更加精准，但在具体操作的手法方面需要特别注意，许多的商超百货类客户热衷此道。

2) 无线互联网

如果只是局限于把传统互联网的广告模式搬到手机互联网上，那将大大限制我们的想象力。与坐在椅子上用计算机上网不同的是，手机上网往往是利用时间的间隙，处在移动的状态中，用户在使用时比对传统桌面网络的使用更加缺乏耐心。而且因为使用键盘不方便，用户也更迫切地需要便捷地找到信息。手机网络广告即应该针对用户的使用习惯来进行设计。比如，雅虎令人耳目一新的 One Search 手机搜索模式，即是把网页搜索变为内容搜索，以此放入更多切合用户需要的信息。也就是对手机用户提供了多种类的信息，但是每种信息以少量的内容推送。

对于 WAP 广告或其他形式的手机网站广告来说，一个大问题是手机屏幕太小，广告位过于稀缺，像传统互联网一样大卖广告是很难实现的。要解决这个问题，手机网站广告应该发展动态广告位，即在页面的下方加入类似与某些新闻网站的滚动新闻模式(跑马灯)的广告，以此来放入多条广告信息。而对哪种类型的用户应该显示哪条广告，则需要在广告管理后台作出定位匹配。

手机号码相当于一个用户的 ID，它与用户的身份是唯一对应的。通过了解手机号码用户的浏览点击记录，以及浏览记录发生的不同时间段等属性，即可作出相对精准的匹配。这在实际操作上，对服务器、系统资源的管理，以及数据挖掘的系统性与营销逻辑设计的方法论都提出了更高的要求。

其他的形式中，手机视频和手机程序也是手机广告的表现形式，目前在中国尚未普及，但是两者的营销功能可望在 3G 时代取得迅速应用。

3. 中国手机广告对未来发展引起的思考

1) 整合产业价值链，促进手机广告产业链全面发展

手机广告市场要想获得发展，无法绕过电信运营商的介入，因此必须高度重视运营商在产业链上的领跑地位。在运营商的无线平台之外，有着多达 8 万多个

独立的 WAP 网站，但这些站点基本上处于分散状态，难有赢利。因此，这些WAP 网站应该被整合起来，通过直接购买关键广告位、集中向客户销售等方式，来实现运营商、广告主和 WAP 网站共赢的局面，促进手机广告产业链和市场的全面发展。

2) 丰富手机广告的表现手段和形式

在向用户发送手机广告时，应改变以短信推送为主的广告模式，开发和运用丰富的手机广告表现方式，如手机内置广告、嵌入式广告、手机游戏广告、手机视频广告等，这些都是比较成熟、效果良好的广告形式。因此在实际操作中，可以采取发送短信、彩信、IVR(互动声讯服务)、游戏下载、移动梦网网页栏目广告等多种方式，从而吸引更多的用户关注。

3) 协调广告内容与用户相关，注重对用户的研究

如前文所述，有效的手机广告应该让广告内容和用户相关。要能够做到许可营销和精确定位。另外，在广告的发送时间上，要充分考虑目标群体的生活轨迹，选择合适的时机，减少对受众的干扰；任何一种广告形式都需要受众接触一定的频次才能留下深刻印象或采取行动，手机广告也一样，应选择合适的频次，以不引起用户反感为前提，进行重复传播。

4) 完善第三方监测职能，推动手机广告发展

手机广告的发布者非常分散，为了控制对同一部手机发送的广告数量，方便管理，手机广告的发布权应适当集中，对商家或个人直接发布大量短信广告的现象予以限制。应建立手机广告经营登记制。作为新兴广告形式，手机广告也可以灵活采用经营登记管理制，使广告经营规范化、专业化。另外，由于手机广告是直接发送到接收者的私人手机上的，具有“直达性”，某些虚假广告很有可能可以直接击中缺乏防护的用户，对用户造成不利影响和后果，因此，手机广告内容的事前审查是必要的，这可以避免虚假广告对受众造成危害。

5) 改革流量收费模式

目前，中国的运营商对手机用户仍然采用流量收费的方式。如果用户接收的手机广告含有较大的数据流量就必须付费，这样必然会打击客户接收手机广告的积极性。因此，运营商应尝试改变思路，顺应用户的需求，探索新的收费业务模式。例如，对于广告主可以采取如下三种方法：以广告的曝光次数为计费标准，即 CPM 计费方式；以广告的点击次数为计费标准，即 CPC 计费方式；以广告实际产生的效果为计费标准的按效果计费。对用户，则可以实行免费或看广告优惠话费等。调查显示，有 80%～90%的消费者愿意以免费音乐或视频为条件在手机上接受广告。因此，可以通过以上措施进一步推进手机广告的发展。

本章小结

植入式广告又称为植入式营销，是指将产品或品牌及其代表性的视觉符号，甚至服务内容策略性融入电影、电视剧或电视节目内容中，通过场景的再现，让观众留下对产品及品牌印象，

继而达到营销的目的。植入式广告与传媒载体相互融合，共同建构受众现实生活或理想情境的一部分，将商品或服务信息以非广告的表现方法，在受众无意识的情态下，悄无声息地灌输给受众。因其隐秘的特点，植入式广告还被称为嵌入式广告或软广告。

网络广告，是基于互联网两大应用领域，E-mail和网络媒介而推出的广告形式，包括网幅广告、文本链接广告、电子邮件广告、主页广告、赞助式广告、插播式广告、富媒介广告等。

网络广告的发布主要有主页方式、内容服务提供商，专类销售网、免费互联网服务、黄页信息、企业名录、网络报纸、网络杂志、虚拟社区和BBS(公告栏)、新闻组、搜索引擎等形式。

作为一种新兴广告媒介，本章专门针对网络广告效果评估指标进行了讨论。

此外，本章还介绍了其他新兴的广告媒介，如体验广告、POP广告、手机广告等对各种新媒介广告的特点及在实际应用中存在的局限进行了讨论，为企业开发新的广告媒介，运用新兴媒介技术传播广告信息提供了新的选择。

关键术语

植入式广告　　网络广告　　POP广告　　户外广告　　手机广告

思考题

1. 植入式广告的定义是什么?
2. 植入式广告有哪些具体表现，请举例说明。
3. 网络广告有哪些优缺点?
4. POP广告的作用是什么?
5. 户外广告有哪些类型?
6. 手机广告的发展现状如何?

参考文献

[1] 向晖. 从定位到体验[D]. 北京：中央美术学院，2008.
[2] 汪蓓，郑书敏. 中国户外广告的发展趋势初探[J]. 商场现代化，2008(17).
[3] 张小平. 创意的解构就是广告发展的趋势[J]. 大市场(广告导报)，2006(11).
[4] 佘世红. 变传统广告形态为体验式广告[J]. 市场观察，2006(05).
[5] 徐凯. 网络广告:繁荣过后的成熟[J]. 电子商务，2004(08).
[6] 刘涛，罗婧. 进一步规范网络广告税收政策[J]. 税务研究，2003(09).

案例研讨

2007年科幻大片《变形金刚》席卷全球，与变形金刚相关的一切话题一度都曾热得发烫，许多影迷至今还对影片情节、场景津津乐道。植入影片的汽车厂商相信非常满意这一传播结果。

值得关注的是，IT 巨头惠普也在 2007 年借其多功能一体打印机牵手变形金刚，以“一机全能，品质金刚”为主题，开始为其品牌形象了注入新的元素。

惠普这几年面临品牌日渐老化、需要重塑形象的重要关口。通过与变形金刚牵手，开展声势浩大的组合推广活动，如在广告、电影宣传、促销活动上，大量借用电影的场景和记忆，制作大量变形金刚形象促销品，全方位固化消费者的印象，迎合了消费者的关注，拉近了与消费者的感情距离。进而成功地将消费者对惠普的品牌联想从严肃、冷峻、缺乏亲和力引向活力、个性化的高科技产品，强有力地推动了惠普品牌形象的翻新进程。

2008 年是奥运大年、传播大年，能够进入奥运正式赞助商名单的企业毕竟有限。因此“奥擦委”(奥运会擦边球委员会的戏称)大行其道。企业通过种种手段，与奥运、运动、环保实现传播对接，已经成为 2008 年传播活动的一大主题，各类传播载体上一时之间“八仙过海，各显神通”，热闹非常。

惠普经由 2007 年“一机全能，品质金刚”的主题初步注入了新的形象元素后，2008 年开始形象更新加速，以“一机全能，运动金刚”为主题开展整合推广。如果说 2007 年惠普与变形金刚的联手，除了在形象上给人耳目一新的感觉，但“品质金刚”的理念反映出企业偏稳重的操作心态的话，2008 年惠普借助《变形金刚 2》将要上映的机会推出“一机全能，运动金刚”的主题则更显惠普对品牌革新的自信，“运动金刚”的理念也因而更具社会亲和力。

惠普全能一体机的“扫描、打印、传真、复印”多变多动的特点与变形金刚多变多动的特点是吻合的，由此可以带来“动感”、“运动”的想象，进而契合到整个 2008 年奥运运动话题焦点。另外，一体机绿色环保的诉求，也与“绿色奥运”的宣传口号密切相关。因此可以说，2008 年惠普这位“奥擦委”的奥运关联策略非常贴切自然，是一招加了双保险的好棋：奥运的社会热点与变形金刚的娱乐话题双保险。

案例思考题

从该案例中可以分析出相关植入式广告的哪些内容？请运用本章所学内容对该案例进行简要分析。

POSTSCRIPT

后记

本书从工商企业业务管理出发，介绍了企业广告业务管理的相关内容，结合我国工商企业的实践，对广告管理的原则、程序及操作过程进行了讨论。书中大量参考了国内外广告学方面的有关著作和书籍，引用不少企业广告案例，同时，也引用了大量的网络文献。除参考文献中所列以外，还有其他相关文献，恕不一一列举，在此，特向相关的作者和机构表示真挚的感谢!

本书由中南民族大学市场营销系编写完成。作者分工如下：徐珊珊撰写第一章、第五章、第八章；余序洲撰写第一章第四节，第二章、第四章、第七章；张雪荣撰写第三章、第六章；吴岳慧、汪俊、刘斌也参加了相关章节的撰写。主编余序洲，负责确定本书的写作规划，拟定写作提纲，审阅了全部的书稿，同时对书稿进行统稿和修订。张雪荣、徐珊珊、吴岳慧任副主编。吴岳慧参与了本书的统稿工作。

本书的完成，除各位编写人员的努力外，还得益于华中科技大学出版社陈培斌和余强两位老师的支持、鼓励和督促，本书的责任编辑刘烨老师，在本书的出版过程倾注了大量的心血，在此谨对他们的工作表示深深的敬意和感谢。希望本书能对企业开展广告业务和广告管理提供一定的帮助。

本书的出版，反映了我们对广告管理的一些思考，但由于能力所限，错漏之处在所难免，恳请各位读者提出宝贵意见和建议。

编　者

2010 年 3 月

教学支持说明

“21世纪市场营销立体化系列教材”系华中科技大学出版社重点教材。

为了改善教学效果，提高教材的使用效率，满足高校授课教师的教学需求，本套教材备有与纸质教材配套的教学课件（PPT 电子教案）。

为保证本教学课件及相关教学资料仅为教师个人所得，我们将向使用本套教材的高校授课教师免费赠送教学课件或者相关教学资料，烦请授课教师填写如下授课证明并寄出（发送电子邮件或传真、邮寄）至下列地址。

地址：湖北省武汉市珞喻路1037号华中科技大学出版社营销中心

邮编：430074

电话：400-6679-118

传真：027-87542424

E-mail：yingxiaoke2007@163.com

证　　明

兹证明________________大学____________系/院第____学年开设的__________课程，采用华中科技大学出版社出版的____________编写的________________作为该课程教材，授课教师为________，学生共计_____个班共计_____人。

授课教师需要与本书配套的教学课件为：________

授课教师的联系方式：

联系地址：________________

邮编：________________

联系电话：________________

E-mail：________________

系主任/院长：________（签字）

（系/院办公室盖章）

______年______月______日